évasion

Roumanie

En bref

- **Situation** : au sud-est de l'Europe, au nord des Balkans.
- **Pays voisins** : Bulgarie, Serbie, Hongrie, Ukraine, République de Moldavie.
- **Décalage horaire** : + 1 heure en été, + 2 heures en hiver.
- **Superficie** : 238 391 km^2.
- **Climat** : continental.
- **Capitale** : Bucarest (2 016 131 hab.).
- **Langue** : roumain, langue officielle.
- **Monnaie** : le *leu* (« lion »), au pluriel *lei*.
- **Nature du régime** : démocratie parlementaire.
- **Religion** : 86,8 % d'orthodoxes ; 5,1 % de catholiques ; 1 % de gréco-catholiques ; 3,5 % de protestants.

HACHETTE

Ce guide a été établi par Bernard Houliat,

avec la collaboration du ministère roumain des Transports, des Constructions et du Tourisme.

Spécialiste de l'Europe orientale et de la culture des Roms, Bernard Houliat est un collaborateur régulier des éditions Hachette. Ayant vécu plusieurs années en Roumanie, où il travaillait pour des institutions internationales, il est l'auteur de deux ouvrages bien connus des voyageurs qui aiment ce pays : *Tsiganes en Roumanie* (Éd. du Rouergue, 1999) et de *La Roumanie au petit bonheur* (Éd. Quelque Part sur Terre, 2000).

L'auteur tient à remercier S.E. Monsieur Philippe Étienne, ambassadeur de France en Roumanie, pour son soutien chaleureux. Ainsi que tous ceux qui ont apporté informations, matériaux, critiques, amitié et compassion lors de cette aventure : Octavian Arsene, du ministère des Transports, de la Construction et du Tourisme et ses correspondants dans le pays ; les amis des ambassades occidentales à Bucarest ; le Centre culturel français de Iaşi (Paul Elie Levy, Selma Toprak) ; le Centre culturel français de Timişoara (Monica Selariu et Emmanuel Sapet) ; la Maison de l'Ile et Vilaine à Sibiu (Florentina Chidu) ; l'association de Botiza (familles Muntean, Pasca, Costinar, Bobocea et Trifoi) ; mère Tatiana (monastère de Moldoviţa) ; les religieuses de Dragomirna, Probota et Suceviţa ; Aurelian Albuţ ; Irina Balea ; Miruna Berindei ; Ioan Borlean ; Trandafir Cazac ; Maylis Cazaumayou ; Doinita Derevlean ; Franz Dizmacsek ; Fabio Di Pietro ; Miki Dungeanu ; Hermann Fabini ; Caroline et Walter Fernolend ; Cristina Gheauş (Office du tourisme de Roumanie à Paris) ; Félix Houliat ; Florin Istrate ; Eftimie Luchian ; Andrei Mahalnischi ; Cristina Maier ; Paula Mihailov (Antrec-Tulcea) ; la famille Morar ; Arlette Novak ; Constantin Pauna ; Itsvan Plajas ; Hugo Schneider ; Stefana Totorcea ; Cornelia et Ionel Ureche ; Petre Vasiliu.

Direction : Nathalie Pujo. **Direction littéraire** : Armelle de Moucheron. **Responsable de collection** : Élisabeth Sheva. **Édition** : Élise Ernest, Pierre Chavot, Catherine Zerdoun. **Lecture-correction** : Véronique Duthille, Isabelle Sauvage. **Informatique éditoriale** : Lionel Barth. **Documentation** : Sylvie Gabriel. **Cartographie** : Cyrille Suss, Fabrice Le Goff. **Fabrication** : Nathalie Lautout, Caroline Artémon, Maud Dall'Agnola. **Couverture** conçue et réalisée par François Supiot. **Maquette intérieure et mise en pages PAO** : Catherine Riand.

Avec la collaboration de : Rémi Fregnac, Alice Nez et Nicolas Peyroles.

Un **reportage photographique** a été réalisé spécialement pour cette édition par Pierre Soissons.

Pour nous écrire :
Hachette Tourisme, 43, quai de Grenelle, 75905 Paris Cedex 15
< **evasion@hachette-livre.fr** >.

évasion

Roumanie

HACHETTE

Envie de partir ?

Joyeusement humaine, sensuelle et excessive, mais trop souvent méconnue, la Roumanie est belle de sa complexité. Sa géographie tourmentée abrite des milieux naturels d'une exceptionnelle richesse.

Au carrefour des invasions et des empires qui ont écrit l'histoire de l'Europe orientale, le peuple roumain a su maintenir une identité originale et cohabiter avec tout un éventail de cultures dont on ne connaît guère d'équivalent ailleurs.

La Roumanie est avant tout une terre d'intelligence et de vieille civilisation, ce dont témoigne son patrimoine. Il est temps de se promener sans retenue dans ce pays généreux, convivial et inépuisable.

Détail d'une fresque du monastère de Sucevița en Bucovine.

sommaire

découvrir

la nature en majesté

de vivantes campagnes

saveurs de Roumanie

croyances et traditions

histoire, unité et diversité

la Roumanie orthodoxe

itinéraires

© Pierre Soissons

Que voir ?

Bucarest et ses environs

Du Pays roumain au Banat

itinéraires

Autour des monts Apuseni

itinéraires

La Transylvanie du Sud

itinéraires

sommaire

pratique

organiser son voyage

les clés du séjour

repères

© Pierre Soissons

cartes

découvrir

La nature en majesté

© Bernard Houliat

Les Carpates et le Danube nourrissent la géographie et l'histoire de la Roumanie : autour s'articule une fabuleuse mosaïque de paysages qui sont à la fois des sanctuaires du patrimoine biologique européen et le refuge de sociétés rurales passionnantes.

Géographie : la règle de trois

Environ un tiers de montagnes, un tiers de collines et un tiers de plaines : le territoire roumain tient dans ce nombre d'or que rabâchent les livres scolaires. Cette trinité se décline en cercles concentriques : au milieu, les rondeurs de la **Transylvanie**, entourées par la couronne des **Carpates**. Vers l'extérieur se déversent les **collines** valaques et moldaves. Puis d'un côté s'étalent les plaines du **Banat** et de **Crişana**, de l'autre, les vastes étendues de **Valachie** et de **Dobrogea**, qui regardent vers les Balkans et l'Asie.

Page précédente : sur les contreforts des Carpates, de vastes herbages permettent le maintien d'un élevage familial.

Ci-dessus : sur les versants débonnaires des Apuseni s'éparpillent des milliers de formes.

Montagnes : sous le signe des Carpates

Plus de la moitié de la grande chaîne des Carpates *(encadré p. 91)* se trouve en Roumanie. Elles y entrent par le Maramureş, continuent par la Bucovine. Après un virage sec vers le sud, elles deviennent moldaves et sauvages jusqu'au nord de Bucarest.

Là, elles se recourbent vers l'ouest et se rehaussent pour donner des paysages de haute montagne et les plus hauts sommets du pays (2 544 m au mont Moldoveanu). Par soubresauts, elles finissent par rencontrer le Danube *(Dunărea)*, qui s'y taille un superbe défilé. À l'ouest du pays, les monts Apuseni ferment la ronde. D'une grande diversité biologique et ethnographique, ces montagnes présentent parfois un visage alpin et escarpé ; mais elles offrent plus souvent des massifs complexes, aux crêtes adoucies, où alternent forêts et vastes pâturages.

Un amphithéâtre de collines

La **Transylvanie** est sillonnée de vallées débonnaires. Sa position centrale, à l'abri du rempart des Carpates, lui vaut une grande portée symbolique pour l'histoire et l'identité roumaine, de même que pour la mythologie magyare et la culture allemande.

Appelée aussi ***Țara românească*** (le pays roumain), la **Valachie** est constituée de la **Munténie**, à l'est, et de l'**Olténie**, à l'ouest de l'Olt. Sur les contreforts des Carpates se déploie un dédale de collines aromatiques, couvertes de vergers, de cultures et de forêts. Puis des plaines immenses, où les arbres se font rares, s'inclinent en pente douce jusqu'au Danube. Au sens large (celui de l'histoire), la **Moldavie** comprend aussi la **Buco-**

économie

Une terre généreuse

La Roumanie possède des atouts non négligeables. Deuxième pays producteur de pétrole en Europe malgré des réserves limitées, elle dispose de ressources en **minéraux** non ferreux parfois **rares** comme l'argent, le plomb et l'or, métal déjà exploité par les Daces et les Romains.

Le pays est le 15e producteur mondial de **gaz**, le 11e producteur de **lignite**. En pleine restructuration, l'industrie est traditionnellement implantée dans des secteurs spécialisés (métallurgie, constructions mécaniques, pétrochimie).

Surexploitée, la **forêt** reste l'une des richesses majeures. L'**agriculture**, bien que morcelée encore, présente un potentiel considérable : profondes et légères, les **terres** de Valachie et du Banat sont **parmi les plus riches d'Europe**. ●

Au paradis des randonneurs

Des paysages très variés et somptueux, une vie rurale généreuse, de nombreuses possibilités d'hébergement : le marcheur trouve en Roumanie des ressources infinies. Le balisage des itinéraires reste encore limité aux grands massifs proches des centres urbains. Ailleurs, il est de qualité variable, le plus souvent effacé. La cartographie demeure sommaire même si de bonnes cartes font leur apparition (difficiles à trouver dans le commerce). Il est parfois ardu de s'y retrouver seul mais des guides parfaitement formés peuvent vous accompagner, même dans les massifs les moins fréquentés (les plus intéressants !) : monts Apuseni, Mehedinti, Maramureș, Bucovine, montagnes de Bârgău, de Neamț, de Ceahlău ou de Vrancea *(voir le carnet d'adresses de chaque région et p. 307)*. ●

© Bernard Houliat

RELIEFS DE LA ROUMANIE

vine et la **Bessarabie** (aujourd'hui République moldave ; *encadré p. 244*) ; au sens strict, elle couvre l'est du pays, du Prut aux cimes des Carpates et de l'Ukraine au Danube.

La verdure moelleuse et forestière des montagnes contraste avec l'opiniâtreté des collines moldaves et la plaine monotone du Siret.

La douceur des plaines

La **Dobrogea** n'est pas qu'un monde de steppes et de reliefs décharnés : vignobles et forêts de feuillus apaisent ce paysage qui vient mourir sur les plages du **littoral**. Le **Danube** règne sur cette région, y pénétrant par une succession de diverticules et de marécages et terminant sa

Sports d'hiver

Le **ski de montagne** peut se pratiquer dans la plupart des massifs de Roumanie.

Les Carpates abritent des stations de grande qualité, beaucoup moins chères que les stations d'Europe occidentale, disposant de toute une gamme de services et d'hébergements.

Les plus intéressantes se trouvent dans la vallée de Prahova (Predeal, Azuga, Buşteni, Sinaia) et autour de Braşov (Poiana Braşov) mais aussi dans le Banat (Semenic) ou dans le Maramureş (Borşa), un site magnifique mais malheureusement défiguré.

Le **ski de fond** semble peu organisé, bien que des sites somptueux soient encore à explorer.

Amateurs de « trous noirs »

La Roumanie est l'un des hauts lieux de la **spéléologie** grâce à l'abondance de ses grottes, essentiellement situées dans les montagnes du **Banat** *(p. 87)* ou d'**Olténie** et dans les **monts Apuseni**, où se trouve l'un des plus grands ensembles karstiques d'Europe : le plateau de Padiş et les **grottes de Scărişoara** *(encadré p. 130 ; photo ci-contre)*.

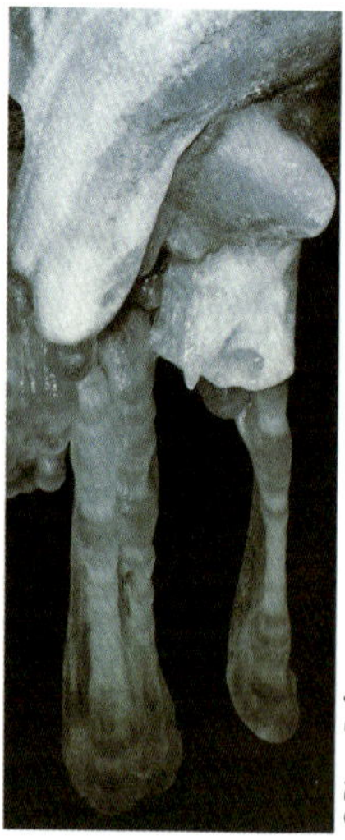
© Diane Dufresne

© Victor Bortas

© Pierre Soissons

© Pierre Soissons

En haut : les monts Fagaras. Au centre : le piémont moldave. En bas : le delta du Danube.

course par un immense **delta** dont les terres instables avancent sans cesse dans la **mer Noire**.

Banat et **Crişana** sont adossés aux Carpates et ouverts, par leurs plaines et par leur histoire, vers l'Europe centrale. Quant au **Maramureş**, isolé au nord-ouest, c'est un pays à part, îlot de vieille civilisation roumaine coiffé de montagnes boisées.

Une grande richesse biologique

Grâce à la complexité de sa géographie, la Roumanie dispose d'une gamme de milieux très variés et par conséquent d'une grande richesse biologique.

La forêt

Elle représente 26 % du territoire (6,3 millions d'hectares). Au Nord, les résineux sont majoritaires, mais les feuillus sont également importants. Dans le centre et le Sud (sauf en montagne), les feuillus dominent. En altitude, les forêts de hêtres et d'épicéas sont remplacées par des pins cembro, d'un grand intérêt naturaliste. Mais la forêt roumaine est, hélas, soumise à une exploitation excessive.

La faune

La **faune** est l'une des plus riches d'Europe : les **loups** sont présents dans presque tout le pays (3 000 individus) qui hébergerait 40 % de la population européenne de cette espèce. La Roumanie abrite à peu près 60 % des **ours** du continent, soit plus de 5 000 individus. Cet animal fréquente presque tous les massifs et constitue, avec le **cerf**, un élément clé de l'imaginaire des Roumains, présent notamment lors des mascarades d'hiver *(p. 36)*. Le **lynx** (1000 individus env.) vit au plus secret des forêts, que peuplent le cerf, le sanglier, le chat sauvage, le blaireau, la martre. Emblème de la Moldavie *(encadré p. 222)*, le **bison d'Europe** a été exterminé mais des spécimens de la réserve polonaise de Bialowieza, dernier refuge de l'espèce, ont été introduits dans la réserve de **Vânatori Neamţ** (Moldavie). En montagne se rencontrent chamois, marmottes, aigle royal et, en forêt d'altitude, le grand tétras et la gélinotte.

Plus de 300 espèces d'**oiseaux** fréquentent le delta du Danube, ce qui en fait une **destination ornithologique** de renommée mondiale *(p. 276)*.

La protection de la nature

Le caractère exceptionnel du **delta du Danube** lui vaut d'avoir été déclaré « **réserve de la biosphère** » en 1992 *(encadré p. 280)*. Depuis l'an 2000, la loi donne un cadre à la protection de la nature, et les aires protégées constituent 5,18 % du territoire.

Les **11 parcs nationaux** en projet vont rejoindre le « vieux » parc national de Retezat *(p. 140)*, créé en 1935. Il s'agit des sites suivants : monts de Rodna, Căliman, Cozia *(p. 99)*, Retezat, Ceahlău *(p. 267)*, Măcin, Piatra Craiului *(p. 96)*, Semenic *(p. 110)*, ainsi que les gorges de Bicaz *(p. 267)*, celles de la Nera *(p. 108)* et la vallée de la Cerna. Sont aussi en projet six **parcs naturels** : monts Bucegi et des Apuseni *(p. 121)*, Portes de Fer – Danube *(p. 108)* –, étangs de Brăila (Danube), réserve de Vânatori Neamţ. Il existe des centaines de **réserves naturelles** et **scientifiques** mais peu de moyens pour y assurer une véritable protection. Originalité roumaine, les « **monuments de la nature** » sont des espèces (oiseaux, plantes), des phénomènes ou des sites rares, d'une grande valeur écologique, qui sont protégés par la loi.

Un hôtel au fil de l'eau

Sur les principales voies du delta du Danube *(p. 280)*, des barges tractées par un remorqueur ont été transformées en hôtels tout confort avec restaurant panoramique *(encadré p. 296)*. Véritable camp de base itinérant, ce *ponton dormitor* jette l'ancre à proximité des lieux intéressants. À partir du bâtiment, on peut utiliser des barques (attachées au *ponton dormitor* et à disposition pendant le périple) pour glisser entre canaux et lacs. Une formule idéale pour découvrir le delta tout en bénéficiant d'une certaine autonomie et du confort.

Au fil du rail

© Pierre Soissons

Rien de tel que les trains omnibus pour découvrir l'intimité du pays.

Les amateurs de flâneries ferroviaires ont de belles aventures à vivre en Roumanie (p. 317). Le train combine le plaisir de la rencontre et le temps de contempler le paysage, la vie des villages et des champs. Les passagers aiment discuter (il n'est pas rare de rencontrer des gens parlants anglais, français ou allemand) et se révèlent parfois d'excellents « informateurs » pour la suite du voyage.

Sur les longs parcours (essayez le Iaşi-Timişoara !), il faut parfois partager le casse-croûte et la *ţuică* (eau-de-vie). La plus belle des lignes est sans doute **Oraviţa-Anina** *(p. 109)*.

Les tortillards de **Bucovine**, Vama-Moldoviţa *(p. 231)* ou Rădăuţi-Putna *(p. 235)*, traînent parmi les maisons et les jardins. Les petites lignes du **Banat**, autour de Timişoara, sont pleines de poésie et d'une lenteur délicieuse. De **Bucarest à Sighetu Marmaţiei**, 14 heures en wagons-lits permettent de faire l'expérience d'un art de voyager aujourd'hui quasiment disparu en Europe. Au petit matin, l'arrivée à 20 km/h dans les montagnes de **Maramureş** est somptueuse : le soleil effleure les maisons en bois, les paysans partent aux champs, les villages s'animent et une foule de détails s'offre au visiteur, qui a l'impression de faire un voyage dans le temps. Toujours en Maramureş, la fameuse ligne à voie étroite de la Vaser *(p. 215)*, réservée à l'exploitation forestière, est le refuge des dernières **locomotives à vapeur** de Roumanie en service ordinaire. ●

De vivantes campagnes

© Pierre Soissons

À la période des foins, la campagne grouille de bruits et de couleurs.

En pénétrant en Roumanie, le visiteur doit s'attendre à des surprises. L'une des plus belles est le foisonnement des campagnes, qui débordent d'énergie, de couleurs et de générosité. Dans certaines régions de montagne ou de collines, le paysage n'est qu'un immense jardin, minutieusement travaillé et bruissant d'activité : des femmes qui chantent ou s'interpellent, des hommes qui sifflent, des cris d'enfants, des éclats de rire, les ordres lancés aux chevaux ou aux chiens, la faux qu'on aiguise, les clochettes des brebis, le grincement des charrettes surchargées de foin… De longs villages multicolores s'étalent sans fin le long des vallées. D'autres déploient leur charme pastel autour d'une église-forteresse. Des hameaux sont disséminés sur les crêtes ou cachés dans les replis du terrain. Un fleuve de vie s'écoule dans les rues de terre battue où règnent les enfants, les chats, les oies et les chevaux.

Une agriculture traditionnelle

Si une telle vitalité a pu se perpétuer jusqu'à nos jours, c'est que le monde rural s'est toujours protégé des vicissitudes en se repliant sur lui-même. Durant la période communiste, environ 90 % des terres agricoles étaient sous le contrôle de l'État, le reste relevant d'exploitations privées, plutôt situées en montagne. En 1990, les terres ont été rendues à leurs anciens propriétaires – 5 millions de particuliers – et se sont trouvées morcelées à l'extrême. Pendant cette période de transition, les paysans ont privilégié une agriculture d'autarcie. Une mosaïque de cultures et de gestes s'est maintenue, faisant certes l'admiration des touristes, mais exigeant un travail colossal pour une productivité qui demeure limitée.

Un monde en sursis

Ces belles campagnes trouvent encore leur équilibre entre autosubsistance, petits services et solidarité de voisinage. Pourtant, après avoir résisté pendant des siècles, elles vont connaître de sévères mutations dans les vingt prochaines années. L'entrée de la Roumanie dans l'Union européenne *(encadré p. 324)* pourrait sonner le glas de cette agriculture si peu productive. Les petits paysans roumains sont déjà quasiment exclus des programmes européens d'aide à l'agriculture (SAPARD).

Fascinante par bien des aspects, la vie du paysan est loin d'être idyllique. Certes, on vit plutôt bien dans les villages. Mais les ressources sont fragiles et trop tributaires des intempéries ou du contexte économique. Bien éloigné des débats sur la préservation du patrimoine, le paysan ne pense qu'à se défaire d'un monde auquel il ne veut plus appartenir : dès que ses fonds le lui permettent, il bâtit une imposante demeure en béton à la place de la vieille maison en bois, celle que les touristes aiment tant photographier !

Un patrimoine rural exceptionnel

De nombreuses traditions ont su se maintenir dans cette Roumanie rurale. Pour les découvrir et les apprécier, il faut une certaine disponibilité. Ne vous arrêtez surtout pas aux pantomimes folkloriques, car la magie de ce pays est ailleurs : il suffit de vous couler pendant quelques jours dans le quotidien d'un village, quelque part en Olténie, dans les collines moldaves ou en Bucovine.

Vous y partagerez une sociabilité dont l'Occident aurait paraît-il fait le deuil. Vous (re) découvrirez aussi le goût du temps, des œufs frais, du lait de vache ou des confitures de sureau et… un patrimoine exceptionnel. En Roumanie, ce qui, dans d'autres pays, relèverait du musée reste utilitaire et quotidien : musique, croyances et médecine populaire ont encore une fonction dans la vie des villages.

B & B à la roumaine

Les **chambres d'hôtes** connaissent un grand succès. La plupart se situent dans des maisons homologuées par le ministère des Transports, des Constructions et du Tourisme.

© Pierre Soissons

Malheureusement ces maisons sont parfois récentes et assez quelconques.

On trouve toutefois des hébergements dans des **maisons traditionnelles** d'une grande qualité patrimoniale, restaurées avec intelligence pour l'accueil touristique, en Maramureş *(p. 216)*, au pays des citadelles saxonnes *(p. 174)*, chez le comte Kalnoky, en Transylvanie *(p. 192)*, ou sur les marges des monts Apuseni *(p. 142)*.

Il est recommandé de prendre la demi-pension car il existe rarement d'autres possibilités de se restaurer et la cuisine familiale demeure ce qui se fait de mieux dans ce pays.

Le repas du soir et le petit déjeuner sont copieux et utilisent le plus souvent des produits de la ferme *(voir le carnet d'adresses de chaque région)*.

économie

L'intérêt croissant des investisseurs

La stabilité politique, une main-d'œuvre bon marché et bien formée, l'éclosion de nouveaux marchés incitent la plupart des groupes internationaux à investir en Roumanie. Les principaux secteurs sont le bâtiment, l'automobile, la pétrochimie, l'hôtellerie, la banque, les télécommunications, l'agroalimentaire. L'essentiel des échanges se fait avec les pays de l'Union européenne. Pour exemples, en 1999 Renault s'est engagé dans un vaste chantier en prenant le contrôle des usines **Dacia** de Pitești (Valachie), où était fabriquée la copie de la **R12** (voiture emblématique de la Roumanie, que vous croiserez partout) ; après la chaîne allemande **Metro**, le Français **Carrefour** dynamise la grande distribution. Des entreprises étrangères viennent également débaucher les multiples talents, notamment les **jeunes as de l'informatique**, qui partent travailler aux États-Unis, au Canada ou en Allemagne.

Disparus ailleurs, de nombreux savoirs artisanaux survivent tant qu'il existe une demande. L'utile se doit d'être beau, ce qui témoigne d'une culture populaire riche et raffinée.

La civilisation du bois

Une véritable civilisation du bois s'est affirmée dans les Carpates et sur leur piémont, où les immenses forêts fournissent la matière première. Le bois est omniprésent dans l'univers du paysan. De l'art religieux aux détails du quotidien, partout se manifeste le même génie, qui combine spiritualité, délicatesse et habileté technique. Modèles de simplicité et d'élégance, les églises transmettent le message des vieilles cultures paysannes de Bihor, d'Olténie *(p. 128)*, de Salaj *(p. 190)* ou du

Savoir-vivre

Même s'il perd chaque jour du terrain, le savoir-vivre roumain conserve un charme suranné et touchant.

Il est recommandé d'offrir des fleurs à la maîtresse de maison, et toujours en nombre impair (les fleurs en nombre pair sont liées aux funérailles). Mesdames, attendez-vous au baisemain, pratiqué aussi et surtout dans les campagnes. Vous êtes reçu par un chaleureux « *Bine ați veniți* » (bienvenue) auquel vous répondez « *Bine v-am găsit* ». Ne pas oublier de se déchausser en pénétrant dans un appartement ou une maison. La tenue vestimentaire a de l'importance : le style débraillé ou avachi est ressenti comme un manque de respect vis-à-vis d'autrui. À la campagne, il est déconseillé de fumer à l'intérieur des maisons.

© Pierre Soissons

En famille

Séjourner dans un village au sein d'une famille et partager les activités des enfants du voisinage reste une expérience inoubliable. Certaines agences françaises (Balaguère, Terres d'aventure ; *p. 307*) proposent des séjours pour les familles. Des **séjours à la ferme** peuvent être organisés directement par des villageois. C'est l'occasion de se promener en charrette, de construire des cabanes dans la forêt, de pétrir le pain, de cueillir framboises et myrtilles, de conduire les vaches, de faire les foins, ou même, en Maramureș, d'observer des traces d'ours.

Maramureş *(p. 196)*. Une science des volumes et une symbolique riche qui s'expriment aussi à travers les maisons en bois, souvent séparées de la rue par un portail sculpté et une palissade en branches de noisetier tressées *(p. 204)*.
Les Roumains font preuve d'une créativité qui transforme l'objet le plus banal en œuvre d'art: le battoir pour la lessive ou le manche de la faux sont parfois embellis de rosettes et de fleurs stylisées gravées au canif. Hélas les villages saxons et hongrois ont été pillés de leur mobilier, parti en Occident: coffres, armoires, chaises et bancs, traditionnellement illuminés de somptueuses compositions florales, ne sont hélas presque plus fabriqués.

Les métiers du village

De nombreuses familles tirent un complément de revenu d'activités artisanales *(encadré ci-contre)*. L'étendue des savoir-faire a de quoi impressionner. Certains se maintiennent tandis que d'autres sont au seuil de la disparition. Les artisans utilisent encore lin, chanvre, terre, cuivre, roseau, bois, peau, laine, teintures végétales. Ils font encore des nappes brodées, des tapis aux motifs floraux, des bottes, des bonnets d'astrakan, des ceintures décorées, des selles, des violons, des tonneaux, des traîneaux, des chaises sculptées. Ils

comportement

Plaidoyer pour les petits métiers

Les Roumains ayant grand besoin de liquidités, il est facile de trouver à acheter des objets anciens : vêtements traditionnels, mobilier, icônes, etc. C'est ainsi que, à partir de 1990, la Roumanie a été pillée. Au lieu d'inciter les paysans à se séparer de leurs biens, le voyageur peut commander ou acheter des objets semblables auprès des artisans locaux. Il encouragera ainsi le maintien de ces petits métiers et contribuera à créer des ressources durables *(voir le carnet d'adresses de chaque région)*.

© Antoine Schneck

Souvenirs, souvenirs...

Les œufs décorés de Bucovine *(encadré p. 241)*; les icônes sur verre, les couvertures de laine, les tapis en Maramureş *(encadré p. 217)*; la céramique et les tapis en Olténie *(p. 106)*; les objets usuels en bois dans les monts Apuseni; les nappes brodées en Transylvanie et en Moldavie ; les meubles peints à Rupea constituent autant de beaux objets et de sympathiques souvenirs à acheter.

Couleurs locales

En ville, faites un tour au **bazar** *(voir le **carnet d'adresses** de chaque région)*. Quincaillerie, vêtements, vaisselle, images pieuses, cassettes de musique piratée, pièces détachées de voitures, outils... : un inépuisable bric-à-brac, rehaussé d'odeurs de viandes grillées et de musique balkanique. Rendez-vous aux **foires hebdomadaires** – le *târg (voir **carnet d'adresses** de chaque région)* – qui se tiennent en marge des villes situées au cœur de zones rurales, ainsi que dans les bourgs importants: chevaux, bétail, matériaux et outillage s'y échangent dans une ambiance haute en couleur.
Chaque année, au début du mois de juin, se tient une grande **foire des potiers à Horezu** en Olténie *(encadré p. 117)*.

© Antoine Schneck

culture

Éloge du village roumain

En Maramureș, le dimanche est l'occasion de porter l'habit traditionnel.

Porteur d'une culture féconde, le village a toujours été le refuge de l'identité roumaine. Unis autour de l'Église et d'un cortège de traditions et de croyances *(p. 32)*, les paysans se sont accrochés à leur culture avec la ténacité et l'ingéniosité des gens soudés par l'adversité : les communautés de Maramureș ont rivalisé d'habileté et de sens esthétique pour dresser leurs fameuses églises en bois *(p. 196)*. Chaque village a ses chants, ses costumes, sa façon de bâtir les maisons ou de sculpter les portails *(p. 204)*. Certes, les milieux ruraux de l'Europe entière ont produit des cultures aussi riches. Mais l'originalité roumaine vient sans doute de la vigueur et du raffinement dont a témoigné, jusqu'à ces derniers temps, cette civilisation villageoise. Le village a ainsi nourri le travail d'écrivains très attachants, comme **Ion Creangă** *(encadré p. 264)* ou **Lucian Blaga**, auteur d'un essai devenu célèbre : *L'Éloge du village roumain.*

forgent les gonds et les pentures de porte. Ils cuisent les briques ou la céramique pour les poêles, construisent en terre crue, recouvrent les maisons de roseaux ou de bardeaux, réalisent des dentelles de zinc pour décorer les toits.

De véritables artistes égayent les maisons de pochoirs, peignent des fleurs sur les meubles, décorent les œufs de Pâques *(encadré p. 241)*. Quant aux peintres d'icônes sur bois ou sur verre, ils sont devenus rares et se rencontrent surtout dans les monastères.

La maison : l'univers du paysan

Les Roumains savent donner de l'âme à leurs maisons *(p. 24)*. Le charme de la plupart des campagnes provient de la profusion de couleurs : murs blancs où se détache le bleu vif d'une fenêtre ; vert sombre des planches qui voisine avec le jaune des bardeaux ; bois des maisons doré par l'âge et le soleil ; enduits pastel, légèrement fanés, des villages saxons ; casseroles rouges ou jaunes accrochées par dizaines sur le bois ; décorations naïves à base de carreaux de faïence. On est subjugué par le culte du détail qui, loin de surcharger les lieux, exprime une vitalité et une fraîcheur créatrice. Ces petits riens enchantent les fermes, même les plus modestes. Sur les façades courent des frises travaillées où se succèdent des cerfs découpés dans des planches de couleur. Ailleurs ce sont des feuillages ou la silhouette d'un sapin. Ou bien un coq et un bouquet de fleurs en stuc. Parfois, des tableaux naïfs sont peints directement sur le mur.

Au cœur du foyer

Dans tout le pays, le territoire familial respecte à peu près la même organisation et autour de la maison gravite un monde fonctionnel et autonome: puits, atelier, réserve de bois, étable, poulailler, four à pain, jardin, verger et, plus loin, les champs. L'accès à cet univers est souvent mis en scène par le portail monumental en bois *(p. 204)*: sculpté de signes protecteurs, finement ciselé ou peint, il fait la fierté des villageois de Maramureş *(p. 196)*, du pays des Szeklers *(p. 180)*, des montagnes moldaves ou des collines d'Olténie *(p. 106)*. Le plan de la maison ne varie guère d'une région à l'autre: à l'extérieur, une galerie, et à l'intérieur, un couloir ouvrant sur une ou deux pièces et une remise.

Deux espaces résument particulièrement l'esprit d'une maison paysanne. Appelée, selon les régions, *satra*, *cerdac* ou ***prispa***, la galerie protège la maison de la pluie et du soleil. L'été, on y fait la cuisine sur un fourneau en fonte. Assis sur un banc, femmes et enfants trient le tilleul ou écossent les haricots à l'abri de l'orage. Des bouquets de plantes médicinales ou des colliers d'oignons sont accrochés au mur. Les dimanches d'automne, on s'y assoit pour profiter du soleil.

Douillette et chargée de souvenirs, l'autre pièce préférée des Roumains est la **cuisine d'hiver**, où trône la ***soba*** *(encadré p. 242)*, le grand poêle en faïence autour duquel se déroule l'essentiel de la vie pendant les grands froids. Il faut remarquer aussi la « **chambre propre** », abondamment décorée, utilisée pour les grandes occasions: c'est là que sont reçus les invités et que la dot de la mariée est exposée.

À la belle saison, la cuisine déménage à l'extérieur, à l'abri de la prispa.

L'habitat traditionnel

Alors qu'il est un attrait majeur de la Roumanie, l'habitat traditionnel n'est pas protégé. Dans les régions les moins avancées, il est plutôt bien conservé : Moldavie, Maramureş, pays des citadelles saxonnes, recoins d'Olténie ou des monts Apuseni, fond du delta du Danube, Bucovine.

Mais il est hélas possible de débiter des maisons de Maramureş ou de Bucovine et de les exporter en France ou en Suisse pour en faire de charmants petits chalets…

S'il reste encore beaucoup de ces chefs-d'œuvre dans les villages, on peut en apprécier un superbe échantillonnage dans ces musées en plein air aménagés dans plusieurs régions de Roumanie : le musée du Village de Bucarest *(p. 80)*, le plus célèbre, mais aussi près de Sibiu *(p. 157)*, à Sighetu Marmaţiei *(p. 202)*, à Curtişoara *(p. 104)* et près de Cluj-Napoca *(p. 190)*.

Maison de Maramureş

Témoignant d'une remarquable science des volumes et d'ingéniosité, la maison est faite de madriers ronds ou équarris, empilés horizontalement et emboîtés à leurs extrémités en queue d'aronde.

Des motifs végétaux ornent parfois les encadrements des portes ou des fenêtres. Le bois est omniprésent.

© Bernard Houliat

En Bucovine

Maison saxonne

Les maisons de pierre ou de brique sont enduites de chaux aux délicieuses couleurs pastel que vient relever la couleur franche des fenêtres. Les frontons affichent des ornementations en stuc, tandis que les toits sont recouverts de tuiles plates disposées en écailles. Chez les Saxons *(p. 50)*, lits, bancs et armoires sont décorés de motifs floraux.

Maison moldave

Badigeonnés de chaux, les murs blancs sont rehaussés de la couleur, généralement vive, des ouvertures et des éléments de bois, qui peuvent être très raffinés.

Maison des Apuseni

Là se rencontrent les maisons les plus « primitives » de Roumanie. Leur haut toit de chaume évoque la toque d'astrakan que portent les paysans.

© Pierre Soissons

Façade saxonne

Maison de Bucovine

Les majestueuses maisons au toit à quatre pentes sont encore nombreuses. La Bucovine est le pays de l'imagination au service du décor quotidien : juxtaposition de couleurs, fignolage des détails de bois découpé, passion du détail et décorations naïves.

Maison du delta du Danube

Construites de torchis, les maisons du delta sont coiffées d'un toit de roseaux. L'essentiel de l'ornementation se limite à peindre en bleu portes et fenêtres.

© Bernard Houliat

En Maramureş

Ferme de Maramureș, portail d'entrée

© Bernard Houliat

Maison d'Olténie

© Pierre Soissons

© Pierre Soissons

Maison saxonne

© Bernard Houliat

© Pierre Soissons

© Pierre Soissons

Maisons moldaves

Granges des Apuseni

© Pierre Soissons

© Pierre Soissons

Maison de Moldavie

© Pierre Soissons

Maison du delta du Danube

Saveurs de Roumanie

Fêtes religieuses, mariages ou enterrements sont l'occasion de découvrir la table paysanne.

Les Roumains réservent une place privilégiée à l'art de se nourrir, et surtout à celui d'honorer leurs invités par une table souvent excessivement mais délicieusement garnie. Robuste par ses racines paysannes et créative par nécessité, du fait de longs siècles de précarité, la cuisine roumaine s'est enrichie au fil du temps d'apports orientaux et slaves. C'est ainsi que quelques produits et plats de base ont donné naissance à un foisonnement de saveurs et de variantes régionales.

Les nourritures de l'effort

Dans les campagnes, l'assiette des jours ordinaires se montre parfois spartiate, toujours simple et vigoureuse : paysan, berger, faucheur ou bûcheron doivent faire le plein d'énergie avec peu de moyens. La famille produit l'essentiel de ce qu'elle consomme : choux, pommes de terre, haricots, oignons, blé, fruits, cochon, bétail, volaille, produits laitiers. Dans de nombreuses régions, on cultive aussi le maïs : sa farine sert à préparer une sorte de polenta, la ***mămăliga***, l'incontournable compagne de la cuisine roumaine, qui remplace souvent le pain. Elle peut même constituer l'essentiel du repas à travers des plats roboratifs comme la *mămăliga cu brânză* – au fromage et au lard –, en Maramureş, qui mérite d'être connue tant elle incarne une certaine économie de la vie. Mais la cuisine puise aussi son inspiration dans la nature, que les paysans ont appris à utiliser à la perfection.

Des saveurs sauvages

La quête des ressources du milieu, à des fins culinaires ou médicinales, se cultive un peu partout, mais c'est dans les montagnes qu'elle devient une science majeure.

Une de ses plus belles expressions se rencontre en **Moldavie** : à côté de l'emploi des produits classiques, les ruraux y pratiquent encore une **cuisine de cueillette**. Les pousses tendres d'orties sont préparées à la crème et au fromage. Les fleurs d'acacia finissent en confitures ou dans les crêpes. Des bourgeons de l'épicéa, on fait un sirop. Les feuilles du tussilage, plante des forêts, enveloppent les ***sarmalé*** les plus délicats *(encadré p. 29)*. Le sureau prête ses fleurs à la *socată*, une sorte de limonade aigrelette et parfumée, tandis que ses fruits deviennent une superbe confiture. Les fleurs de pissenlit sont apprêtées de la même façon. Myrtilles, airelles, cerises sauvages, fraises des bois et framboises embaument les desserts et les laitages. Quant aux **champignons**, les paysans en emploient une dizaine d'espèces, qui se déclinent en une centaine de préparations différentes. Il serait dommage de passer par la Bucovine sans essayer une soupe de cèpes *(hribi)*, des russules panées *(vinețele)* ou des boulettes de girolles *(gălbiori)* à l'aneth…
Mais cette cuisine rustique manquerait singulièrement de brio si elle n'avait assimilé le tempérament slave et surtout le génie des saveurs du Moyen-Orient.

Le raffinement oriental

Partager un repas dans une famille de Dobrogea, de Munténie ou de Moldavie permet de découvrir à quel point l'**empreinte turque** peut embellir la table quotidienne et surtout celle des jours de fête : hors-d'œuvre à base d'aubergines, de poivrons ou autres légumes confits *(mezeluri)* ; diverses préparations de viande épicée *(chiftele, mititei)* ; *pastrama de oaie*, viande de mouton macérée dans des épices, puis fumée et séchée ; ragoûts de légumes *(ghiveci)* ; et surtout un incomparable cortège de douceurs : les pâtisseries où s'associent le miel et les noix *(baclava, sarailie)*, les loukoums (utilisés dans des gâteaux), les sor-

tradition

Au paradis de la soupe

La soupe offre des assemblages de saveurs et de couleurs d'une rare sensibilité. Elle est servie en milieu de repas, après les hors-d'œuvre, et avant le fromage et la salade. ***Supă*** se dit d'un potage doux et velouté. On dit aussi ***ciorbă*** (prononcer « tchorba »).

Le ***borș***, qui se prononce « bortch », désigne la soupe et le liquide qui lui donne ce petit goût aigrelet caractéristique. On le prépare dans des tonneaux en chêne ou dans des pots en céramique.

Le *borș* est un aliment sain, dont les **paysans moldaves** vantent les vertus : il est réputé redonner de l'appétit à ceux qui l'ont perdu et il est riche en vitamines. En **Bucovine**, ne manquez pas de tester le *borș* de betterave *(borș de sfeclă)*, combinant quatre ou cinq légumes, autant d'herbes, et assoupli d'une cuillerée de crème fraîche. La soupe de poisson *(borș de pește)* du **delta du Danube** est renommée. En **Transylvanie**, le velouté de haricots plats *(supă de pastei)* saupoudré de paprika est divin.

bets (*şerbet* est d'ailleurs un mot turc), les confitures de pétales de rose ou de fleurs de nénuphar.

Ces délicatesses trouvent leur plus belle expression en accompagnant un café… à la turque.

Des produits sains

Dans ce pays que n'ont pas encore atteint les vertiges de la grande distribution planétaire, les **saisons** continuent d'exister. À partir de mai, les fermières vendent leurs produits devant leur maison. Fin août, les rues sont envahies par l'odeur des aubergines *(vinete)* que l'on pèle sur le feu tandis que les pastèques envahissent les marchés. En septembre, place aux poivrons rouges *(gogoşari)* et aux longs oignons d'eau vendus par les paysans du côté de Buzău *(cepe)*. Ils servent à préparer la ***zacuscă*** *(encadré p. 299)* que l'on consomme en hiver.

À la ferme, la table est garnie de produits sains et savoureux: le veau *(viţel)*, l'agneau *(miel)*, et le poulet *(pui)* courent autour de la ferme, le jaune des œufs *(ou)* est orangé, et le beurre *(unt)* a du goût.

Laitages et fromages

Dans les régions de montagne, où le lait *(lapte)* de vache, de brebis ou de bufflonne coule en abondance, les paysans consomment beaucoup de laitages: par exemple, le lait aigre *(lapte acru)*, une sorte de **yaourt doux** que l'on trouve surtout en Bucovine et que l'on mélange à la confiture de cerises amères ou de pétales de rose.

Quant à la **crème** *(smântână)*, elle entre généreusement dans beaucoup de recettes. Mais le lait est principalement employé à la fabrication du fromage *(brânză)*.

Les fromages présentent une apparente uniformité: le ***caş*** (prononcer « cash »), un fromage de vache ou de brebis, se retrouve d'un bout à l'autre du pays, sous forme de gros ballons blancs. Son goût varie selon le pâturage, la saison, le savoir-faire du berger. Conservé dans l'eau salée, on l'appelle ***telemea*** et il ressemble à la feta grecque. Après avoir bien égoutté le fromage obtenu à la première cuisson, les bergers font chauffer de nouveau le petit-lait et recueillent la

L'hospitalité

Quelle que soit la situation matérielle de la famille, l'hospitalité est sacrée. Ce besoin d'offrir le meilleur de soi-même sans contrepartie provient d'une exigence morale propre aux paysans et à leur religiosité (« Qui donne aux autres reçoit de Dieu »). C'est une forme d'obligation sociale. Cette générosité indissociable de l'identité roumaine s'exprime le mieux à la table familiale.

© Pierre Soissons

Politesse à table

À table, ne vous sentez pas obligé de nettoyer votre assiette, on croira que vous avez encore faim. Même précaution pour le verre d'alcool: dès qu'il est vide, on vous le remplit. À la fin du repas, il est bien vu de féliciter la maîtresse de maison: « *Sărut mâna pentru masă* » (« Je vous baise la main pour ce repas »). Elle vous répond par: « *Să vă fie de bine* » (« Que cela vous fasse du bien »).

La cuisine familiale

Elle peut être prodigieuse! Dommage que la majorité des restaurants servent trop souvent des plats gras et insipides, donnant une piètre idée de la culture culinaire de ce pays. Certes, la cuisine de certaines régions est un peu lourde (Banat, Maramureş, Transylvanie), mais elle ne manque ni de cœur ni de saveur.

Si vous choisissez l'accueil chez l'habitant *(p. 311)*, de réjouissantes découvertes vous attendent. Par tradition et pour veiller au bon déroulement du repas, les gens de la maison mangent rarement avec les invités. ●

tradition

Un plat national

© Pierre Soissons

Aucun repas de fête ne saurait se passer de ce ténor de la cuisine roumaine, présent dans tout le pays. Les ***sarmalé*** sont des rouleaux de feuilles farcis, cuits dans un bouillon, sur un matelas de tomates ou de tombées de chou. Pour l'enveloppe, on utilise des feuilles de chou, de vigne, de betterave, de radis noir et d'autres encore. La farce est le plus souvent composée de viande hachée (bœuf et porc) mêlée à du riz, des oignons et des condiments. Pendant les jours ou les périodes de carême – le *post* *(encadré p. 34)* –, la farce doit être végétarienne : champignons, carottes, riz, noix, oignons et herbes du jardin. Ces derniers sont, bien sûr, beaucoup plus digestes et délicats.

urdă, fromage à la pâte finement granuleuse, soyeuse et agréable au goût.

Peut-être aurez-vous la chance de déguster la *urdă* à la bergerie, avec un peu de sel et d'oignon vert ? Les montagnes proches de Braşov *(p. 170)* proposent une intéressante gamme de fromages. Certains sont enveloppés d'écorce d'épicéa. Présenté en grosses boules, le ***brânză de burduf***, de vache et/ou de brebis, est fermenté dans un estomac de porc ou de brebis, d'où un goût relevé. On fait aussi du fromage fermenté *(brânză frământată)* à la maison, dans un baril de bois de sapin.

En séjournant dans les villages de moutonniers des environs de Sibiu *(p. 146)*, on ne risque pas de manquer de fromage : chaque famille en fabrique. Un produit étonnant et parfumé fait penser au reblochon : le ***nasal***, affiné dans les grottes de Ţaga au cœur des collines de Transylvanie. On le trouve dans la plupart des supermarchés Metro. L'industrie laitière produit une sorte d'emmenthal qui a une agréable saveur piquante : le ***şvaiţer*** (adaptation roumaine de *schweizer*, « suisse » !). Et aussi le ***caşcaval***, un fromage à pâte cuite fabriqué avec du lait de vache ou de brebis, très répandu mais sans grand intérêt gustatif.

Le goût des alcools forts

L'**eau-de-vie *(ţuică)*** est une institution : on la sert en toute occasion et même en apéritif en s'adressant de sonores « *Noroc, sănătate, la mulţi ani* » (« Chance, santé, longue vie ») !

La distillation reste tolérée en Roumanie, malgré une législation qui commence à se durcir afin de s'aligner sur les normes de l'Union européenne. Prune, pomme, raisin et poire sont à la base de la plupart des eaux-de-vie. Elles peuvent être excellentes et parfumées ou absolument infectes (en Moldavie, on n'hésite pas à distiller de la betterave!). En Maramureş, la *ţuică* est appelée ***horincă***; en Transylvanie, on dit ***pallnca***, du hongrois *pálinka*, et **schnaps** chez les Saxons. Plutôt qu'acheter de la *ţuică* dans le commerce, mieux vaut la déguster avant de l'acquérir chez un bon producteur. En Moldavie, on sert volontiers la ***secărică***, une *ţuică* (ou *rachiu*) chaude mélangée à du cumin. Dans les montagnes de Bucovine ou des Apuseni, on prépare une boisson plus douce, à base de myrtilles et de sucre macérés dans de l'eau-de-vie: l'***afinată***. Ailleurs, on utilise des griottes *(vişinată)*.

Attention aux autres boissons alcoolisées vendues dans les bazars et les marchés: les prétendus rhums, vodkas et autres cocktails chimiques sont généralement imbuvables et peuvent même s'avérer dangereux.

La tradition de la bière...

En Roumanie, on produit et on consomme une bière *(bere)* de qualité. Le pays est le 24e producteur au monde, avec plus de 10000 millions d'hl par an (États-Unis: 238000 millions d'hl; France: 20000 millions d'hl; Belgique: 14000 millions d'hl). Les grands groupes internationaux, comme Brau Union (Autriche), Carlsberg (Danemark) ou même Efes (Turquie), ont d'ailleurs racheté une bonne partie des brasseries roumaines.

La **bière à la pression** est vraiment fameuse: blonde, douce et légère, elle est servie en chope d'un demi-litre *(o halbă)* ou en 25 cl *(un ţap)*. Certaines marques **en bouteille** sont des valeurs sûres: Ciuc, Ursus, Bergenbier, Reghin, Suceava. Les amateurs apprécieront les « fêtes de la bière » comme celles de Timişoara en mai et de Braşov en octobre.

... et du vin

Riche de 270000 ha de vignes – deux tiers de blancs *(vin alb)* pour un tiers de rouges *(vin roşu)* –, la Roumanie est un pays de **vieille tradition viticole** (la vigne y est cultivée depuis l'Antiquité). Elle est le 12e producteur mondial de vins, juste après le Portugal.

La grande variété de situations et de cépages devrait permettre une production originale et de grande qualité.

Lire les étiquettes

On trouve du vin dans tous les magasins. Certains supermarchés proposent des sélections intéressantes. Les étiquettes portent le nom de la région d'origine – par exemple Odobeşti, Murfatlar ou Jidvei – suivi du nom du cépage dominant (merlot de Murfatlar). Certains seront surpris de lire que les rouges peuvent être qualifiés de « secs » ou « demi-secs ».

© Pierre Soissons

À Soreşti, la famille Pauna sert le vin qu'ils produisent (carnet d'adresses p. 118).

Chez les producteurs

Beaucoup de petits vignerons souhaitent développer, avec peu de moyens, des vins de terroir de bonne qualité. Il faut chercher autour de Târgu Jiu ou Şegarcea en Olténie; de Lechinţa et Jidvei en Transylvanie; de Focşani, Odobeşti et Huşi en Moldavie; de Niculiţel en Dobrogea; de Dealu Mare ou Buzău en Munténie *(p. 88)*.

Pour approfondir le sujet, testez les **tables d'hôtes chez des vignerons** à Cotnari (Moldavie; *p. 268)* ou près de Buzău (Valachie).

Un site permet de découvrir le vignoble roumain: < www.transylvania.be >.

savoir-faire

Un vignoble plein de promesses

Depuis les années 1920 – et bien des siècles auparavant pour certains vins prestigieux comme celui de Cotnari *(encadré p. 250)* –, les vins roumains jouissent d'une bonne réputation internationale. Si, pendant l'ère communiste, la politique de rationalisation n'est pas toujours allée de pair avec la qualité des productions, la situation a commencé à évoluer à partir des années 1990, époque de la rétrocession des terres aux anciens propriétaires. Aujourd'hui, 81 % du vignoble relève d'un secteur privé où persiste une nuée de petites exploitations dont la superficie moyenne est inférieure à 1 ha : il s'agit d'un vignoble à usage essentiellement domestique. Les anciennes fermes d'État (en cours de privatisation) contrôlent encore 17 % du vignoble ; la plupart travaillent à améliorer leurs vins et à les rendre plus conformes aux critères des marchés internationaux. En pleine évolution, la viticulture roumaine dispose d'un superbe potentiel, qui tend à se développer dans deux directions : la production massive de vins de qualité moyenne et, parallèlement, l'avènement de vins haut de gamme, capables de concurrencer les autres grands vignobles européens. Des expériences remarquables ont vu le jour ces dernières années, menées par les ex-coopératives ou par des viticulteurs passionnés *(ci-contre)*. ●

On rencontre encore des **cépages autochtones**, qui sont parfois de véritables curiosités, comme le *grasă* de Cotnari *(encadré p. 250)*, la *fetească albă*, la *zghihara* de Huşi ou la *cramposia* de Drăgăşani.

Après l'épidémie de phylloxéra au XIXe s. des cépages ont été importés de France, d'Allemagne et d'Italie comme le pinot gris, le pinot noir, le chardonnay, le riesling italien, le merlot, le sauvignon blanc, le cabernet-sauvignon, le muscat ottonel, etc. *(voir également ci-contre)*.

Thé et café

L'usage du thé noir n'est pas répandu, mais, en lieu et place, on vous servira souvent du *ceai* (prononcer « tchaï »), qui n'est autre que de l'infusion de plantes. C'est généralement délicieux. Les citadins sont d'inlassables consommateurs de **café**. Les machines à café ayant conquis les bars, il est devenu facile de trouver de l'espresso. Dans les lieux les plus reculés et les petites échoppes qui vendent des boissons, il ne faut pas espérer trouver autre chose qu'un triste café soluble. ●

Croyances et traditions

© Pierre Soissons

Fresques de l'église de Poienile Izei, en Maramureş.

Le quotidien du paysan s'accompagne d'un ensemble de croyances, de devoirs et d'interdits. Les coutumes liées aux événements de l'existence demeurent vivaces même si elles présentent souvent la survivance de rituels très archaïques : assister à un **mariage** ou à un **enterrement** reste une expérience inoubliable. Un brin de magie se terre encore dans les villages, où certains actes – semailles, construction d'une maison, médecine populaire – font référence au surnaturel.

Ce qui étonne sans doute le plus, c'est la profonde **religiosité** *(encadré p. 22)* des paysans. Très pieux, la plupart respectent les rythmes de l'Église : ils suivent les périodes de jeûne *(encadré p. 34)* et rares sont ceux qui osent transgresser le repos dominical ou celui des fêtes religieuses. De même, la plupart des maisons abritent une icône ou des images pieuses achetées au bazar.

Les fêtes agropastorales

On célèbre encore le départ des troupeaux pour le pâturage et leur retour. Ce sont des moments privilégiés où la communauté villageoise se retrouve et ripaille et en musique. Début mai, à **Hoteni** (Maramureş), on fête les laboureurs avec beaucoup de faste et de couleurs *(**Tânjeaua de pe Mara**; p. 207)*.

Dans la même région, toujours au mois de mai, se maintient la tradition de la mesure du lait et de la séparation des agneaux de leur mère *(**ruptul sterpelor**; p. 199)*, prétexte à de belles agapes : les villageois mesurent le lait donné par les bêtes ce jour-là afin de déterminer la quantité de fromage que recevra leur propriétaire durant l'été.

Dans les monts Apuseni se tiennent des fêtes (et foires) sur les pâturages : en juillet, ont lieu la célèbre fête du **mont Găină** et celle, plus authentique, de **Călineasă**.

Les bergers de la **Marginimea Sibiului** *(p. 147)* célèbrent aussi leurs brebis le 19 septembre à **Poiana Sibiului.** Bien qu'elle ne soit guère liée aux troupeaux, la **Hora de la Prislop** (la « ronde de Prislop ») se tient le deuxième dimanche d'août au col du même nom, qui sépare le Maramureş de la Bucovine ; c'est l'occasion de voir de beaux costumes et d'entendre beaucoup de musique.

Fêtes de villages et pèlerinages

Les fêtes locales ou propres à une communauté conservent un faste spectaculaire. La fête du saint patron d'une église est l'occasion d'inviter parents et amis à un plantureux repas.

Chaque 14 octobre, de nombreux pèlerins fêtent sainte Paraschiva, dont les reliques sont conservées à la cathédrale métropolitaine de **Iaşi** en Moldavie *(Sfânta Paraschiva ; p. 256)*. À **Dragomireşti**, en Maramureş, la fête de saint Élie (*Sfântu Ilie*; 20 juillet ; *p. 211*) donne lieu à une procession champêtre où les gens portent le costume traditionnel. Les pèlerinages de l'Assomption, le **15 août**, sont impressionnants, particulièrement au monastère de Putna en Bucovine *(p. 236)*, à Moisei ou à Rohia (dans le pays de Lapuş) en Maramureş et à Nicula en Transylvanie.

Lorsqu'elles se tiennent encore, les fêtes paroissiales des **Allemands** de Transylvanie ou du Banat sont l'occasion de retrouvailles entre ceux qui sont partis et ceux qui sont restés. Les **Magyars** de Transylvanie ont aussi leurs propres fêtes, particulièrement colorées et, chez les **Szeklers**, elles sont liées au calendrier catholique, comme celle de la **Pentecôte** à **Miercurea Ciuc** *(encadré p. 183)*.

Le cycle d'hiver

Entre le 24 décembre et le 7 janvier, les villages des Carpates baignent dans une atmosphère magique : les clochettes des attelages, l'odeur du feu de bois, le crissement des pas dans la neige…

Le *post* de Noël *(Postul Crăciunului ; encadré p. 34)* est fini, les familles se réunissent autour du poêle en faïence, des montagnes de victuailles attendent voisins et parents qui ne manqueront pas de faire une visite.

Le calendrier orthodoxe

Le calendrier commence le 1er septembre et les douze fêtes s'organisent autour de **Pâques**, considéré comme la fête des fêtes. La date de Pâques est établie selon une règle du concile de Nicée (325) : le dimanche qui suit la première lune après l'équinoxe de printemps (21 mars). Certaines années, elle tombe une semaine après les Pâques catholiques. Les deux fêtes coïncident ou sont séparées d'un mois.

Les douze fêtes

- Nativité de la Vierge (8 septembre).
- Exaltation de la Croix (14 septembre).
- Entrée au Temple de la Vierge (21 novembre).
- Nativité du Christ (25 décembre).
- Épiphanie ou Théophanie (baptême du Christ ; 6 janvier).
- Présentation au Temple du Christ (2 février).
- Annonciation (25 mars).
- Entrée du Christ à Jérusalem (dimanche des Rameaux).
- Ascension (40 jours après Pâques).
- Pentecôte (50 jours après Pâques).
- Transfiguration (6 août).
- Dormition de la Vierge (Assomption, 15 août).

Église de Bucovine. Détail de l'Arbre de Jessé.

tradition

Post

Le *post* (« jeûne », « carême ») est une période de recueillement, d'apaisement et d'abstinence. Deux longs carêmes rythment encore la vie de nombreux ruraux : celui de **Pâques** *(Postul Mare)* et celui de **Noël** *(Postul Crăciunului)*. Avant la fête des saints apôtres Pierre et Paul (29 juin), on respecte aussi un *post* qui varie de 15 à 3 jours, selon la date de Pâques. Un *post* de deux semaines précède l'Assomption (15 août). Enfin, on jeûne le **mercredi**, le **vendredi** et certains jours indiqués sur le calendrier orthodoxe. Le *post* orthodoxe ne tolère aucun produit d'origine animale : ni viande, bien sûr, ni œufs, ni laitages.

Pendant le carême de Pâques – le plus strict –, le poisson est autorisé deux fois. Loin d'être austère, la table de carême peut être éblouissante : les plats de *post* sont souvent les plus raffinés et... les plus sains *(p. 28)*. C'est dans les familles ou dans les monastères que vous aurez l'occasion d'y goûter.

Les enfants vont d'une maison à l'autre pour chanter la ***colinda*** (« chant de Noël ») et reviennent chargés de bonbons, de pommes et de quelques billets. Des jeunes et des moins jeunes viennent scander des ***urături***, longs poèmes parfois satiriques, accompagnés d'une cloche, d'une flûte ou du lugubre *buhai*, une sorte de tambour dont la peau est traversée par du crin mouillé, que l'on fait gémir sous les doigts. Pendant la veille et la nuit du **Nouvel An**, certains villages moldaves ont encore la chance de vivre des heures folles *(p. 36)*.

Le 1er janvier, on fête **saint Vasile** : il faut féliciter tous ceux qui portent ce prénom – ils sont nombreux – et qui mettent un point d'honneur à bien recevoir les visiteurs, à n'importe quelle heure du jour ou de la nuit. Le

Enterrement...

Si vous croisez un enterrement, ne soyez pas choqué que l'on vous invite à partager le repas funèbre : vous honorez la famille. On ira même jusqu'à vous présenter le mort et vous demander de le photographier (les photos de proches dans leur cercueil ornent les murs de bien des maisons).

© Pierre Soissons

... et mariage

Ne vous offusquez pas si, pendant le repas de mariage, on passe avec des paniers pour récolter de l'argent. C'est la coutume : chaque convive (il y a entre 200 et 600 invités) donne une somme assez rondelette et, à l'issue de la noce, les jeunes mariés ont souvent la possibilité de construire une maison ou d'acheter une voiture.

Les anniversaires

Les Roumains tiennent à ces moments de chaude fraternité que sont un anniversaire ou une fête : couvert de fleurs et de compliments, le héros

6 janvier, pour la **fête de Boboteaza** – le baptême du Christ –, croix et autels taillés dans la glace sont dressés près des rivières et décorés de branches de sapin. Une cérémonie réunit, autour du prêtre, les fidèles qui viennent chacun avec un récipient d'eau à faire bénir.

Pâques, la « fête des fêtes »

Couronnant quarante-huit jours de carême, période appelée *post (encadré ci-contre)*, **Pâques** *(Paşte)* est le plus grand événement de l'année orthodoxe, la « fête des fêtes ».

Les préparatifs sont l'occasion de faire le grand ménage de printemps: on nettoie les maisons et les tapis, on repeint, on ratisse les jardins. Pendant « la grande semaine » qui précède la fête, on brûle les vieux chiffons et vêtements: en Bucovine, ces feux éclairent la nuit du mercredi au **jeudi saint** ou *Joia Mare* – le « grand jeudi ».

Le **vendredi saint** *(Vinerea Mare)*, on prépare la ***pasca***, une couronne de pain brioché contenant une farce de fromage blanc, de raisins secs parfumée à la cannelle.

Le **samedi saint** *(Sâmbătă Mare)* au soir, on remplit un panier de victuailles qui seront consommées dès le lendemain avec des œufs teints en rouge *(encadré p. 241)* et la *pasca*. Les fidèles se rendent à l'église vers 23 heures avec leur panier. À minuit, le prêtre proclame: « *Hristos a înviat* » – « Le Christ est ressuscité »; l'assemblée répond: « *Adevărat a înviat* » – « C'est vrai, Il est ressuscité ». Portant des cierges, le prêtre et les fidèles font trois fois le tour de l'église. La messe s'achève vers 4 ou 5 heures du matin avec la bénédiction des paniers. De retour à la maison, on place dans un récipient un œuf rouge (la résurrection, la santé) et une pièce de monnaie (la force, le pouvoir) ; on les recouvre d'eau fraîche avec laquelle chacun se lave le visage et les mains pour se purifier. Le moment est venu de se restaurer. Le repas commence par l'œuf, que l'on entrechoque avec celui du voisin. Puis la fête dure trois jours, ponctués d'offices, d'agapes et de siestes. L'invité d'honneur est l'agneau, dans tous ses états – soupe, pâté et rôti. Ce plat symbolise à la fois le sacrifice du Christ et son œuvre rédemptrice. ●

du jour (à qui l'on souhaite *la mulţi ani* – de nombreuses années) doit régaler ses amis ou ses collègues, y compris sur le lieu de travail, où se donne parfois une copieuse collation. Ainsi, le public peut s'exaspérer devant la fermeture de certains bureaux à partir de la mi-journée alors qu'il perçoit des rires, des bouchons qui sautent et des parfums explicites. ●

À gauche: un enterrement en Maramureş, aux rituels encore archaïques.
Ci-contre: à Ieud, en Maramureş, les mariés entourés de leurs « parrains de mariage » (naşi, prononcez nache).

Danse avec les ours

Les clameurs, le rythme obsédant des tambours, des sifflets, des pétards secouent le village recroquevillé sous la neige. La veille du Nouvel An, des personnages terrifiants écument encore certains recoins de Moldavie. Cette apparente débandade est ordonnée par des règles dont l'origine et le sens se fondent dans la nuit des temps. Déjà disparues du reste de l'Europe, ces coutumes vont s'éteindre bientôt.

Affreux, sales et méchants

Au son de musiques endiablées, des bandes d'« affreux » et des troupes de « beaux » sillonnent les villages et, s'arrêtant devant chaque maison, exécutent des danses rituelles. Les affreux, représentants du **Mal**, expriment par leurs costumes et leurs attitudes le désordre et la confusion : ce sont des monstres aux cornes rouges bardés de cloches, des ours, des boucs. Ils sont accompagnés de négociants, de policiers menaçants, d'un vieillard lubrique et voleur, le *mosneag*, et de la *baba*, vieille et sale, qui accouche de temps à autre. Personnages noirs ou vêtus de jupes multicolores traînant un chaudron défoncé, les *caldarari* caricaturent les Tsiganes. Les affreux rançonnent les voitures, volent des saucisses, terrorisent les chats et les chiens. Ils courent après les filles, les barbouillent de suie et les obligent à danser. Un faux pope bénit à coups de trique tout ce qui passe à sa portée.

Une relative harmonie règne chez les représentants du **Bien**. Des personnages blancs – dont l'homme-cheval – accomplissent dans un ensemble parfait des danses fantomatiques. Certains portent des habits militaires, épaulettes en boîte de conserve ou en papier, coiffés tantôt d'une mitre tantôt d'une casquette sur laquelle sont fixés des fanfreluches et des miroirs. Leur poitrail croule sous la pacotille : décorations, perles, pièces de monnaie, photos.

À droite : parmi les personnages semant la zizanie, les *caldarari* (Tsiganes).

© Bernard Houliat

© Bernard Houliat

À gauche et ci-dessus : les monstres jettent leur dévolu sur les filles du village. Des militaires de pacotille ou *irozii* (les «Hérode») accompagnent les mariés.

L'exutoire social et la mise au pas

Une sorte de théâtre paysan remet à jour la biographie du pope, dénonce les magouilles des notables. Le personnage-clé en est le *haïdouk*, version balkanique de Robin des Bois. Pendant l'ère communiste, ces fêtes ont été tolérées. On a même inventé de grandes concentrations dans les capitales de province : ayant perdu tout sens

© Bernard Houliat

subversif, les meilleures troupes de villages y défilent encore aujourd'hui et en bon ordre devant les autorités et la télévision pour un spectacle d'une profonde tristesse.

Des rituels universels

Mobilisant les forces mythiques qui régissaient la vie des paysans, ces fêtes sont censées agir sur les rythmes agraires, la fertilité, la santé, la préservation du bétail et la cohésion sociale. Le cycle des fêtes d'hiver est commun à tous les peuples d'Europe. Dans les pays occidentaux, c'est Carnaval. De Chypre aux Pyrénées, de Galice en Bavière ou en Bulgarie, il est troublant de retrouver presque partout l'ours, les monstres ou la vieille perverse. Et surtout cet inquiétant homme-cheval vêtu de blanc qui cavale en Moldavie, au Pays basque, en Cornouailles ou en Grèce.

© Bernard Houliat

L'agonie des ours

Ces fêtes résistent encore en Roumanie, mais il ne fait aucun doute qu'elles auront disparu d'ici peu, comme cela s'est produit ailleurs. La mutation des communautés rurales et des mentalités est irréversible : ce que nous offrent encore ces villages est un témoignage bouleversant, qui nous relie aux premiers temps de l'humanité.

Ci-dessus :
durant les fêtes d'hiver,
la mariée
- toujours un homme -
est un personnage étrange
et ambigu.

La Roumanie, entre unité et diversité

Le prince Petrus Rareș a couvert les églises moldaves de fresques alors que son pays était menacé par les Turcs, les Polonais et la Réforme. Tableau votif de l'église de Probota *(p. 246)*.

Le passé tourmenté de la Roumanie est à l'aune de sa géographie: dans ce carrefour ouvert sur les Balkans et l'Orient, sur les espaces slaves et sur l'Occident, le peuple s'est néanmoins forgé une identité; en dépit des invasions et des occupations, il a su préserver ses propres valeurs, en particulier sa langue. Conscients de leur latinité et de la continuité de leur civilisation sur le territoire de leurs ancêtres daces et romains, les Roumains, homogènes sur le plan ethnique, linguistique, culturel et religieux, ont toujours eu le sentiment d'appartenir à une même nation, même si au cours de leur histoire ils ont longtemps vécu séparément dans trois « pays », la Valachie, la Moldavie et la Transylvanie, qui forment la Roumanie contemporaine, globalement fixée dans ses frontières il y a moins de cent ans seulement… Pourtant, la richesse de ce pays provient aussi de l'existence d'importantes minorités sur son territoire.

Aujourd'hui, plus de 10 % des Roumains appartiennent à l'une des dix-neuf minorités reconnues par l'État. Chacune dispose d'un représentant au Parlement et forment ensemble le Groupe parlementaire des minorités nationales. Elles bénéficient d'un statut que certaines démocraties occidentales sont loin d'accorder à leurs propres minorités: les plus importantes voient leur langue enseignée parallèlement au roumain officiel dans les écoles.

Géto-daces

© Photothèque Hachette

Détail de la colonne représentant l'embarquement de Trajan pour l'expédition en Dacie.

Dès le Ier millénaire av. J.-C., les Gètes et les Daces, descendants des Thraces, s'installent sur le territoire compris entre les Carpates, le Danube et la mer Noire. Farouches et ingénieux, ils affirment très tôt leur indépendance et résistent à toutes les invasions. Ils s'intègrent cependant progressivement dans les colonies grecques, Histria *(p. 287)*, Tomis (**Constanța** ; *p. 289*), Callatis (**Mangalia** ; *p. 292*) et qui prospèrent sur les rives de la mer Noire. En Valachie et en Transylvanie, ils bâtissent de puissantes forteresses dès le IIIe s. av. J.-C.

Deux siècles plus tard, les différentes tribus commencent à se rassembler sous l'autorité du roi **Burebista** qui établit sa capitale à **Sarmizegetusa** *(p. 138)*, au sud-ouest de la Transylvanie.

La Dacie romaine

Au début du IIe s. apr. J.-C., menacés sur leurs frontières, mais surtout attirés par l'or des Carpates, les Romains décident d'envahir la région. Ils mettent cinq ans à triompher du roi **Décébale**. Les exploits de l'empereur Trajan (53-117 apr. J.-C.) sont immortalisés en 109 sur le monument d'Adamclisi. Rome s'enrichit d'une nouvelle province : la Dacie, qui, devenue l'une des plus riches, est surnommée *Dacia Felix*, la « Dacie heureuse ». Acheminés de tout l'Empire, des colons viennent grossir la population autochtone, notamment pour exploiter les mines d'or dont on peut voir des vestiges au cœur des monts Apuseni *(p. 121)*. Ils s'assimilent, se mélangent et le peuple « daco-romain » parle le latin qui imprimera pour toujours la langue roumaine. Mais en 271-275, la pression des Barbares déferlant de l'Est amène l'empereur Aurélien à abandonner la Dacie et à se replier de l'autre côté du Danube.

Un long silence

Pendant plusieurs siècles, l'histoire de la région est muette : pas un mot dans les sources écrites et les indices archéologiques sont rares.

Le pays voit passer, ou s'installer provisoirement, des hordes de Goths, de Huns, de Gépides, de Slaves, d'Avars, de Petchenègues, de Coumans, de Tatars…

Seuls les **Slaves**, arrivés à partir du VIe s., laisseront une empreinte notable dans la langue roumaine sans toutefois altérer son identité.

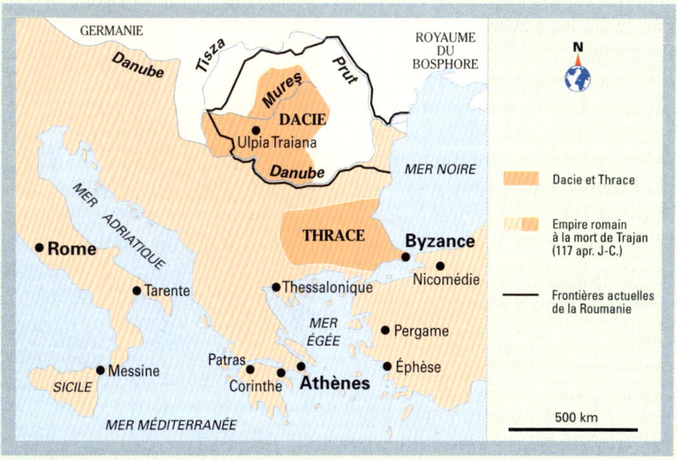

population

Les Roumains au Xe s.

Après des siècles d'implantation géto-dace, puis de civilisation daco-romaine, de nombreux autochtones se sont repliés dans les Carpates pour résister aux invasions, constituant un îlot de civilisation latine qui a formé le noyau du peuple roumain.

Nourri d'apports extérieurs, celui-ci réapparaît dans l'Histoire autour du Xe s. : il parle alors une langue latine, pratique le christianisme orthodoxe de Byzance et connaît déjà des prémices d'organisation sous la conduite de chefs locaux. •

Si la Roumanie est aujourd'hui un facteur de stabilité dans la région, c'est sans doute parce qu'elle est parvenue à assimiler un passé d'une rare complexité et à s'affirmer comme une terre d'intelligence, à la culture féconde et originale.

Des invasions aux principautés

De tous les envahisseurs qui se sont attaqués au territoire de la Roumanie, seuls les **Magyars**, établis en Pannonie – actuelle Hongrie – à la fin du IXe s., vont s'installer durablement. Dès le IXe s., leur roi **Arpad** investit le pays « au-delà des forêts » *(trans silvania)*. En 1003, le roi Étienne Ier fait entrer pour des siècles la **Transylvanie** dans la mouvance de la Hongrie.

Le destin des trois pays roumains

Une des priorités des Magyars est de renforcer ces territoires que traversent les Tatars *(encadré p. 42)* chaque fois qu'ils déferlent sur la Hongrie. Les autochtones étant peu nombreux et insuffisamment organisés, les souverains hongrois attirent dès le milieu du XIIe s. des **colons allemands**, appelés Saxons, pour fortifier et mettre en valeur les territoires du sud de la Transylvanie *(encadré p. 147 et p. 150)*. D'autres peuples d'origine hongroise, les **Szeklers** *(p. 180)* ou Sicules, ont pour mission de défendre le flanc est du royaume, en échange de leur autonomie. Dès lors, l'influence de l'Occident s'installe en Transylvanie. Dans le même temps, de petits pouvoirs s'organisent sur le versant oriental des Carpates : à l'est, où passent les routes du commerce entre Byzance et la Pologne, et au sud, par où transitent les échanges entre Orient et Europe centrale. L'autorité hongroise, après avoir soutenu leur émergence, entend les soumettre. C'est sans compter le besoin d'indépendance qui anime ces deux régions : la **Tara Romanesca**, « Pays roumain » (ou **Valachie**) et la **Moldavie**. Elles vont, avec la Transylvanie, connaître un destin parallèle, et finir par former les trois grandes provinces de la Roumanie d'aujourd'hui.

© Pierre Soissons

Le massacre des moines du monastère de Sainte-Catherine du Sinaï par les infidèles. Détail de la fresque extérieure du monastère de Sucevița (p. 232).

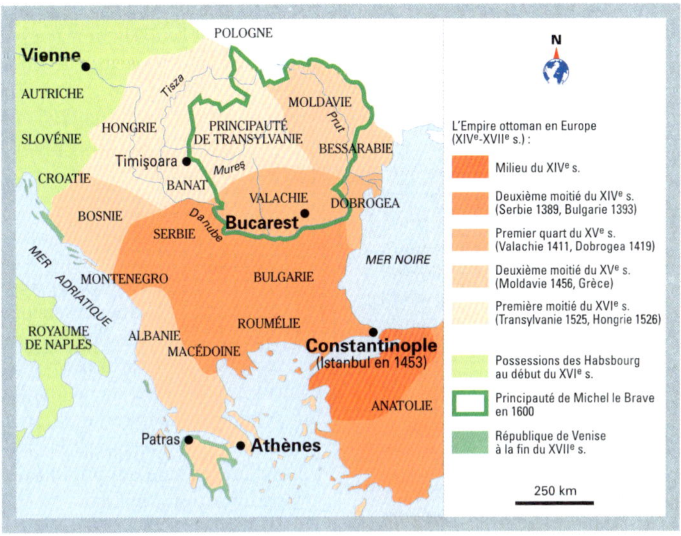

LES OTTOMANS EN EUROPE CENTRALE

L'éveil des principautés : Valachie et Moldavie

Au sud, la Valachie est la première à s'émanciper, sous l'autorité de **Basarab** (1310-1352), vainqueur en 1330, à Posada, du roi de Hongrie, Charles-Robert. Parallèlement, sur le versant est des Carpates, à Baia, Siret ou Suceava, se sont développées d'importantes foires. Mais les **Tatars de la Horde d'or** venus des plaines de Russie, perturbent leur essor. En 1352, une expédition commanditée par le roi de Hongrie y installe **Dragoş**, voïvode (gouverneur) du Maramureş, avec mission de développer une marche du royaume.

En quelques années, la nouvelle province gagne son autonomie : **Bogdan**, successeur de Dragoş en Maramureş, se brouille avec les Hongrois, enjambe les Carpates, et prend le pouvoir (1359). Il devient le premier véritable voïvode de **Moldavie**, État qui s'étendra, à son apogée, du nord des Carpates à la mer Noire et au Dniestr.

Au moment où ces deux entités s'affranchissent de la tutelle hongroise et s'érigent en principautés, un péril autrement inquiétant se profile.

À partir de 1393, les **Ottomans** occupent la Bulgarie et convoitent la Valachie. En 1394, le sultan **Bayazid Ier** (Bajazet) traverse pour la première fois le Danube. En 1411, le Valaque **Mircea l'Ancien** (1386-1418) doit payer le tribut, symbole de vassalité. La tutelle ottomane sur la Valachie se renforce en 1419, lorsque Mehmet Ier lui coupe l'accès à la mer en annexant la **Dobrogea** *(p. 274)* pour quatre siècles.

En quelques décennies, la Moldavie connaît le même sort. En 1456, sous la menace de **Mehmet II** qui vient de prendre Constantinople, le voïvode Petru Aron accepte de payer le tribut. La Moldavie inaugure à son tour une longue période de dépendance.

En Transylvanie : « trois nations » et quatre peuples

En Transylvanie, les Roumains sont marginalisés par les rois hongrois qui s'obstinent à convertir au catholicisme les peuples qu'ils dominent. Tant qu'ils restent orthodoxes, les chefs roumains n'ont aucun espoir d'appartenir à la noblesse **magyare**, l'une des « trois nations » de Tran-

invasions

Descendants de Gengis Khan

Les **Tatars** (ou Mongols) sont originaires d'Asie centrale et sont apparentés aux Turcs. Au XIIIe s., Batu Khan, le petit-fils de Gengis Khan, étend sa domination sur les territoires du nord et de l'ouest de la mer Noire, jusqu'en Dobrogea, fondant un État dont le cœur se trouve en Crimée : le **khanat de la Horde d'or**. De là seront menés pendant des siècles des raids ravageurs sur l'Europe centrale. Après l'annexion de cette péninsule par l'Empire russe en 1783 puis après la guerre de Crimée (1854-1855), les deux-tiers des Tatars (env. 200 000) émigrent dans l'Empire ottoman, en particulier en Dobrogea.

sylvanie avec les **Szeklers** et les **Saxons** *(encadré p. 147 et p. 180)*. Certains préfèrent se convertir, comme la famille de Iancu de Hunedoara *(encadré p. 137)* qui règne sur la Transylvanie sous le nom de János Hunyadi (1441-1456). Son fils **Matei Corvin** *(encadré p. 190)* va même devenir un des plus grands rois de Hongrie (1458-1490).

Culture et résistance

En payant tribut aux Ottomans, la Valachie et la Moldavie échappent à sa tutelle directe et aux conversions massives à l'islam. Cette domination, qui va aussi toucher la Transylvanie, coïncide avec une période d'instabilité politique et d'épisodiques actes de résistance, mais aussi avec la naissance d'une culture qui produit des splendeurs architecturales.

Le système des principautés

Dans chaque principauté, un prince (voïvode ou hospodar) règne depuis sa capitale, **Suceava** puis **Iași** en Moldavie, **Târgoviște** puis **Bucarest** en Valachie. Il est élu par les **boyards**, barons locaux, et choisi parmi les mâles de la famille régnante (Basarab de Valachie et Musat de Moldavie). À l'origine d'une instabilité politique chronique, ce système précaire, qui

Minorités tatare...

Les Tatars sont aujourd'hui entre 29 000 et 55 000, la plupart en Dobrogea. Ils disposent d'un député au Parlement roumain et cherchent à maintenir leur culture.

... et hongroise

Les Hongrois, avec un peu plus de 1,4 million de personnes (6,6 % de la population), constituent la minorité la plus importante de Roumanie. Ils sont répandus dans l'Ouest, le long de la frontière hongroise et en Transylvanie, où ils représentent un fort pourcentage de la population. Les départements de Covasna et Harghita sont également peuplés d'une ethnie magyare aux traditions bien affirmées : les **Szeklers** *(p. 180)*.
La force politique représentative des Hongrois est l'UDMR (Union démocratique des Magyars de Roumanie – 27 députés au Parlement). Après avoir participé au gouvernement de Constantinescu (1996-2000), ce parti maintient de bonnes relations avec le parti au pouvoir.

© Pierre Soissons

Le village de Remetea, de culture magyare (les Apuseni).

légende

Vlad, alias Dracula : l'histoire roumaine calomniée

« Il fit décapiter plusieurs de ses nobles et il utilisa leurs têtes comme appâts pour les écrevisses ; après quoi, il invita leurs amis chez lui, leur offrit ces écrevisses à manger et leur dit : "Vous êtes en train de manger les têtes de vos amis ". Après quoi, il les fit empaler ». Voilà l'une des anecdotes que le roi de Hongrie **Matei Corvin** fit circuler dans l'Europe du XVe s. pour discréditer Vlad. La terrible légende qui entoure Vlad l'Empaleur, surnom déjà très évocateur, puise donc son origine dans une campagne d'intoxication, même si elle repose sur une part de vérité. Quant au surnom de **Dracula**, qui connaît la fortune que l'on sait, il signifie tout bonnement « fils de Dracul » – le dragon. Son père Vlad II Dracul était en effet un honorable membre du très chrétien ordre du Dragon fondé par Sigismond de Hongrie. La légende de Dracula inspira un écrivain irlandais, **Bram Stoker** : en 1897, il en fit le personnage d'un des plus grands succès littéraires de tous les temps. Un héros de l'histoire roumaine est ainsi devenu l'objet d'un culte douteux et planétaire, source d'un commerce dont l'insupportable vulgarité insulte la Roumanie.

ne va cesser de s'aggraver jusqu'au XIXe s., va entraver l'essor économique et culturel des territoires roumains. Dans ce contexte, l'édification des chefs-d'œuvre religieux de Valachie et Moldavie relève du prodige.

La Valachie de Vlad l'Empaleur (1456-1476)

À l'instar d'autres princes de son temps, **Vlad III Tepes**, appelé aussi **Dracula**, accède au trône dans un bain de sang. Mais il refuse de payer le tribut aux Ottomans. Le sultan dépêche des émissaires porteurs d'un ultimatum et secrètement chargés de lui trancher la tête : Vlad déjoue le piège et les fait empaler vivants ! Assez courante à l'époque, cette pratique a les faveurs de Vlad qui, semble-t-il, en fait un usage immodéré. Son surnom d'Empaleur et sa réputation ne sont donc pas usurpés, mais n'ont rien à voir avec le vampire Dracula *(encadré ci-dessus)* !

Après avoir mené la vie dure aux Turcs, à leurs alliés et aux brigands, Vlad est longtemps prisonnier de Matei Corvin, roi de Hongrie.

La Moldavie d'Étienne le Grand (1457-1504)

En 1457, Vlad l'Empaleur se rend en Moldavie pour aider Étienne à chasser du trône le meurtrier de son père. Le long règne d'**Étienne le Grand** (Stefan cel Mare) est secoué par les guerres et les trahisons. La Moldavie va cependant connaître une relative prospérité. Sous l'impulsion des Arméniens de Suceava et des marchands allemands, le commerce se développe. De grands chantiers vont laisser à la postérité un héritage exceptionnel : Étienne fortifie la Moldavie, construit églises et monastères dont 24 nous sont parvenus. En 1475 et 1476, le souverain lutte courageusement, aidé des Hongrois et des Polonais, contre les Ottomans, et gagne le surnom d'« **athlète du Christ** », que lui décerne le pape. Après lui, son fils **Petru Rareş** (1527-1538 ; *encadré p. 223*) essaie de ranimer la flamme nationale. Il couronne l'œuvre de son père par de nouvelles fondations – Moldoviţa *(p. 231)* et Probota *(p. 246)* – et fait couvrir les églises du nord de la

© Photothèque Hachette

Étienne le Grand, un fameux stratège qui fit de la Moldavie l'un des grands États européens du XVe s.

Moldavie de fresques murales aujourd'hui renommées dans le monde entier. L'esprit bâtisseur est relayé par ses successeurs, Alexandre Lapuşneanu, les Movila et Vasile Lupu (Basile le Loup), sous la dépendance croissante des Ottomans. L'ère des princes locaux s'achève en 1711 *(ci-contre)*.

La Transylvanie : entre Orient et Occident

La Transylvanie tombe sous la coupe de l'Empire ottoman après la victoire de ce dernier sur la Hongrie à la bataille de **Mohacs** (1526).

Depuis le XIIIe s., la Transylvanie est marquée par le rayonnement des Saxons *(encadré p. 147)*, à l'origine de l'essor des villes de Braşov *(p. 170)*, de Sibiu *(p. 152)* et surtout de Sighioşara *(p. 163)*, ainsi que de l'édification de plus de 300 villages, chefs-d'œuvre de l'urbanisme européen *(p. 150)*.

Ouverte à l'Occident, la Transylvanie reçoit l'influence de la Réforme protestante, portée par les élites hongroise et saxonne. Mais les échanges économiques, culturels et même politiques avec la Valachie et la Moldavie ne cessent pas : on assiste à la réunion éphémère des trois territoires sous le règne de **Michel le Brave (Mihai Viteazul)**, roi valaque, en 1600 *(encadré ci-contre)*.

En 1699, par le traité de Karlowitz, les Ottomans cèdent la Transylvanie à l'empire des Habsbourg.

Les minorités allemandes

Que serait la Transylvanie sans ses neuf siècles de civilisation allemande ? Bâtisseurs de superbes villes et d'une quantité de villages fortifiés, les Saxons *(p. 150)* furent un facteur de prospérité et de stabilité. Ils ont accompagné avec loyauté les premiers pas de la Roumanie moderne, à laquelle ils auraient apporté une contribution sans la Seconde Guerre mondiale et les exodes successifs *(encadré p. 156)*.

© Pierre Soissons

La citadelle de Viscri, en Transylvanie du Sud.

Attirés au début du XVIIIe s. par l'empereur d'Autriche, les Souabes du Banat ne sont pas plus nombreux que les Saxons. Il ne reste plus grand-monde des autres implantations allemandes, les Sudètes de Bucovine ou les Zipser de Maramureş.

Les Allemands de Roumanie sont représentés par leur propre formation politique, le Forum démocratique allemand (Demokratisches Forum des Deutschen).

Pénombre et Lumières

Le **siècle des Lumières** jette sur les principautés roumaines un voile en demi-teinte, qui se lèvera au cours des dernières décennies, alors que germent les élans progressistes du XIXe s.

Cette période est aussi marquée par l'émergence, en Transylvanie, de l'**Église uniate**, « unie » à Rome.

Valachie et Moldavie : la fin d'une certaine autonomie

Peu à peu, les Ottomans resserrent la pression sur la Valachie, où ils installent leurs voïvodes. Pourtant, la Valachie du XVIIe s. connaît un bref éclat culturel sous **Matei Basarab** (1632-1654) et **Constantin Brâncoveanu** *(p. 102)*. Ce dernier, prince en 1688, est décapité à Constantinople, le 24 mars 1714, avec ses fils et son conseiller. Celui qui l'a trahi et lui succède subit le même sort l'année suivante.

Ainsi s'achève le temps des princes valaques « autochtones », dont Basarab avait été à l'origine quatre siècles plus tôt. Ce sort funeste frappe aussi la Moldavie. Le prince **Dimitrie Cantemir** (1693 et 1710-1711), grand helléniste à la culture encyclopédique, tente d'imposer une monarchie héréditaire. Il s'allie au tsar **Pierre le Grand** dans une coalition balayée par les Turcs sur le Prut, le 11 juillet 1711.

Réfugié en Russie, Cantemir poursuit une brillante activité culturelle à travers les cours d'Europe et laisse à la postérité des ouvrages de référence, dont la *Descriptio Moldaviae*, la « Description de la Moldavie ». Il ne peut qu'assister de loin au resserrement de la pression turque en Moldavie et en Valachie : désormais, les Ottomans désignent les princes, originaires du **Phanar** (d'où leur nom de Phanariotes), quartier grec de Constantinople où se concentre l'élite de leur administration. Ces Phanariotes ne sont toutefois pas de nouveaux venus et certaines vieilles familles byzantines – les **Paléologue** ou les **Cantacuzène** – font déjà partie de l'aristocratie des principautés.

héros

Michel le Brave (1593-1601)

En 1593, Michel le Brave (Mihai Viteazul) accède au trône de Valaquie et se ligue avec le cardinal Sigismond Bathory, prince de Transylvanie, afin de chasser les Ottomans. En 1599, après l'abdication de Bathory et avec le soutien de l'empereur d'Autriche, il conquiert la Transylvanie. Il passe ensuite en Moldavie et ravit le trône de Jérémie Movila. De mai à septembre 1600, il est le prince de Valachie, Moldavie et Transylvanie, première forme d'unité des trois pays roumains. Cependant il perd très rapidement la Valachie et doit faire face au soulèvement de la noblesse magyare de Transylvanie. Le 19 août 1601, son allié, le général Basta, commandant les troupes de l'empereur autrichien, le fait assassiner.

Le temps des Phanariotes : entre racket...

L'accès à la fonction de hospodar se fait selon des rituels éprouvés au temps des princes autochtones. Le candidat doit payer pour obtenir le *firman*, le décret de nomination. Pour cela, il lui faut distribuer des cadeaux au sultan et à son vizir, et de nombreux *bakchich* aux intermédiaires. Le hospodar doit ensuite réunir l'énorme tribut – *harac* ou *karadj* ; il pioche alors largement dans les ressources locales : argent, céréales, bétail, miel, cire et autres produits permettent d'approvisionner les armées turques et de financer des guerres qui se déroulent le plus souvent en Valachie et en Moldavie. Ces princes impopulaires, dont certains gouvernent à plusieurs reprises tour à tour dans les deux principautés, épuisent les territoires dont ils ont la charge. Les campagnes régressent: de nombreux paysans se réfugient en Transylvanie, en Russie, voire au sud du Danube, au sein de l'Empire ottoman où la vie semble plus supportable! Des voyageurs traversant la Valachie voient avec effarement des gens craintifs qui s'enfuient à la vue du moindre cortège officiel, des terres en friche, des villages établis loin des routes.

... et réformateurs éclairés

Malgré leur faible marge de manœuvre, plusieurs hospodars entreprennent des réformes, prémices aux fondements d'un État moderne.

Constantin Mavrocordato, qui cumule dix règnes entre Moldavie et Valachie à partir de 1740, recentre les pouvoirs au détriment des boyards; il abolit le servage en 1746, mesure sans grand effet sur la dure condition paysanne. En 1776, **Alexandre Ypsilanti** structure l'enseignement en Valachie et ouvre le collège Saint-Sava à Bucarest.

Par ailleurs, dans les dernières décennies du XVIIIe s., les contacts avec les courants de pensée de l'Occident atteignent la Moldavie et la Valachie. Les élites phanariotes sont en effet ouvertes aux **idées des Lumières** qui éclairent ainsi Iaşi et Bucarest.

Dans ce contexte s'affirme la prise de conscience d'une **identité roumaine** dont les valeurs sont transmises par l'Église et les académies valaques, moldaves et transylvaines.

De la conscience à l'unité

L'émergence de la Roumanie en tant que nation se déroule dans le contexte inextricable de la « question d'Orient », qui secoue les Balkans du XIXe s. Les grandes puissances s'y livrent à un jeu alambiqué. Tandis que les Ottomans tendent à se replier, les Russes, toujours à la recherche d'un accès à la Méditerranée, *via* les détroits du Bosphore et des Dardanelles, mènent une subtile politique d'alliances et les Autrichiens aspirent à contrôler le Danube; les Anglais, quant à eux, maîtres de la Méditerra-

Les Roms

Arrivés vers l'an 1 000 sur le sol de l'actuelle Roumanie, les Roms sont officiellement recensés à 535 000 personnes environ, soit moins de 2 % de la population. Mais ils seraient en fait plus nombreux que les Magyars, soit entre 1,5 et 3 millions.

Ce décalage dans les chiffres provient du fait que, souvent victimes d'une image négative, ils ne se déclarent pas en tant que Roms, mais plutôt comme Hongrois s'ils parlent cette langue, ou comme Roumains.

Dans la vie publique, ils sont représentés par de nombreuses organisations, dont une, très dynamique, « *Aven amentza* » (« Venez avec nous » en romani) qui milite pour leur émancipation et leur dignité.

Les Roms de Târgu Mureş, en Transylvanie.

hymne

Éveille-toi, Roumain

Tiré d'un poème de Andrei Muresanu (1816-1863), mis en musique par Anton Pann (1796-1854), le texte qui allait devenir l'hymne national a été écrit et publié pendant la Révolution de 1848.

« Éveille-toi, Roumain, de ton sommeil de mort,
Où te plongèrent les despotes criminels !
Maintenant ou jamais, forgeons un autre sort,
Qui fasse s'incliner tes ennemis cruels !
Maintenant ou jamais, démontrons fièrement
Que dans nos bras coule encore le romain sang
Et que nos poitrines gardent jalousement
Un nom victorieux, héritier de Trajan !
Regardez, esprits de Michel, Étienne, Corvin,
La roumaine nation, tous vos descendants,
Les bras armés de votre courage divin,
« Vie libre ou mort ! » exigent-ils en criant.
Prêtres, haut la croix ! car l'armée est sainte,
Sa devise – la liberté – un but sacré,
Mieux vaut mourir au champ d'honneur, sans plainte,
Qu'être à nouveau esclaves en nos contrées ! »

née, entendent tout faire pour le rester. Les pions de cet échiquier sont les mouvements nationalistes naissants dans toute la région.

La grande amitié russe

Mettant fin à six ans de guerre russo-turque – dont une grande partie s'est déroulée sur le sol roumain –, le traité de **Kütchük-Kaïnardji** (1774) en vertu duquel le tsar obtient notamment la liberté de circulation sur la mer Noire, révèle la faiblesse des Ottomans et consacre la Russie comme la grande puissance régionale.

Ainsi débute une longue « histoire d'amour » entre les pays roumains et la Russie, renforcée en 1812, lorsque le tsar Alexandre Ier, une nouvelle fois victorieux face aux Ottomans, annexe la **Bessarabie**, vaste portion de la Moldavie, entre Prut et Dniestr. En 1775, les Ottomans cèdent à l'Autriche le berceau historique de la Moldavie, la **Bucovine**, qui demeurera autrichienne jusqu'en 1918.

La fin des Phanariotes et le printemps des peuples (1821-1848)

En 1829, le traité d'Andrinople, qui avalise l'autonomie grecque et reconnaît celle de la Serbie, fait aussi passer la Moldavie et la Valachie sous influence russe. L'occupation russe donne aux principautés roumaines leur première constitution, sous la forme de « règlements organiques » ; l'heure est à la modernisation.

L'ouverture vers l'Occident favorise la diffusion des idées nouvelles et l'insurrection populaire de 1821 *(encadré p. 105)*, malgré son échec, contribue à conforter le sentiment national des Roumains. Leurs revendications se précisent : l'union des pays roumains et l'indépendance nationale, la distribution de terres aux paysans, par exemple. Cependant, les espoirs sont vite déçus : lorsque la flambée contestataire de **1848**, qui traverse l'Europe, atteint Iași puis Bucarest, elle est vite réprimée par les Russes et les Ottomans, co-suzerains.

Pendant ce temps, en **Transylvanie**, la population roumaine partage l'enthousiasme de la révolution hongroise de **Kossuth** qui embrase Vienne en mars 1848.

Mais la confiance s'écroule lorsque la Hongrie entend annexer la Transylvanie sans impliquer la population roumaine majoritaire, laquelle aspire depuis si longtemps à une reconnaissance de ses droits, tant d'un point de vue politique que religieux.

Un jeune juriste de la ville de Cluj-Napoca, **Avram Iancu**, mobilise des milliers de paysans dont beaucoup descendent des monts Apuseni. L'intervention de l'armée russe contre les révolutionnaires hongrois et la restauration de l'autorité impériale coupent court à leurs illusions.

En 1867, au sein de l'Empire austro-hongrois, la Transylvanie est engloutie dans le royaume de Hongrie qui se drape dans un nationalisme sans issue : avec son cortège de vexations, la **magyarisation** forcée exaspère les minorités et enterre les espoirs de cohabitation intelligente dans la région.

De l'autonomie à l'union (1854-1866)

Seul un divorce entre la Russie et la Turquie pouvait permettre aux principautés de progresser vers l'indépendance. L'occasion se présente lors de la **guerre de Crimée** (1854-1855) au cours de laquelle la Grande-Bretagne, la France, le royaume de Sardaigne et l'Empire ottoman s'opposent à la Russie. Le **traité de Paris** de 1856 confirme une suzeraineté ottomane de principe ; en réalité, les puissances européennes substituent leur influence à celle de la Russie dans la région. Au début 1859, une première **unité roumaine** est réalisée grâce à une astuce constitutionnelle : les assemblées de Moldavie et de Valachie élisent le même prince, **Alexandre Ioan Cuza**.

En 1861, l'union moldo-valaque est reconnue par les Ottomans. Dès 1863, Mihai Kogalniceanu, Premier ministre de Cuza, engage en un temps record de grandes réformes. Il décide par exemple de séculariser les propriétés relevant des monastères du mont Athos, du Sinaï ou de la Terre sainte, qui ont bénéficié des

Les minorités slaves

Plusieurs minorités culturelles d'origine slave comptent pour environ 1 % de la population roumaine :

© Bernard Houliat

Vieux croyants russes (Lipovènes).

● **Ukrainiens et Polonais**. Des Ukrainiens habitent les régions du Nord de la Roumanie ; des Houtsoules sont présents en Bucovine *(encadré p. 241)*, où se trouvent aussi des villages de Polonais aux traditions bien vivaces *(p. 227)*.

● **Russes**. Près de 40 000 Lipovènes *(p. 284)* sont présents en Moldavie et en Dobrogea, dans le delta du Danube.

● **Autres peuples slaves**. Environ 30 000 **Serbes** vivent dans le Banat où subsistent aussi des villages de **Tchèques**, **Slovaques**, **Bulgares** et **Croates** *(p. 107)*.

Autres minorités

Les autres minorités reconnues sont les Grecs, les Albanais, les Arméniens, les Italiens, les juifs, les Macédoniens et les Turcs. ●

La famille royale de Roumanie en 1922. Au centre : la reine Marie et le roi Ferdinand.

dons princiers depuis les premières dynasties et détiennent un bon quart des terres roumaines. Un bras de fer s'engage avec le patriarche de Constantinople, qui a pour conséquence de précipiter l'autonomie de l'Église roumaine *(p. 51)*. Un événement de poids, compte tenu du rôle de l'orthodoxie dans la constitution du sentiment national.

L'indépendance et la monarchie (1866-1881)

Cuza est renversé en 1866. Le progressiste Bratianu, qui s'était réfugié à Paris après 1848, se voit confier la mission de trouver un prince à placer au pouvoir. Il réussit à persuader Charles de Hohenzollern-Sigmaringen, un Prussien de 27 ans, membre d'une des grandes familles princières d'Europe, qui, en mai 1866, est installé par l'Assemblée à la tête des Principautés-Unies. Désormais, même si elle est n'est plus que symbolique, la dépendance vis-à-vis de Constantinople est devenue insupportable. En 1876, Charles se range aux côtés de la Russie dans la guerre qui oppose bientôt l'Empire des tsars, victorieux, à celui des sultans. En 1878, le congrès de Berlin entérine **l'indépendance de la Roumanie** et lui rend la Dobrogea, occupée depuis 1419 par les Turcs. En 1881, **la Roumanie** adopte officiellement le drapeau tricolore bleu, jaune et rouge et, le 22 mai, Charles en devient le premier roi, Carol Ier.

Vers la Grande Roumanie

Le royaume de Roumanie aborde le XXe s. dans un contexte social difficile, tout en cherchant sa place dans une Europe agitée par les rivalités entre puissances. Après avoir été proche de l'Autriche-Hongrie, il finit par choisir le camp allié au milieu de la Grande Guerre. Un conflit qui bouleverse son destin.

La Roumanie dans la Première Guerre mondiale

La Roumanie ne s'engage pas dans les guerres balkaniques (1912, 1913) qui libèrent les Balkans des Turcs. De même, alors que Ferdinand Ier succède à son oncle Carol fin 1914, au début de la Première Guerre mondiale, le pays reste neutre en dépit des avantages territoriaux promis par les deux camps en échange de son soutien. Finalement, sous la pression des libéraux, la Roumanie se range en août 1916 du côté des Alliés (Grande-Bretagne, France, Italie, Russie) et déclare la guerre aux Empires centraux. En dépit de nombreux revers militaires, le pays fait néanmoins partie du camp des vainqueurs, le 11 novembre 1918.

C'est alors que, le 1er décembre 1918, à Alba Iulia, se réunit la « Grande assemblée des Roumains de Transylvanie et de Hongrie », formée de 600 députés élus au suffrage universel et de 628 représentants d'institutions. Venus du Banat, de Transylvanie, de Crişana et de Maramureş, les délégués votent à l'unanimité l'union à la Roumanie ; une nouvelle Roumanie plus démocratique et plus juste, garantissant l'égalité de tous les citoyens, quelles que soient leur nationalité et leur religion. L'euphorie gagne des milliers de patriotes – on a avancé le chiffre de 100 000 – qui se sont déplacés pour soutenir leurs délégués. Le 24 décembre, le roi Ferdinand entérine l'union. Le 8 janvier 1919, c'est au tour de l'assemblée des Saxons de proclamer son union à la Roumanie.

Naissance de la Grande Roumanie (1918-1922)

En 1919, la Roumanie signe les **traités de Saint-Germain** et **de Neuilly** qui lui attribuent la Bucovine et le sud de la Dobrogea (le « Quadrilatère »). En juin 1920, par le **traité du Trianon**, la Hongrie cède la Transylvanie, la Crişana, le Maramureş et la partie nord du Banat. En octobre, la Roumanie reçoit enfin la Bessarabie, malgré les protestations russes et le désaccord des États-Unis. La **Grande Roumanie** (România Mare) qui vient de naître semble un État fragile aux habits trop larges : la superficie et la population du pays ont plus que doublé. La Roumanie hérite de lourdes inégalités sociales, de territoires au vécu différent et du grand espoir soulevé à Alba Iulia, qu'il ne faut pas décevoir. Les minorités forment désormais un tiers de la population : un facteur d'instabilité devenu une source de richesse. •

Des principautés à la Grande Roumanie

La Roumanie orthodoxe

© Antoine Schneck

Le faste et la douceur de chaque église orthodoxe impressionnent toujours le visiteur.

Seul pays latin de religion orthodoxe, la Roumanie est très marquée par la foi et la spiritualité. L'Église exerce sur l'ensemble de la société une forte influence, que l'on constate dans la religiosité omniprésente et parfois très touchante du quotidien des villages *(p. 32)*. Mais les témoignages les plus extraordinaires de l'empreinte culturelle de l'Église demeurent les chefs-d'œuvre d'art religieux – églises et monastères – qui jalonnent le pays. Car l'histoire de la Roumanie, christianisée dès les premiers siècles de notre ère, est intimement liée à celle de la religion orthodoxe. Au cours des siècles et des dominations successives, l'Église s'est en effet affirmée comme le cœur de la résistance culturelle et de l'unité des Roumains.

L'institution orthodoxe roumaine

Contrairement aux catholiques, les orthodoxes ne reconnaissent pas d'autorité centrale et ne comptent pas d'ordres monastiques. À côté des quatre grands **patriarcats** ↪ traditionnels de l'Église d'Orient *(encadré p. 55)* sont apparues au cours de l'histoire des **Églises autocéphales** (possédant leur « propre tête ») dont certaines sont dirigées par un patriarche (Russie, Serbie, Géorgie, Bulgarie et Roumanie), d'autres par un archevêque (Grèce, Chypre) ou un métropolite (Pologne).

En 1885, après l'indépendance de la Roumanie (1878) et l'instauration de la monarchie (1881), l'Église roumaine est devenue autocéphale et son indépendance a été renforcée

culte

Les orthodoxes et les autres

Église dans un village houtsoule de Bucovine.

La Constitution roumaine de 2003 garantit la liberté religieuse. D'après les chiffres officiels, environ 86 % des citoyens roumains seraient de religion **orthodoxe**. Parmi ceux-ci se trouvent aussi les minorités serbe, grecque, ukrainienne, houtsoule *(encadré p. 241)* et russe lipovène *(p. 284)*, qui suivent le calendrier julien.

On trouve ensuite les **catholiques romains**, les **protestants** et les gréco-catholiques ou **uniates**.

Jusqu'aux années 1940, la Roumanie comptait une forte population juive (environ 800 000 personnes), en majorité ashkénaze et suivant la tradition du **hassidisme**. Ils sont à peine une vingtaine de milliers aujourd'hui.

Les **Arméniens** ont leurs églises à Bucarest *(p. 65)*, Gherla, Iaşi *(p. 258)* et Suceava *(p. 238)*.

Les **mosquées de la Dobrogea** *(p. 286)*, région administrée par les Ottomans pendant des siècles, sont fréquentées par les Turcs et Tatars. •

par la création du **patriarcat de Bucarest** (1925). Le lien entre la nation et l'orthodoxie roumaine est tel que l'indépendance de l'Église est identifiée à celle de la nation. Ce patriarcat comprend aujourd'hui 7 métropoles (chefs-lieux des provinces ecclésiastiques) et 28 diocèses. L'actuel patriarche est Sa Béatitude (titre réservé aux patriarches) **Teoctist Arăpaşu** (né en 1915). La tradition du monachisme orthodoxe *(encadré p. 265)* est également vivante dans les *skites* (ermitages) et les monastères répandus à travers le pays – on en dénombre plus de 300 !

Des saints apôtres à la chute de Constantinople

D'après la tradition, les saints apôtres André et Philippe auraient évangélisé la Scythie – incluant l'actuelle Dobrogea –, où l'on a découvert de nombreuses inscriptions et une trentaine de sanctuaires datant du IVe au VIe s. *(encadré p. 274)*.

Placée dans l'orbite de Byzance (l'Empire romain d'Orient fondé en 330), l'ancienne Dacie romaine *(p. 39 et p.136)* se christianise peu à peu et adopte, pour la liturgie, le slavon, la langue introduite au IXe s. par les voisins bulgares.

Au XIVe s., les premiers princes valaques et moldaves *(p. 41)* ont pour priorité l'émancipation de leur Église : ils renforcent leur autonomie et leur légitimité grâce à la fondation des métropoles de **Curtea de Argeş** *(p. 97)* en Valachie (1359) et de **Suceava** *(p. 238)* en Moldavie (1401).

Du XIVe au début du XVIe s., les pays roumains combattent et retardent l'expansion musulmane, servant ainsi de bouclier à la Chrétienté européenne.

La prise de Constantinople par les Ottomans en 1453 entraîne la **chute de l'Empire byzantin**. Dès lors, une partie de l'Église et de la société de Constantinople est accueillie par les princes roumains, qui, les siècles suivants, vont soutenir financièrement les établissements du mont Athos et de Terre sainte.

Une culture orthodoxe originale

Après le traumatisme de la chute de Constantinople en 1453, le monde orthodoxe se replie dans le silence… excepté en pays roumain où, du XVe au XVIIe s., la tradition byzantine est revivifiée dans un esprit de fusion avec les courants de la région. Ainsi, outre l'héritage essentiel de Byzance, l'art religieux s'enrichit d'apports serbes ou orientaux (arméniens, par exemple) et rencontre les influences du catholicisme occidental, puis de la Réforme *via* la Pologne et la Transylvanie.

Dans la **Moldavie** du XVe s. surgit une vague de création originale qui, en un peu plus d'un demi-siècle, couvre les églises de fresques extérieures *(p. 224)*. À la même époque, des éléments d'inspiration orientale et serbe sont incorporés dans l'architecture religieuse de **Valachie**, comme en témoigne la cathédrale de **Curtea de Argeş**, sans doute le plus bel exemple du genre.

À la fin du XVIIe s., les courants baroques venus d'Italie s'infiltrent aussi en Valachie et contribuent à la

Séjourner dans un monastère

Parmi les 300 monastères et *skites* (ermitages) de Roumanie, environ une trentaine accordent l'hospitalité au voyageur, à des prix corrects (10 à 20 € en demi-pension) mais souvent avec parcimonie : dans la région de Neamţ *(p. 271)* ou en Olténie *(p. 118)* par exemple.

Au moment des fêtes religieuses, on y trouve difficilement de la place. Un monastère n'est évidemment pas un « produit touristique » banal : y séjourner implique un comportement discret et respectueux. Les repas sont végétariens.

De la tenue…

Pour visiter les églises et les monastères, une tenue décente s'impose : pas de short, ni de vêtements dénudés ; le port du foulard est conseillé aux femmes. Il est interdit de fumer dans l'enceinte des monastères.

© Diane Dufresne

naissance d'une synthèse étonnante, le style de l'époque du prince Constantin Brâncoveanu *(p. 102)*, dont l'archétype est le monastère de Horezu *(p. 101)*.

L'Église, pivot de l'affirmation culturelle des principautés, permet l'apparition au XVIIe s. d'une littérature en langue roumaine, comme à Iaşi, où le métropolite Dosoftei fait fonctionner une imprimerie qui édite quelques-uns des premiers textes en langue vernaculaire *(p. 255)*.

La dissidence des uniates en Transylvanie

Après l'échec du **siège de Vienne** par les **Ottomans** (1683), les **Habsbourg** imposent leur protection à la Transylvanie en 1691 tout en préservant le statut privilégié des « trois nations » – Magyars, Szeklers et Saxons – qui ignore les droits des Roumains, population majoritaire de la région. L'empereur promet aux orthodoxes qui s'unissent à Rome les mêmes droits qu'aux catholiques et le maintien des rites orientaux. En 1697, le synode d'Alba Iulia *(p. 133)* accepte l'offre. En 1701, l'ex-métropolite Atanasie devient le premier évêque de l'Église « uniate » de Transylvanie. Cette mesure marque la promotion sociale d'une élite roumaine lassée de se morfondre dans la marginalité. Mais cette « trahison » provoque une forte réaction des orthodoxes roumains, matée par l'armée autrichienne du général Bukow en 1761 : outre de nombreux morts parmi le clergé, plus de 150 ermitages et monastères sont détruits.

Malgré tout, à l'image de l'évêque **Inocentiu Micu Klein** et de la plupart des auteurs du ***Supplex Libellus Valachorum*** – pétition adressée en 1791 à l'empereur pour défendre les droits des Roumains –, cette élite **gréco-catholique** est devenue le porte-parole de la revendication roumaine. Elle accompagnera l'émancipation jusqu'à l'union de la Transylvanie aux autres territoires roumains en 1918 *(p. 50)*.

L'Église, entre le communisme à la démocratie

En 1948, le pouvoir communiste supprime l'Église uniate et extermine sa hiérarchie; églises et fidèles reviennent à l'Église orthodoxe,

© Bernard Houliat

La tolérance turque eut ses limites. Détail du martyre de saint Jean le Nouveau (Voronet; p. 229).

Tolérance de la Sublime Porte

La tutelle turque en **Moldavie** et en **Valachie** *(p. 42)* s'est accompagnée d'une tolérance religieuse assez inattendue. Les Ottomans ne s'attaqueront aux églises qu'en 1821, avec la répression du mouvement hétairiste *(encadré p. 105)*.

Sous le joug des Habsbourg

En **Bucovine**, annexée de 1775 à 1919, les Autrichiens se montrent peu délicats : ils cherchent à limiter l'influence de l'Église orthodoxe et ferment la plupart des monastères. Certaines églises comme **Humor** *(p. 228)* voient leurs fresques abîmées par manque d'entretien ou vandalisme.

Face à la domination hongroise

En **Transylvanie**, zone contrôlée par la Hongrie durant dix siècles (du Xe s. jusqu'en 1918), la culture orthodoxe reste le ciment des populations roumaines. En Maramureş *(p. 146)* et dans les Apuseni, on construit des églises en bois d'une grande élégance, souvent ornées de peintures intérieures d'une fraîcheur savoureuse, qui imprègne aussi l'art des icônes sur verre.

histoire

Le schisme d'Orient

Dès le Ier s., l'Église chrétienne fonde des communautés – conduites par un évêque, successeur des apôtres – qui s'étendent pour former cinq grandes régions. Ce sont les patriarcats, constituant la **pentarchie** : Constantinople, Alexandrie, Antioche, Jérusalem et Rome. L'évêque (soit le patriarche) de Rome – ou pape – occupe le premier rang *inter pares* (« entre égaux »), position avant tout honorifique. Au IVe s., Rome revendique le pouvoir sur l'Église « universelle » (*katholikos* en grec) et cherche à imposer la suprématie du pape, ce que ne peuvent accepter les chrétiens orientaux. À ce principal sujet de discorde entre Orient et Rome s'ajoutent des divergences sur l'interprétation des dogmes, qui s'accentuent au fil du temps. Ces désaccords conduisent à la rupture – **le grand schisme** – de **1054**, qui met fin à un millénaire d'unité spirituelle : le pape et le patriarche de Constantinople, lequel revendique l'« orthodoxie » (« opinion juste » en grec), s'excommunient mutuellement. Le fossé s'approfondit après le **sac de Constantinople par les croisés**, en 1204 – épisode d'une extrême violence qui reste gravé dans la mémoire orthodoxe. Ainsi, au cours des siècles suivants, l'Église d'Orient garde une profonde méfiance vis-à-vis de Rome. Il faudra attendre 1965 et le concile **Vatican II** pour que soit fait un pas important vers la réconciliation : orthodoxes et catholiques lèvent les excommunications.

dont l'État cherche dans un premier temps à réduire le poids à travers des mesures comme la nationalisation des biens des monastères et autres brimades.

Plus tard, Ceauşescu redonne de l'importance à l'Église orthodoxe en s'appuyant parfois sur elle pour développer une politique nationaliste.

Après le rétablissement de la liberté de culte en 1990, l'Église uniate sort de la clandestinité mais a bien du mal à récupérer ses biens. Il s'ensuit un lourd contentieux qui s'atténuera quelque peu après la visite du pape Jean-Paul II, chaleureusement reçu le 9 mai 1999 par Bucarest et le patriarche Teoctist. L'attitude du clergé orthodoxe sous le communisme a fait couler beaucoup d'encre : d'après la presse roumaine, l'Église ne serait guère pressée de voir s'ouvrir les dossiers de la police politique, la Securitate, avec laquelle ont collaboré certains de ses membres, tout comme certains représentants des autres communautés religieuses. Ces soupçons sont loin d'avoir entamé la ferveur religieuse apparue après la chute de la dictature.

Devant l'afflux de vocations dans les années 1990, les monastères recrutent de nouveaux candidats et de nouvelles fondations surgissent un peu partout.

itinéraires

Bucarest et ses environs

Malgré le palais du Parlement, Bucarest n'est pas une ville monumentale. Son charme vient de son éclectisme. Il faut flâner dans **Lipscani**★★ *(p. 72)* jusqu'à ♥ l'**église Stavropoleos**★★★ *(p. 73)*. Avant de quitter Bucarest, une visite s'impose au ♥ **musée du Paysan roumain**★★★ *(p. 80)* et au palais de **Mogoşoaia**★★ *(p. 81)*.

Du Pays roumain au Banat

Les Carpates veillent sur la Munténie et l'Olténie, provinces de Valachie, le bucolique « Pays roumain ». Couronnée de montagnes, une route relie **Târgovişte**★ *(p. 92)*, ancienne résidence des princes, à **Sinaia**★, où les rois passaient l'été au **château de Peleş**★ *(p. 95)*. D'antiques voies commerciales conduisent au **château de Bran**★★ *(p. 96)* que fréquentait la reine Marie. L'histoire de la Valachie s'est aussi écrite à **Curtea de Argeş**★★ *(p. 97)* et au **monastère de Horezu**★★★ *(p. 101)*. En Olténie, un pèlerinage s'impose à la **Colonne sans fin**★★ de Târgu -Jiu, œuvre de **Brâncuşi**. Au pied des monts Vâlcan, l'une des gorges abrite le **monastère de Tismana**★★ *(p. 106)*, tandis qu'entre Roumanie et Serbie, le Danube s'est taillé un superbe **défilé**★★ *(p. 107)*. On explore à pied les **gorges de la Nera**★★ *(p. 108)* nichées dans les montagnes du Banat. En parcourant les rues aux édifices baroques de **Timişoara**★ *(p. 111)*, on comprend pourquoi la ville fut baptisée « petite Vienne ».

Autour des monts Apuseni

L'isolement du massif en a préservé l'authenticité : un régal pour les passionnés d'espaces et d'histoire. À **Oradea**★ *(p. 122)* foisonnent les styles architecturaux ; parmi les champs de la **vallée de Beiuş**★★ *(p. 127)* émergent des églises en bois ; sur les hauteurs de l'**Arieş**★★ *(p. 129)*, aux portes des **karst de Padiş**★★ *(p. 129)* et sur le **plateau de Scărişoara**★★ *(p. 130)*, s'égrénent les hameaux des montagnards moţi. De la **lisière orientale des Apuseni**★ aux **portes de la Transylvanie du Sud**, on traverse des lieux marqués par les moments forts de l'histoire : l'unité roumaine consacrée à **Alba Iulia**★ *(p. 133)*, ♥ **Rimetea**★★ *(p. 131)* et ses traditions magyares, les vestiges des **citadelles daces**★ *(p. 136)*.

Carte « Que voir ? » en rabat avant de couverture

© Antoine Schneck

© Pierre Soissons

© Pierre Soissons

© Pierre Soissons

© Bernard Houliat

© Pierre Soissons

La Transylvanie du Sud

La Transylvanie est marquée par des siècles de civilisation allemande. Si la **Marginimea Sibiului**★★ *(p. 147)*, région pastorale au pied des monts Cindrel, est restée roumaine, **Sibiu**★★★ *(p. 152)*, capitale saxonne, préserve son cachet de vieille cité allemande, tout comme **Mediaş**★★ *(p. 159)*. Tout autour, les **vallées affluentes de la Târnava**★★★ *(p. 161)* protègent les plus belles citadelles saxonnes, dont celle de **Biertan**★★★ *(p. 162)*. **Sighişoara**★★★ *(p. 163)* est probablement la ville ancienne la mieux conservée de Roumanie, avec ses fortifications et ses rues pavées qui escaladent la colline. Un charme suranné règne à **Viscri**★★★ *(p. 169)*. **Braşov**★★ *(p. 170)*, qui commerçait avec Constantinople et Vienne, a conservé beaucoup d'allure ; en quittant la ville, la visite des citadelles de **Prejmer**★★★ *(p. 173)* ou **Hărman**★★ *(p. 173)* s'impose.

Au cœur de la Transylvanie

Beaucoup imaginent la Transylvanie nimbée de mystère : ses montagnes embrumées ne les décevront pas, tandis que dans les villes domine une nostalgie prégnante. Au **pays des Szeklers** *(p. 180)*, les **gorges de Vârghiş**★ et les forêts de ♥ **Harghita**★★ exaltent les âmes romantiques. **Târgu-Mureş**★ *(p. 184)* a gardé un peu de l'esprit « mitteleuropa » avec son ♥ **palais de la Culture**★★ de style Sécession. À **Cluj-Napoca**★ *(p. 187)* la jeunesse étudiante côtoit les témoignages du passé.

Le Maramureş

Le travail du bois est ici au cœur de la vie ; pour l'apprécier avant de musarder dans les villages, il faut visiter le **musée du village de Maramureş**★★. Au ♥ **cimetière de Sapânţa**★★★, un interprète ne sera pas de trop pour saisir l'humour des quatrains qui ornent les tombes. Vous aurez un bel aperçu du Maramureş dans cette succession de champs et de villages que sont les vallées de **Mara**★, de **Cosău**★★★ et de l'**Iza**★★ *(p. 210)*. Une dizaine d'églises en bois, comme celles de ♥ **Deşeşti**★★ *(p. 206)* ou de ♥ **Poienile Izei**★★ *(p. 212)*, incarnent la piété paysanne. Empruntez le ♥ **train des forestiers de la Vaser**★★ *(p. 215)*, tracté par une locomotive à vapeur…

Moldavie : la Bucovine

S'il paraît impensable de manquer les fameuses églises de Bucovine, la vie rurale et les montagnes harmonieuses de cette province moldave sauront aussi vous charmer. Sur la ♥ **route des monastères*** ** *(p. 226)*, les ♥ églises de **Sucevița*****, **Voroneț*****, **Humor*****, **Moldovița***** et **Arbore***** rivalisent de beauté avec leurs murs extérieurs recouverts de fresques. À **la lisière nord des Carpates*** *(p. 235)* découvrez l'**église en bois**** du joli village de **Putna*** *(p. 236)*. Près de **Suceava*** *(p. 238)*, deux merveilles : ♥ l'église de **Pătrăuți**** et le monastère de **Dragomirna*****.

© Pierre Soissons

Monts et collines de la Moldavie

La beauté des collines moldaves prend des allures mystiques aux abords des monastères, celui de **Probota***** *(p. 246)*, par exemple, où ont été dégagées de superbes fresques. Vue du monastère de **Galata*** *(p. 260)*, **Iași**** *(p. 251)*, la dynamique capitale de la Moldavie roumaine, semble couverte d'églises dont celle des **Trois-Hiérarques****, brodée de ciselures de pierre ; sur le **cimetière juif***** *(p. 259)* de la ville planent les terribles souvenirs des années 1940. Dans les environs s'élève l'**église de Dobrovăț****, dépouillée et mystique dans son décor champêtre. Monastères et ermitages ont poussé sur les **montagnes de Neamț**** *(p. 266)*, tandis que les **gorges de Bicaz**** *(p. 267)* ouvrent de façon spectaculaire la route vers la Transylvanie.

© Bernard Houliat

La Dobrogea

Entre Danube et mer Noire, cette région de steppes, de marécages et de forêts a servi de refuge aux parias de l'histoire. Sanctuaire de la nature, le **delta du Danube***** *(p. 275)* héberge plus de 300 espèces d'oiseaux. Dans le dédale de ses bras d'eau, vous naviguerez à bord d'une barge aménagée en hôtel flottant *(p. 296)*.

À **Babadag*** *(p. 286)*, la **mosquée*** perpétue la mémoire ottomane, tandis que les ruines de **Histria**** *(p. 287)* rappellent les antiques colonies grecques et les vestiges de **Constanța*** *(p. 289)*, la présence de Rome. Bien que très urbanisé, le **littoral de la mer Noire*** offre de belles plages. ●

© Pierre Soissons

© Pierre Soissons

© Pierre Soissons

© Pierre Soissons

L'histoire

La Roumanie est jalonnée de nombreux vestiges et signatures du passé. Les **citadelles daces** de la région de Hunedoara témoignent du développement de cette civilisation qui a longtemps tenu tête aux Romains *(p. 136)*.

La Dobrogea *(p. 273)* regorge de témoignages des apports grec et romain: le **musée national d'Histoire et d'Archéologie**★★ de Constanța, les ruines d'**Histria**★★, celles du **cap Doloșman**★★ en rappellent l'importance. Cette région fut aussi l'une des premières terres christianisées.

Unique en Europe, l'ensemble des **citadelles saxonnes** de Transylvanie *(p. 150)*, édifiées dès le XIIe s., donne une magistrale leçon d'aménagement du territoire et révèle l'exceptionnel développement de la civilisation allemande dans cette région. Ce que confirment Sibiu, Mediaș, Sighișoara ou Brașov, toutes chargées d'une forte empreinte médiévale.

En Maramureș, le **Mémorial de la résistance et des victimes du communisme**★★ de Sighetu Marmației *(p. 201)* résume les premières décennies de cette période tragique. À Bucarest, le **palais du Parlement**★ *(p. 76)* et les avenues qui l'entourent rappellent que des quartiers ont dû s'effacer face à la politique de Ceaușescu. Vous découvrirez également l'histoire récente du pays au hasard des conversations avec vos hôtes roumains.

Le patrimoine religieux

Seul pays latin de religion orthodoxe, la Roumanie est extrêmement marquée par la foi et la spiritualité. Les témoignages les plus extraordinaires de l'empreinte culturelle de l'Église demeurent les chef-d'œuvres d'art religieux – églises et monastères – qui jalonnent le pays.

Et avant tout, en **Bucovine**, les fameuses églises de **Moldovița**★★★, **Humor**★★★ *(p. 228)*, **Voroneț**★★★ *(p. 229)*, **Sucevița**★★★ *(p. 232)* et **Arbore**★★★ *(p. 226)*, recouvertes de fresques extérieures. Autres témoignages étonnants de la foi orthodoxe, les monastères de **Curtea de Argeș**★★ *(p. 97)* en **Munténie** et celui de **Horezu**★★★ *(p. 101)* en **Olténie**. À **Bucarest**, l'**église Stavropoleos**★★★ *(p. 73)* est une pure merveille. Modestes et émouvantes sont les églises en bois du **Maramureș** *(p. 196)*. Entourées de remparts, les églises des villages saxons de **Transylvanie** conservent de superbes retables *(p. 164)*.

La musique traditionnelle

Aucun pays d'Europe ne dispose d'une telle tradition musicale, pourtant menacée de disparaître. Dans les noces, on entend encore le meilleur de la musique traditionnelle. Les **violonistes** de Maramureş *(encadré p. 219)*, souvent accompagnés de joueurs de *zongora* (guitare à cinq cordes) et de *doba* (grosse caisse), mais aussi ceux de Transylvanie, sont encore fringants. Aurez-vous la chance d'entendre, en Bihor ou dans les Apuseni, le son nasillard des **violons à pavillon**? Des **rythmes endiablés** embrasent les mariages chez les Roms du Banat ou d'Olténie. Vous découvrirez la **cornemuse** du côté de Buzău ou en Dobrogea. La Moldavie se distingue par ses **fanfares**, dont celle de Ciocârlia *(encadré p. 249)*.

© Bernard Houliat

Le monde rural et ses fêtes

Vous pourrez participez aux **fêtes orthodoxes**, aux pèlerinages ou **fêtes de villages** *(p. 33)*. Ne manquez pas, dans un autre genre, les **fêtes agropastorales** *(p. 32)*: musique et repas arrosés accompagnent les festivités.

Essayer d'être en Roumanie pour les **fêtes de Pâques** *(encadré p. 34)*, somptueuses, touchantes, ponctuées par de solides festins. Les familles aiment se retrouver dans l'ambiance magique de **Noël**. C'est l'époque des mascarades du Nouvel An qui embrasent les villages moldaves *(p. 36)*.

© Pierre Soissons

Pour compléter votre approche de l'univers rural, les musées ethnographiques en plein air reconstituent maisons et constructions paysannes récupérées dans leur région d'origine: **♥ la maison en plein air de Dumbrava★★** *(p. 157)*, près de Sibiu, est sans doute le plus riche. Ne ratez pas les portails szeklers du **musée de Sfântu Gheorghe★★** *(p. 181)* et le **♥ musée du Paysan roumain★★★** *(p. 80)* à Bucarest, qui donne de nombreuses clés pour aborder le monde rural et son incomparable richesse.

La vie sauvage

Dans les labyrinthes du **delta du Danube★★★** *(p. 275)*, l'ornithologue navigue à l'affût du pélican frisé, de l'ibis falcinelle ou du pygargue à queue blanche.

Dans les **Carpates**, il n'est pas rare de rencontrer des traces d'ours. Fréquents en Bucovine et en Maramureş, le loup et le lynx sont encore plus discrets. Cerfs, chevreuils, sangliers et chats sauvages peuplent la forêt; chamois, marmottes et aigles royaux, la montagne.

© Victor Bortas

© Antoine Schneck

La cuisine

Il y en a pour tous les goûts, à commencer par la **soupe** *(encadré p. 27)*, aux multiples déclinaisons régionales. Parmi les **saveurs sauvages** *(p. 27)*, ne ratez pas les pousses tendres d'orties, les confitures d'acacia, le sirop d'épicéa, les desserts aux airelles et les préparations à base de champignons qui font la réputation de la Bucovine. La cuisine de Dobrogea, de Valachie et de Moldavie est marquée par l'**influence turque**. Dans toute la Roumanie, vous aurez l'occasion de goûter ces plats nationaux que sont la ***mămăliga*** *(p. 26)*, à la farine de maïs, ou les ***sarmalé***, rouleaux de feuilles farcies de riz, viande et légumes. Autre tradition : alcools forts, bière et vin *(p. 29)*.

© Antoine Schenck

L'artisanat

Les artisans fabriquent une impressionnante palette d'objets. En Maramureş, la laine qui sert à faire les **tapis** est teintée avec des extraits de plantes *(encadré p. 217)*. Les religieuses des **monastères de Tismana** *(p. 106)* et de **Râmeţ** *(p. 133)* fabriquent des tapis décorés de fleurs stylisées ; à **Humor** *(p. 228)*, vous en achetez de superbes dans la rue. Belles **icônes sur verre** à Vadu Izei (Maramureş). Et, parmi d'autres : en Bucovine, les **œufs décorés** des Houtsoules *(encadré p. 241)* ; la **céramique** en Olténie *(p. 217)* ; les objets en **bois** d'Apuseni ; les **nappes brodées** en Transylvanie et en Moldavie...

En ville, dans les bazars, ou dans les foires *(târg)* de villages, vous dénicherez des merveilles. Ne ratez pas la grande **foire des potiers**, début juin à Horezu, en Olténie *(p. 117)*.

© Bernard Houliat

La spéléo et la randonnée

La Roumanie offre à l'amateur de spéléologie de magnifiques grottes, pour l'essentiel situées dans les massifs du Banat, en Olténie et dans les monts Apuseni. Le **plateau de Padiş★★** *(p. 129)* et les grottes de **Scărişoara★★** *(p. 130)* composent l'un des plus importants ensembles karstiques d'Europe. Avec ses paysages variés, ses campagnes vivantes et un choix généreux d'hébergement, la Roumanie est un paradis pour les randonneurs. Rendez-vous avec la nature dans les **monts Semenic★★** *(p. 110)*, les ♥ **gorges de la Nera★★** *(p. 108)* les ♥ **monts Harghita★★** *(p. 182)* ou le **massif de Ceahlău★★** *(p. 267)*. Les massifs les moins fréquentés hébergent des civilisations rurales très attachantes : monts Apuseni, Maramureş et Bucovine. •

La durée idéale

Si vous ne disposez que d'une semaine, visitez les monastères de **Bucovine** et les **citadelles saxonnes**. Pour deux semaines, ajoutez le **Maramureş** et les monts **Apuseni**. La durée idéale est de **trois semaines**, car la Roumanie demande le luxe de la lenteur pour profiter des échanges humains. Vu les conditions d'accès et ses centres d'intérêt, le **delta du Danube** nécessite un séjour à part entière. **Bucarest** demande deux ou trois jours pour goûter ses vieux quartiers et ses parcs.

La Roumanie en 8 jours depuis Bucarest

- **Jour 1 et 2**: de l'aéroport, direction **Braşov** *(p. 170)* et les citadelles saxonnes du **Siège de Rupea** *(p. 169)*.
- **Jour 3** : par le **pays des Szeklers** *(p. 180)* et les **monastères de Neamţ** *(p. 262)*, arrivée en **Bucovine** *(p. 221)*.
- **Jours 4, 5**: monastères et villages de **Bucovine** *(p. 226)*.
- **Jour 6**: par les monts de **Bârgau** et **Târgu Mureş** *(p. 184)*, arrivée à **Sighişoara** *(p. 163)*.
- **Jour 7**: citadelles saxonnes de la **Târnava** *(p. 158)* et **Sibiu** *(p. 152)*.
- **Jour 8**: retour à Bucarest *via* le monastère de **Horezu** *(p. 101)* et **Curtea de Argeş** *(p. 97)*.

La Roumanie en 20 jours depuis la Hongrie

- **Jour 1** : arrivée par la frontière d'**Oradea** *(p. 122)*. Encore 2h30 de route et vous arrivez au cœur des monts Apuseni, chez un forestier, à **Albac** *(p. 142)*.
- **Jours 2, 3** : remettez-vous du voyage par des balades à pied, par exemple à la **grotte de Scarişoara** *(p. 130)*. Nuit au même endroit.
- **Jour 4**: avant de quitter les montagnes, une halte à **Rimetea** et sa vallée *(p. 131)*.
- **Jour 5**: en partant tôt vous disposez de la journée pour visiter **Alba Iulia** *(p. 133)* et les villages de la **Marginimea Sibiului** *(p. 147)*.
- **Jour 6**: visite de **Sibiu** *(p. 152)* et de ses environs.
- **Jour 7** : **monastères de Vâlcea** *(p. 100)*. Nuit près de Horezu *(p. 101)*.
- **Jour 8**: collines de l'**Argeş**, vallée de la **Dâmboviţa** et nuit à Moeciu *(p. 117)*.
- **Jour 9**: visite du **château de Bran** *(p. 96)*, de **Braşov** *(p. 170)* puis direction les villages saxons.
- **Jour 10**: à mi-séjour, passez une journée tranquille à **Viscri** *(p. 169)*, un luxe dont il ne faut pas se priver.
- **Jour 11** : flânerie dans les citadelles du **Siège de Rupea** *(p. 169)* et de la vallée de **l'Hârtabaciu** *(p. 168)*, d'où l'on gagne **Sighişoara** *(p. 163)*.
- **Jour 12 et 13**: visite de **Sighişoara** *(p. 163)*, des citadelles autour de **Mediaş** *(p. 159)* puis flânerie dans le pays des Szeklers *(p. 180)*.
- **Jour 14**: en traversant les **monts de Harghita** *(p. 182)*, les **gorges de** Bicaz et la région de **Neamţ** *(p. 262)*, vous arrivez à **Suceviţa** *(p. 232)*, camp de base idéal pour visiter les **monastères de Bucovine** *(p. 226)*.
- **Jours 15, 16**: visitez sans hâte les **églises et monastères** de Bucovine, tout en profitant des villages et du marché de **Rădăuţi** *(p. 235)*.
- **Jour 17** : partant très tôt et par le col de Prislop, vous atteignez en moins de 4h la **vallée de l'Iza** *(p. 210)*. Après avoir flâné dans **Ieud**, chambres d'hôtes à **Poienile Izei** *(p. 218)*.
- **Jour 18**: visite des églises de **Poienile Izei** *(p. 212)* et **Şieu** *(p. 211)*. Nuit au même endroit.
- **Jour 19**: vous retrouvez la **vallée de Cosău** *(p. 207)* et ses portails sculptés. Après la visite du musée de plein air de **Sighetu Marmaţiei** *(p. 202)*, vous arrivez à **Sapânţa** et son cimetière *(p. 197)*.
- **Jour 20**: en 2h, vous voilà à Satu Mare et à la frontière hongroise.

●●● D'après les circuits proposés par l'agence de voyage **Échange Roumanie** *(p. 306)*. ●

Bucarest

Plan d'ensemble

C'est en flânant que vous savourerez le mieux les surprises et les innombrables beautés d'une ville qui ne se livre jamais facilement. On dirait même qu'elle s'arrange pour égarer et décontenancer le passant afin de mieux le séduire ensuite. Avec plus de 2 millions d'habitants, Bucarest n'est vraiment pas une capitale européenne comme les autres. Rares y sont les grands repères historiques, les monuments prestigieux, et, en dehors du palais pharaonique imaginé par Ceauşescu, rien ne vient dominer un paysage urbain dont les lignes directrices sont difficiles à déceler. C'est justement de ce fouillis, de l'éparpillement et de l'éclectisme que vient le charme inégalable de cette ville qui se rêve moderne, amidonnée et occidentale mais qui n'arrive pas à se débarrasser d'une sensualité et d'une nonchalance toutes orientales. Dès ses ori-

sommaire

mode d'emploi

• **Arrivée**. Depuis l'aéroport Otopeni *(16 km N de Bucarest)*, la DN 1 conduit au centre ville. Vous longez successivement l'**aéroport de Băneasa** *(8 km de l'aéroport Otopeni, à g.)*, le **palais de la Presse libre** *(**Casa Presei Libere**; à dr.)*, le vaste **parc Herăstrău**, principal poumon de la ville, et le **musée du Village** *(à g.; p. 80)*. Vous contournez l'**Arc de triomphe** et atteignez la **piața Victoriei**, porte d'entrée du centre ville.

• **Se repérer**. De la piața Victoriei, deux axes traversent la ville du N au S. Le plus ancien, la **calea Victoriei**, s'arrête sur les berges de la **Dâmbovița**, petit affluent du Danube qui traverse la ville du N-O au S-E. L'axe majeur, le plus large et le plus fréquenté, est formé des grandes avenues (bd Catargiu, Magheru, Bălcescu, Brățianu, Cantemir) qui desservent de grandes places (piața Romană, Universității, Unirii). La **piața Universității** est le carrefour névralgique de la ville, dominé par l'hôtel *Intercontinental*. Partant du **palais du Parlement**, le bd Unirii coupe la ville d'O en E. De grands boulevards contournent par l'E le centre ville.

• **Programme**. Visiter la calea Victoriei, le quartier Lipscani et le Centre civique (palais du Parlement, Patriarchie) demande **une journée et demie** de marche, que vous pouvez prolonger par la visite du parc Carol I et du cimetière Bellu. Si vous ne disposez que d'**une journée**, passez la matinée au S de la calea Victoriei, de la piața Revoluției (Athénée et ancien Palais royal, musée national d'Art) au quartier Lipscani, où vous ne manquerez pas l'église Stavropoleos et le Hanul lui Manuc. Nombreuses possibilités pour se restaurer à midi autour de Lipscani. L'après-midi, passez devant le palais du Parlement et filez au N pour visiter le musée du Paysan roumain et le musée du Village.

Faites des pauses: outre les nombreux bars et terrasses, les parcs Cișmigiu et Carol I sont une aubaine en plein centre. Au N, le parc Herăstrău (qui abrite le musée du Village) offre des espaces immenses et un grand lac. Le soir, le quartier Lipscani est de plus en plus animé.

> ***Carnet d'adresses*** *p. 83.* •

gines, Bucarest fut un lien entre Orient et Occident, une ville de transit et de bazar. Autour des caravansérails, les marchands de Transylvanie rencontraient les négociants turcs et les commerçants valaques, grecs, juifs ou arméniens.

Aujourd'hui, cette ville fantasque et épuisante reste l'un des derniers espaces d'aventure et de poésie dans une Europe urbaine uniformisée. Si le centre se montre de plus en plus occidentalisé, l'insolite et l'imprévu ne sont jamais loin. •

Calea Victoriei★

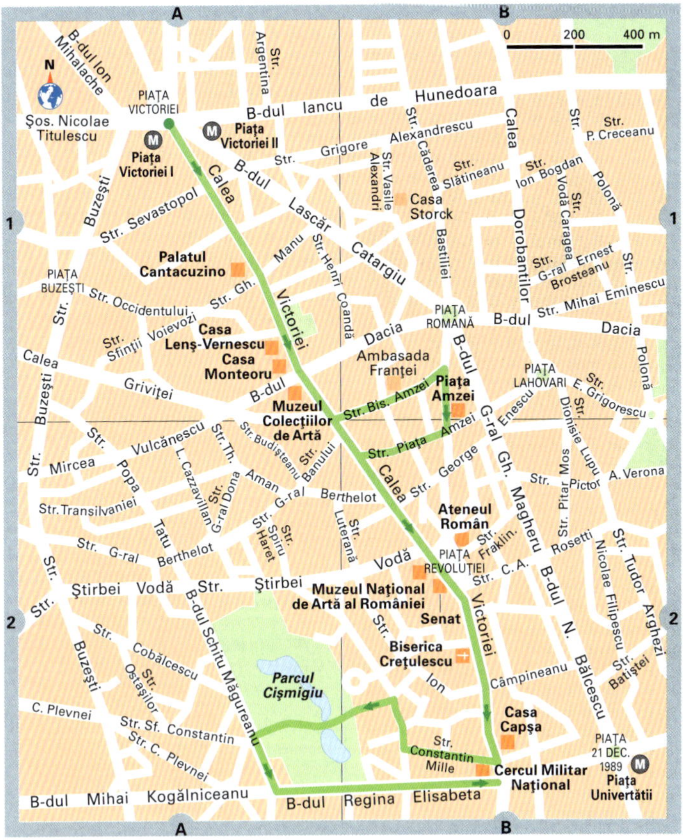

Plan I

En 1692, Constantin Brâncoveanu fait ouvrir cette voie pour se rendre directement à Mogoșoaia *(p. 81)*. Au lieu d'être empierrée, la chaussée est recouverte de pavés de chêne et baptisée « pont de Mogoșoaia » *(Podul Mogoșoaiei)*. Son charme sinueux s'étend sur 2,7 km entre la piața Victoriei au nord et la piața Națiunilor Unite au sud, déployant un panorama hétéroclite de l'architecture des XIXe et XXe s., où chaque immeuble raconte une histoire. En 1878, après la guerre russo-turque, la Roumanie voit son indépendance confirmée et la grande artère sur laquelle défilent les troupes triomphantes devient la *calea Victoriei* (rue de la Victoire).

De la piața Victoriei à la piața Revoluției

> Vous partez de la piața Victoriei (S). M° Piața Victoriei (M2).

La première partie de l'artère mythique de Bucarest est bordée d'opulentes demeures de la fin du XIXe s. et du début du XXe s.

♥ Le palais Cantacuzino : le musée George Enescu★★

> **A1** ***Palatul Cantacuzino, Muzeul George Enescu.*** *De la piața Victoriei, prenez la Calea Victoriei (S). Calea Victoriei, 141 ☎ 659.63.65. Ouv. t.l.j. sf lun. 10h-17h. Entrée payante. Visite : 30 mn.*

© Pierre Soissons

Le palais Cantacuzino témoigne des frasques architecturales de Bucarest à la fin du XIXe s.

Grigore Cantacuzino, appelé aussi « le Nabab », a fait construire ce palais (1898-1900) par Ion Berindei dans un style néo-classique où l'influence française s'autorise une pincée d'Art nouveau. L'entrée bénéficie d'une mise en scène volubile : le perron, flanqué de deux lions, qui permet d'accéder à une délicate porte en fer forgé, est surmonté d'une marquise en forme de coquillage. Au-dessus, des anges escaladent un fronton généreusement décoré. Derrière le palais se dresse la petite maison où vécut le compositeur **George Enescu** *(p. 327)*, apparenté par alliance à la famille du propriétaire. Entre le palais et l'annexe, les passionnés trouveront ses partitions, ses pianos, des photographies, le mobilier original. Et son portrait réalisé par **Corneliu Baba**.

Les maisons de la calea Victoriei

Peu après le musée, sur le même côté, la **Casa Lenş-Vernescu** *(n° 133; visite rés. aux clients)* fut construite en 1820 pour la famille de Filip Lenş, dont le père, Jean-Baptiste de Linche de Moissac, venu de France au XVIIIe s., était le secrétaire du prince **Ypsilanti**. L'immeuble a été refait en 1889 sous la conduite de **Ion Mincu** *(encadré p. 79)*.

Aujourd'hui, ce bel ensemble est occupé par un restaurant et un « casino-palace » dont le faux luxe tente de renouer avec la tradition fastueuse d'avant-guerre.

Un peu plus loin, la **Casa Monteoru** *(n° 115; visite limitée au restaurant et au hall d'entrée)*, refaite en 1887-1889 par Ion Mincu, a conservé la magnificence de ses **intérieurs***. Elle abrite le siège de l'Union des écrivains de Roumanie *(Uniunii Scriitorilor ☎ 212.58.29)* et un restaurant occupe le rez-de-chaussée *(Il Gattopardo Blu, **carnet d'adresses** p. 85)*.

Le musée des Collections d'art (Casa Romanit)*

> **A1** ***Muzeul Colecţiilor de Artă**. Calea Victoriei, 111 ☎ 212.96.41. Ouv. t.l.j. sf jeu. et ven. 10h-18h. Entrée payante.*

Cet immeuble du début du XIXe s. fut agrandi et achevé vers 1840 par un Grec richissime, Grigore Romanit, qui en fit l'un des plus luxueux de la rue et y organisa des bals fastueux. Le fonds de ce musée provient de plusieurs collections particulières : on y trouve des œuvres de l'art oriental, d'artistes roumains et européens.

••• **À voir tout près** : en face du musée des Collections d'art, la str. Biserica Amzei vous conduit, en passant l'ambassade de France, au **marché Amzei*** *(piaţa Amzei; ouv. t.l.j. 7h-18h)*, l'un des plus agréables de la ville.

Autour de la piaţa Revoluţiei

La calea Victoriei entre dans un secteur monumental, avec l'imposant hôtel *Bucureşti* et l'*Athénée Palace* (aujourd'hui hôtel *Hilton*), et s'élargit en une immense place.

♥ L'Athénée roumain**

> **B2 Ateneul Român.** *À l'angle de la str. Franklin et de la calea Victoriei. Str. Franklin, 1-3 ☎ 315.00.25 ou 313.90.60. Infos et rés. lun.-ven. 9h-15h30, 19h le jeu. (j. de concert).*

Un petit parc agrémente l'approche de cet édifice imposant dédié à la musique classique.

La façade et ses fortes colonnes sont écrasées par une rotonde coiffée d'une coupole. L'auteur de ce colosse inauguré en 1888 est l'architecte français Albert Galleron. Au-dessus de l'entrée sont alignés des médaillons représentant les grands dignitaires de l'histoire roumaine.

La salle de concerts (1 000 places), surmontée de la fameuse rotonde à la décoration opulente, est entourée de fresques représentant les moments importants du passé roumain.

Le musée national d'Art de Roumanie**

> **B2** ***Muzeul Național de Artă al României.*** *Calea Victoriei, 49-53 ☎ 615.51.93, 313.30.30 et 314.81.19. Ouv. t.l.j. sf lun. et mar. 10h-18h. Entrée payante. Visite: 2h30 minimum. Un guide en français est en vente à l'entrée.*

À l'origine se trouvait le **palais Golescu** (1815), qui, bien que limité à un étage, était l'un des immeubles les plus prestigieux de Bucarest. À sa place on érigea le palais royal sur les plans du Français Paul Gottereau. En 1927, un incendie ravagea le bâtiment, qui dut être complètement reconstruit. En 1935, **Carol II** *(encadré p. 323)* inaugura le nouveau palais, en présence de Paul Morand, qui relate l'événement dans son *Bucarest*. En 1950, après le départ en exil du roi Michel en janvier 1948, le palais a été nationalisé et transformé en musée. Celui-ci rassemble plusieurs sections: art roumain jusqu'au XVIIIe s., art roumain moderne et contemporain, art européen, arts décoratifs orientaux.

L'aile droite du palais héberge la **galerie d'art médiéval roumain** au premier étage et la **galerie d'art moderne roumain** au second. L'entrée s'effectue par la porte de droite.

• ♥ La galerie d'art médiéval roumain *(**Galeria de Artă Românească Medievală**). Visite: env. 30mn.* En sept salles est rassemblé un superbe ensemble d'icônes, d'éléments d'iconostases, de manuscrits enluminés, d'orfèvrerie provenant

© Victor Bortas

Réputé pour la qualité de son acoustique, l'Athénée a vu défiler quelques grands noms, parmi lesquels George Enescu, Dinu Lipatti, Maurice Ravel, Richard Strauss, Yehudi Menuhin.

de toutes les régions de Roumanie. La visite est une excellente préparation au voyage à travers le pays.

• **La galerie d'art moderne roumain** ***(Galeria de Artă Românească Modernă).*** *Visite: env. 1 h.* Les collections se situent essentiellement au second étage et sont réparties dans onze salles. On verra:

La **salle 3**: les tendances des années 1900 avec les œuvres de Ştefan Luchian (1858-1916), Cecilia Cuţescu-Storck (1879-1969), Octav Băncilă (1872-1944) et d'autres.

La **salle 6**: l'avant-garde roumaine, représentée par Hans Mattis-Teutsch (1884-1960), Marcel Iancu (1895-1984), Victor Brauner (1903-1966).

La **salle 7** : quelques œuvres de Constantin Brâncuşi (1876-1956).

Dans la **salle 11**: des tableaux de l'étonnant Corneliu Baba (1906-1997).

• **La galerie d'art européen** ***(Galeria de Artă Europeană).*** *Visite: env. 1 h.* Elle se trouve aux premier et second étages de l'aile gauche du palais. Cet ensemble réunit des collections constituées par la famille royale de Roumanie et plusieurs grandes personnalités roumaines d'avant 1940. Vous y verrez des œuvres d'Antonello da Messina, Le Tintoret, Le Greco, Cranach, Rembrandt, Rubens, Delacroix, Renoir, Monet, Sisley etc.

Le Sénat*

> **B2** ***Senat.*** *Face au musée national d'Art de Roumanie. Piaţa Revoluţiei, 1.*

Ce bâtiment néo-classique, achevé en 1948, abritait le **Comité central du Parti communiste**. Vous remarquez, au centre, le balcon que les télévisions du monde entier ont rendu célèbre: c'est là que, le 21 décembre 1989 vers midi, **Ceauşescu** a prononcé son dernier discours, interrompu par la foule. Des croix, des cierges et quelques fleurs rappellent que des dizaines de Roumains ont laissé leur vie sur cette place où le destin du pays a basculé.

Vers le parc Cişmigiu

L'église Creţulescu*

> **B2** ***Biserica Creţulescu.*** *Calea Victoriei, 47. Ouv. lun.-ven. 8 h-18 h, sam.-dim. 7 h-15 h. Entrée libre.*

Cette élégante église a été construite par le boyard ↪ Iordache Creţulescu et son épouse Safta, fille de Constantin Brâncoveanu, entre 1720 et 1722. Depuis sa restauration et le décapage des enduits qui le recouvraient, l'extérieur est resté de briques apparentes.

Un bandeau finement sculpté fait le tour de l'édifice, partageant les parois en deux registres. Celui du haut est rythmé d'arcatures aveugles. Plus loin à gauche, vous pouvez prendre un verre dans un des lieux emblématiques du Bucarest d'avant-guerre: chez Capşa.

La *Casa Capşa**

> **B2** *Calea Victoriei, 36.* ***Carnet d'adresses*** *p. 85.*

En 1874, les quatre fils du négociant macédonien Capşa ouvrent un café-pâtisserie. L'un d'eux, Grigore, revient de Paris, où il était l'élève d'un grand cafetier. En 1881, l'établissement ouvre un restaurant puis un hôtel. Ce lieu ne tarde pas à devenir pour des décennies le rendez-vous des politiques, affairistes, écrivains, journalistes et autres diplomates, dont Paul Morand, ambassadeur de France à Bucarest en 1943-1944. Aujourd'hui, le restaurant fonctionne toujours et, à défaut d'y bien manger, on y goûte la nostalgie de l'ambiance 1900.

♥ Le Cercle militaire national*

> **B2** ***Cercul Militar Naţional.*** *À l'angle de la str. Constantin Mille et de la calea Victoriei. Str. Constantin Mille, 1.* ***Carnet d'adresses*** *p. 85.*

Cet énorme bâtiment de style indéfinissable, néo-classique ou néo-baroque, a ouvert ses portes en 1912. Dans les salles du rez-de-

© Pierre Soissons

Le parc Cişmigiu est le rendez-vous des joueurs d'échecs.

chaussée est installé un restaurant: pour une somme modeste, on peut s'offrir un repas correct dans le cadre spectaculaire d'une immense salle. D'autres pièces accueillent régulièrement des expositions de peinture et de sculpture.

♥ Le parc Cişmigiu**

> **B1** ***Parcul Cişmigiu.*** *Du Cercle militaire, la str. Constantin Mille mène au parc. Ouv. t.l.j. 6h-20h. Entrée libre.*

En 1779, le site n'était qu'un taillis entourant un lac alimenté par des sources voisines. Le prince Alexandre Ypsilanti décida d'y aménager une fontaine pour l'alimentation en eau potable de la ville. Le responsable des fontaines avait ici sa maison. On l'appelait Mare Cişmigiu (« le grand fontainier »), d'où le nom du parc. Sur les plans du Viennois Meyer, le prince Bibescu fit transformer le terrain vague en jardin public de 17 ha, inauguré en 1854. Deux allées bordées d'arbres traversent le parc du nord au sud, ouvrant une perspective sur l'église Schitu Măgureanu.

Sur le bord du lac, au cœur du parc, l'architecte Ion Mincu *(encadré p. 79)* a conçu le **restaurant *Monte Carlo***. Reconstruit après les bombardements de 1944, celui-ci a perdu son faste d'avant-guerre, mais on peut y prendre un rafraîchissement sur la terrasse donnant sur le lac. Dans un coin du parc, **16 bustes d'écrivains roumains** forment un cercle dans la végétation, complétés par des bancs.

●●● **À voir au nord du parc** : le **palais Creţulescu** *(str. Ştirbei Vodă)*, aujourd'hui siège de la représentation de l'Unesco.

Par le bd Regina Elisabeta *(S du parc)*, retournez dans la calea Victoriei, qui continue vers le sud, se mêlant au quartier Lipscani. ●

Autour du quartier Lipscani★★

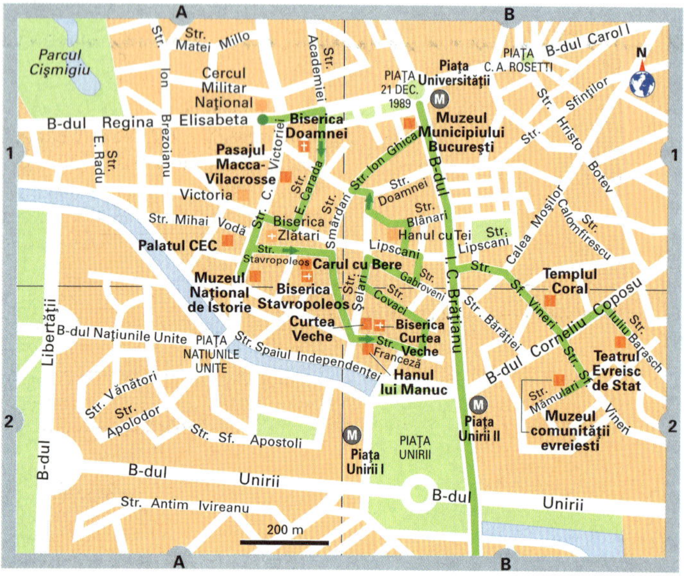

PLAN II

Le cœur de la ville rayonnait autour de la vieille cour princière fondée par Vlad Tepeş (XVe s.; *encadré p. 43*). Une intense activité commerciale animait les rues voisines. Le nom de Lipscani vient de la présence des marchands de **Leipzig** (Lipsca en roumain) tandis que ceux de Gabrovo (Bulgarie) ont donné le leur à la rue Gabroveni. Les autres rues portent encore des noms de corps de métiers : Covaci (forgerons), Şepcari (chapeliers), etc. Ce vaste périmètre de poésie urbaine, en cours de réhabilitation, est en passe de devenir le quartier le plus branché de Bucarest, avec son lot de cafés, de clubs et de restaurants.

Le sud de la calea Victoriei★

> **B1** *M° Piața Universității (M2) ou Piața Unirii (M1, M2, M3).*

Rejoignez le côté opposé au Cercle militaire puis, suivez le bd Regina Elisabeta vers la piața Universității. Après env. 50 m, tournez à droite dans la str. Academiei. Environ 50 m plus loin se dresse l'église ♥ **Biserica Doamnei**★ *(str. Doamnei; ouv. lun.-ven. 8 h-17 h, sam.-dim. 9 h-15 h; entrée gratuite)*. Bâtie en 1683 à la demande de Maria Doamna, épouse du prince Şerban Cantacuzino *(p. 68)*, elle est un havre de silence, de fraîcheur et d'intimité. Notez la richesse du décor floral de l'encadrement de la porte d'entrée. La str. E. Carada mène à l'entrée arrière du **passage Macca-Vilacrosse**★ ***(Pasajul Macca-Vilacrosse)***, construit en 1891. Reprenez la calea Victoriei.

Plus loin s'élève un de ces monuments immodestes, académiques et généreux en même temps, dont les architectes français de la fin du XIXe s. avaient le secret: l'**immeuble de la Caisse d'Épargne** ou **Palatul CEC**★ *(**Casa de Economii şi Consemnațiuni**; calea Victoriei, 13; ne se visite pas)*. Paul Gottereau est l'auteur de cet édifice, doté d'une monumentale arche d'entrée, d'une coupole et d'escaliers majestueux.

●●● **À voir et à écouter**: face à l'immeuble de la Caisse d'Épargne, l'**église Zlătari** (1715) est renommée pour la qualité de sa chorale.

Le musée national d'Histoire de Roumanie**

> **A1** ***Muzeul Național de Istorie a României.*** *Calea Victoriei, 12 ☎ 614.90.78. Ouv. merc-dim. 9h-17h. Entrée payante, sf dernier ven. du mois. Visite: env. 1h.*

Un autre poids lourd du bâti bucarestois écrase les derniers mètres de la calea Victoriei, qui s'achève sur les berges de la **Dâmbovița**. C'est l'ancien palais des Postes, achevé en 1900 et devenu en 1971 le musée d'Histoire. D'une grande richesse en documents, pièces archéologiques, armes et autres témoignages, ce musée est hélas peu valorisé.

Au sous-sol, la salle du **Trésor national** ***(Tezaurul Național)*** présente plus de 2000 objets en or, argent ou pierres précieuses. Le clou de l'exposition est la **poule aux poussins d'or** ***(Cloşca cu puii de aur)***, trésor wisigoth du IVe s. découvert à Pietroasa, près de Buzău. À voir aussi: des copies des métopes de la colonne Trajane retraçant la conquête de la Dacie par les Romains *(p. 108)*.

♥ L'église Stavropoleos***

> **A1** ***Biserica Stavropoleos.*** *Du musée d'Histoire, prenez la str. Stavropoleos. Str. Stavropoleos, 6. Ouv. t.l.j. 8h-18h. Entrée gratuite. Visite: env. 30mn.*

Ce chef-d'œuvre, entre la calea Victoriei et le quartier Lipscani, fut fondé par le moine Ionachie, originaire d'Épire (Grèce), à la demande des commerçants grecs de Bucarest. Bâti en 1724, ce fut d'abord la chapelle d'un caravansérail aujourd'hui disparu. Il offre en peu d'espace une synthèse de l'architecture de l'époque Brâncoveanu *(p. 102)*. L'exemple le plus démonstratif en est le **porche** ouvert: quatre colonnes à l'ornementation délicate et opulente (les chapiteaux s'épanouissant en feuillage sculpté) soutiennent des arcs polylobés décorés de motifs peints. La **balustrade** est parcourue d'ondulations végétales sculptées: les panneaux de droite et de gauche montrent des lions qui se débattent parmi les vrilles. Sur le panneau du milieu, Samson lutte avec un lion. Elle-même ciselée, la **porte d'entrée** est encadrée d'une frise végétale éblouissante, un décor que l'on retrouve autour des fenêtres des parois latérales de l'église. L'intérieur

© Pierre Soissons

Le passage Macca-Vilacrosse, surmonté d'une belle verrière, offre une parenthèse de calme et de sérénité dans le centre trépidant de Bucarest.

est orné de fresques et baigné dans une pénombre parfumée d'encens. Le décor en bois de l'**iconostase** ↪ est submergé de treilles, de feuillages, de pampres. On y distingue des ramifications qui s'échappent du corps d'un homme allongé : c'est l'Arbre de Jessé ↪. Près de l'église se trouve un **jardin** présentant une exposition lapidaire. Après 1990, une communauté monastique s'est installée dans les dépendances de l'église autour du père Iustin Marchiş. Ne manquez pas la messe du samedi soir : cette église est le seul endroit de Bucarest où l'on chante selon la vieille tradition byzantine *(cassettes à la boutique du musée du Paysan roumain; p. 80)*. Le charme oriental mêlé à la profondeur des chants impressionnent.

Le *Carul cu Bere*★

> **A1** *Str. Stavropoleos, 3.*

Ouvert en 1879, le restaurant *Carul cu Bere* (« la charrette à bière » ; ***carnet d'adresses** p. 85.*) est l'un des rares édifices néo-gothiques de Bucarest. Un architecte polonais en a imaginé les plans. Très haute, la salle principale est soutenue par des piliers et dispose d'une galerie à mi-hauteur. La décoration est riche : peintures murales, boiseries cirées, vitraux. Vers 1900, des cercles littéraires s'y réunissaient et, pour l'animation culturelle de la ville, l'établissement concurrençait le *Capşa (p. 70)*. Le dramaturge Ion Luca Caragiale *(p. 327)* était un habitué de ces lieux. Fin observateur, il y trouvait la matière de ses pièces.

La Curtea Veche

> **B2** *Prenez la str. Smărdan à g.*

La fondation (XVe s.) de l'**ancienne Cour princière** est attribuée à Vlad Tepeş *(encadré p. 43)* : il en reste des murs, des voûtes, des pierres tombales et une colonne. Ce site atteste de l'ancienneté de la présence humaine à Bucarest : il recelait des poteries daces, des monnaies romaines, des traces de fortifications (XIVe s.).

L'église de l'ancienne Cour princière★

> **B2** ***Biserica Curtea Veche.*** *str. Franceza. Ouv. t.l.j. 8h-19h. Entrée gratuite.*

La rue Française longe les ruines. À gauche, l'église de l'ancienne Cour princière, la plus vieille de Bucarest, bâtie en 1559, fut remaniée plusieurs fois. Pendant deux siècles, elle a abrité les cérémonies de couronnement des voïvodes ↪ du Pays roumain. En face s'élève un bâtiment massif : l'auberge de Manuc.

♥ L'auberge de Manuc★★

> **B2** ***Hanul lui Manuc.*** *Str. Franceza, 62-64 ☎ 313.14.11 et 313.14.12, <www.hanulmanuc.ro>.* ***Carnet d'adresses*** *p. 84.*

Au XVIIe s., Bucarest est une cité de foire et de transit entre Istanbul et l'Europe centrale. Dans le quartier Lipscani, où le commerce fleurit, plusieurs caravansérails offrent une étape aux marchands. Par sécurité, ils s'entourent de murs. En 1808, le négociant arménien Emanuel (diminutif Manuc) Mârzaian, surnommé par les Turcs Manuc Bey *(encadré ci-contre)*, construit l'auberge de Manuc. Les bâtiments forment un carré enserrant une vaste cour.

À l'étage, des galeries courent tout autour, desservant les chambres. Les convois de passage s'entassaient dans la cour : on imagine la foule cosmopolite des équipages du XIXe s. Cette auberge, l'un des piliers de l'histoire de Bucarest, est le seul caravansérail encore visible. Les autres ont disparu ou il n'en reste que des vestiges, comme le Han cu Tei.

Les rues du vieux Bucarest

Du Hanul lui Manuc, partent de vieilles rues où flotte une ambiance délicieusement désuète. Étonnant est ce voisinage de bâti mal entretenu et de lieux comptant parmi les plus branchés de Bucarest : bars, restaurants, magasins d'antiquités.

Les rues **Şepcari**, **Covaci** ou **Gabroveni** invitent à la flânerie. La fameuse rue **Lipscani** a conservé quelques façades inspirées de l'Art nouveau (n° 72-74). Au n° 63, un porche vous invite dans une longue cour, vestige du caravansérail **Hanul cu Tei B1**, dont les anciennes boutiques abritent antiquaires et galeries d'art. La cour débouche dans la str. Blânari.

Le palais Șuțu, musée de la ville de Bucarest*

> **B1** ***Muzeul Municipiului București.*** *Tournez à g. dans la str. Blanari, puis à dr. (str. Ion Ghica) pour atteindre les grands boulevards. À l'angle de ces derniers et de la piața 21 Décembre 1989. Bd I. C. Brățianu, 2 ☎ 310.35.51. Ouv. mer.-dim. 10h-18h. Entrée payante. Visite: env. 1h.*

En 1835, le *postelnic* Costache Șuțu a fait élever, sur les plans d'architectes viennois, cette résidence de style néo-gothique dont le faste contrastait avec les maisons modestes environnantes. À l'intérieur, un escalier monumental conçu par le célèbre architecte Karl Storck *(p. 80)* part du rez-de-chaussée et bifurque face à un miroir de Murano dans lequel se reflète une horloge qui ne donne l'heure qu'à celui qui se regarde dans la glace. Ici se tenaient des bals distingués pendant que, dans les environs du palais, les poules couraient et les buffles paissaient. En 1959, le palais Șuțu a été transformé en musée. Vous pouvez voir ici à quoi ressemblait une résidence de boyard ↪ du XIXe s. Ainsi qu'une multitude de pièces qui parlent de la vie de Bucarest, de ses débuts à nos jours.

portrait

Manuc Bey, l'aventurier

Non content d'avoir accumulé une fortune colossale, Manuc Bey (1769-1817) est un personnage influent qui parle une dizaine de langues. Il semble aussi doué pour les affaires que pour les intrigues, amoureuses ou politiques. Fait étonnant, c'est dans son auberge qu'en 1812 les délégations de Russie et de Roumanie préparent la paix de Bucarest, qui mettra fin à la guerre russo-turque. Menacé par les Turcs, il s'installe à Paris, où il s'impose dans la vie mondaine par son élégance. Mais les Turcs insistent auprès de Napoléon pour avoir sa tête. Il se réfugie alors en Russie. La rumeur raconte qu'il y aurait été empoisonné. •

Mémoire du quartier juif

> **B2** *De la piața 21 Décembre 1989, prenez le bd I. C. Brățianu (S) puis tournez à dr. dans la str. Vineri. M° Piața Unirii (M1, M2, M3).*

La tragédie de la Seconde Guerre mondiale a mis fin à des siècles de forte présence juive à Bucarest (depuis le XVIe s.). Le paysage urbain doit un peu à l'élite juive des années 1900-1930 : médecins, avocats ou hommes d'affaire firent appel à l'avant-garde des architectes (Marcel Iancu, Horia Creanga, Henriette Delavrancea, etc.) pour concevoir immeubles ou demeures privées.

Le cœur du quartier juif a disparu sous les bulldozers de Ceaușescu. Il en demeure néanmoins des traces autour du **temple Coral** *(**Templul Coral**; str. Sf. Vineri, 9 ☎ 312.21.96; visite sur demande)*, synagogue en activité. Tout près, une ancienne synagogue abrite le **musée de la Communauté juive** *(**Muzeul Comunității evreiesti**; str. Mămulari, 3 ☎ 311.08.70; ouv. t.l.j. sf mar. et sam. 9h-13h; entrée payante)*. Dans une rue voisine, le **théâtre juif d'État** *(**Teatrul Evreiesc de Stat**; str. Dr Iuliu Barasch, 15 ☎ 323.39.70 et 323.45.30)*, héritier de la tradition inaugurée par la troupe de **Goldfaden** à Iași *(encadré p. 258)*, donne des représentations régulières, notamment du répertoire yiddish. •

Du centre civique au cimetière Bellu★

Le tremblement de terre de 1977 procure à Ceauşescu l'occasion d'édifier la vitrine glorifiant son règne : le **centre civique** ***(Centrul Civic)***.

Sous le douteux prétexte que les bâtiments ont été fragilisés, une vaste campagne de destructions est menée, laissant une plaie béante au cœur de la ville, mais aussi dans le destin des quelque 70 000 personnes qui vivaient là et qui ont dû refaire leur vie ailleurs. Ici se trouvaient des quartiers paisibles, des rues pittoresques à l'âme quasi provinciale, inondées de verdure et de poésie. L'habitat datait des années 1850-1930 : demeures bourgeoises ou maisonnettes entourées d'un jardin, villas cubistes et pavillons familiaux.

Laissant une souffrance indélébile, tout cet univers a été balayé, de même que douze églises, trois monastères et deux synagogues. À la place s'élève un ensemble d'immeubles massés le long d'une avenue de 4 km (bd Unirii), au bout de laquelle s'élève l'un des deux plus vastes bâtiments du monde.

En flânant au sud, *via* la colline de la Métropole, vous aurez une idée de ce qu'était le paysage urbain de Bucarest avant le drame. Un vaste parc et un cimetière étonnant offrent l'ombre de leurs arbres, bienvenue après une si belle randonnée urbaine.

De la piaţa Unirii, remontez le bd Unirii *(M° Piaţa Unirii, M1, M2, M3)*.

Le palais du Parlement★

> **A1** ***Palatul Parlamentului.*** *M° Izvor (M1, M3). Accès par le S (calea 13 Septembrie) et l'entrée « A3 » ☎ 311.36.11. Ouv. t.l.j. 10h-16h. Entrée payante. Visites guidées de 45 mn.*

Le plus célèbre et le plus controversé des monuments de Bucarest a vu le jour entre 1984 et 1989, mobilisant 400 architectes et 20 000 ouvriers tout en épuisant les ressources du pays. Une hauteur de 84 m, une surface au sol de plus de 60 000 m². Tout y est démesure : un millier de pièces dont 440 bureaux, des dizaines de salles de conférence (certaines de plus de 2 000 m²), des galeries à perte de vue, des kilomètres de tapis, des tonnes de cristal pour les lustres, etc.

Aujourd'hui, le paysage alentour semble s'être accommodé de ce colosse. Sa silhouette ne manque pas d'allure dans l'enfilade des boulevards. Initialement baptisé Maison du peuple, il était destiné à concentrer tous les pouvoirs sur un même site (comprenant les immeubles environnants) autour du dictateur, qui devait en faire sa résidence.

Après 1990, il est devenu palais de la République, puis palais du Parlement depuis que ce dernier s'y est installé.

Retournez sur le bd Unirii (côté S). Empruntez le premier passage que vous trouvez à droite sous les immeubles. Vous découvrez alors l'envers du décor et une église inattendue dans un tel environnement.

Le monastère Antim★

> **A1** ***Mănăstirea Antim.*** *Str. Antim Ivireanul, 29. Ouv. t.l.j. 8h-18h. Entrée libre.*

Écrasé par un voisinage de grands blocs, cet ensemble, oasis de délicatesse et de silence, semble replié sur lui-même.

Originaire de Géorgie, **Antim Ivireanul** (1660-1716) était un artiste polyvalent et érudit (calligraphe, peintre et sculpteur) en même temps qu'un homme d'Église.

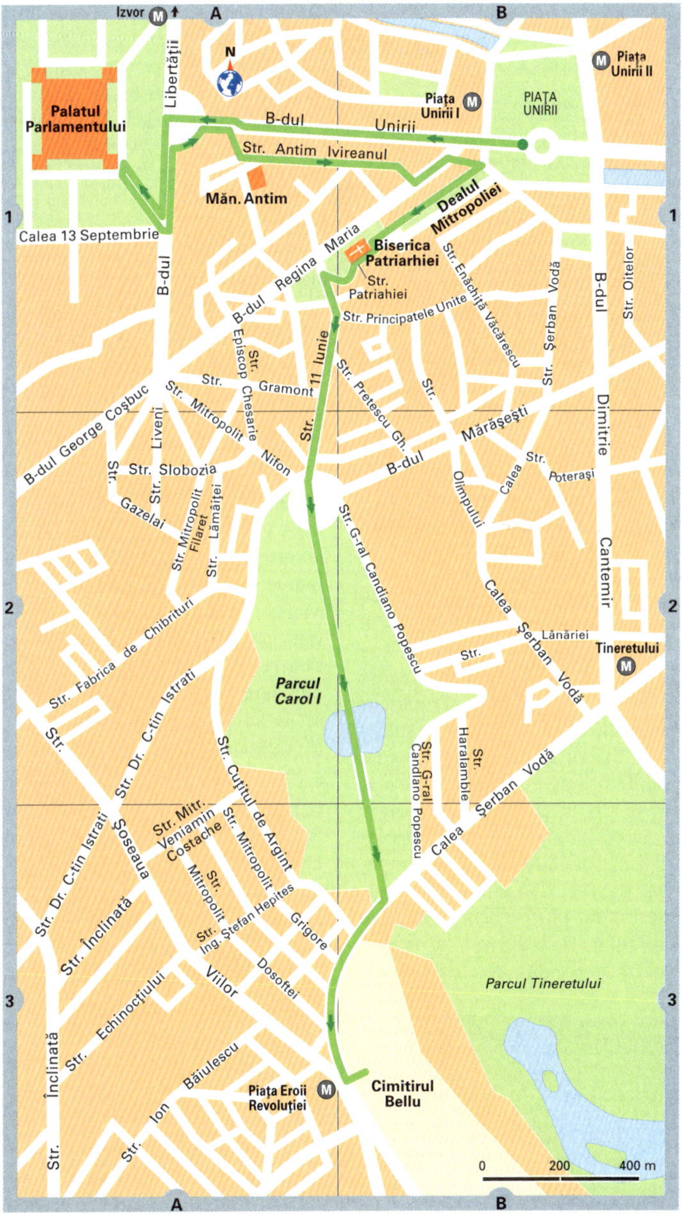

Plan III

Devenu métropolite ↪, il fit édifier cette église dans le style inauguré par **Constantin Brâncoveanu** *(p. 102)*, dont il était un proche conseiller : un somptueux travail de la pierre décore les ouvertures ainsi que les chapiteaux des colonnes du porche. Le métropolite aurait lui-même participé aux travaux, sculptant les deux battants de la porte d'entrée de l'édifice.

La colline de la Métropole*

> B1 *Dealul Mitropoliei.*

Le nom de la colline n'a pas changé alors qu'en 1925, la métropole ↪ de Valachie (qui existe toujours) s'est officiellement vu adjoindre le patriarcat ↪ de Roumanie. La meilleure approche de cet ensemble épargné par le désastre est de se rendre près de la piața Unirii : au sud-ouest, une allée verdoyante monte vers un groupe harmonieux de bâtiments, précédé de la tour du clocher de l'église du Patriarcat, un vestige du mur qui enserrait l'ensemble.

• **B2 L'église du Patriarcat*** ***(Biserica Patriarhiei)****. Str. Mitropoliei, 1. Ouv. t.l.j. 8 h-18 h. Entrée gratuite. Visite : env. 15 mn.* Fondée par Constantin Șerban Basarab, voïvode ↪ de Valachie entre 1656 et 1658, cette église est devenue métropolitaine en 1668, puis église du Patriarcat en 1925. À l'intérieur règne une douce ambiance de splendeur byzantine qui donne une grande beauté aux offices présidés par le patriarche. L'analogie avec Constantinople ne s'arrête pas là : l'église est dédiée aux saints empereurs Elena et Constantin. Une foule impressionnante participe à la veillée de Pâques et, à minuit, les fidèles sortent de l'église avec des cierges allumés, en faisant trois fois le tour de l'édifice. D'autres grandes fêtes méritent d'y être vécues, comme le jour d'Elena et Constantin (21 mai) ou la Saint-Dumitrie le Nouveau de Bessarabie (27 oct.), dont les reliques sont conservées ici.

Du Patriarcat au cimetière Bellu*

Si vous aimez marcher, vous pouvez passer en une heure à peine de la colline de la Métropole au plus épique des cimetières bucarestois, en passant par le parc Carol I.

• **AB2/3 Le parc Carol I*** ***(parcul Carol I)****. Ouv. en permanence. Entrée libre.* La str. Patriarhiei descend sur le versant sud-ouest de la colline. Au moment où elle rejoint le bd Regina Maria, prenez à gauche la str. 11 Iunie, au bout de laquelle se trouve l'entrée du parc Carol I, l'un des plus agréables de la capitale. Traversez-le du nord au sud pour déboucher sur la calea Șerban Vodă.

• **B3 ♥ Le cimetière Bellu**** ***(Cimitirul Bellu)****. M° Piața Eroii Revoluției (M2). Ouv. t.l.j. 8 h-18 h. Entrée libre. Visite : env. 1 h.* Vous traversez la calea Șerban Vodă et continuez vers le sud jusqu'à la piața Eroii Revoluției. Là se trouve l'entrée du cimetière.

Seul le Pentagone à Washington serait plus grand que le palais du Parlement.

architecture

Ion Mincu et le style « néo-roumain »

Au milieu du XIXe s., les artistes roumains étudient en France ou en Allemagne. À la même époque, la revendication nationale se concrétise avec la naissance de l'État roumain. Les artistes exaltent alors les valeurs du peuple roumain : des architectes, par exemple, cherchent une voie originale entre tradition nationale et expérience occidentale. Ion Mincu est de ceux-là. À l'issue de ses études à Paris, il développe à Bucarest un style moderne qui prétend perpétuer l'esprit des constructions traditionnelles. Après avoir un temps abusé de l'académisme, ses créations se mettent à citer abondamment le bâti valaque et l'art de l'époque Brâncoveanu *(p. 102)*: arcs en accolade, porches soutenus par des piliers… Malgré un fort penchant pour l'emphase, le résultat est original et Bucarest lui doit quelques bâtiments curieux : la Casa Lahovary (str. Ion Movila, 5-7), le superbe Bufet Kişeleff, aujourd'hui Casa Doina (şos. Kişeleff, 4). Il intervient aussi dans la calea Victoriei, Casa Monteoru (n° 115, *p. 68*) et Casa Lenş-Vernescu (n° 133, *p. 68*), et enfin au **cimetière Bellu** *(ci-contre)*. Ses disciples (Petre Antonescu, Nicolae Ghika-Budesti et Cristofi Cerchez) peupleront la ville de bâtiments marqués par cette référence « néo-roumaine ».

Créé en 1858, il devient le préféré des bonnes familles de Bucarest. Au fil des allées, vous allez de surprise en ravissement, parcourant un panorama étourdissant du lyrisme funéraire.

Les meilleurs artistes ont été convoqués pour réaliser des mausolées pharaoniques mais aussi des sépultures émouvantes et pleines d'humour. Un architecte s'y distingue : Ion Mincu *(encadré ci-dessus)*, qui se déchaîne en créant des caveaux parfois délirants comme ceux des familles Gheorghieff, Lahovary ou Stătescu et un terrifiant crématorium. Lui-même repose parmi ses œuvres. Ce cimetière plein de poésie et d'ombrage a souffert de vandalisme au cours des dernières années : des sculptures de grande valeur ont hélas disparu.

Les charmes éparpillés de Bucarest et ses environs★

Des espaces de charme et de culture sont dispersés aux quatre coins d'une ville qui cultive plus que toutes autres la poésie du quotidien. Musées, cimetières, bazars, marchés, petites places, parcs et jardins, merveilles de l'art moderne ou œuvres insolites… parcourir cette intimité peut prendre des jours et des jours. D'autant que les environs non plus ne manquent pas de merveilles.

Aux abords de la capitale s'égrènent quelques oasis de calme, d'histoire et de culture qui sont de bons prétextes pour s'évader pendant quelques heures du centre ville.

♥ Le musée du Paysan roumain★★★

> **Plan d'ens. A1** ***Muzeul Ţăranului Român***. *M° Piaţa Victoriei (M2). De la piaţa Victoriei, remontez la Şos. Kişeleff (N). Şos. Kişeleff, 3 ☎ 650.53.60, fax 312.98.75, <www.itcnet.ro/mtr>. Ouv. t.l.j. sf lun. 10h-18h. Entrée payante. Visite : 1 à 2h.*

Depuis 1990, ce bâtiment accueille un projet révolutionnaire conduit par un grand artiste, **Horia Bernea** (1938-2000) : créer un lieu consacré à l'univers du paysan, libéré des poncifs et des lourdeurs de la muséographie traditionnelle.

Un musée palpitant, complexe, qui n'est pas seulement un lieu mais aussi une pensée et une profession de foi généreuses. Mis en valeur par une présentation épurée, l'objet n'est pas neutralisé, il vit et restitue la noblesse du monde d'où il vient.

Particulièrement émouvantes sont les salles qui réunissent des icônes, des croix naïves ou sophistiquées. Près de l'entrée, une école de village a été reconstituée.

Au sous-sol, une exposition étonnante, dénommée « La Peste » *(Ciuma)*, étale des objets de protocole, ou simplement quotidiens, de la période communiste.

Ce musée, exceptionnel par sa conception et par l'équipe qui le fait vivre, a reçu en 1996 le prix du **Musée européen de l'année**.

Le musée Storck★

> **Plan d'ens. A1** ***Colecţia de Artă Plastică Frédéric Storck et Cecilia Cuţescu-Storck***. *M° Piaţa Victoriei ou Piaţa Romana (M2). De la piaţa Victoriei, prenez la str. Grigore Alexandrescu (E) et tournez à dr. Str. Vasile Alexandri, 16 ☎ 211.38.89. Ouv. t.l.j. sf lun. et mar. 9h-17h. Entrée payante. Visite : moins de 1h.*

Le musée a été créé en 1951 pour rendre hommage aux créations de la famille Storck, fondateurs de l'école roumaine de sculpture, et aux œuvres de Cecilia Cuţescu-Storck. La maison a été construite en 1913 par un architecte français sur les plans de Frédéric Storck. Elle attire l'attention par ses couleurs rouge brique et les vitraux des fenêtres. À l'intérieur, sont conservées 150 peintures, 250 sculptures et un important fonds d'archives. Réalisées par Cecilia, d'étonnantes et voluptueuses **peintures murales**★ enchantent les murs.

Le musée du Village ★★

> **Plan d'ens. A1** ***Muzeul Satului***. *M° Aviatorilor (M2) puis 15 mn de marche : suivez le bd Prezan et, à l'Arc de triomphe, prenez à dr. Bus 783 (piaţa Unirii-aéroport Otopeni) : descendre à l'Arc de triomphe. Şos Kişeleff, 28-30 ☎ 222.91.10. Ouv. t.l.j. sf lun. 9h-18h. Entrée payante. Visite : 1 à 2h.*

© Victor Bortas

Le palais de Mogoşoaia, chef-d'œuvre de l'art au temps de Brâncoveanu, a été construit pour être la résidence d'été du prince.

Créé en 1936 à l'initiative de Dimitrie Gusti (1880-1955), le fondateur de l'école roumaine de sociologie, le musée du Village fut l'un des premiers du genre dans le monde. Situé dans la verdure, au bord du lac Herăstrău, il rassemble près de 300 constructions (églises, maisons, dépendances, ateliers) récupérées aux quatre coins du pays. Cet ensemble s'attache à restituer l'ambiance de chaque habitation, avec granges, étables et autres dépendances. Chacune possède sa clôture de bois ou de noisetier et son portail d'entrée, modeste ou monumental.

Le palais de Mogoşoaia★★

> **Hors plan d'ens. par A1** ***Palatul Mogoşoaia.*** *13 km N-O de Bucarest. Calea Valea Parcului, 1 ☎ 490.42.37. Ouv. t.l.j. sf lun. 10h-18h. Entrée payante. Visite: 1h.*

En 1680, Constantin Brâncoveanu (1655-1714; *p. 102*) achète le domaine de Mogoşoaia et y fonde un ensemble constitué d'une église, d'un palais, de grandes cuisines, de serres et d'un parc.

• **L'église**. Située en dehors de l'enceinte, l'église, consacrée à saint Georges, a été construite en 1688. Elle est représentative de la première phase de l'architecture Brâncoveanu, avec les arcs en accolade, la bande sculptée qui sépare les parois en deux registres, les encadrements de pierre aux motifs végétaux, les voûtes du porche.

Le **tableau votif** est original et représente Constantin Brâncoveanu portant la maquette de l'église avec son épouse Marie. Il est suivi de ses quatre fils, et elle de ses sept filles.

• **Le palais**. Les bâtiments ont été construits entre la fin du XVIIe et le début du XVIIIe s. Après la mort tragique de Brâncoveanu et de ses fils, le palais n'est guère entretenu jusqu'en 1860, date à laquelle Nicolae Bibescu l'acquiert et réalise la première restauration avec un architecte français.

Celui-ci élève la construction entière, refait la façade nord, ajoute quatre colonnes apportées du monastère de Polovragi *(p. 82)* et modifie dimensions et forme des fenêtres. En 1912, une nouvelle restauration met au jour la maçonnerie extérieure et laisse voir les briques, qui contrastent d'une manière harmonieuse avec les éléments architecturaux en pierre. Admirablement proportionné, l'édifice bénéficie aussi d'une décoration de grande valeur : la peinture originale a été partiellement conservée et la pierre des balustrades, chapiteaux, colonnes et encadrements est sculptée de motifs végétaux et zoomorphes.

Monastère de Snagov ★

> **Hors plan d'ens. par A1** ***Mănăstirea Snagov****. Env. 40 km N de Bucarest vers Ploiesti par la DN1.*

À Ciolpani, tournez à dr. vers Snagov-Sat, complexe touristique sur les rives du lac de Snagov *(6 km de la DN1)*. Des barques peuvent vous amener au monastère situé sur une île, de l'autre côté du lac. Fondé en 1364, le monastère est dominé par la belle église achevée en 1517, dans laquelle se trouve une tombe vide qui, d'après la rumeur, aurait servi de sépulture au voïvode ↪ Vlad Tepeş *(encadré p. 43)*. •

Carnet d'adresses

Hanul lui Manuc : l'ancien caravansérail dispose d'une trentaine de chambres, îlot de calme au cœur de Bucarest.

> *Indicatif* ☎ *021.*

Visite : p. 65. Plans : ensemble : p. 65 ; pl. I : p. 67 ; pl. II : p. 72 ; pl. III : p. 77.

Accès

• **En avion.** Liaisons t.l.j. avec l'Europe et les grandes villes roumaines (Tarom et Angel Airlines). **Aéroport international Otopeni hors pl. d'ens. par A1** ☎ 204.10.00. Location de voitures *(p. 86)*. Liaisons avec le centre ville : *encadré p. 84.*

• **En train. Gare du Nord** *(Gara de Nord)*, au N-O du centre **pl. d'ens. A1**. **Agence des chemins de fer** *(Agenţia CFR)*, str. Domnita Anastasia, 10-14 (près de la calea Victoriei) ☎ 313.26.43. *Ouv. lun.-ven. 7 h 30-19 h 30, sam. 8 h-12 h. F. dim.*

• **En bus.** Bucarest est reliée aux capitales européennes. Liaisons t.l.j. avec l'Europe occidentale (Atlassib et Eurolines), Istanbul (Toros), Sofia et Athènes (Anesis). Bus et maxitaxis desservent les villes de Roumanie. Leur départ pour les villes roumaines se trouve en principe près de la gare du Nord, mais change souvent. Rens. auprès de la compagnie. Les gares routières sont utilisées par les bus assurant les liaisons internes. Principales gares routières : **Autogara Filaret**, piaţa Garii Filaret, 1 ☎ 336.06.92. **Autogara Obor**, bd Garii Obor, 3 **pl. d'ens. B1** ☎ 252.76.46.

Hébergement

▲▲▲▲▲ **Athénée Palace Hilton**, str. Episcopiei, 1-3 **I-B2** ☎ 303.37.77, fax 315.21.21 < www.hilton.com >. *272 ch.* Le plus prestigieux de Bucarest, face au Palais royal et à l'Athénée.

▲▲▲▲ **Duke**, bd Dacia, 33 **I-B1** ☎ 212.53.44, fax 212.53.47. *38 ch.* Dans un quartier emblématique de l'architecture 1900-1940.

▲▲▲▲ **Residence ♥**, str. Clucerului, 19 **pl. d'ens. A1** ☎ 223.19.78, fax 222.90.46 < www.residence.com.ro >. *30 ch.* Un des hôtels les plus séduisants de Bucarest.

vers le centre

Plusieurs hôtels assurent le transfert de l'aéroport jusqu'au centre ville. Renseignez-vous en réservant votre chambre.

• **En taxi.** Les taxis homologués sont rangés à la sortie de l'aéroport, ce qui n'empêche pas les chauffeurs d'accoster le voyageur avec une lourde insistance. Le coût de la course peut être excessif (et à la tête du client) : surtout, il faut le fixer avant de monter, sinon vous risquez une très mauvaise surprise. Somme à ne pas dépasser : 20 €.

• **En limousine 6 places.** C'est parfois à peine plus cher que le taxi ! **Sky Services** ☎ 204.19.17 et 0723.33.89.24 (portable), fax 204.19.17, < www.e-sky.ro >.

• **En bus.** Économique et rapide, le bus **express 783** relie l'aéroport au centre (piaţa Victoriei, piaţa Romana et piaţa Unirii). Circule entre 5 h 30 et minuit. Fréquence : toutes les 15 mn (lun.-ven. en journée) ou toutes les 30 mn (sam.-dim.). Trajet : env. 40 mn. Guichet de vente à dr. près de l'arrêt de bus. Ne prenez pas le ticket auprès du chauffeur. Attention, les pickpockets prennent aussi le bus. •

▲▲▲ **Continental**, calea Victoriei, 56 **I-B2** ☎ 313.36.94, fax 312.01.34. *53 ch.* Entre la piaţa Revoluţiei et le bd Regina Elisabeta. Restaurant.

▲▲▲ **Euro Hotels International**, str. Gheorghe Polizu, 4 **hors pl. I-A1** ☎ 212.88.39, fax 212.83.60. *30 ch.* De qualité.

▲▲▲ **Flanders** ♥, str. Ştefan Mihăileanu, 20 **pl. d'ens. B2** ☎ 327.65.72, fax 327.65.73. *8 ch.* Excellent hôtel belgeo-roumain. Ambiance conviviale. Restaurant avec terrasse.

▲▲▲ **Helvetia**, piaţa Charles de Gaulle, 13 **pl. d'ens. A1** ☎ 223.05.66, fax 223.05.67. *29 ch.* délicieuses et paisibles. Près du parc Herăstrău et 15 mn de l'aéroport (N).

▲▲▲ **Ibis**, calea Griviţei, 14 **I-A1** ☎ 222.27.22, fax 222.27.23, < www.ibishotel.com >. *250 ch.* Hôtel de la chaîne Ibis, près de la gare du Nord.

▲▲ **Doina des Carpates**, str. Maica Alexandra, 9 **pl. d'ens. A1** ☎ 223.70.14. *3 ch. d'hôtes*, sdb commune. Quartier calme (piaţa 1 Mai).

▲▲ **Hanul lui Manuc**, str. Franceza, 62-64 **II-A2** ☎ 313.14.11, < www.hanulmanuc.ro >. *31 ch.* Vous accédez aux chambres par des escaliers et des galeries en bois. Dormir dans un caravansérail est assez exceptionnel et autorise à ne pas être trop regardant sur la propreté. Le restaurant est épouvantable, mais vous pouvez prendre un verre dans la cour.

▲ **Pension Gabriela**, str. Margaritarului, 18 **hors pl. I-A1** ☎ 236.20.53. Pension au confort correct, située à 10 mn de l'aéroport. Le propriétaire, Vlad Rogatti, assure, à la demande, les transferts à l'aéroport et en centre ville. Petit déjeuner possible.

Restaurants

♦♦♦ **Amsterdam Grand Café**, str. Covaci, 6 **II-B2** ☎ 313.75.80. Quartier Lipscani : lieu chaleureux et décontracté.

♦♦♦ **Angel's**, str. Paris, 52 **hors pl. I-A1** ☎ 231.90.44. Restaurant et pub. Calme, dans le quartier des villas des années 1920-1930. Agréable terrasse.

♦♦♦ **Balthazar**, str. Dumbrava Roşie, 2 **hors pl. I-B1** ☎ 212.14.60. Cuisine italienne, française et japonaise.

♦♦♦ **Basilicum Pub**, bd Schitu Măgureanu, 16 **I-A2** ☎ 315.47.93. Face au parc Cişmigiu, lieu agréable et un décor apaisant.

♦♦♦ **La Bastille**, str. Căderea Bastiliei, 72B **I-B1** ☎ 212.49.14. Excellent restaurant français avec de bons produits roumains.

♦♦♦ **Carul cu Bere**, str. Stavropoleos, 3 **II-A1** ☎ 313.75.60. La table et le service étant ce qu'ils sont, il vaut mieux se contenter de boire un verre dans ce décor néo-gothique *(p. 74)*.

♦♦♦ **Casa Capşa**, calea Victoriei, 36 **I-B2** ☎ 313.40.38. La meilleure spécialité de la maison est la nostalgie : on peut se contenter d'un café et goûter à l'ambiance de l'ancien « quartier général » de Paul Morand *(p. 69)*.

♦♦♦ **Cyprus Taverna**, str. J. L. Calderon, 41 **hors pl. I-B2** ☎ 311.11.03. Goût méditerranéen mâtiné d'effluves turco-balkaniques.

♦♦♦ **Il Gattopardo Blu**, calea Victoriei, 115 **I-B2** ☎ 659.74.28. Pour le cadre de la Casa Monteoru *(p. 68)*.

♦♦♦ **Mesogios**, str. J. L. Calderon, 49 **hors pl. I-B2** ☎ 313.49.51. Excellent restaurant de poissons.

♦♦ **Bistro de l'Institut Français** ♥, bd Dacia, 77 **I-B1** ☎ 212.08.53. Lieu décontracté avec t.l.j. des menus différents : vaste choix de cuisine franco-roumaine.

♦♦ **Burebista**, calea Mosilor, 195 **II-B1** ☎ 210.97.04. Une solide et savoureuse cuisine roumaine.

♦♦ **Casa Oamenilor de Stiinţă**, piaţa Lahovari, 9 **I-B1** ☎ 210.12.29. La Maison des hommes de science est un lieu original. Cuisine bon marché.

♦♦ **Cercul Militar Naţional**, str. Constantin Mille, 1 **I-B2** ☎ 314.37.35. Salle de restaurant à grand spectacle, dorures et stucs. Assiette et addition raisonnables *(p. 70)*.

♦♦ **Deja-vu**, bd Nicolae Bălcescu, 25 **I-B2** ☎ 311.23.22. Moldave et russe, la table est généreuse.

♦♦ **Hanul Hangitei**, str. Gabroveni, 16 **II-B2** ☎ 314.70.46. Quartier Lipscani.

♦♦ **Moara Mariei**, str. Blănari, 14 **II-B1** ☎ 315.64.94. Avec sa bonne cuisine roumaine, le moulin de Marie est l'une des bonnes adresses de Lipscani.

♦♦ **Sahara** ♥, splaiul Independentei, 7-9 **II-A2** ☎ 315.04.31. Table moyen-orientale, la meilleure du genre à Bucarest.

♦♦ **Taverna La Butoaie II**, str. Mihai Eminescu, 171 **I-B1** ☎ 211.58.99. Décor de briques et meubles en bois pour à une ambiance apaisante.

♦♦ **Tokay**, str. Oltetului, 30 ☎ 242.14.93. Excellent restaurant hongrois pour une addition légère.

♦♦ **Vama Veche km 0**, str. Cristofor Columb, 13 **I-B2** ☎ 211.64.46. À deux pas de la piaţa Lahovari. Plats balkaniques (bonne moussaka).

♦ **Paradis 2**, str. Hristo Botev, 10 **II-B1** ☎ 315.26.01. Excellente table libanaise à des prix imbattables.

Cafés, clubs

Green Hours 22, calea Victoriei, 120, **I-A1/B2** < www.green-hours.ro >. Concerts de jazz *(jeu.)*, avec une cour pour les soirées d'été.

Lăptăria Enache, bd Nicolae Bălcescu, 2 **I-B2**. Au Théâtre national, lieu mythique, avec, en été, une terrasse sur les toits et une vue superbe. En hiver, le club se tient dans les combles du théâtre. Concerts de jazz.

Terminus Pub, str. George Enescu, 5 **I-B1/2**. Un décor de vieux objets avec tables en bois. Hélas enfumé.

Shopping

• **Antiquités. Craii de Curtea Veche**, str. Covaci, 14 **II-B2** ☎ 314.83.04. Dans un quartier où les magasins d'antiquités se multiplient.

• **Bazars.** Le **bazar Vitan** s'étend au S-E de la ville. De la piaţa Unirii, suivez la rive dr. de la Dâmboviţa jusqu'au moment où vous croisez la calea Vitan. Un autre (**Voluntari**) se situe à la sortie N-E de la ville : par la şos. Colentina, dir. Urziceni (DN 2). D'autres petits bazars et marchés bien sympathiques sont dispersés dans la ville.

• **Librairie. Librăria Noi**, bd Nicolae Bălcescu, 18 **I-B2** ☎ 311.07.00. Cartes et livres sur Bucarest et la Roumanie.

• **Marchés. Piaţa Amzei I-B1**. *Ouv. t.l.j. 7h-18h.* Marché alimentaire sympathique et bien achalandé en

transports

• **Taxis**. Ils ne sont pas encore trop chers et les stations sont nombreuses. Le chauffeur doit brancher son compteur. S'il ne le fait pas, vous vous exposez à une négociation pénible au moment de régler la course. Les **compagnies** les plus fiables : **Cobălcescu CrisTaxi** ☎ 9461 et **Perrozzi** ☎ 9631.

• **Métro**. Inauguré en 1979, il compte 4 lignes et 45 stations. La ligne principale M2 traverse la ville. Les rames circulent entre 5 h et 23 h 30. Fréquence : 4 à 7 mn aux heures de pointe, parfois 15 mn aux heures creuses. La signalétique laisse à désirer. Tickets en vente dans les stations. Plan affiché à l'entrée des stations, mais vous le trouvez aussi sur les plans de la ville en vente dans les kiosques à journaux.

• **Tramways, bus et trolleybus**. La ville est desservie par un réseau dense de tramways, de bus et de trolleybus. Les tickets sont vendus dans les kiosques RATB, situés aux principales stations de tram ou de bus. Abonnements pour 1,7 ou 15 j. Attention de bien poinçonner votre ticket dans la machine située près de la porte d'accès au véhicule. •

fruits et légumes, près de l'ambassade de France. **Piaţa Obor**, şos. Colentina 2 **pl. d'ens. B1**, métro Obor (M3). *Ouv. t.l.j. 10h-20h, dim. 10h-14h.* Marché alimentaire et mini-bazar. **Piaţa 1 Mai**, bd Mihalache **pl. d'ens. A1**. *Ouv. t.l.j. du matin au soir.* Au N de la piaţa Victoriei. Marché populaire et très coloré.

Adresses utiles

• **Ambassades. Belgique**, bd Dacia, 58 ☎ 210.29.69, fax 210.28.03. Consulat ☎ 212.35.78. **Canada**, str. Nicolae Iorga, 36 ☎ 307.50.00. **France**, str. Biserica Amzei, 13-15 ☎ 303.10.00, fax 303.10.87. **Suisse**, str. Pitar Moş, 12 ☎ 307.92.47.

• **Centre culturel. Institut Français**, bd Dacia, 77 **I-B1** ☎ 210.02.24. *Ouv. lun.-jeu. 10h30-18h15, ven. 10h30-16h15, sam. 10h30-14h, f. dim.* Dans un superbe bâtiment : librairie, presse, accès Internet, bar-restaurant (Bistro de l'Institut ; *p. 85*).

• **Compagnies aériennes. Air France**, str. General Praporgescu, 1-5, étage 1, app. 1 ☎ 210.11.76, fax 210.16.51. **Alitalia**, calea Victoriei, 224 ☎ 210.41.11, fax 210.41.09. **Angel Airlines**, şos. Bucuresti-Ploiesti, 40 (aéroport de Băneasa) ☎ 201.17.01, fax 201.17.04, < www.angelairlines.ro >. Liaisons régulières avec Iaşi, Suceava, Timişoara, Arad. **Austrian Airlines**, bd Magheru, 16-18 ☎ 312.05.45, fax 312.02.11. **British Airways**, calea Victoriei, 15 ☎ 303.22.22, fax 303.22.11. **Czech Airlines**, str. Batistei, 3-5 ☎ 311.09.86, fax 312.08.84. **KLM**, aleea Alexandru, 9A ☎ 231.56.19, fax 231.56.22. **Lufthansa**, bd Magheru, 18 ☎ 315.75.75, fax 312.02.11. **Malev**, calea Victoriei, 26 ☎ 312.04.27, fax 312.04.28. **Swiss**, bd Magheru, 18 ☎ 312.02.38, fax 212.57.74. **Tarom**, splaiul Independentei, 17 ☎ 337.04.00 ; str. Buzesti, 59 (S-O de la piaţa Victoriei) ☎ 204.64.64.

• **Compagnies de bus. Anesis**, str. Poterasi, 20-22 ☎ 330.91.76. Liaisons avec Athènes. **Atlassib**, bd Gheorghe Duca, 4 ☎ 222.47.35 ; str. Ankara, 4 ☎ 230.79.80. **Eurolines**, bd Al. Ioan Cuza, 5A ☎ 210.08.90. Liaisons avec l'Europe occidentale. **Toros**, calea Grivitei, 136-138 ☎ 223.18.98. Liaisons avec Istanbul et correspondances pour la Syrie, l'Iran et l'Irak.

• **Location de voitures. Avis**, aéroport Otopeni ☎ 201.19.57. **Budget**, aéroport Otopeni ☎ 201.16.67. **Sixt**, aéroport Otopeni ☎ 201.46.26.

• **Poste. Office postal n° 1**, str. Matei Millo, 10 **I-B2**. Près du Cercle militaire. *Ouv. lun.-ven. 7h30-20h, sam. 8h-14h, f. dim.* •

Du Pays roumain au Banat

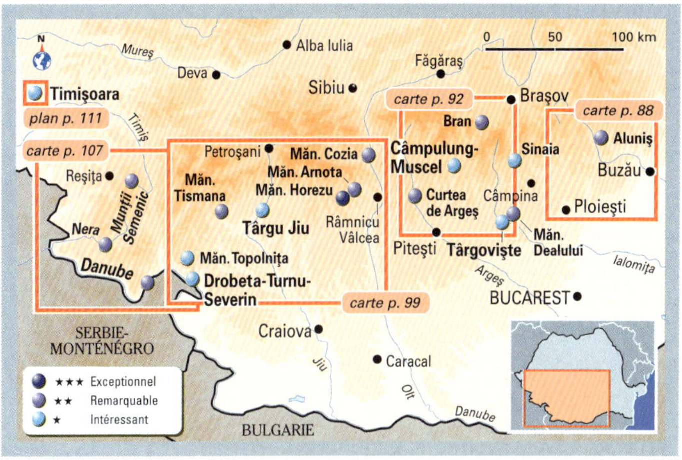

Entre Carpates et Danube s'est cimentée l'histoire du pays des Valaques qui, pendant longtemps, fut tout simplement appelé le **Pays roumain** *(Ţara Românească)*. Il est plus connu sous le nom de **Valachie**, qui réunit deux entités: **Munténie** à l'est, **Olténie** à l'ouest.

Ces régions sont protégées au nord par les Carpates, que l'**Olt** a réussi à percer. Des crêtes dégringolent plusieurs horizons de forêts entrecoupées de pâturages, qu'entaillent gorges et vallées. Le relief se déverse ensuite en un dédale de collines. Puis viennent les plaines qui vont mourir sur les rives du Danube. La Valachie ne connaît pas le brassage multiculturel de la Moldavie, de la Dobrogea ou de la Transylvanie. La culture roumaine y entretient une homogénéité forte, indissociable de cette vieille tradition orthodoxe qui voit des ermitages fleurir au cœur des montagnes. On y ressent aussi les effets d'une ouverture naturelle vers l'Orient et des siècles de présence turque.

L'Olténie s'achève à l'ouest, là où Carpates et Danube finissent par se rencontrer. Là où commence le Banat. Résolument ancré en Europe centrale, le **Banat** est en effet bien différent par son histoire, sa société multiethnique et ses affinités. D'ailleurs, sur la carte, ne dirait-on pas un nez pointé vers l'Occident?

sommaire

Montagnes secrètes de Buzău★

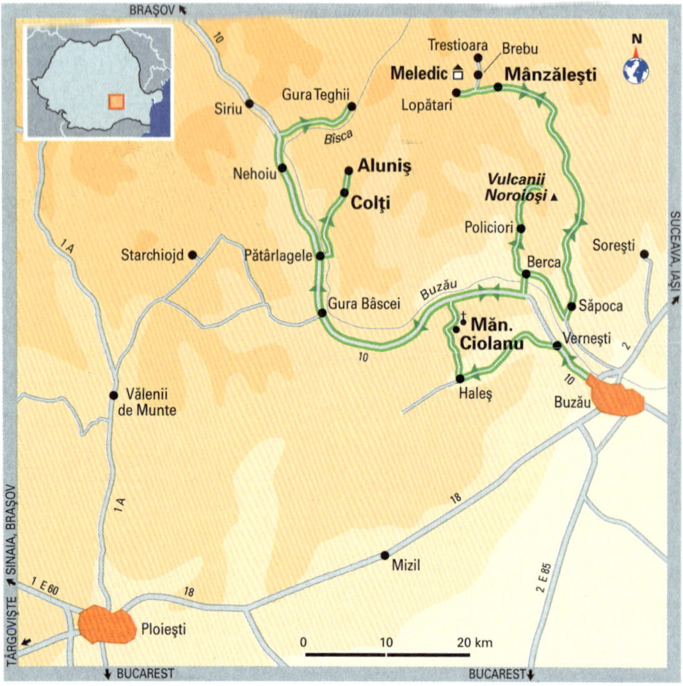

Pour le voyageur qui va de Bucarest en Moldavie, la région de Buzău est synonyme de paysages austères. Il suffit de s'aventurer à l'ouest de la grande plaine pour trouver des villages masqués par la végétation, des vergers luxuriants et un habitat qui respire la plénitude, mais aussi des églises rupestres et des monastères ignorés des flux touristiques. Avançant dans les Carpates, vous découvrez d'insolites phénomènes naturels: « volcans » de boue, filons d'ambre, canyons taillés dans le sel, sources de pétrole. Plus loin et plus haut, des paysages somptueux de gorges et de forêts, inépuisables terrains de randonnée. La ville de Buzău a connu une modernisation massive et n'offre guère d'intérêt en dehors de la mairie et des rues qui vont vers la gare et le marché.

Le monastère de Ciolanu★

*> **Mănăstirea Ciolanu**. 32 km N-O de Buzău. À Buzău, prenez la DN 10 vers Verneşti (N) puis tournez à g. À Haleş, tournez à dr. Ouv. t.l.j. 9h-17h. Entrée libre. Visite: env. 15 mn.*

Fondé au XVIe s., le monastère de Ciolanu sommeille dans une immense cour herbeuse, peuplée de quelques arbres et emprunte d'une paix profonde.

L'**église** possède de très belles sculptures sur bois et les encadrements de fenêtres témoignent d'une influence du style Brâncoveanu *(p. 102)*.

Dans les forêts et clairières des alentours sont éparpillées environ 200 sculptures réalisées par de jeunes artistes.

Les « volcans » boueux de Berca★

> *Vulcanii Noroioşi. Env. 30 km N-E du monastère de Ciolanu, 22 km N de Buzău par la DN 10. Visite (env. 20 mn) sans risque. Prévoyez des bottes. Non loin, bar sympathique et possibilité de casse-croûte.*

Du monastère de Ciolanu, descendez dans la vallée et prenez à droite vers Buzău, puis à gauche vers Berca. Après le pont, la première route à gauche puis à droite conduit à une vallée. À Policiori, tournez à droite sur une route mal revêtue. Après 3 km environ, à une bifurcation, prenez à gauche. Après une montée de 1 km, vous découvrez le site le plus intéressant, **Pâclele Mari**.

Les « volcans », dont plusieurs sont en activité en même temps, ne font guère plus de 2 m de diamètre et à peine 1,5 m de haut. Dans le cratère, une bouillie grisâtre est perturbée de temps à autre par une remontée de gaz qui s'accompagne d'un liquide visqueux : c'est un mélange d'argiles et d'eau poussée vers la surface par la pression des gaz. Le liquide déborde parfois, formant des coulées de lave miniatures pouvant atteindre une centaine de mètres.

programme

Env. 200 km à partir de Buzău sur des routes dans un état variable. Passages non asphaltés. Prévoir 2 j. Si vous séjournez à Bucarest (à peine 2 h de route), cette région est une idée originale pour un **week-end** : arrivez le ven. soir chez les vignerons de **Soreşti** *(p. 118)* pour une soirée dégustation et une nuit au grand calme. Le lendemain, roulez à la découverte de **Ciolanu** *(p. 88)*, visitez au passage les « volcans » de boue *(ci-contre)* et allez vous perdre au fond de la vallée de Mânzăleşti *(p. 90)* — dormez à la cabane de Meledic *(p. 117)*. Le dim., retournez dans la vallée du Buzău.

Après une randonnée à la recherche des églises rupestres *(p. 90)*, retournez à Bucarest *via* Vălenii de Munte.

Autres hébergements à Buzău *(p. 115)*, Colţi *(p. 116)*, Gura Teghii *(p. 116)*.

> ***Carnet d'adresses*** p. 115.

© Pierre Soissons

Les « volcans » boueux constituent un paysage lunaire, sans végétation (la salinité de l'eau est insupportable pour la plupart des plantes locales), au cœur d'une région verdoyante.

Certains ermitages de cette Cappadoce roumaine sont d'accès difficile.

La vallée de Mânzăleşti*

> *Mânzăleşti : 67 km N de Buzău, 45 km N de Berca. Des volcans de Berca, retournez par le même chemin à Berca, puis suivez la petite route qui longe la rive g. de la vallée du Buzău. Après 8 km, à Săpoca, prenez à g.* ***Carnet d'adresses*** *p. 117.*

Cette vallée, qui semble en dehors du monde, est le passage obligé pour atteindre des lieux parmi les plus secrets de Roumanie.

Entre Mânzăleşti et Lopătari, à droite de la route, une montagne de sel disséquée par l'érosion dégage des canyons d'une trentaine de mètres de profondeur.

À la base de certains abrupts, une boue sombre s'écoule lentement : il s'agit de pétrole ! Les environs offrent un tableau contrasté : on passe en quelques mètres de l'aridité des crevasses de sel à des pelouses moelleuses, puis à des vergers généreux.

Avant Lopătari, tournez à droite vers Brebu et Trestioara. Une petite route de terre s'élève vers le **plateau de Meledic**, où, près d'un lac, un refuge aménagé vous attend.

Colţi, royaume de l'ambre*

> *65 km N-O de Buzău, 43 km N-O de Berca. Retournez sur vos pas jusqu'à Berca, traversez la rivière et prenez la DN 10 à g. À Pătârlagele, suivez la petite route bucolique qui mène à Colţi.* ***Carnet d'adresses*** *p. 116.*

Dans cette vallée, des filons d'ambre étaient exploités et le sont toujours sporadiquement.
En entrant dans le village, à gauche, un bâtiment accueille le **musée de l'Ambre** (***Muzeul Chihlimbarului*** *; ouv. t.l.j. sf lun. 9 h-17 h ; entrée payante*), situé à l'entrée d'une mine abandonnée. S'il est fermé, cherchez Mme Nica sur la route d'Aluniş. Ce petit musée expose des blocs d'ambre et les outils des prospecteurs ou des artisans de l'ambre.

Aluniş et les églises rupestres**

> *Env. 6 km N de Colţi. Rens. sur les accès : Dumitru Nica, à Colţi (p. 116).*

Dès le IVe s., le christianisme se répand massivement entre Danube *(encadré p. 108)* et Carpates *(encadré ci-contre)*, grâce à l'activité d'ermites et de prédicateurs qui vont s'établir jusque dans les lieux les plus inhospitaliers.

Les hauteurs situées entre Mlăjet, Aluniş et Bozioru cachent ainsi un ensemble méconnu et d'accès difficile, pourtant unique : une vingtaine de vestiges d'églises ou d'ermitages datant du XIIIe et XIVe s. et qui gardent des témoignages (autel, symboles gravés sur les parois).

Les lieux portent encore les noms d'ermites et la plupart demandent entre 1 et 3 h de marche.

géographie

Les Carpates

© Victor Bortas

Ces montagnes forment la colonne vertébrale de l'Europe centrale et orientale. Elles dessinent un arc montagneux de près de 1 500 km (dont 910 km en Roumanie, soit 60 % de la chaîne) entre le N-E de l'Autriche, la Slovaquie (point culminant des Carpates au mont Gerlach, 2 665 m), la Pologne, l'Ukraine, la Roumanie et la Serbie, où elles passent le relais au massif des Balkans. Leur genèse est contemporaine du grand plissement alpin, dont elles sont le prolongement oriental. Un relief complexe créant des zones de refuge, d'immenses forêts et la faible pénétration de l'homme en font un véritable conservatoire du **patrimoine biologique de l'Europe** : les Carpates sont le dernier espace où les grands mammifères vivent « normalement », constituant l'essentiel du cheptel européen en ours, loups et lynx. Ces montagnes et leurs bassins intérieurs ont favorisé le maintien de **cultures originales**, d'un grand intérêt ethnographique, comme, en Roumanie, les **Moți** *(p. 130)*, les **Szeklers** *(p. 180)*, les **Houtsoules** *(p. 241)* ou la civilisation du **Maramureș** *(p. 195)*. •

Seul sanctuaire d'accès facile, ♥ l'**église d'Aluniș**★ *(ouv. services religieux : dim. matin et grandes fêtes)* est à moitié creusée dans la roche, l'autre moitié étant bâtie en bois recouvert d'un bleu intense.

••• **Itinéraires possibles** : des montagnes de Buzău, vous pouvez gagner le pays des Szeklers *(p. 180)* et Brașov *(p. 170)* par la DN 10.

Un autre itinéraire possible est de choisir la direction opposée pour traverser le relief disséqué et chaotique du versant sud des Carpates, à l'endroit même où ces montagnes dessinent un coude : quittez la DN 10 après le village de Gura Bâscei en direction de Vălenii de Munte, Ploiești (S-E) pour rejoindre Târgoviște. •

Princes et Carpates★★

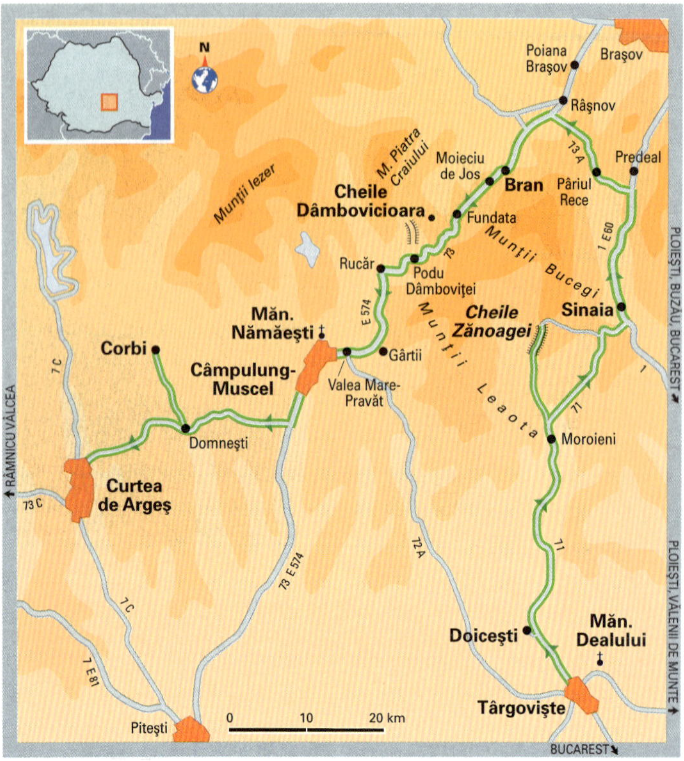

Vous parcourez l'histoire du **Pays roumain** (ou Valachie) à travers ses trois premières capitales, protégées par les contreforts des Carpates : **Câmpulung**, **Curtea de Argeş** et **Târgovişte**.

À la fin du XIXe s., les rois de Roumanie établirent leur villégiature à Sinaia, en plein cœur des montagnes. Aux portes de la Transylvanie, la reine Marie fréquentait le château de Bran et son cadre idyllique. Couronné par le must des montagnes roumaines, cet itinéraire suit d'antiques routes du commerce qui serpentent entre les abrupts calcaires des monts Bucegi, éblouissants sous le soleil, et l'élégante chaîne de Piatra Craiului (« la pierre du Roi »).

Târgovişte et ses environs★

> 78 km N-O de Bucarest, env. 130 km S-O d'Aluniş via *Vălenii de Munte.* ***Carnet d'adresses*** *p. 119.*

Cette ville au passé prestigieux fut la capitale et le cœur artistique de la Valachie entre 1385 et 1559, le temps de trente-trois règnes. Au XVIe s., c'était un centre culturel majeur, qui fournit à la région bâtisseurs, sculpteurs et peintres, comme les Dobromir, à qui beaucoup d'églises doivent leur décor intérieur. Nombre de ces églises sont ainsi les jalons d'une gloire révolue, comme Stelea et Dealului *(p. 93)*. Dans la ville, vous remarquerez l'**église Stelea**★ *(**Biserica Stelea**; ouv. t.l.j. 7h-19h; entrée* *libre ; visite : env. 15 mn)*, due au grand prince moldave Vasile Lupu en 1645 *(encadré p. 256)* et subtilement décorée de disques émaillés. La forme de la tour rappelle celle des églises moldaves.

Mais la plus remarquable (l'église princière) se situe dans l'ancienne cour des voïvodes↪ valaques.

La cour princière**

> *Curtea Domneasca. Accès par le bd Bălcesçu. Ouv. t.l.j. sf lun. 9 h-17 h. Entrée payante. Visite : env. 1 h.*

Mentionnée dès 1396, la résidence voïvodale présente d'importants vestiges qui en disent long sur son rayonnement politique et culturel. Elle était délimitée par une double ceinture de remparts, dont une partie existe toujours. Entre les XIVe et XVIIe s., chaque règne important s'est accompagné d'agrandissements : construit par Mircea cel Batrân, le palais fut étendu par Petru Cercel et remanié par Matei Basarab et Constantin Brâncoveanu *(p. 102)*. Le périmètre de la cour est dominé par la **tour de Chindia*** (XVe s.) qui assurait le guet. Tout près se tient l'église princière, chef-d'œuvre de l'art valaque.

♥ **L'église princière**** *(Biserica Domneasca)*, fondée dans les années 1580 par **Petru Cercel**, est remaniée en 1698 par **Constantin Brâncoveanu**. Elle suit le plan en croix grecque inscrite ↪, avec une tour sur le naos ↪ et deux plus petites sur le pronaos↪. Sa dernière restauration a dégagé ses murs de brique. Il faut se placer à l'ouest pour apprécier la parfaite harmonie des volumes : le vaste porche et, de chaque côté de la porte, deux registres de trois fenêtres. Leur forme allongée s'allie à celle des arcatures qui forment la structure des trois tours. L'intérieur conserve des **peintures murales** datant de la réfection de 1698 : Brâncoveanu figure ainsi sur un **tableau votif** (pronaos), portant la maquette de l'église avec Petru Cercel (à dr.). Ils sont accompagnés d'une galerie de voïvodes valaques, dont Matei Basarab et Neagoe Basarab (à g.) et Mihai Viteazul (à dr.). Au sud-ouest du naos, sur la balustrade de la tribune, une scène rare dans l'iconographie byzantine : la **multiplication des pains**. Datée de 1697, l'**iconostase**↪ éclaire le naos de sa richesse. À gauche de la porte, une superbe icône de la Vierge à l'Enfant. À gauche, saint Nicolas.

programme

Env. 280 km de Târgoviște *(p. 92)* à Curtea de Argeș *(p. 97)* par Sinaia *(p. 94)*, Bran *(p. 96)* et les collines de l'Argeș. Infinies possibilités de randonnées dans les monts Bucegi *(p. 96)*, Piatra Craiului *(p. 96)* et Leaota *(p. 96)*. Nombreuses visites de châteaux et d'églises. Compter 2 j. **Hébergement** à Târgoviște, Sinaia, Bran, Moeciu de Jos, Câmpulung Muscel, Curtea de Argeș.

> ***Carnet d'adresses*** *p. 115.*

♥ Le monastère Dealului**

> *Mănăstirea Dealului. De Târgoviște, prenez la DN 71 vers Sinaia. À la sortie de Târgoviște à dr., dir. Ploiești (DN 72), puis, après 1 km, à g. Ouv. t.l.j. 8 h-18 h. Entrée payante. Visite : env. 30 mn.*

En 1501, le voïvode **Radu le Grand** (Radu cel Mare ; 1495-1508) achève la réfection de ce monastère qui porte le poids d'une malédiction *(encadré p. 94)*. Il ne subsiste que l'**église**** (1501), l'une des plus élégantes de Roumanie. La clarté de ses volumes met en valeur son décor à la fois sobre et raffiné dans le traitement des détails : les tours et la façade occidentale (notamment les deux panneaux encadrant la porte d'entrée) présentent un décor sculpté d'une grande complexité, d'inspiration orientale. Cette ornementation aurait pour origine l'Ar-

histoire

La malédiction de Nifon

Prince éclairé, **Radu le Grand** (1495-1508) cherche à attirer des personnalités exemplaires pour renforcer son prestige et celui de sa principauté. Il réussit à confier le siège métropolite ↬ de Valachie à **Nifon**, l'ancien patriarche ↬ de Constantinople, que les Turcs ont chassé. **Târgoviște** devient ainsi un phare de l'Europe orthodoxe, mais pas pour longtemps : des complots internes entraînent le départ de Nifon, qui jette la malédiction sur Radu et son pays. Radu tombe gravement malade, tandis que la Valachie est secouée par des révoltes. Radu supplie Nifon de revenir, mais ce dernier meurt. Quelques semaines plus tard, le prince meurt à son tour ; il est inhumé dans le monastère qu'il a fondé.

Supposant que les déboires de la Valachie sont dus à la malédiction de Nifon, le successeur de Radu, **Neagoe Basarab**, engage une forte somme pour acquérir une partie de ses reliques. Elles sont enterrées près de Radu, comme pour une réconciliation posthume. En août 1517, elles sont complétées par le crâne et la main du patriarche, qui, par la même occasion, est canonisé : **saint Nifon**, patriarche de Constantinople et métropolite de Valachie, est toujours fêté le 11 août. •

ménie et se serait répandue dans le monde byzantin avant d'atteindre le Pays roumain *via* la Serbie.

Ces **références orientales** vont se généraliser au cours des deux siècles suivants : elles culmineront à Curtea de Argeş *(p. 97)* et à l'église des Trois Hiérarques de Iaşi *(p. 255)*, mais avec beaucoup moins de grâce. Le cordon de pierre qui court tout autour des murs extérieurs ***(brâu)*** sera repris dans les constructions valaques et moldaves. Il sépare deux registres d'arcatures aveugles, aux lignes pures, qui rythment les volumes de l'église.

Celle-ci sert de nécropole à six voïvodes ↬, dont **Mihai Movila**, fils de Simion Movila *(p. 44)*, et **Mihai Viteazul** *(encadré p. 45)* : la tête du grand prince se trouve sous une pierre tombale, à droite dans le pronaos de l'église.

♥ L'église de Doicești*

*> **Biserica Doicești**. 8 km N de Târgoviște sur la DN 71. Ouv. services religieux : le dim. matin et les grandes fêtes. Entrée libre. Visite : env. 15 mn.*

Constantin Brâncoveanu *(p. 102)* avait ici une résidence. En 1706, il y fit élever cette église, dédiée à la Nativité de Marie. Belle par sa simplicité, au milieu de son cimetière, elle offre l'ombre de son porche aux colonnes torsadées, dont la base est sculptée de feuillages. Le règne végétal s'invite aussi dans la décoration des fenêtres (voir le côté sud), soulignée par un encadrement peint de motifs floraux.

••• **À voir en chemin** : continuez vers Sinaia ; après Moroeni, une route à g. mène vers les **gorges de Zănoaga**** ***(cheile Zănoagei)***. Le paysage de haute montagne des **monts Bucegi** se dessine à g. Un beau panorama s'offre à vous au col qui précède la descente vers Sinaia.

Sinaia*

*> 62 km N de Târgoviște, 54 km N de Doicești par la DN 71. **Carnet d'adresses** p. 118.*

Cernée par les forêts et les escarpements des **monts Bucegi**, cette station climatique doit sa célébrité au roi Carol I qui, dans les années 1870, y établit une de ses résidences. Les grandes familles de Bucarest l'y suivirent, peuplant les pentes de constructions qui donnent à la station un air désuet et romantique.

Outre ses châteaux, le site offre en été un réseau d'itinéraires de **randonnées** dans le massif le plus spectaculaire des Carpates roumaines.

Le monastère de Sinaia*

*> **Mănăstirea Sinaia** ☎ 31.49.17. Ouv. t.l.j. 9h-18h. Entrée libre, sf musée. Visite: env. 15 mn.*

Le monastère (1690-1695) tire son nom du mont Sinaï, où son fondateur, Mihai Cantacuzino, fit un séjour lors d'un pèlerinage en Terre sainte. Entouré de sapins, l'ensemble a belle allure. De modestes dimensions, l'église présente un plan en forme de croix latine, unique en Valachie à cette époque. Elle est agrémentée d'un riche décor sculpté.

Le château de Peleş*

*> **Castelul Peleş** ☎ 31.09.18. Ouv. 9h-15h, f. lun. mar. Entrée payante. Visite: 1h30.*

Édifié en deux temps entre 1875 et 1914, ce château fut commandé par Carol Ier pour servir de villégiature à la famille royale. Après la destitution du roi Michel (1947), le château devient musée: il présente des peintures, du mobilier, une collection d'armes, des tapisseries, etc.

Sans atteindre les délires de Louis II de Bavière, Peleş offre un pot-pourri de styles où domine l'influence allemande néo-Renaissance, avec des touches italianisantes ou baroques. Sur 160 pièces se déroule un festival de boiseries finement sculptées, de vitraux, de marqueterie, de tapis. Le château est situé au cœur d'un superbe parc.

♥ Le château de Pelisor*

*> **Castelul Pelişor**. Visite couplée avec celle du château de Peleş (comptez 1 h de plus).*

Commandé par la famille royale, achevé en 1902, ce château se veut moins emphatique que son voisin. Il contient une riche collection d'objets d'art décoratif. La reine Marie soutenait de jeunes artistes et

Le château de Peleş occupe une bonne place parmi les fantaisies royales construites durant la seconde moitié du XIXe s. à travers l'Europe.

leur suggérait ses propres penchants pour l'Art nouveau, combiné d'influences byzantines et celtiques.

La villa de George Enescu*

> *Casa George Enescu***, Str. Yehudi Menuhin ☎ 31.17.53. Ouv. 9h-15h, f. lun.-mar. Entrée payante.*

Dans la verdure du quartier Campatu se dresse la villa Luminis, belle demeure où le grand compositeur donnait en 1927 des leçons de violon au jeune Yehudi Menuhin.

Le pays de Bran**

> *De Sinaia, prenez la route DN 1 vers Braşov. Avant Predeal, tournez à g. sur la DN 73 A, vers Păriul Rece et Râşnov.* ***Carnet d'adresses*** *p. 115.*

Dans les environs de Bran, les populations autochtones roumaines se sont maintenues au long des siècles tandis que les plaines environnantes étaient colonisées par des Allemands. La splendeur du paysage montagnard et la présence du fameux **château de Bran** attirent les foules en été: la solitude ne se gagne qu'en suivant les nombreux sentiers.

© Pierre Soissons

Le puissant château de Bran reste lié au souvenir de la reine Marie.

Le château de Bran**

> ***Castelul Bran****. 51 km N-O de Sinaia par les DN 1, DN 73 A et DN 73. À l'entrée de Râşnov, prenez à g. la DN 73 vers Bran. Ouv. t.l.j. sf lun. 9h-17h. Entrée payante. Visite: 1h.*

Perché sur son rocher, le château le plus célèbre de Roumanie impose sa silhouette romantique dans un cadre de forêts et de villas et dans la joyeuse cohue des visiteurs. Construit au XIIIe s. par des chevaliers de l'ordre Teutonique, il est inféodé à partir de 1377-1378 à Braşov *(p. 170)*. D'une grande importance stratégique, il commande les cols au sud de Bran qui reliaient Braşov à Târgovişte et à la Valachie. Alors qu'il n'a semble-t-il rien à voir avec Vlad Tepeş *(encadré p. 43)*, ce château est associé depuis trois décennies à Dracula pour des raisons qui n'ont rien à voir avec l'histoire, d'où une fréquentation excessive.

En 1920, on était loin de parler de vampires lorsqu'il devint la résidence secondaire de la reine Marie. Celle-ci a apporté sa touche inimitable à la restauration de l'ensemble. Au-delà de la superbe cour intérieure, vous visiterez les différentes salles au mobilier solide, riches en évocations du monde des chevaliers.

••• **Itinéraire possible**: de Bran, vous pouvez rejoindre Braşov *(25 km N-E)* et parcourir la Transylvanie du Sud *(p. 145)*.

Une somptueuse traversée des Carpates**

> *De Bran, continuez sur la DN 73 (S).*

De Bran à Rucăr *(37 km S-O de Bran)*, la route traverse les Carpates sous le double et somptueux parrainage des **massifs de Bucegi** et **Leaota** à l'est, **Piatra Craiului** et **Iezer** à l'ouest.

Vous parcourez l'un des plus beaux paysages de Roumanie: des vallées profondes et des crêtes moelleuses, le tout piqueté de bosquets, de sapins, de fermes et de chalets d'alpage.

Par ses formes et son décor, l'église de Curtea de Argeş est l'une des plus singulières du pays.

●●● **À voir tout près**: à Podu Dâmboviţei *(29 km S-O de Bran)*, une route à droite s'enfonce dans les ♥ **gorges de la Dâmbovicioara**★★ *(**cheile Dâmbovicioara**)*. Peu avant Câmpulung Muscel, à Valea Mare-Pravăţ, tournez à droite vers le **monastère de Nămăeşti**★, dont l'église est aménagée dans la roche.

Câmpulung Muscel

*> 21 km S-O de Rucăr par la DN 73. **Carnet d'adresses** p. 115.*

Au XIVe s., cette ville fut la première capitale des voïvodes ↪ de Valachie, à l'époque de **Basarab Ier** et de son fils **Nicolae Alexandru**, fondateurs d'une dynastie qui allait donner tant de grands princes au Pays roumain: les Basarab. Une belle tour d'entrée (1647) signale le **monastère Negru Voda**★, du XIIIe s., reconstruit plusieurs fois, notamment par **Matei Basarab** en 1635 et au XIXe s.

●●● **À voir tout près**: prenez la DN 73 C vers Curtea de Argeş. À Domneşti, tournez à droite. Après 10 km, vous atteignez ♥ **Corbi**★, où se trouve un **ermitage** taillé dans la roche.

Curtea de Argeş★★

*> 61 km S-O de Câmpulung Muscel. 12 km après Câmpulung Muscel sur la DN 73, tournez à dr. et prenez la DN 73 C. **Carnet d'adresses** p. 116.*

L'histoire de cette petite ville est indissociable des débuts du premier État valaque, dont la capitale se déplaça de Câmpulung à cette vallée. L'**église princière** est l'un des plus vieux édifices du XIVe s. encore visibles. D'un grand intérêt, elle permet de saisir les points d'ancrage et l'évolution de l'art religieux valaque. Une évolution qui connaît une surprenante apothéose avec l'**église épiscopale**, située dans le monastère.

♥ L'église princière Saint-Nicolas★★

*> **Biserica Domneasca Sfântu Nicolae**. Ouv. t.l.j. sf lun. 9h-18h. Entrée payante. Visite: env. 40 mn. Commentaire passionné et passionnant d'Elena Teodorescu.*

De la première résidence connue des voïvodes ↪ valaques ne restent que des ruines, le mur d'enceinte, l'entrée et surtout la fameuse **église Saint-Nicolas**, la première d'une

tradition

La légende de Maître Manole

Le prince **Neagoe Basarab** avait confié la construction de l'église à une équipe de neuf maçons conduits par **Maître Manole**. Chaque fois qu'ils étaient sur le point d'achever l'ouvrage, celui-ci s'écroulait. De toute évidence, seul un sacrifice humain permettrait d'achever la construction. Les bâtisseurs décidèrent que la première personne qui apparaîtrait sur le chantier serait emmurée vivante. Le sort tomba sur la femme de Manole, venue apporter des provisions. La construction achevée, le prince, émerveillé, craignant que Manole aille construire ailleurs un aussi bel édifice, fit ôter échelles et échafaudages. Alors, refusant de mourir lentement sur le toit, le maître se fabriqua des ailes avec des planches et tenta de fuir, mais il s'écrasa un peu plus loin. À cet endroit, une source jaillit. •

longue série de fondations voïvodales : c'est aussi la première qui associe le prestige du prince à celui de l'Église, consolidant ainsi la légitimité de celui-ci dans le pays et par-delà les frontières.

Chef-d'œuvre de l'art religieux en Roumanie, c'est le plus ancien des monuments intégralement conservés en Valachie. Détruite en 1330, l'église fut vite rebâtie, selon le modèle alors en vogue à Constantinople, le plan en forme de croix grecque ↪. Sobres, dépouillés, les murs extérieurs sont rythmés par une alternance de bandes de briques et de lits de galets qui soulignent l'harmonie des proportions. Les encadrements de fenêtres ont été rajoutés au XVIIIe s.

Destinée à être la nécropole des princes, l'église comprend les trois parties imposées par le rite orthodoxe. La composition du **naos** ↪ respecte la tradition byzantine de la « croix grecque inscrite », avec quatre pendentifs soutenant la tour de l'église.

Notez la qualité plastique des volumes et, surtout, de la **peinture murale**. Apparenté à l'art byzantin des Paléologues, ce déploiement iconographique d'une grande **richesse thématique** n'a pas d'équivalent en Roumanie. La peinture n'assure plus seulement une fonction décorative propice à la prière et à la méditation, elle se peuple d'une foule de saints, se réfère à la liturgie. Cette profusion a pour mission de mettre en avant la force et la complexité de l'Église, dont le prince est garant.

Le monastère★★

> ***Mănăstirea Curtea de Argeş****. Traversez la ville vers le N. Un grand parc signale le monastère. Ouv. t.l.j. 8 h-18 h. Entrée payante. Visite : env. 30 mn.*

Au cœur du complexe monastique, l'**église épiscopale★★** a été construite entre 1512 et 1517 par le voïvode ↪ Neagoe Basarab. Plus large que le naos, le pronaos est doté de douze colonnes supportant une tour. Une autre se trouve sur le naos. Sur la partie ouest du pronaos, deux tourelles en spirale.

Les murs sont décorés avec une opulence dont l'inspiration serait à chercher bien plus à l'est que Byzance. Depuis la création du royaume de Roumanie (1881), les souverains sont inhumés dans le pronaos, à côté des voïvodes Neagoe Basarab et Radu de la Afumaţi. L'atypique Carol II *(encadré p. 323)*, décédé et enterré au Portugal en 1953, est venu les rejoindre le 14 février 2003. •

Monastères d'Olténie★★

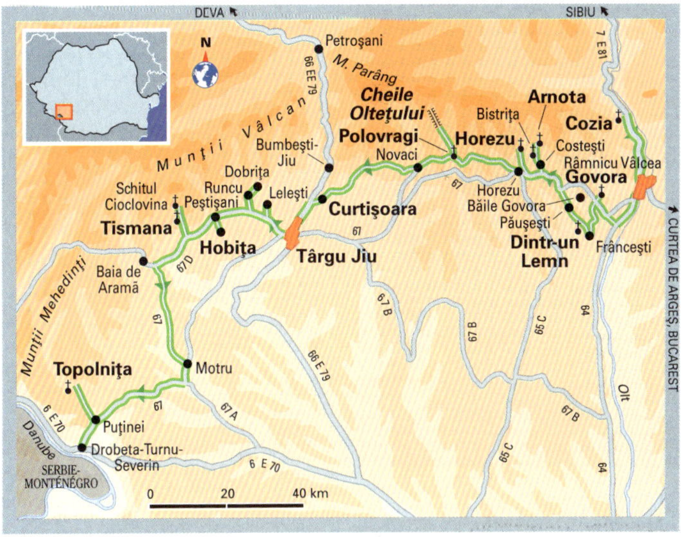

L'Olténie est sinueuse. Ses paysages complexes ne se prêtent pas à une visite expéditive. Optez pour la lenteur et les détours : vous allez dénicher des monastères-jardins, de petites églises décorées de scènes naïves, des maisons noyées sous la treille et des vergers croulant de promesses. Et, au hasard des villages, vous saisirez l'esthétique du paysan oltène, qui a nourri la pensée de **Brâncuşi** *(p. 327)*.

Si l'art religieux n'atteint pas ici la vigueur qu'il a en Bucovine *(p. 221)*, églises et monastères témoignent de l'ancienneté et de la solidité du christianisme roumain au sud des Carpates. Les princes les ont couverts de bienfaits, notamment **Constantin Brâncoveanu** *(p. 102)*, qui expose à travers le **monastère de Horezu** son ambition culturelle.

programme

Env. 250 km de Curtea de Argeş à Drobeta Turnu Severin. Si vous visitez tous les monastères, comptez 3 j. Découvrir cette région est une idée de week-end au départ de Bucarest. Les monastères disposent de chambres d'hôtes, parfois austères, parfois très agréables *(encadré p. 118)*. Autres **hébergements** à Râmnicu Vâlcea *(p. 118)*, chez les potiers d'Horezu *(p. 117)*, à Târgu Jiu *(p. 119)* et à Drobeta-Turnu-Severin *(p. 116)*.

> ***Carnet d'adresses*** *p. 115.* ●

Cozia★★

> ***Mănăstirea Cozia****. 51 km O de Curtea de Argeş, 20 km N de Râmnicu Vâlcea. De Curtea de Argeş, rejoindre Râmnicu Vâlcea, puis dirigez-vous vers Sibiu ☎ 75. 02.30. Ouv. t.l.j. 8 h-19 h. Entré payante. Visite : env. 30 mn.*

L'Olt coule au pied de cet ensemble monastique situé dans un cadre éblouissant. L'église (1387-1391), due au voïvode **Mircea cel Batrân**, est dédiée à la Sainte-Trinité. Édifiée avec précision et maîtrise par des bâtis-

Le fondateur de l'église et son fils en présentent la maquette au Christ par l'intercession de la Vierge. Détail du naos de l'église de Cozia.

seurs serbes, elle servit de modèle aux églises à plan triconque↪ du Pays roumain. De l'autre côté de la route se trouve la délicate **église de l'hospice*** *(bolniţă)* du monastère.

L'archipel des monastères de Vâlcea**

> *Traversez Râmnicu Vâlcea et prenez la DN 64. Après 10 km, tournez à dr. vers Băile Govora (DN 67).*

En quelques kilomètres, plusieurs monastères et ermitages s'éparpillent entre vergers, gorges, forêts et escarpements. Chacun dispense à sa façon une douceur exquise qui pénètre le visiteur.

Le monastère de Govora*

> ***Mănăstirea Govora****. 84 km O de Curtea de Argeş, 33 km S de Cozia par Râmnicu Vâlcea. Ouv. t.l.j. 8h-18h. Entrée payante.* ***Chambres d'hôtes*** *(encadré p. 118).*

Ce monastère existait déjà au XIVe s. En 1645, **Matei Basarab** *(p. 45)* le reconstruit pour y transférer l'imprimerie qu'il a reçue du métropolite de Kiev, **Petru Movila**. À l'époque de **Brâncoveanu**, en 1701-1702, interviennent de nouveaux aménagements qui lui donnent son élégance actuelle: voyez les moulures rehaussées de peinture. Toujours abondamment fleuri, ce lieu est une oasis de calme, où l'ordonnancement régulier des ouvertures, jouant de l'ombre et de la lumière, crée un équilibre apaisant.

♥ Le monastère Dintr-un Lemn*

> ***Mănăstirea Dintr-un Lemn****. 90 km S-O de Curtea de Argeş, 20 km S de Govora. Revenez sur la DN 64 pour 3 km, et prenez à dr. vers Frânceşti puis, dans ce bourg, à dr. Ouv. t.l.j. 8h-18h. Entrée payante.* ***Chambres d'hôtes*** *(encadré p. 118).*

L'allée qui mène à ce monastère s'entoure d'une symphonie d'arbres, de haies et de jardins, de même que les deux cours intérieures.

Un ermite aurait trouvé une **icône de la Mère de Dieu** dans le tronc évidé d'un vieux chêne. Une voix lui aurait demandé de bâtir une église avec le bois de cet arbre, d'où son nom, *Dintr-un Lemn,* qui signifie « d'un seul bois ». Édifiée à l'endroit où se trouvait le chêne, la petite église (milieu XVIe s.) est faite de gros madriers joints en queue d'aronde.

Un porche ouvert vous invite à visiter l'intérieur, d'une grande beauté, avec une **iconostase**↪ en if et de nombreuses icônes en bois. De grandes dimensions (150 x 110 cm), la fameuse icône de la Mère de Dieu se trouve dans la grande église, fondation de Matei Basarab (1640). Elle aurait été exécutée au mont Athos ou à Constantinople, d'après un très vieux modèle.

●●● **À voir en chemin**: prenez la DN 67 (N) que vous quittez 6 km avant Horezu pour Costeşti. Suivez la vallée et passez près du **monastère de Bistriţa*** *(****Mănăstirea Bistriţa****; ouv. t.l.j. 8h-18h; entrée libre; chambres d'hôtes, encadré p. 118)*, de la fin du XVe s.

♥ Le monastère d'Arnota**

> *Mănăstirea Arnota. 120 km O de Curtea de Argeş, 30 km N du monastère de Dintr-un Lemn. Du monastère de Bistriţa, une route en lacets mal revêtue sur 4 km. Ouv. t.l.j. 8h-18h. Entrée payante.*

D'après la légende, **Matei Basarab**, qui s'apprêtait à accéder au trône, se cacha dans ces parages pour échapper aux Turcs. Persuadé d'avoir été sauvé par ce lieu sauvage et impénétrable, il y fonda un monastère dès qu'il prit le pouvoir. Au milieu se trouve l'église (1633), aux peintures murales bien conservées (1644). Retouchée par Brâncoveanu *(p. 102)*, elle a été rénovée au milieu du XIXe s. Matei Basarab y est enterré aux côtés de son père.

Le monastère de Horezu***

> *Mănăstirea Horezu. 123 km O de Curtea de Argeş, 86 km E de Târgu Jiu, 43 km O de Râmnicu Valcea, 15 km S-O du monastère d'Arnota. D'Arnota, retournez sur la DN 67. À 1 km de Horezu, tournez à dr. Ouv. t.l.j. 8h-18h. Entrée payante.* ***Chambres d'hôtes*** *(encadré p. 118).*

Au cœur d'un paysage opulent se détachent les murs blancs du plus grand complexe monastique d'Olténie. Dans cette région, connue depuis longtemps pour ses nombreux établissements monastiques et où se trouvent déjà deux nécropoles princières, **Cozia** *(p. 99)* et **Arnota** *(ci-contre)*, **Constantin Brâncoveanu** *(p. 102)* voulut établir une dernière demeure à la mesure de son règne. Il fonda le monastère d'Horezu, qui est peut-être l'illustration la plus accomplie du style initié par ce grand prince. Une dizaine de métiers d'art furent mobilisés durant la construction (1688-1697) : Horezu devint une ruche artistique qui ne tarda pas à essaimer dans les monastères des alentours.

Pas moins de cinq églises, de nombreux bâtiments et un hospice en font un ensemble unique en Valachie par son étendue et sa complexité.

Entretenue avec soin par les religieuses, une cour immense vous accueille. Ces lieux témoignent d'une grande exigence de clarté et d'organisation. Les deux étages d'arcades de la résidence offrent un rythme limpide et apaisant : de vastes espaces ombragés dialoguent avec les murs blancs.

© Victor Bortas

Le monastère d'Arnota domine les gorges de Bistriţa sur une hauteur boisée.

Brâncoveanu et l'éveil culturel valaque

Le nom du prince Constantin Brâncoveanu reste associé au formidable renouveau culturel de la Valachie de la fin du XVIIe s., et en particulier à un courant artistique brillant et original qui a marqué l'histoire de la culture roumaine.

Un prince occidentalisé

La Valachie connaît, entre le XVIIe s. et le début du XVIIIe s., deux grands règnes : celui de **Matei Basarab** (1632-1654) et celui de **Constantin Brâncoveanu** (1688-1714). Humaniste éclairé, ce dernier modernise la fonction de prince et s'inspire, pour gouverner, des exemples d'Europe occidentale que lui-même et les esprits brillants qui l'entourent connaissent bien. Grâce à sa diplomatie, il arrive à préserver de fragiles équilibres entre les empires ottoman, autrichien et russe. Il offre ainsi à son pays vingt-six ans d'une paix relative.

Une ambition culturelle

Le nom de Brâncoveanu reste surtout lié à une ambition culturelle sans précédent en Valachie : jamais les arts, l'enseignement et l'imprimerie n'ont connu un tel essor. À l'instar des cours italienne, germanique ou française, le prince nourrit un fort penchant pour le faste, ce qui se traduit certes par une fiscalité alourdie mais aussi par une prestigieuse politique de construction : lui et ses proches jalonnent le pays de palais, fondent ou restaurent églises et monastères. Il se crée alors un courant architectural original où dialoguent les cultures orientale et occidentale : une synthèse entre tradition byzantine et apports de la Renaissance italienne, pimentés de touches baroques.

Équilibre et raffinement

Ce mouvement touche surtout les constructions religieuses : à partir d'un plan classique (triconque ↪), les bâtisseurs innovent dans la distribution des masses libérées des pesanteurs. C'est l'esprit de la Renaissance qui se manifeste à travers des espaces aérés, des volumes limpides, des façades harmonieusement rythmées. Apparaissent des loggias d'inspiration vénitienne, des porches allégés, qui s'ouvrent davantage au monde extérieur. Ils sont scandés de colonnes de pierre torsadées ou cannelées, aux chapiteaux délicatement ornés. Ils s'embellissent de balustrades de pierre ajourée. Un décor opulent mais jamais excessif vient enrichir les encadrements de portes et de fenêtres. Les emprunts à l'exubérance baroque ne mettent jamais en cause les grands équilibres.

Un épisode essentiel de l'histoire de l'art roumain

Si le monastère de Horezu *(p. 101)* représente l'archétype de ce style, on peut aussi citer les réalisations de Govora *(p. 100)*, Doicești *(p. 94)* ou du palais de Mogoșoaia *(p. 81)*. Les proches du prince répandent le style avec notamment les églises bucarestoises de Colțea et Antim *(p. 76)*. Toujours à Bucarest, les églises de Crețulescu (1722 ; *p. 70)* et Stavropoleos (1724-1730 ; *p. 73*) perpétuent ce modèle qui inspirera longtemps l'art valaque et sera même repris par les promoteurs du style néo-roumain de la fin du XIXe s.

Les monastères de Govora (en haut), de Horezu (en bas et au centre à gauche, détail d'une balustrade) et l'église de Stavropoleos (au centre à droite, détail de la porte ; *p. 73*) à Bucarest sont représentatifs de l'art au temps de Constantin Brâncoveanu.

© Victor Bortas

© Bernard Houliat

© Bernard Houliat

© Victor Bortas

© Pierre Soissons

Coupole du porche de l'église principale de Horezu.

Au centre de la cour, l'église, bâtie en 1693, est dédiée aux saints empereurs Elena et Constantin (fête le 21 mai). La **porte d'entrée** est encadrée d'un décor sculpté de volutes végétales et son linteau porte les emblèmes de la Valachie associés à l'aigle à deux têtes des empereurs byzantins. Dans le pronaos ↪, le tombeau de Brâncoveanu est vide. Le 15 août 1714, à Istanbul, le sultan lui fit trancher la tête, en même temps qu'à ses quatre fils, pour le punir d'avoir comploté contre lui avec les Autrichiens et les Russes.

De Horezu au pays de Brâncuşi*

> *Env. 155 km d'Horezu à Topolniţa.*

Peuplé dès le Paléolithique, la partie ouest de l'Olténie était stratégique pour les Romains : après la traversée du Danube sur le pont de Drobeta, la route la plus directe vers l'actuelle Transylvanie, le cœur du royaume dace et Apulium (Alba Iulia) passe par la vallée du Jiu. Commandant un des meilleurs passages à travers les Carpates, ce pays recèle aussi une multitude de refuges dans les vallées secondaires qui descendent des monts Parâng, Vâlcan et Mehedinţi.

♥ Le monastère de Polovragi*

> ***Mănăstirea Polovragi.*** *Env. 23 km O de Horezu, 53 km E de Târgu Jiu. Quittez Horezu par l'O. À Polovragi, tournez à dr. vers les gorges. Ouv. t.l.j. 8 h-18 h. Entrée payante.* ***Chambres d'hôtes*** *(encadré p. 118).*

En aval des **gorges de l'Olteţ*** ***(Cheile Olteţului)***, ce monastère fondé en 1643 a été achevé sous le règne de Brâncoveanu en 1703 *(p. 102)*, qui a fait repeindre l'intérieur de l'église par l'équipe du peintre Constantinos.

♥ Curtişoara : le musée d'Architecture populaire de Gorj**

> ***Muzeul Arhitecturii Populare din Gorj.*** *46 km O de Polovragi, 10 km N de Târgu Jiu. Suivez la route qui longe les Carpates, puis, à l'entrée de Bumbeşti Jiu, prenez à g. vers Târgu Jiu. Après 10 km, vous atteignez l'écomusée ☎ 22.38.90. Ouv. t.l.j. sf lun. 8 h-17 h. Entrée payante. Visite : env. 1 h 30.*

Autour du manoir *(cula)* du XVIIIe s. et d'une petite église de 1820 sont rassemblés sur 13 ha une vingtaine de maisons, de granges, de chais, de moulins. Du mobilier et des objets quotidiens (superbes tapis) sont aussi exposés. Installé dans un paysage agreste, ce musée de plein air est très attachant.

Rejoignez la DN 66 puis Târgu Jiu.

Târgu Jiu*

> *290 km O de Bucarest, 5 km S de Curtişoara. De Curtişoara, rejoignez la DN 66 (S).* ***Carnet d'adresses*** *p. 119.*

Sur les bords du Jiu, cette ancienne ville de foire (*târg* signifie « foire »), capitale du département de Gorj, est liée au nom de **Constantin Brâncuşi** *(p. 327)*, qui y a composé un de ses chefs-d'œuvre. Arrivant par le nord de la ville *(bd Ecatarina Teodoroiu)*, vous atteignez le centre, où vous pouvez laisser votre voiture. Traversez le bd Brâncuşi, puis le grand parc, limité à l'ouest par une allée parallèle au Jiu *(aleea Parc)*. De cette allée part la calea Eroilor (rue des Héros).

• **La trilogie de Brâncuşi**★★. Longue de 1 653 m, la calea Eroilor traverse la ville d'ouest en est. Elle est le support et la clé du chef-d'œuvre édifié par Brâncuşi entre 1936 et 1938. Le maître a conçu un parcours rituel, ensemble cohérent où distances et proportions sont calculées avec minutie, suivant le nombre d'or. Hélas, des immeubles ont été bâtis sur cet axe, brisant la perspective et la graduation voulues par l'artiste. Néanmoins, chaque élément peut être admiré pour sa pureté et ses références à la symbolique des paysans. La traversée du parc débute par la **table du Silence** *(Masa Tăcerii)*, entourée de douze sièges. Elle précède la **porte du Baiser** *(Poarta Sărutului)*.

Un kilomètre plus loin, à l'autre extrémité de la calea Eroilor, sur une hauteur aménagée en parc, se dresse la **Colonne sans fin** *(Coloana Infinitului)*, de 29 m de haut, dont la succession de modules rappelle les piliers sculptés des maisons paysannes.

••• **À voir en chemin** : de Târgu Jiu, prenez la DN 67 D (O). À droite le long de cette route se succèdent des petites vallées aux villages potagers et fruitiers, comme **Leleşti**, **Runcu** ou encore **Dobriţa**★, qui a inspiré de belles pages à l'ethnologue Jean Cuisenier *(p. 326)* À Peştişani, tournez à gauche pour atteindre après 2 km le village où Brâncuşi a grandi.

Hobiţa★

> 26 km O de Târgu Jiu par la DN 67 D. De Târgu Jiu, prenez la DN 67 D.

L'église du village a été élevée en bordure de forêt par le grand-père du sculpteur Constantin Brâncuşi *(p. 327)*. En 1862, son père construit la maison familiale où il naît en 1876 et où il va vivre ses premières années, dans un univers imprégné de valeurs et de formes ancestrales. Cet univers a quasiment disparu mais il en reste des témoignages, comme la maison natale du sculpteur, aménagée en **musée**★ *(**Casa-muzeu Constantin Brâncuşi** ; ouv.*

histoire

Le destin tragique de Tudor Vladimirescu

Créé par des marchands grecs à Odessa en 1814, le réseau de l'**Hétairie** prépare en secret le soulèvement des peuples chrétiens des Balkans, avec pour horizon la libération de la Grèce. Ypsilanti, fils d'un hospodar ↬ de Valachie d'origine grecque, compte sur l'appui du tsar Alexandre. Pour déclencher la rébellion en Pays roumain, il trempe dans le complot un chef militaire oltène, **Tudor Vladimirescu**. À la tête d'une troupe de miliciens, les **pandours**, et espérant profiter de l'occasion pour faire valoir les droits d'une paysannerie excédée, Tudor entre dans Bucarest à la fin mars 1821. Quelques jours plus tard éclate en Épire la révolte qui aboutira en 1830 à l'indépendance grecque. Ypsilanti débarque en Valachie en tenue de général russe mais sans le soutien du tsar. La coalition vole en éclats : Tudor se découvre otage d'un projet dont il n'est qu'un instrument et qui le mène à sa perte. Le 9 juin 1821, les hommes d'Ypsilanti assassinent Tudor tandis que les armées ottomanes engagent en Valachie et dans les montagnes de **Neamţ** *(p. 266)* une féroce répression contre les conjurés. Le mouvement d'indépendance est néanmoins lancé dans les Balkans. Tudor Vladimirescu reste le symbole du réveil des Roumains qui va s'amplifier au cours du XIXe s. •

t.l.j. 9h-17h; entrée payante). En dehors de nombreux souvenirs du maître, vous mesurez ce que l'art de Constantin Brâncuşi doit à l'esthétique quotidienne du paysan oltène : voyez les colonnes sculptées de la galerie d'entrée ou bien les formes du grand portail en bois.

Sur la DN 67 D, roulez pendant env. 10 km (S) puis tournez à droite vers le monastère de Tismana.

Le monastère de Tismana**

> ***Mănăstirea Tismana**. 37 km O de Târgu Jiu, 29 km N-O de Hobiţa. De Hobiţa, rejoignez la DN 67 D et tournez à g., puis après 9 km, tournez à dr. Ouv. t.l.j. 8 h-18 h. Entrée payante. **Chambres d'hôtes** (encadré p. 118).*

Dans un défilé étouffé par la verdure se tient l'un des plus vieux centres monastiques au sud des Carpates. Il est installé environ 40 m au-dessus de la rivière Tismana, sur un replat d'où s'élance une cascade. La tradition veut que la première église ait été bâtie en bois d'if par le moine **Nicodim** *(encadré ci-dessous)* à la fin du XIVe s. puis refaite en dur. Elle est reconstruite par Radu cel Mare au début du XVIe s. En 1651, **Matei Basarab** renforce les fortifications. En 1821, **Tudor Vladimirescu** y établit son quartier général lorsqu'il mobilise les pandours *(encadré p. 105)*. Au milieu du XIXe s., l'ensemble est encore modifié. Une soixantaine de moniales font vivre des ateliers de tissage (les fameux tapis traditionnels oltènes) et d'icônes sur verre. La fête du monastère, l'**Assomption** (***Adormirea Maicii Domnului***; 15 août), attire des fidèles venus de toute l'Olténie.

••• **À voir tout près** : une route forestière mène, 7 km (N) de Tismana, à **l'ermitage de Cioclovina*** ***(Schitul Cioclovina)***, du XVIIIe s.

Le monastère de Topolniţa*

> ***Mănăstirea Topolniţa**. 105 km S-O de Târgu Jiu, 89 km S-O du monastère de Tismana, 27 km N de Drobeta-Turnu-Severin. De Tismana, prenez la DN 67 D qui rejoint à Motru la DN 67. Sur la route, tournez à dr. à Puţinei. Ouv. t.l.j 8h-19h. Entrée libre. Visite : env. 30 mn.*

Édifié au XVIe s. à l'emplacement d'une église attribuée par la tradition à des disciples de Nicodim de Tismana, ce monastère est blotti dans le cadre sauvage des montagnes de Mehedinţi. Vous arrivez ensuite à Drobeta-Turnu-Severin (27 km S de Topolniţa par la DN 67) sur les rives du Danube. •

histoire

Saint Nicodim de Tismana

Saint Nicodim (ou Nicodème) est vénéré dans le monde orthodoxe comme l'un des pères de l'**hésychasme** ↪, comme **Païsie**, qui œuvra trois siècles plus tard au **monastère de Neamţ** *(p. 263)*. D'origine grecque ou macédo-roumaine, il rejoint le **mont Athos**, alors absorbé par le renouveau de l'hésychasme conduit par Grégoire Palamas. Il se fait moine au monastère de Hilandar, dont il devient rapidement l'higoumène ↪. Il quitte l'Athos pour établir une communauté au nord de la Serbie (Kladovo, face à Drobeta Turnu Severin), avant de passer le Danube pour fonder en 1372 le **monastère de Vodiţa**. Entre 1377 et 1386, il conduit le chantier du monastère de **Tismana**. Organisateur hors pair de la vie monastique et grand théologien, Nicodim fait de Tismana le centre spirituel de l'Olténie, d'où l'hésychasme se répandra à travers le Pays roumain. Il y meurt le 26 décembre 1406. Après sa béatification, ce jour est devenu celui de sa célébration. •

De l'Olténie au Banat★

L'Olténie s'achève sur les bords du Danube, là où l'empereur Trajan fit jeter le pont qui lui permit de consolider la conquête de la Dacie. À partir de l'ancien camp romain de Drobeta-Turnu-Severin, sur presque 150 km, le **Danube** s'est taillé entre Roumanie et Serbie un **défilé** redouté des navigateurs et que longe une route à grand spectacle. En amont, vous entrez presque par effraction dans le Banat, par un itinéraire buissonnier.

Loin de n'être qu'une plaine fertile au milieu de laquelle trône **Timişoara**, le **Banat** étale une multitude de visages entre le Danube et les **monts Semenic**. Des villages allemands, serbes, tchèques, bulgares ou croates vous rappellent que ce pays est aussi une **terre multiculturelle**.

programme

Env. 400 km de Drobeta-Turnu-Severin à Timişoara, par le Danube, les gorges de la Nera, les monts Semenic. Comptez 2 ou 3 j. Bonnes routes sauf le long du Danube et du côté des gorges de la Nera. **Hébergement** à Drobeta-Turnu-Severin, Dubova, Sasca Montană, Garâna, Văliug.

> ***Carnet d'adresses*** *p. 115.*

Drobeta-Turnu-Severin★

> 343 km E de Bucarest, 84 km S-O de Târgu Jiu. ***Carnet d'adresses*** *p. 116.*

Pour faciliter le passage des troupes romaines, un pont est jeté entre

103 et 105 sur le Danube à Drobeta. Il est conçu par **Apollodore de Damas**, architecte de l'empereur Trajan et auteur de la fameuse colonne Trajane, à Rome. Long de 1 200 m, le pont est constitué d'un tablier en bois soutenu par vingt piles de pierre.

Les restes d'une seule pile sont visibles aujourd'hui, dans la partie est de la ville, non loin des ruines du camp romain.

Le long du Danube★★

> Orşova : 25 km O de Drobeta-Turnu-Severin. Env. 150 km de Drobeta-Turnu-Severin à Moldova Veche. De Drobeta-Turnu-Severin, prenez la DN 57 (O).

La route suit le Danube, qui a creusé un gigantesque défilé séparant les Carpates des monts Balkans.

À 10 km de Drobeta-Turnu-Severin s'élève le gigantesque **barrage des Portes de Fer** (***Portille de Fier***), construit entre 1964 et 1972 et qui a englouti l'île d'**Ada Kaleh**, enclave de civilisation turque entre Roumanie et Serbie, ainsi que de nombreuses localités.

À **Orşova** ou **Dubova** *(**carnet d'adresses** p. 116 et 117)*, il est possible de trouver des embarcations pour un tour sur le grand fleuve.

Vous longez la partie la plus étroite du défilé entre **Cazanele Mici**★ et **Cazanele Mare**★. En Serbie comme en Roumanie, les massifs calcaires qui entourent le fleuve restent très sauvages et abritent une flore et une faune riches. Les hautes parois hébergent de nombreux rapaces.

À **Moldova Veche**, prenez à droite vers Moldova Nouă et continuez sur 28 km jusqu'à **Sasca Montană**, base idéale pour l'exploration des gorges de la Nera, que vous ne pouvez découvrir qu'à pied.

♥ Randonnée dans les gorges de la Nera★★

> Sasca Montana : 166 km O d'Orşova, 191 km N-O de Drobeta-Turnu-Severin. 22 km de marche. Rens. dans les pensions de Sasca Montană.

Si vous logez à Sasca Montană, vous pouvez vous faire conduire *(env. 20 km ; mauvaise route)* à Şopotu Nou, village situé à l'entrée des gorges.

De **Şopotu Nou**, un chemin rejoint la Nera et la suit jusqu'à **Sasca Română**. Dans la partie étroite des gorges, il est parfois taillé dans la roche et surplombe la rivière de 15 m. Six tunnels sont aménagés ainsi que des ponts de bois suspen-

géographie

Le Danube

Le Danube prend naissance à Donaueschingen, en Forêt-Noire (Allemagne). Parcourant 2 860 km et des millénaires d'histoire, il est le deuxième fleuve d'Europe, après la Volga.

Appelé **Ister** dans l'Antiquité, il réunit l'Europe occidentale à l'Europe orientale, visitant successivement Allemagne, Autriche, Slovaquie, Hongrie, Croatie, Serbie, Roumanie, Bulgarie et Ukraine.

Il parcourt 1 075 km en Roumanie (soit les 2/5e de son périple). Son bassin concerne 17 pays (plus de 80 millions d'habitants) qui ne partagent pas tous les mêmes préoccupations environnementales. Le fleuve est aujourd'hui navigable entre Regensburg (Bavière) et la mer Noire, relié par le canal Rhin-Main-Danube aux réseaux fluviaux d'Europe occidentale. •

Dans les années 1970, la mode du décor en céramique est venu animer les murs des maisons souabes du Banat.

dus. Très spectaculaire par endroits, le parcours est long mais peut être fait en une grosse journée. L'effectuer en 2 jours impose de porter les provisions et la tente *(plusieurs sites de bivouac)*.

●●● **Attention** : en cas d'orage, les gorges peuvent devenir dangereuses. Cet itinéraire ne peut être parcouru qu'en dehors des périodes d'enneigement. Le meilleur moment est Pâques ou l'automne ; les vipères à cornes sont alors engourdies.

En aval des gorges, vous atteignez le pont suspendu de Sasca Română *(4 km de Sasca Montană)*.

L'omnibus d'Oraviţa*

> Oraviţa : 217 km N-O de Drobeta-Turnu-Severin, 26 km N de Sasca Montană. Du pont, rejoignez au N la DN 57, que vous prenez à dr.

Dans la ville industrielle d'**Oraviţa** se trouve **le plus vieux théâtre de Roumanie**, construit en 1817, du temps des Habsbourg. Ce bâtiment délicieux abrite un petit **musée d'Histoire du théâtre** (***Muzeul de Istorie a Teatrului***; *str. Eminescu, 8 ; ouv. t.l.j. sf lun. 10 h-17 h ; entrée payante)*.

Entre les villes d'**Oraviţa** et **d'Anina** serpente un **parcours ferroviaire*** qui compte parmi les plus beaux de Roumanie : trois omnibus par jour parcourent ce trajet de 33 km en plus de 2 h ! Parfois, des locomotives à vapeur y circulent.

Vous pouvez aussi rejoindre Anina par la DN 57 B puis la DN 58. Cette route continue vers le nord, traverse une région peuplée de Croates (Caraşova, Iabalcea, Nermed) très attachés à leurs traditions.

histoire

40 000 colons lorrains dans le Banat

Au **traité de Passarowitz** (1718), les Ottomans cèdent le Banat à l'empire des Habsbourg. Vienne y installe un gouverneur d'origine lorraine, le **comte de Mercy**, avec la mission de relever ce pays dévasté. Pour repeupler le Banat, le comte fait appel à des colons germanophones, mais aussi à des Serbes et à des Roumains. Attirés par des privilèges et des terres fertiles, des dizaines de milliers de paysans et artisans quittent le pays souabe (d'où le nom allemand de *Schwaben*, en roumain *Şvabi*, donné ensuite à l'ensemble de cette population), le Wurtemberg, la **Lorraine**, l'**Alsace** et le nord de l'Italie.

À partir de 1764, l'**empereur Franz-Joseph**, dernier duc de Lorraine, suscite une nouvelle vague de colons. Parmi eux, 3 500 familles (près de la moitié des migrants) proviennent de Lorraine et d'Alsace. Peu à peu, les Lorrains, en majorité de culture germanique, se fondent dans l'ensemble des Souabes du Banat.

Aujourd'hui, quelques patronymes français rappellent cette aventure, qui connut un étonnant rebondissement après la Seconde Guerre mondiale : des dizaines de milliers de Souabes s'exilèrent vers l'Occident. La France en accueillit plusieurs milliers, qui s'établirent surtout en Alsace, mais aussi en Provence, où ils repeuplèrent des villages en voie d'abandon. •

Vous atteignez **Reşiţa**, ville minière et industrielle. Traversez l'agglomération pour sortir par le sud-est et grimper dans les monts Semenic.

Les monts Semenic**

> ***Munţii Semenic***. *Garâna : 276 km N-O de Drobeta-Turnu-Severin, 85 km N-E de Sasca Montană, 59 km N-E d'Oraviţa, 29 km E de Reşiţa. D'Oraviţa, prenez la DN 57 B puis la DN 58 dir. Reşiţa, puis tournez à dr.*

Le massif emblématique du Banat offre un relief débonnaire (Piatra Nedeli, 1 447 m) couvert de forêts et de pâturages, agrémenté de plusieurs lacs de barrage.

Parcouru de nombreux chemins et sentiers (certains sont balisés) sans difficultés, ce paysage est un appel à la balade à pied. On y trouve d'anciens petits villages allemands comme **Garâna** et **Văliug**, Brebu Nou et Lindenfeld.

Des monts Semenic, l'unique route descend dans la **dépression de Caransebeş**, où elle retrouve la DN 6. À gauche, la route conduit à **Timişoara** *(env. 123 km)*. •

Timişoara★

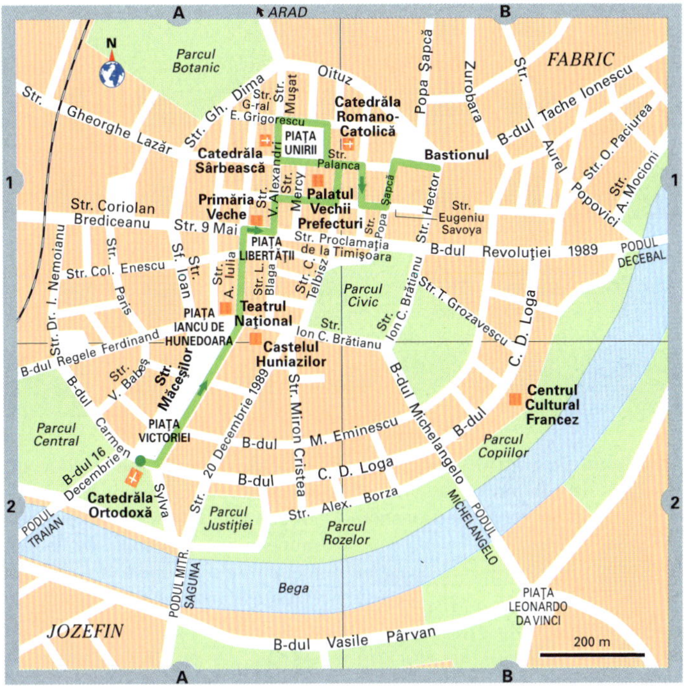

En parcourant les rues du centre et surtout la piaţa Unirii, entourée d'édifices baroques et néo-classiques aux couleurs pastel, vous comprendrez pourquoi on a baptisé « petite Vienne » cette ville qui se dit la plus occidentalisée de Roumanie.

Son nom reste lié aux événements de décembre 1989 : le soulèvement de Timişoara a précipité la fin du régime de Ceauşescu. Au carrefour entre Balkans et Europe centrale, cette ville cosmopolite et universitaire affiche un dynamisme que lui envie le reste de la Roumanie.

S'il veut s'imprégner de l'ambiance de Timişoara, le promeneur doit aussi flâner dans les quartiers Jozefin (établi au XVIIIe s. au sud-ouest du centre) et Fabric (embelli à la fin du XIXe s., à l'est). Et de nombreux espaces verts s'offrent à lui.

La piaţa Victoriei

> **A2** *Entre le bd 16 Decembrie, le b-dul Carmen Sylva et la str. Alba Iulia.*

À proximité de la Bega et de la verdure, cette place qui s'allonge sur près de 300 m s'appelle place de la Victoire depuis décembre 1989. Sur ses côtés se déploie un ensemble homogène de grandes maisons des années 1900, qui accueillent services et commerces et encadrent un square central. Côté ouest se succèdent plusieurs édifices imposants dont la plupart ont été réalisés par l'architecte hongrois **Laszlo Szekely**.

• **La cathédrale métropolitaine orthodoxe** (*Catedrăla Ortodoxă*). À l'extrémité sud, la monumentale cathédrale, bâtie entre 1936 et 1947, combine des influences stylistiques de Byzance et du nord de la Moldavie. Le terrain étant marécageux, il a

mode d'emploi

• **Situation**. 560 km O de Bucarest et env. 530 km E de Vienne, 35 km de la frontière serbe, 150 km N-E de Belgrade. Moins de 100 km S-E de la frontière hongroise et env. 300 km de Budapest.

• **Se repérer**. Le centre-ville, situé à l'intérieur des anciens remparts, est constitué essentiellement d'ensembles architecturaux des XVIIIe et XIXe s. On y trouve des rues à peu près égales et perpendiculaires, ainsi que trois places principales: **piața Victoriei A2**, **piața Libertății A1** et **piața Unirii A1**. Le tout est entouré d'une ceinture routière d'où des artères partent vers les anciens faubourgs (Fabrica, Elisabetin, Jozefin, Mehala) qui méritent aussi une visite. Le S du centre-ville est embelli d'immenses parcs que baigne la Bega.

• **Programme**. Compter une bonne demi-journée pour déambuler dans le centre. Bien équipée en bars, restaurants et discothèques, Timișoara garantit des soirées fort animées.

> ***Carnet d'adresses*** *p. 119.* •

fallu plus d'un millier de piliers enfoncés dans la terre et des tonnes de béton pour obtenir une fondation stable.

Le sous-sol accueille un **musée**★ (***Colecția Muzeală a Mitropoliei Ortodoxe****; str. 30 Decembrie, 9 ☎ 19.09.60; ouv. t.l.j. sf lun. 9h-17h; entrée payante)* renfermant des icônes de grande valeur réalisées sur bois et sur verre entre les XVIe et XIXe s., et des iconostases↪.

• **Théâtre national** ***(Teatrul Național)***. Vis-à-vis de la cathédrale, ce vaste édifice a été achevé en 1875 par les Viennois Hellmer et Fellner (auteurs du théâtre d'Oradea ; *p. 124*). Détruit deux fois par le feu (1880 et 1920), il doit son visage actuel à l'architecte Duiliu Marcu, qui rajouta des éléments néo-byzantins.

La piața Iancu de Hunedoara

> **A2** *Au N de la piața Victoriei.*

Sur cette place, le **château des Hunyadi** ***(Castelul Huniazilor)***, bâti par Charles Robert d'Anjou au début du XIVe s., fut transformé par Iancu de Hunedoara *(encadré p. 137)* au XVe s., et détruit plusieurs fois au cours des siècles suivants. Devant le château, un panneau en forme de réverbère rappelle que Timișoara fut la première ville d'Europe à être dotée de l'éclairage urbain électrique (1884).

Piața Libertății

> **A1** *Au N de la piața Victoriei, prenez la str. Alba Iulia.*

Le bâtiment le plus remarquable est sans doute celui de l'**ancienne mairie** ***(Primăria Veche)***, construite entre 1731 et 1734, qu'occupe aujourd'hui la faculté de musique. Bâti selon les canons baroques et sur les plans de Pietro Del Bonzo, l'édifice fut ensuite modifié et assagi par des apports plus classiques. Le fronton porte les armes de la ville et une inscription en caractères arabes rappelle que le bâtiment fut construit sur des bains turcs.

••• **Vers la piața Unirii**: on pourra admirer l'**hôtel Trompette** (1747), à l'angle des rues Eugeniu de Savoya et Augustin Pacha. Rue Mercy (n° 7), le **palais Emmer** ***(Palatul Emmer)***, élevé dans les années 1900 par Laszlo Szekely, offre de splendides ornements de pierre et fer forgé Sécession.

La piaţa Unirii★★

> **A1** *De la piaţa Libertăţii, prenez la str. V. Alexandri, la str. Eugeniu de Savoya à dr., puis tournez à g.*

C'est l'une des plus belles places de Roumanie. Noyau commercial de la ville au XVIIIe s., lieu de rassemblement pour les défilés militaires et autres cérémonies religieuses, c'est aujourd'hui un lieu de détente, dans un cadre architectural d'une grande richesse.

• **Au nord de la place.** Le **lycée Nicolas Lenau**, bâti en 1761 puis modifié, abrita le premier théâtre de Timişoara. Dans son prolongement, une série de petits bâtiments de deux étages typiques du XVIIIe s. complète la palette de couleurs déployée sur les édifices de la place.

• **À l'ouest.** Une décoration opulente, représentative des premières années du XXe s., signale le vicariat serbe, où se trouve une passionnante **collection d'œuvres religieuses★★** *(**Colecţia Muzeală a Vicariatului Ortodox Sârb**; piaţa Unirii, 4 ☎ 11.34.26; ouv. t.l.j. 7h30-15h30; entrée payante)*: portes impériales, portraits et superbes icônes réalisées au XVIIIe s. par le peintre serbe **Nedelcu Popovici**. Derrière son portail orné s'impose la **cathédrale serbe★** *(**Catedrăla Sârbească**; ouv. t.l.j. 7h-18h; entrée libre)* de style baroque, bâtie entre 1745 et 1748. En 1865, elle devient cathédrale de l'église orthodoxe serbe, témoignage de l'importance de cette communauté dans le Banat.

• **Au sud.** L'immense **Palais baroque★** *(**Palatul Vechii Prefecturi**)* du XVIIIe s. fut, du temps de l'Empire, le palais du gouverneur. Il a abrité depuis de nombreuses administrations civiles et militaires. Actuellement en rénovation, il est appelé aussi « palais de l'ancienne préfecture ». À côté, le **palais Brück** *(**Palatul Brück**)*, de style Sécession *(encadré p. 125)*, introduit un peu de fantaisie sur la place: c'est la réalisation la plus originale commandée à **Laszlo Szekely**. Plus loin, à l'angle sud-ouest de la place, non moins insolite est l'œuvre (1906-1908) des architectes **Komor et Jakab**, plus connus pour leurs créations d'Oradea *(p. 124)* et de Târgu Mureş *(p. 185)*. Notez les éléments de céramique vernissée inspirés du folklore hongrois.

• **À l'est.** La **cathédrale romano-catholique★** *(**Catedrăla Romano-Catolică**; ouv. t.l.j. 8h-16h; entrée libre)*, construite entre 1736 et 1773, est l'œuvre baroque imaginée par

urbanisme

La patte du comte de Mercy

L'un des premiers chantiers du premier gouverneur autrichien du Banat fut de remodeler Timişoara. À partir de 1723 débutèrent les travaux de la forteresse, de type Vauban. Au cœur de la ville, les vieilles maisons de bois furent rasées et remplacées par des maisons de brique. Le plan de la cité devint plus régulier et les façades sont frappées d'alignement. De nouveaux quartiers (Fabrica et Josefin) virent le jour à l'E et au S-E. Le nom de ce comte d'origine lorraine *(encadré p. 110)* reste associé à l'urbanisme de Timişoara. Longtemps, il a même été porté par un village situé à env. 20 km N de la ville, **Mercydorf** (« village de Mercy » en allemand), qui reçut à la fin du XVIIIe s. des colons lorrains et italiens. Aujourd'hui, il s'appelle **Carani** et peut-être y trouverez-vous le souvenir d'une « rue Française » (Frankengasse). •

À Timişoara, perspectives baroques sur la piaţa Unirii.

l'architecte viennois J. **E. Fischer von Erlach**. Encadrée par deux tours, la façade est traitée avec élégance.

● **Au centre**. La **colonne de la Sainte-Trinité** est érigée en 1740 par la population rescapée de l'épidémie de peste qui frappa le Banat en 1739. La fontaine de la place, qui aurait des vertus curatives, est un lieu de vie et de passage incessant. Quittez la place par l'est.

Le bastion

> **B1** ***Bastionul.*** *Entre la piaţa I. C. Brătianu, la str. Hector et la str. Popa Şapcă.*

Les premières fortifications en terre du XIIIe s. furent remplacées au siècle suivant par une citadelle à deux enceintes quadrilatérales. Ce n'est qu'après la conquête de la ville par les Autrichiens, en 1716, que les vieux remparts furent démolis et remplacés par d'autres, en forme d'étoile à neuf pointes selon le système Vauban. Le bastion (1730-1733), ancien dépôt de provisions, est l'un des rares vestiges de ces remparts. Construction massive de briques s'étendant sur plusieurs rues de la ville, il est surnommé « Marie-Thérèse » (du nom de l'impératrice Marie-Thérèse, mère de Joseph II).

Du côté de la str. Popa Şapcă, le bastion abrite la **section ethnographique du musée du Banat*** (***Muzeul Banatului, Secţia de Etnografie*** ; *str. Popa Şapcă, 42* ☎ *19.13.39 ; ouv. t.l.j. sf lun. 10 h-17 h ; entrée payante*), qui évoque l'héritage multiculturel du Banat, notamment à travers des textiles et du mobilier riches en couleurs. Le reste du bastion comprend des bars, des restaurants, et une bonne librairie.

●●● Au nord de Timişoara *(57 km par la DN 69)* se trouve la ville d'**Arad**, proche de la frontière avec la Hongrie et constituant de ce fait une des principales portes d'entrée ou de sortie du pays. Située sur les bords de la rivière Mureş, qui enlace la citadelle XVIIIe s. de la cité, Arad peut constituer une courte étape avant de filer vers la belle cité d'Oradea et les monts Apuseni *(p. 122)*. ●

Carnet d'adresses

© Pierre Soissons

À 30 km des gorges de la Nera s'égrènent les moulins d'Eftimie Murgu.

Bran

> *Indicatif* ☎ *0268. Visite p. 96. Carte p. 92.*

Hébergement

▲▲ **Pensiunea Dan**, hameau de Şimon, str. Dr Iancu Gontea, 344 ☎ 23.67.04 et 0744.79.16.88 (portable). *3 ch. et table d'hôtes* sur demande. Prendre la route DN 73 vers Câmpulung et, à env. 1,5 km du centre de Bran, tourner à g. juste après le pont sur la rivière Moieciu. Continuer sur plus de 1 km. La maison se trouve sur le côté g. (panneau). Une maison paisible et de dimensions humaines.

▲▲ **Pensiunea Laura** ♥, hameau de Şimon, str. Dr Iancu Gontea, 48 ☎ 23.66.84 ou 0722.70.70.16 (portable). *8 ch. et table d'hôtes.* Même accès que l'adresse précédente. La maison est sur le côté droit. Une excellente adresse au cœur de la montagne.

Buzău

> *Indicatif* ☎ *0238. Carte p. 88.*

Hébergement

▲▲ **Hotel Crâng**, str. Spiru Haret, 6 ☎ 71.05.40, fax 71.29.65. *47 ch.* Hôtel sans charme, mais une bonne étape avant de visiter les monts de Buzău. Situé sur la route entre Bucarest et la Moldavie. Des prestations tout à fait correctes et un bon rapport qualité/prix. Restaurant.

Câmpulung Muscel

> *Indicatif* ☎ *0248. Visite p. 97. Carte p. 92.*

Hébergement

▲ **Hotel Muscelul**, str. Negru Voda, 117 ☎ 21.92.49. *87 ch.* Un établissement qui date… mais un rapport qualité/prix imbattable et des conditions très correctes qui en font une bonne étape. Restaurant.

Colţi

> Indicatif ☎ 0238. Visite p. 90. Carte p. 88.

Hébergement

▲ **Casa Nica**, n° 64 ☎ 52.25.55. *5 ch.* Dumitru Nica est historien, jardinier et apiculteur. Son épouse fait visiter le musée de l'Ambre.

Curtea de Argeş

> Indicatif ☎ 0248. Visite p. 97. Carte p. 92.

Hébergement

▲▲▲ **Hotel Posada**, bd Basarabilor, 27-29 ☎ 72.14.51, fax 72.11.09, < www.posada.pa.ro >. *132 pl.* Établissement de bonne qualité, accueil très sympathique au cœur d'une petite ville verdoyante. À mi-chemin entre l'église princière Saint-Nicolas et le monastère. Restaurant.

Drobeta-Turnu-Severin

> Indicatif ☎ 0252. Visite p. 107. Carte p. 107.

Hébergement

▲▲ **Hotel Traian**, bd Tudor Vladimirescu, 74 ☎ 31.17.60, fax 31.02.90. *170 ch.* Hôtel massif au bon rapport qualité/prix. Bonne idée d'étape. Restaurant.

Dubova

> Indicatif ☎ 0252. Visite p. 108. Carte p. 107.

Hébergement

▲▲ **Pensiunea Drina Costescu**, n° 58 ☎ 36.80.27. *3 ch. et table d'hôtes.* La famille Costescu possède plusieurs embarcations et peut vous emmener sur le Danube.

Il existe d'autres familles d'accueil dans ce village idéalement situé dans la partie la plus spectaculaire du défilé du Danube.

Garâna *(Wolfsberg)*

> Indicatif ☎ 0255. Visite p. 110. Carte p. 107.

Hébergement

▲▲ **Pensiunea Agroturistică Briza Muntelui**, n° 36 ☎ 22.51.82. *9 ch.* sobrement aménagées avec un décor en bois.

▲▲ **Pensiunea Agroturistică Peczi** ♥, n° 33 ☎ 22.75.37. *6 ch.* mansardées, avec vue sur les montagnes. Restaurant et terrasse.

▲▲ **Pensiunea Gotschna**, n° 177 ☎ 22. 51.74. *6 ch.*

▲▲ **Pensiunea La Rascruce**, n° 195 ☎ 22.67.88. *14 ch.* Une auberge confortable, à la table réputée.

Manifestation

Festival de jazz de Garâna. En août, ambiance très conviviale.

Gura Teghii

> Indicatif ☎ 0238. Carte p. 88.

Hébergement

▲▲ **Hotel Varlaam** ☎ 54 29.13. *14 ch.* avec salle d'eau/WC. Parmi les dernières fermes du village, au milieu d'un paysage enchanteur. Restaurant.

Horezu

> Indicatif ☎ 0250. Visite p. 101. Carte p. 99.

Hébergement

▲▲ **Casa Mocanu Sorin**, sat. Ursani, str. Principala, 3 ☎ 86.03.35. *2 ch. et table d'hôtes.* dans un sympathique hameau à la périphérie d'Horezu.

▲▲ **Pensiunea Ceramica Palosi** ♥, str. Tudor Vladimirescu, 15 ☎ 86. 16.34 et 0722.33.87.66 (portable). *1 ch. et table d'hôtes.* Accueil simple et convivial, chez des potiers qui font visiter leur atelier.

▲▲ **Pensiunea Constantin Frigura**, str. Olari, 15 ☎ 86.01.13, < www. pensiunefrigura.go.ro >. *4 ch. et table d'hôtes.* Maison accueillante.

artisanat

La céramique de Horezu

Horezu est le principal foyer de la céramique en Roumanie. Dans les boutiques proches du monastère, vous en avez un aperçu indigeste. Ne perdez pas votre temps et gagnez le hameau d'**Olari** (qui signifie les « potiers »), à la marge N-O de Horezu, vers Urşani. Le long de l'unique rue, une dizaine d'ateliers maintiennent une tradition multimillénaire, tout en se laissant parfois aller au kitsch. La plupart appartiennent à de vieilles familles de potiers (Vicsoreanu, Iorga, Palosi, Popa, Bâscu, Mischiu) et se visitent. Sur les assiettes, les pichets et les vases s'inscrivent des symboles solaires et dérivés, que l'on retrouve dans le travail du bois : spirale plus ou moins complexe, étoiles, cercles. On trouve aussi des motifs végétaux (l'arbre de vie) et zoomorphes : le coq est l'emblème de Horezu. L'aspect irisé de certains décors est dû à l'étirement des couleurs avec une brosse, du centre vers l'extérieur de l'assiette en mouvement sur le tour. La gamme chromatique mobilise bruns, ocres et verts, plus rarement bleus, sur un fond blanc tirant parfois vers le jaune. Chaque année, le premier dim. de juin, la grande **foire des potiers** *(ci-dessous)* r rassemble des artisans de toute la Roumanie. •

© Pierre Soissons

▲▲ **Pensiunea Fartat Ilie**, str. Pietii, 6 ☎ 86.08.62. *3 ch. et table d'hôtes.* Une grande maison agréable.

▲ **Casa Hangiu Sorin**, str. Olari, 10 ☎ 86.03.47. *2 ch. et table d'hôtes.* Dans le hameau des potiers *(encadré ci-dessus)*.

Manifestation, shopping

Foire des Potiers *(Târgul de Olarit)* : 1er dim. de juin.

Mânzăleşti

> *Indicatif ☎ 0238. Visite p. 90. Carte p. 88.*

Hébergement

▲▲ **Cabana Meledic** ☎ 54.86.48. *14 ch.* Un hébergement très simple et propre. Bel accueil et cadre exceptionnel, en pleine nature, à deux pas d'un lac et près des canyons de sel. Repas.

Moeciu de Jos

> *Indicatif ☎ 0268. Carte p. 92.*

Hébergement

▲▲ **Pensiunea Camelia**, n° 436 ☎ 23. 62.33 et 0745.03.94.58 (portable). *7 ch. et table d'hôtes.* Dans une ferme traditionnelle nichée au fond d'une superbe vallée. Bien située pour visiter la région et ses environs.

Orşova

> *Indicatif ☎ 0252. Visite p. 108. Carte p. 107.*

Hébergement

▲ **Hotel Dierna**, str. 1 Decembrie 1918, 18 ☎ 36.18.75. *36 ch.* Cet hôtel est un établissement modeste et bon marché mais l'accueil est sympathique et chaleureux.

hébergement

Dans les monastères

Une expérience recommandée. Certains ne prennent pas de réservation, aussi faut-il tenter sa chance sur place. À l'entrée, demandez s'il est possible d'obtenir un hébergement *(cazare)* avec repas *(masa)*. Les conditions varient d'un monastère à l'autre. Les prix sont raisonnables. Le respect du calme des lieux et une tenue correcte sont exigés.

- **Bistrița** ☎ (0250) 86.33.27. *60 pl.* en ch. de 4 à 6 lits. Repas sur demande.
- **Dintr-un Lemn** ♥ ☎ (0250) 76.27.56. *9 ch.* à 2 lits. Confortable. Rés. obligatoire. Le monastère dispose aussi de chambres plus modestes à 2 et 4 lits. Repas sur demande.
- **Horezu** ☎ (0250) 86.00.71. *10 ch.* doubles et *3 ch.* à 4 lits.
- **Polovragi** ♥ ☎ (0250) 47.61.96. *8 ch.* Un lieu exceptionnel.
- **Tismana** ☎ (0250) 37.43.17. *20 ch.* •

Râmnicu Vâlcea

> *Indicatif ☎ 0250.* *Visite p. 100. Carte p. 99.*

Hébergement

▲▲ **Hotel Alutus**, str. General Praporgescu, 10 ☎ 73.66.01. *101 ch.* Prestations correctes avec un bon rapport qualité-prix. Hôtel bien situé pour visiter les monastères de la région.

Sasca Montană

> *Indicatif ☎ 0255.* *Visite p. 108. Carte p. 107.*

Hébergement

▲▲ **Pensiunea Neraland**, n° 730 ☎ 0723.52.99.51 (portable), < drsimedrea@hotmail.com >. *8 ch. et table d'hôtes.* On peut vous trouver un véhicule pour vous emmener au départ de la randonnée des gorges de la Nera *(p. 108)* et même vous fournir un guide.

▲ **Pensiunea Dora**. *6 ch. et table d'hôtes.* Pas de téléphone pour joindre la pension, mais s'il n'y a pas de place, on vous trouve un logement dans un village perdu du Banat, près des gorges de Nera *(p. 108)*.

Sinaia

> *Indicatif ☎ 0244.* *Visite p. 94. Carte p. 92.*

Hébergement

▲▲▲ **Hotel Caraiman**, bd Carol I, 4 ☎ 31.35.51, fax 31.06.25. *71 ch.* Un hôtel de la Belle Époque. Restaurant.

▲▲▲ **Hotel Palace**, str. Octavian Goga, 8 ☎ 31.01.22, fax 31.48.55, < www.palace.ro >. *149 ch.* Un autre exemple de l'architecture hôtelière des débuts du XXe s., nostalgique de son standing passé. Restaurant.

▲▲ **Casa Noastra**, bd Republicii, 9 ☎ 31.45.56. *4 ch.* Lieu convivial aux prix abordables.

Sorești

> *Indicatif ☎ 0238.* *Carte p. 88.*

Hébergement

▲ **Casa Pauna** ♥ ☎ 51.05.34. *3 ch. et* fameuse *table d'hôtes.*De Buzău, prenez la dir. de Suceava. Vers la sortie de Poșta Câlnău (face à l'auberge *Neptun*), prenez à g. vers Blăjani. Après avoir passé le fond de la vallée, prenez à g. vers Sorești. La maison est à g. vers le centre du village. Une famille de vignerons engagés dans le renouveau de la viticulture locale. Village aux maisons rctranchées derrière un mur de verdure. Portail vert face à un oratoire.

Starchiojd

> *Indicatif ☎ 0244. Carte p. 88.*

Hébergement

▲▲ **Familia Paraschiv**, str. Grui ☎ 42.01.54. *4 ch. et table d'hôtes.* Dorin et Maria Paraschiv peuvent vous faire découvrir la religion orthodoxe.

Târgoviște

> *Indicatif ☎ 0245. Visite et carte p. 92.*

Hébergement

▲▲ **Hotel Valahia**, bd Libertății, 7 ☎ 63.44.91. *108 ch.* Correct. Excellent rapport qualité/prix. Restaurant.

Târgu Jiu

> *Indicatif ☎ 0253. Visite p. 104. Carte p. 99.*

Hébergement

▲▲ **Hotel Brâncuși**, str. Constantin Brâncuși, 10 ☎ 21.59.81. *40 ch.* Près du groupe sculpté par Brâncuși. Restaurant.

Timișoara

> *Indicatif ☎ 0269. Visite et plan p. 111.*

🛈 **Centre culturel français ♥**, bd C. D. Loga, 46 **B2** ☎ 49.05.44, fax 49. 05.43, < www.ccftimisoara.ro >. Un lieu où vous trouverez de nombreuses animations et des informations sur Timișoara et sa région.

Accès

• **En avion.** Liaisons t.l.j. avec Bucarest (Tarom et Angel Airlines) et plusieurs grandes villes de Roumanie : Cluj, Sibiu, Bacău (Carpatair). Liaisons t.l.j. avec Vienne (Austrian Airlines) et Budapest (Malev), l'Allemagne et l'Italie (Carpatair) ; 2 liaisons/sem. (Tarom) avec Francfort *(lun. et ven.)*. **Aéroport international de Timișoara**, env. 12 km N-E ; rens. ☎ 49.36.39. **Agence Tarom**, bd Revoluției 1989, 3-5 **B1** ☎ 49.35.63, fax 49.01.50. *Ouv. lun.-ven. 8h-19h.* **Carpatair**, à l'aéroport ☎ 20.27.01, fax 49.31.80. **Austrian Airlines**, bd C. D. Loga, 44 **B2** ☎ 49.46.00 ou 49.03.20. **Malev** ☎ 49.31.94.

• **En train.** Liaisons t.l.j. avec Bucarest (trajet très long), Budapest et Vienne, Cluj et Iași. **Gare**, str. Garii, 2 **hors pl. par A2** (S-O du centre). **Rens.** : Informatii CFR ☎ 49.38.06. **Agence des chemins de fer** *(Agenția CFR)*, str. Macesilor, 3 **A2** ☎ 22.05.34 ou 49.18.89. *Ouv. lun.-ven. 7h30-19h30.*

• **En bus.** Liaisons t.l.j. avec Bucarest, Arad, Cluj, Belgrade, Budapest, l'Europe occidentale. **Gare routière** *(Autogara)*, bd Iuliu Maniu, 54 **hors pl. par A2** (S-O de la ville, vers la gare ferroviaire) ☎ 49.34.71.

Hébergement

▲▲▲▲ **Hotel Perla III**, str. Paltinis, 14 ☎ 49.78.58. *18 ch.* Au S de la Bega. Cet hôtel moderne et agréable fait partie d'un complexe qui comprend deux autres hôtels situés à proximité. Restaurant.

▲▲▲ **Hotel Central**, str. Nicolaus Lenau, 6 **A2** ☎ 49.00.91. *87 ch.* Malgré des apparences rigides, une bonne adresse. En plein centre.

▲▲ **Hotel Silva**, str. Victor Babes, 25 **A2** ☎ 20.14.06. *15 ch.* À 10 mn à pied du centre et de la piața Victoriei. Bon rapport qualité/prix. Accueil agréable. Restaurant convivial.

▲ **Casa Universitarilor**, bd Mihai Eminescu, 11 **A2/B2** ☎ 49.45.07. *15 ch.* La Maison des universitaires n'est pas un foyer d'étudiants. À l'origine, elle est destinée à loger les universitaires de passage. Sans prétention et bon marché, près du centre-ville.

Restaurants

♦♦♦ **Rustic**, bd Mihai Viteazu, 1 bis **hors pl. par A2** ☎ 20.10.58. Intéressantes spécialités roumaines de poisson.

♦♦ **Cucina Moderna**, str. Socrate, 12B **B2** ☎ 20.24.05. Contrairement à ce qu'on pourrait attendre d'un tel nom, la cuisine est d'une convenable rusticité : *sarmalé* et pommes de terre au four sont recommandés. Cadre agréable et calme.

♦♦ **Maestro**, str. Janos Bolyai, 3 ☎ 29.38.61. Cuisine internationale et spécialités du Banat.

♦♦ **Mioritic**, str. Cluj, 27 **B2** ☎ 49.75.21. Le décor fait rustique d'opérette (chaises recouvertes de peau de bête!) mais ne doit pas vous décourager: la nourriture est copieuse et bon rapport qualité/prix.

♦♦ **Zanoni**, str. Ciprian Porumbescu, 29 **hors pl. par A2**. Le meilleur glacier de la ville.

♦ **Club XXI**, piaţa Victoriei **A2**. L'annexe de la fabrique de bière Timişoreana. L'été, la terrasse propose à manger et à boire pour pas trop cher. L'hiver, on se tournera vers la cave où sévissent les incontournables chanteurs de *manele*. Ambiance garantie.

♦ **Fabrica de bere Timisoreana 1718** ♥, piaţa Mitropolite Alexandru Sterca Sulutiu. La fabrique comporte une grande salle au mobilier solide où vous pouvez vous désaltérer avec la production maison, qui accompagne de vigoureux plats roumains.

♦ **Lussam-Celentano**, str. Nicu Filipescu **B1**. Derrière la préfecture. Permet de se sustenter à toute heure. Remplacez le pain par des baguettes à l'ail *(baghete cu usturoi). Ouv. 24 h/24.*

Cafés et clubs

Art Club ♥, str. Hector, 2 **B1** ☎ 29.42.24. Au cœur du bastion, lieu animé au design agréable. Programmation régulière de concerts de jazz, musique classique, expositions, théâtre.

Café d'Arc, str. Ialomita, 14.

Club 30, piaţa Victoriei, 7 **A2**. Club de jazz agréable, où ont lieu aussi des concours de danse et des soirées dansantes.

Eclipse Café, piaţa Unirii, 8 **A1**. Vue imprenable sur la piaţa Unirii.

Lemon Club, str. Alba Iulia, 1 **A1**. Concerts de piano, DJ invités, soirées serbes.

The Note, str. Mehadia **B2**. Programmation régulière de concerts de jazz, pop, classique, etc.

Văliug *(Franzdorf)*

> *Indicatif ☎ 0255.* *Visite p. 110. Carte p. 107.*

Hébergement

▲▲ **Pensiunea Hubertus** ♥, lac Gozna ☎ 0721.42.64.20 (portable). *6 ch. Ouv. juin-sept. et fêtes fin d'année.* Chez Anca et Benno Loidl. Au cœur des monts Semenic. Une maison en bois en bordure du lac de Văliug avec une salle à manger conviviale. •

Autour des monts Apuseni

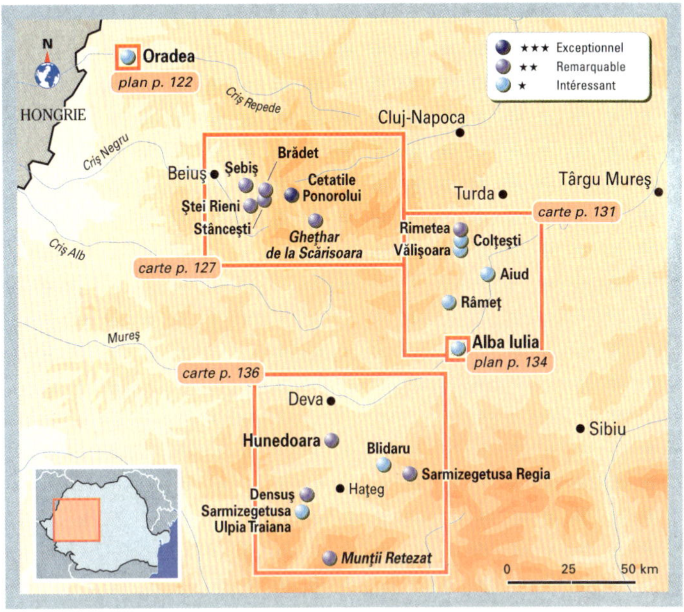

Esseulés au milieu et à l'ouest du pays, les **monts Apuseni** semblent vouloir se faire oublier entre les collines de Transylvanie et le pays de Crişana, jouxtant la frontière hongroise. Ce massif réunit les monts Métallifères (***Munti Metaliferi***), Trascău et Bihor et culmine au Curcubăta Mare (1 849 m).

Les Apuseni séduisent par la succession de paysages parfois doux, comme le **pays des Moţi**, parfois sévères. Ces contrées ont connu les Romains, qui exploitaient des mines d'or dans la **vallée de l'Arieş** et avaient établi leur capitale à Apulum (Alba Iulia). Des moments forts de l'histoire restent associés à ces lieux, comme la révolte paysanne de 1784 ou l'assemblée d'**Alba Iulia** qui consacre l'unification de la Roumanie en 1918. De l'autre côté des montagnes, à l'ouest, l'effervescente **Oradea** prend à cœur son rôle historique de passerelle entre les grands espaces de l'ouest et les Carpates.

sommaire

Oradea★

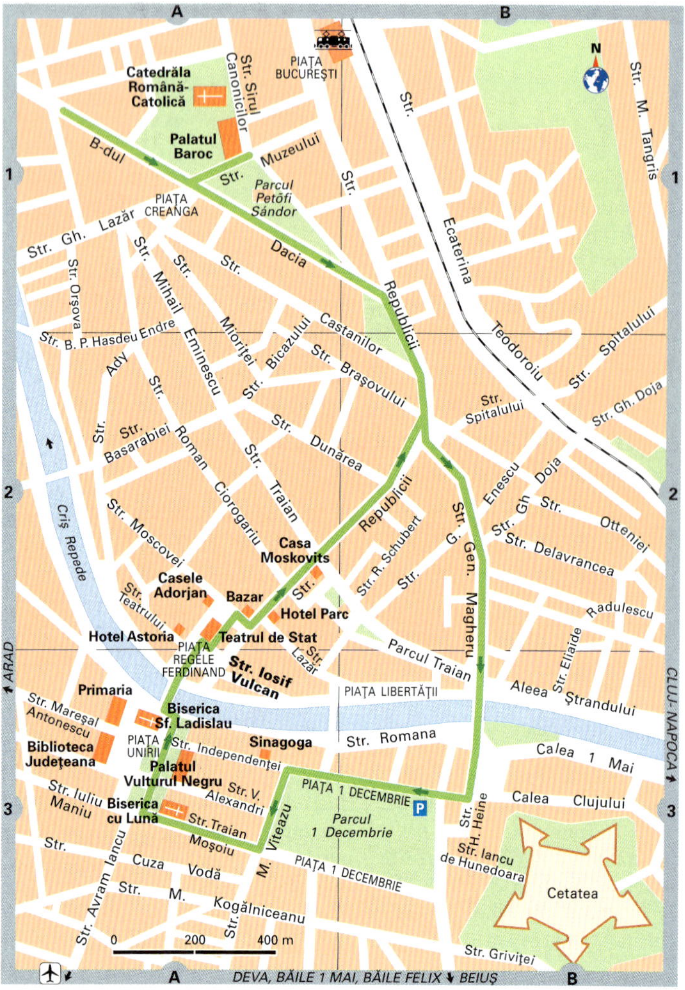

À l'ouest, les Apuseni, flanqués des collines et des vallées du pays de **Crișana** (du nom des rivières Criș Repede, Criș Negru, Criș Alb), entrent au contact de la plaine hongroise. À la convergence de ces univers que tout oppose se trouve l'une des plus belles villes de cette partie de l'Europe. Occupant une situation stratégique, **Oradea** a développé une brillante personnalité. À quelques dizaines de kilomètres de la ville, les communautés villageoises roumaines entretiennent leur culture et leur foi dans l'intimité de petites églises en bois. La région d'Oradea offre enfin un accès aux merveilles des monts Apuseni.

Oradea, ville de 225 000 habitants, est la clé des routes qui mènent au centre de la Transylvanie *(p. 179) via* Cluj-Napoca. Depuis la chute de l'empire des Habsbourg, elle est reléguée à l'extrême ouest de la Roumanie, situation qui a longtemps pesé sur le dynamisme local. Depuis 1990, l'ouverture vers l'ouest et les perspectives européennes ont ramené sur les bords du Criş cette atmosphère de créativité et de facilité qui a marqué le passé, culminant avec la fièvre architecturale des années 1900 *(encadré p. 125)*. Oradea semble avoir pris conscience de ce qu'elle doit à un héritage historique tissé de diversité ethnique et d'esprit de tolérance. Un capital précieux pour une ville que sa situation appelle à jouer un rôle clé dans l'Union européenne de demain.

se repérer

La visite d'**Oradea** *(10 km E de la frontière hongroise par la DN 1 et 600 km N-O de Bucarest)* demande au moins **une demi-journée**.

La ville est traversée par la route reliant la frontière à Cluj-Napoca et celle de Deva *(186 km S-E d'Oradea)*. De part et d'autre de la rivière Criş Repede se trouvent la **piaţa Unirii A3** et la **piaţa Regele Ferdinand A2**, d'où part la **str. Republicii**, une rue piétonne sur laquelle se trouvent les principaux restaurants, bars et terrasses.

Venant de la frontière, vous entrez dans la ville par le bd Dacia et un grand parc **A1** où se trouve le **palais baroque** *(**Palatul Baroc**)* **A1**.

Venant de Cluj-Napoca, la route principale suit la rivière et vous mène aux portes de la piaţa Unirii. Nombreux **parkings**.

> ***Carnet d'adresses** p. 143.* •

L'îlot baroque

> **A1** *Venant de la frontière, sur le bd Dacia, tournez à g. au niveau du parc. Str. Muzeului.*

Le parc et le bel îlot baroque composé du palais épiscopal et de la cathédrale catholique apportent du magnétisme à la ville.

- **La cathédrale romano-catholique*** *(**Catedrăla Română-Catolică**). Ouv. t.l.j. 8h-19h. Entrée libre.* Bâtie entre 1752 et 1780, la cathédrale est le plus grand édifice religieux baroque de Roumanie.

- **Le palais baroque*** *(**Palatul Baroc**). Juste à côté de la cathédrale ☎ 41.27.24. Ouv. t.l.j. sf lun. 10h-15h. Entrée payante. Visite: env. 30 mn.* En 1762 débute la construction du palais épiscopal de style baroque. Achevé en 1770, il se compose de trois corps de bâtiments de deux étages, délimitant une cour intérieure. Des colonnes aux chapiteaux ioniques rythment la façade.

Siège épiscopal catholique jusqu'en 1971, le palais accueille aujourd'hui le **musée des Pays de Crişana** *(**Muzeul Ţării Crişurilor**)*, qui abrite une **section ethnographique*** riche en céramiques, portes sculptées, icônes sur verre et mobilier, dont les chaises de la région de Beiuş.

La piaţa Unirii**

> **A3** *Du parc Petöfi Sándor, dirigez-vous vers Cluj-Napoca (S). Juste après avoir franchi la rivière, tournez à g. vers Beiuş et Deva et continuez jusqu'à la piaţa 1 Decembrie pour vous garer. Parking. Trois rues s'ouvrent à l'O de la piaţa 1 Decembrie, prenez la str. Traian Moşoiu.*

- **L'église de la Lune*** *(**Biserica cu Lună**). Ouv. t.l.j. 8h-19h. Entrée libre.* Cette église de style baroque tardif a été achevée en 1790. Dans le clocher se trouve un **mécanisme** installé en 1793: une sphère de 3 m de diamètre, moitié dorée, moitié noire, est maintenue en mouvement perpétuel, reproduisant ainsi les phases de la lune, d'où le nom de l'église.

• ♥ Le palais de l'Aigle noir★★ (*Palatul Vulturul Negru*). Le palais, construit entre 1907 et 1909 par le tandem d'architectes Komor et Jakab, est composé de deux corps de bâtiments. L'ensemble est parcouru par un passage commercial en forme de Y couvert d'une verrière, qui s'ouvre sur trois rues ; on y trouve des magasins, un hôtel, des cafés *(p. 144)* et un cinéma.

L'édifice témoigne de l'hésitation des architectes transylvains entre rigueur viennoise et soif de liberté. La façade du bâtiment de gauche, sur trois registres, présente au rez-de-chaussée une composition géométrique qui se laisse attendrir au registre intermédiaire avant de s'exacerber au niveau supérieur. De même, contrastant avec la froideur du dessous, des sinuosités caressent le balcon du premier étage, tandis que celui du dessus est bercé dans un coquillage. Les ouvertures sont bordées de motifs qui paraphrasent la broderie des vêtements traditionnels des Apuseni. La crête ondulante des pignons est rythmée de rouleaux dont l'extrémité, côté rue, s'épanouit en une délicate rosette florale.

• La bibliothèque départementale★ (*Biblioteca Județeana*). *Face à l'église de la Lune. Piața Unirii, 3 ☎ 13.12.57. Ouv. lun. 12h-19h, mar.-ven. 8h-19h, sam. 9h-13h. Entrée libre.* En 1903, l'architecte local **Kalman Rimanoczy Jr** construit ce palais d'opérette pour l'évêque gréco-catholique : des références Renaissance jonglent avec des pulsions baroquisantes et une imagination débordante. À l'époque communiste, une bibliothèque y remplace l'épiscopat.

• La mairie★ (*Primaria*). *À dr. de la bibliothèque départementale.* On doit également à **Kalman Rimanoczy Jr** cette robuste bâtisse au plan asymétrique qui abrite la **mairie**, achevée en 1903. Il est surmonté d'une tour de 50 m avec une horloge.

• L'église Saint-Ladislas (*Biserica Sfântu Ladislau*). *Près du Criș Repede, sur la piața Unirii. Ouv. t.l.j. 8h-18h. Entrée libre.* Bâtie dans l'esprit baroque en 1773, l'église semble perdue entre la piața Unirii et le pont sur le Criș.

La place du roi Ferdinand★★

> **A2** ***Piața Regele Ferdinand.*** *De la piața Unirii, passez sur la rive droite du Criș Repede.*

La place est dominée par le **théâtre d'État** (*Teatrul de Stat*), inauguré en 1900, ouvrage des architectes autrichiens Fellner et Helmer, auteurs également de l'Opéra de Vienne. À gauche, à l'angle de la place, Ferencz Sztarill conçoit en 1902 l'édifice extravagant qui abrite aujourd'hui l'**hôtel *Astoria*★** *(str. Teatrului, 1)*. Sur un côté de la place, **les ♥ immeubles Adorjan★★** (***Casele Adorjan***; *str. Patriotilor, 4 et 6 ; ne se visitent pas*) ont été construits entre 1907 et 1908 par Jakab et Komor, à qui l'on doit également le palais de l'Aigle noir. Courbes et contre-courbes font danser les frontons tandis qu'ondulations, festons et ornementations florales scandent les surfaces.

La strada Republicii★

> **A2** *Commence derrière le théâtre d'État (Teatrul de Stat).*

Cette artère piétonne et commerciale d'Oradea vous attire dans un décor luxuriant de palais 1900.

• Le bazar. *Str. Republicii, 2.* Achevé en 1908, le premier édifice de la rue à gauche abritait autrefois le bazar. Un porche exubérant ouvre un passage piétonnier qui rejoint la place du Théâtre.

• L'hôtel *Parc*★. *Str. Republicii, 5. Ne se visite que si l'on est client.* Face au bazar, l'hôtel *Parc*, quelque peu

L'art 1900 en Transylvanie

En 1897, des artistes anticonformistes s'associent autour du peintre Gustav Klimt (1862-1918) pour donner naissance à la Sécession viennoise. Ce mouvement privilégie une ornementation géométrique et annonce les formes épurées de l'architecture moderne.

Vent nouveau en Transylvanie

Ayant travaillé en Europe centrale et pour la plupart d'origine hongroise, des architectes introduisent le phénomène en Transylvanie. Se démarquant de la rigueur de Vienne, ils explorent une voie magyare, friande de sinuosités. Multipliant les références à la mythologie de leur peuple, ils s'inspirent aussi du folklore régional, où, suite à des siècles de cohabitation, il est difficile de dissocier les éléments roumains et hongrois.

Sécession à la mode magyare

Autour de 1910, les créateurs cherchent des compromis: des formes géométriques viennent tempérer les élans sensuels, dans des réalisations parfois hésitantes, sans doute symptomatiques des derniers moments de l'empire et de ses contradictions. Les exemples les plus tonitruants de la Sécession transylvaine se situent à **Târgu Mureş** (la préfecture et le Palais de la Culture; p. 184) et **Oradea** (l'ensemble Vulturul Negru, l'hôtel Parc, les immeubles Adorjan ou Moskovits). Mais d'autres grandes villes de l'ouest de la Roumanie (Deva, Cluj, Satu Mare, Arad ou Timişoara) conservent des témoignages de ce mouvement si éphémère et méconnu. ●

Façade du Palais de l'Aigle noir à Oradea.

© Pierre Soissons

© Pierre Soissons

urbanisme

Un bouillonnement architectural

Jusqu'au milieu du XIXe s. et la construction de digues le long du Criş Repede, les **inondations** ravagent régulièrement Oradea. Par ailleurs, en 1836, un **incendie** détruit une partie de la ville. Voilà qui explique la relative jeunesse d'un paysage urbain dont les éléments les plus spectaculaires sont apparus entre le milieu du XIXe s. et la Première Guerre mondiale. Oradea offre ainsi un catalogue des styles qui ont fleuri en Europe centrale à cette période : éclectisme mêlant références baroques, pompe classique ou Sécession *(encadré ci-contre)*. •

décati, conserve néanmoins son allure, des ferronneries et des vitraux de l'époque 1900.

• **L'immeuble Moskovits*** *(**Casa Moskovits**). Str. Republicii, 15. Ne se visite pas.* À l'angle de la rue qui mène au parc Traian s'élève l'immeuble Moskovits de **Kalman Rimanoczy Jr**, auteur de la bibliothèque départementale et de la mairie. Levez les yeux pour scruter le superbe pignon au mouvement ondulant, sans ruptures de ligne, et foisonnant de trouvailles ornementales.

Les bords du Criş Repede

> **A3** *De la str. Republicii, retournez vers le Criş Repede, dépassez le théâtre (Teatrul de Stat) et prenez à g. la str. Iosif Vulcan. Une passerelle vous mène rive gauche.*

Bordées de terrasses de cafés, les rives du Criş Repede offrent de belles perspectives sur le fastueux paysage urbain de la ville.

La str. Independenţei rejoint la piaţa Unirii en longeant la **synagogue** *(**Sinagoga**)* bâtie en 1890. L'importante communauté juive d'Oradea est évoquée par Albert Londres dans *Le Juif errant est arrivé (p. 325)*.

Vous êtes à deux pas de la piaţa 1 Decembrie (parking).

••• **À voir dans les environs** : **Băile 1 Mai** et **Băile Felix** *(8 et 10 km S-E d'Oradea par la DN 76 ; d'Oradea, prenez la dir. de Beiuş et Deva par le bd Cantemir)*, deux stations thermales au cœur de la végétation. •

De la Crişana à la vallée de l'Arieş★★

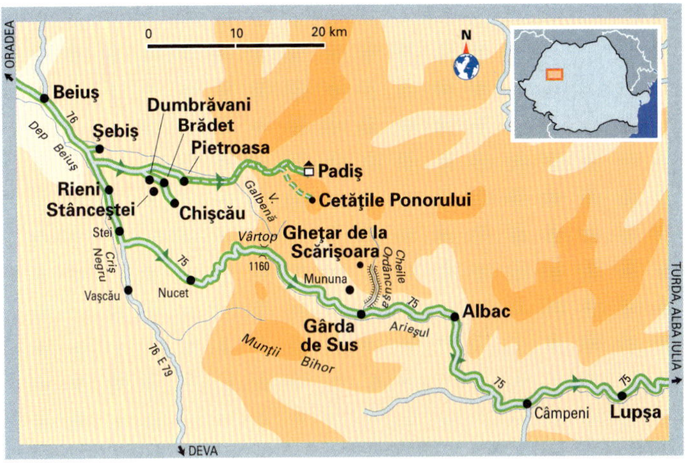

Dans un paysage champêtre émergent les clochers des églises en bois de la vallée de Beiuş. Plus haut se côtoient l'univers sauvage du massif de Padiş et le pays des Moţi, peuple de montagnards qui vivent dans des hameaux disséminés sur les hauteurs de l'Arieş.

programme

Pour débusquer les **églises en bois** de la vallée de Beiuş, rarement indiquées, il vous faut quitter l'excellente route principale (DN 76) pour des chemins buissonniers, toujours carrossables. **Hébergement** à Gheţar, Gârda de Sus, Albac et Rimetea. Il est fortement conseillé de rester plusieurs jours dans la vallée de l'Arieş. **Randonnée** d'une journée autour de Gârda de Sus *(p. 130).*

> ***Carnet d'adresses*** p. 142.

Beiuş et sa vallée★★

> D'Oradea, dir. Beiuş et Deva (S-E) par la DN 76.

Jonchée de villages paisibles, la dépression du Criş Negru donne l'image d'une campagne généreuse, qui écoule ses produits chaque jeudi à la foire de **Beiuş**.

Beiuş

> 63 km S-E d'Oradea par la DN 76.

Située sur la rive droite du Criş Negru, aérée par des allées où s'étirent des terrasses de cafés, cette petite ville dispose d'un **Musée d'histoire et d'ethnographie★★** *(**Muzeul Etnografic**; piaţa S. Vulcan, 16 ☎ 32.22.47; ouv. t.l.j. sf lun. 10 h-15 h; entrée payante)* d'une richesse inattendue.

Les églises de la vallée★★

> De Beiuş, suivez la DN 76. Après 7 km, prenez une petite route à g. jusqu'à Sebiş. De Sebiş, retournez sur la DN 76 pour 2 km puis tournez à g. vers Pietroasa.

Au milieu des herbes folles du cimetière de **Şebiş** s'élève une ♥ **église en bois★★** aux sublimes proportions d'oiseau posé au sol. À

art

David Zugravul, peintre et paysan

© Bernard Houliat

Perchée au-dessus du village, l'église de Brădet témoigne du génie des charpentiers locaux du XVIIIe s., capables de créer des volumes d'une troublante harmonie.

Le peintre David Zugravul naît au milieu du XVIIIe s. en Valachie, à Curtea de Argeş, où il fréquente la tradition artistique post-byzantine. Il fait partie de ces religieux ou artisans qui entretiennent la culture et la solidarité roumaine à travers la Transylvanie et ses environs. À cette époque, un relèvement sensible du niveau de vie se traduit par la réfection ou la construction d'églises et par leur décoration, que ce soit en Maramureş *(p. 196)*, en pays de Salaj *(p. 190)* ou en Crişana *(p. 127)*. Les ateliers d'icônes et les peintres ambulants sont alors très sollicités. David Zugravul erre jusqu'en Crişana, où il bénéficie de commandes de fresques et d'icônes, et s'installe dès lors comme paysan. Dans toutes les églises qu'il peint, il utilise le même programme iconographique limité, faute de place. Il réalise de superbes **iconostases** ↪: en haut la **Crucifixion**; au milieu la procession des apôtres entourant la **Déisis** ↪. Sur les portes impériales figure l'**Annonciation**. Sur ce thème, l'artiste donne des chefs-d'œuvre à Brădet, Dumbrăveni et surtout **Stânceşti** *(ci-dessous)*, Rieni *(ci-contre)*. Sur les portes latérales figurent deux docteurs de l'Église: à gauche saint Jean Bouche d'Or (Chrysostome) et à droite saint Basile le Grand. •

l'intérieur de cette église construite au XVIIIe s. subsistent de beaux vestiges du décor réalisé par le peintre **David Zugravul** *(encadré ci-dessus)*. Pour suivre la trace de ce peintre-paysan, retournez sur la DN 76 puis tournez à gauche en direction de Pietroasa.

Dans l'**église de Dumbrăvani***, il a peint, entre autres, les **portes de l'iconostase** ↪. La délicate **église** du village suivant, **Stânceşti****, lui doit la **scène de** l'**Annonciation**** qui illumine les **portes impériales** ↪.

Sur les portes impériales de Stânceşti, une grande douceur inonde les visages de l'archange et de Marie, dont les corps très allongés participent à l'élégance de l'ensemble. Dans le village de **Brădet**, ♥ l'**église en bois****, construite en 1733, offre une silhouette parfaite et des détails d'un grand raffinement, comme le décor sculpté autour de la **porte d'entrée**. À l'intérieur, sur les **portes impériales**, David Zugravul nous offre une version de l'**Annonciation** dépouillée et pleine d'humilité.

La grotte aux ours de Chişcău*

> *Peştera Urşilor. 87 km S-E d'Oradea, 24 km S-E de Beiuş, 3 km S-E de Brădet. Ouv. t.l.j. sf. lun. 9h-17h. Entrée payante. Visite guidée: 1 h.*

En 1975 ont été découverts à Chişcău des dizaines de squelettes d'ours des cavernes datant du Paléolithique.

••• **À voir tout près**: **Rieni** *(13 km S de Beiuş, 76 km S d'Oradea par la DN 76)* possède une église en bois**, bâtie en 1754, dont la porte d'entrée est encadrée d'ornementations minutieusement ciselées. La peinture intérieure est l'œuvre de **David Zugravul** également.

Le plateau de Padiş**

> *117 km S-E d'Oradea, 30 km N-E de Chişcău. De Chişcău, revenez sur vos pas jusqu'à Pietroasa. Tournez à dr., route forestière sur 22 km dans un état épouvantable (il est question de la refaire).* ***Carnet d'adresses*** *p. 144.*

Isolé et dépourvu d'habitat permanent, le plateau de Padiş se trouve au cœur d'un vaste labyrinthe de calcaire, de pâturages et de forêts insondables. Ici se dévoilent les entrailles de la montagne: des canyons, des effondrements gigantesques, des dolines ainsi qu'une multitude de gouffres *(encadré p. 130)*.

Les citadelles de Ponor***

> ***Cetătile Ponorului****. Au S-O du plateau de Padiş.*

L'ensemble le plus spectaculaire se développe dans un bassin fermé, drainé par le réseau hydrographique souterrain qui surgit au sud-ouest dans le **canyon de la Galbena***. Au milieu d'une forêt de sapins, trois cirques effondrés: ce sont les citadelles de Ponor.

Explorer les citadelles

Depuis la route forestière, suivant un chemin balisé de bleu, vous pouvez descendre au fond du premier aven:

© Cristian Ciubotarescu (Sfinx)

De dimensions colossales, le portail des citadelles de Ponor s'ouvre sur les ténèbres où le torrent disparaît dans un chaos de blocs.

au pied de parois lisses de 200 m couronnées de sapins s'ouvre un portail de 70 m de haut. Un autre chemin fait le tour par le haut des trois cirques, que l'on peut admirer depuis des balcons de bois.

La vallée de l'Arieş**

> *Du plateau de Padiş, prenez la DN76 puis la DN75 jusqu'à Gârda de Sus.*

Le cœur des Apuseni n'est pas fait pour l'automobiliste mais il suffit d'une heure de marche depuis la vallée pour s'émerveiller: jusque vers 1 300 m et sur des dizaines de kilomètres se répandent des fermes groupées en hameaux ou éparpillées entre forêt et prairies. C'est le *crâng*, bocage d'altitude qui est le biotope des **Moţi** (prononcer « mot's »), vieux peuple de montagnards roumains. Leur terroir, la **Tara Moţilor** – pays des Moţi –, s'étend de la haute vallée de l'Arieş, à l'est du col de Vârtop, jusque bien en aval de Câmpeni.

géographie

Paysages karstiques des Apuseni

Les doux pâturages et les forêts du vaste **plateau de Padiş** cachent des phénomènes mystérieux. Çà et là, des trous dans l'herbe. Des eaux qui disparaissent dans des dépressions fermées, sans issue apparente (dolines). Elles surgissent parfois dans un canyon ou au fond d'un aven, sous la forme de grosses sources (résurgences). Au cœur de la forêt s'ouvrent d'immenses gouffres, quantité de grottes où l'on rencontre des formes fantastiques, stalagmites et stalactites, lacs et ruisseaux. Ces formes de relief, extérieur ou souterrain, sont dites karstiques (des montagnes croates du Karst, où se trouve un bel exemple de ce phénomène) et ne se développent que dans des massifs calcaires. Ces derniers sont rongés le plus souvent de l'intérieur par des eaux riches en CO_2, qui dissolvent le carbonate de calcium, constitutif du calcaire. •

Les montagnes des Moţi à pied**

> *À partir de Gârda de Sus (129 km S-E d'Oradea, 97 km S-E du plateau de Padiş, 67 km S-E de Beiuş): 6 h de marche facile sur bons sentiers; dénivelé de 400 m; faisable toute l'année.*

Passé le col de Vârtop, la montagne devient douce, lumineuse et parcourue de centaines de chemins.

Au départ de **Gârda de Sus**, un bel itinéraire balisé vous conduit, *via* le hameau isolé de **Mununa***, à la **grotte de Scărişoara**** (***Gheţar de la Scărişoara***) où 60 000 m^3 de glace piégée depuis quatre mille ans offrent un surprenant spectacle.

Ensuite, le sentier suit le bord du plateau pour s'enfoncer dans la forêt et parcourir ensuite le monde sauvage des **gorges d'Ordâncuşa****.

Lupşa

> *175 km S-E d'Oradea, 113 km S-E de Beiuş, 62 km E de Gârda de Sus par la DN 75.*

Suivez la vallée de l'Arieş *via* Câmpeni en direction du village de Turda, où la rivière s'écoule dans une vallée agreste ponctuée de villages attachants et de belles échappées sur les massifs calcaires environnants. **Lupşa** est connu pour son **monastère**, édifié autour d'une église en bois de 1429 et remis en fonction en 1992. Un petit **Musée ethnographique*** *(sur le bord de la route, au centre du village; ouv. t.l.j. sf lun. 10h-17h; entrée payante)* contient des milliers d'objets traditionnels du pays des Moţi, des chaînes en écorce de bouleau et même le nécessaire pour le lavage des sables aurifères de la vallée de l'Arieş. •

La lisière est des Apuseni★

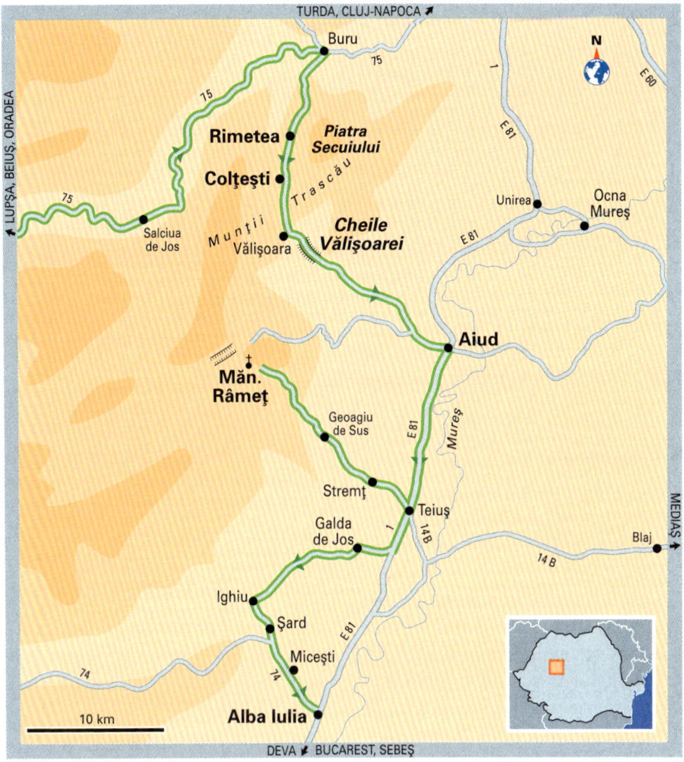

Sur leur versant oriental, les Apuseni s'achèvent en beauté, laissant la place aux vertes collines de Transylvanie.

Face au soleil levant, le long chaînon calcaire des **monts Trascău** déploie ses parois blanches, ses abrupts et de nombreuses gorges, comme celle de **Râmeţ** qui abrite un monastère.

Sur les hauteurs, les hameaux dispersés aux maisons coiffées de chaume sont exclusivement roumains.

Le pied des montagnes assure son rôle de lisière – entre des milieux physiques assez contrastés mais aussi, par le passé, entre des cultures qui vivaient, semble-t-il, en bonne intelligence.

♥ Rimetea et ses environs★★

> De Lupşa, continuez jusqu'à Buru (E) par la DN 75 et prenez une route à dr. qui mène à Rimetea et Aiud.

Après les vertes frondaisons des rives de l'Arieş vient la sublime **vallée de Rimetea** (ou dépression de Trascău) : le paysage, couronné par des sommets calcaires, se donne un air méditerranéen, avec terrasses sèches et rochers arrosés de soleil.

Le fer de ces montagnes attire les Romains, puis des colons germaniques qui, au XIIIe s., s'installèrent ici pour extraire le minerai et le transformer, donnant le nom d'Eisenburg (« la cité du fer ») au principal village de la vallée : Rimetea en roumain, Torocko en hongrois.

programme

L'itinéraire sillonne les derniers contreforts des Apuseni et la plaine. Flâner dans **Rimetea** *(p. 142)* demande moins d'une demi-journée, mais vous pouvez y dormir si vous souhaitez explorer les environs. La citadelle d'**Alba Iulia** *(p. 133)* se parcourt à pied une demi-journée. **Hébergement** à Rimetea et Aiud ; hôtels quelconques à Alba Iulia.

> ***Carnet d'adresses*** *p. 142.* •

♥ Rimetea★★

> 234 km S-E d'Oradea, 59 km S de Lupşa par la DN 75, 57 km S de Cluj-Napoca par la DN 1 et la DN 75. ***Carnet d'adresses*** *p. 144.*

Les rues du village offrent un **alignement de frontons blancs aux fenêtres vertes** et de portails en bois par lesquels on accède à de longues cours intérieures. Depuis le XVIIe s., le village est peuplé de Magyars, ce qui lui confère une forte identité dont rend compte le remarquable **Musée ethnographique★** *(**Muzeul de Etnografie**; ouv. t.l.j. sf lun. 10h-16h; entrée payante)* qui se tient au premier étage de la mairie.

La vallée de Rimetea

> De Rimetea dirigez-vous vers Aiud (S-E).

À gauche de la route s'élève le massif **Piatra Secuiului★**, qui culmine à 1 128 m d'altitude. Ses parois abruptes protègent la vallée du vent d'est et veillent sur un paysage bucolique de cultures et de villages somnolents.

Au loin apparaît l'intrigante silhouette d'une forteresse en ruine : le **château de Colţeşti★** *(O du village Colţeşti, à 1 h de marche facile sur un chemin de charrettes)*. Remontant au moins au XIIIe s., il fut détruit par les Autrichiens en 1713.

Quelques kilomètres plus loin, la vallée se referme et votre route traverse les **gorges de Vălişoara★** *(**Cheile Vălişoarei**)* pour découvrir les rondeurs du piémont.

Les maisons au toit de chaume sont encore nombreuses sur les hauteurs orientales des monts Apuseni.

Le piémont des Apuseni★

> *De la vallée de Rimetea, vous continuez jusqu'à Aiud et rayonnez autour de la DN 1 en dir. d'Alba Iulia (S).*

La route DN 1 Cluj-Napoca/Alba Iulia, qui longe à l'est les Apuseni, est assez ennuyeuse : il suffit de s'en écarter et de se faufiler parmi les derniers contreforts.

Aiud★

> *257 km S-E d'Oradea, 94 km S de Cluj-Napoca, 27 km N d'Alba Iulia et 23 km S-E de Rimetea par la DN 1.* ***Carnet d'adresses*** *p. 142.*

Vous débouchez sur la place centrale de cette ville qui fut longtemps saxonne (Strassburg). Bâtie entre les XIIIe et XIVe s. sur un site daco-romain, la **citadelle d'Aiud★** protège dans ses remparts renforcés de huit tours une **chapelle gothique★** bâtie en 1333 et une église des XVe-XVIe s., au clocher massif, vouée aujourd'hui au culte réformé.

Le monastère de Râmeţ★

> ***Mănăstirea Rameţ.*** *282 km S-E d'Oradea, 25 km S-O d'Aiud et 14 km N-O de Teiuş. D'Aiud, prenez la dir. d'Alba Iulia par la DN 1 jusqu'à Teiuş, puis tournez à dr. vers Stremţ.*

Sur la route menant à Stremţ, la vallée se rétrécit avant de buter sur une muraille de calcaire tranchée par les **gorges de Râmeţ★★**. Un ensemble monastique imposant s'étend au bord du torrent. Ce lieu isolé a probablement attiré des ermites bien avant la construction de la **vieille église★** du XIVe s. : modeste, épurée, celle-ci conserve à l'intérieur quelques restes des fresques d'origine. Lieu de diffusion de la culture roumaine, le monastère fut démoli en 1762 par les troupes du général autrichien Bucow *(p. 54)*. En 1982, une nouvelle église a été bâtie à proximité. Le **musée du monastère** *(ouv. sur demande, adressez-vous à l'une des religieuses ; entrée payante)* présente une collection d'icônes sur bois et sur verre.

Alba Iulia★

> *284 km S-E d'Oradea, 50 km S de Rimetea, 27 km S d'Aiud et 16 km S de Teiuş par la DN 1.* ***Carnet d'adresses*** *p. 142.*

De retour à **Teiuş**, restez sur la DN 1 pendant 3 km avant de tourner à droite vers **Galda de Jos** puis vers **Ighiu** et **Şard**, où vous rencontrez la DN 74. Les petites routes qui mènent à Alba Iulia vous offrent un bel aperçu de l'ambiance fruitée de ces villages du piémont, qui se consacrent à la vigne, aux jardins et au maïs.

Alba Iulia s'étend autour d'un site occupé dès la préhistoire. Les Romains en font la ville la plus importante de la Dacie *(Apulum)*. À partir du Xe s., Alba Iulia fait partie du royaume de Hongrie *(encadré ci-dessous)*. En 1541, elle devient capitale de la principauté de Transylvanie, vassale des Ottomans.

En 1600, elle accueille **Michel le Brave** (Mihai Viteazul), prince des trois pays roumains réunis pour quelques mois *(p. 45)*, dont elle devient de fait la capitale. En 1690,

histoire

La ville blanche

Au Xe s., les Hongrois trouvent en Transylvanie un territoire roumain structuré autour du voïvode Gelu (ou Gyula ou Iulius). Ils baptisent ainsi la ville principale Gyulafehervar, ce qui signifie : « la ville blanche de Gyula ». Les prélats latins et les Roumains en feront Alba Iulia ; les Slaves, Belgrade ; les Allemands, Weissenburg. Devenus maîtres de la Transylvanie, les Habsbourg essaient d'imposer le nom d'Alba Carolina (Karslburg), en hommage à l'empereur Charles VI. À partir de 1918, elle redevient officiellement Alba Iulia. •

elle tombe pour plus de deux siècles dans l'empire des Habsbourg. Le 1er décembre 1918, des dizaines de milliers de Roumains convergent à Alba Iulia où est proclamée l'union de la Transylvanie à la Roumanie (*p. 50*), ce qui confère à cette ville un statut prestigieux dans l'histoire de la nation.

La citadelle★★

> ***Cetate****. Traversez le centre-ville et prenez la str. Ardealului en dir. de Sibiu jusqu'à la piaţa Naţiunii. Face à la poste, prenez la première rue à dr. Parking proche de la citadelle. Visite à pied : env. 1 h.*

La citadelle fut édifiée entre 1716 et 1735 sur les plans d'un architecte italien, **Giovanni Visconti**. Encore en bon état, ses remparts en brique se déploient en étoile à sept branches et sept bastions, selon le type Vauban, percés de six portes monumentales dont trois sont ornées de sculptures baroques.

• B1 Une entrée triomphante. Surmontée de Vénus et de Mars encadrant les armes des Habsbourg, une **première porte★** (***Poarta principala***) très ouvragée commande la rampe d'accès.

Sur le bord du plateau, un **obélisque** (***Obeliscul***) commémore la révolte de 1784 (*encadré ci-contre*), dont les meneurs furent enfermés à quelques pas, au-dessus de la **grande arche d'entrée★** (***celula lui Horea***) de la citadelle : deux ouvertures dans le toit, au-dessus de la porte centrale, trahissent l'existence d'une cellule.

Vous pénétrez dans la citadelle en passant sous l'une des trois portes de cet édifice, animé de bas-reliefs et d'atlantes. Au sommet, la statue de Charles VI scrute l'horizon oriental.

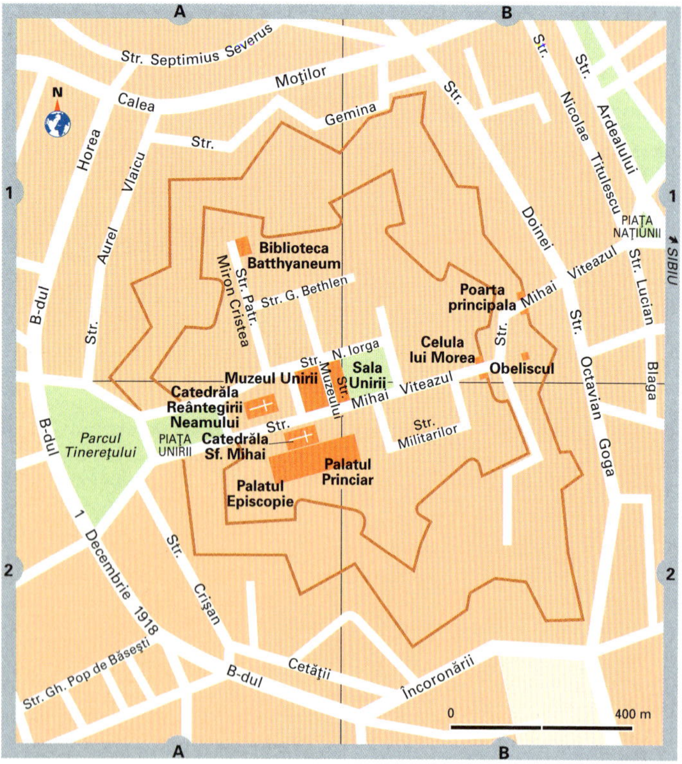

LA CITADELLE D'ALBA IULIA

histoire

L'insurrection paysanne de 1784

Dès 1780, l'**empereur Josef II** cherche à promouvoir des réformes, parmi lesquelles la réduction des corvées que les paysans doivent aux nobles. Ces derniers s'y opposent.

Au début de l'année 1784, Josef II fait miroiter aux paysans qui s'engageraient dans l'armée une exemption des devoirs féodaux. Mais les nobles et les fonctionnaires locaux refusent de tenir compte des promesses de l'empereur.

En octobre, des paysans des Apuseni prennent les armes et, en quelques semaines, ils sont près de 30 000 insurgés. Inquiètes de la tournure des événements, les autorités de Vienne envoient la troupe et la révolte s'achève début décembre. Trahis par les leurs, les trois meneurs, **Horea** (Vasile Urs), **Cloșca** (Ion Oarga) et **Crișan** (Giurgiu Marcu) sont arrêtés et torturés. Ils sont exécutés en février 1785 à Alba Iulia, en présence des représentants des villages roumains. Les pièces de leurs corps dépecés sont exposées en exemple dans toute la province. En 1785, le servage est aboli. •

• **Le cœur de la citadelle.** Après l'esplanade s'élève à g. le **palais princier** *(Palatul Princiar)* **A2/3**, construit au XVIe s., mais plusieurs fois modifié. En face, la **salle de l'Union** *(Sala Unirii; ouv. t.l.j. sf lun. 10h-17h; entrée payante)* **A1/2**, où, en 1918, les représentants des Roumains de Transylvanie proclamèrent l'union de leur province au royaume de Roumanie *(encadré p. 133)*.

Dans le bâtiment d'à côté est aménagé le **musée de l'Union*** *(Muzeul Unirii ☎ 81.33.00; ouv. t.l.j. sf lun. 10h-17h; entrée payante)* **AB1/2**. On y trouve une riche section consacrée aux vestiges romains (salles 1 à 7), une **collection ethnographique** intéressante et de belles icônes sur verre.

À l'écart, sur le côté nord de la citadelle, dans une église baroque désaffectée, l'évêque catholique Ignaz Batthyany fonda en 1794 l'une des plus fameuses bibliothèques de Transylvanie: la **Biblioteca Batthyaneum*** *(ouv. lun.-jeu. 7h-15h, ven. 7h-13h; entrée libre)* **A1**, riche d'environ 60 000 documents.

• **A2 Les cathédrales.** L'ouest de la citadelle est dominé par des édifices religieux, dont la superbe **cathédrale Saint-Michel**** *(Catedrǎla Sf. Mihai; ouv. t.l.j. 8h-19h; entrée libre)*. L'église actuelle fut construite au XIIIe s. en style roman. Mais, plusieurs fois brûlée et dévastée par les Tatars, les Turcs et les Saxons, elle subit jusqu'au XVIe s. d'importantes restaurations. Contrastant avec la pénombre de l'intérieur, l'autel baroque reçoit une douce lumière par les fenêtres gothiques. Dans le collatéral droit se trouve le tombeau de **Iancu de Hunedoara** *(encadré p. 137)*.

À gauche en sortant de l'église, vous découvrez le **palais de l'Évêché catholique** *(Palatul Episcopie)*, du XVIe s., remanié au XVIIIe s.

En 1922, à l'occasion du couronnement du roi Ferdinand Ier et de la reine Marie, a été inaugurée l'imposante **cathédrale orthodoxe de la Réunion de la nation** *(Catedrǎla Reântegirii Neamului; ouv. t.l.j. 8h-19h; entrée libre)*. Une porte surmontée d'une tour conclut la traversée de la citadelle et s'ouvre sur une vaste place. •

Au pays des citadelles daces★

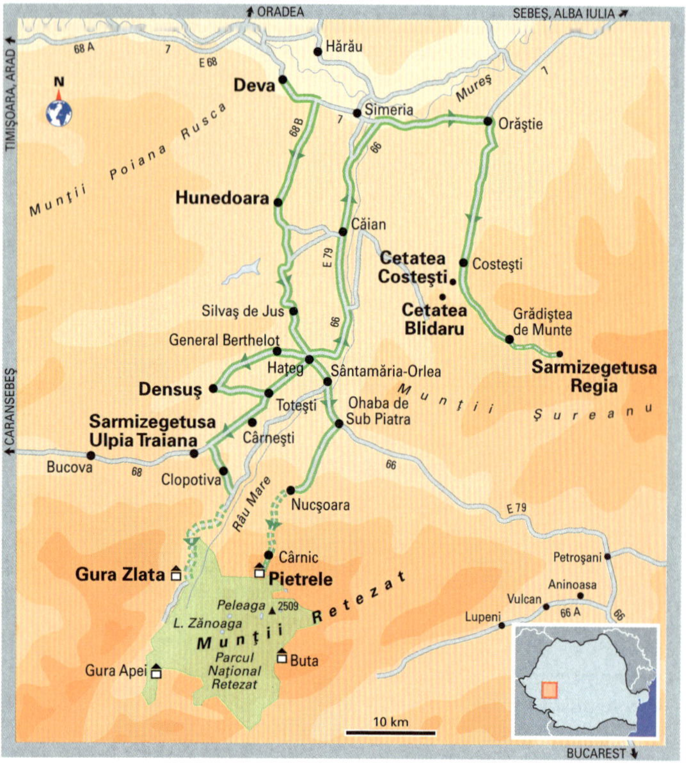

Peu d'endroits en Roumanie sont aussi chargés de sens et d'histoire. Les vestiges de la civilisation dace, épicentre de l'épopée des Roumains, se dissimulent dans les forêts de montagne qui, au cours des siècles, ont assuré à ce peuple un refuge sûr contre les invasions.

D'autres témoignages s'accumulent dans cette petite région où se rencontrent Transylvanie, Banat et Olténie : la capitale de la province romaine de Dacie et les châteaux de légende construits par des princes qui ont marqué l'histoire roumaine et hongroise. La vallée du Mureş, l'un des axes majeurs des migrations européennes de l'Antiquité à nos jours, se faufile dans un ensemble de

programme

Que vous veniez d'Alba Iulia, des monts Apuseni ou de Hongrie *via* Arad, cet itinéraire est une excellente préparation pour visiter la Transylvanie. Comptez 100 km env. et au moins **un jour** pour visiter la région (routes pas toujours carrossables et nécessité de marcher un peu).

Randonnées dans tous les massifs environnants, à commencer par celui de **Retezat**.

Hébergement à Bucova, Deva, Hărău, Sântamăria-Orlea.

> ***Carnet d'adresses*** *p. 142.*

montagnes aux caractères contrastés : Apuseni, paysages alpestres des monts du Retezat, mystérieux monts Şureanu et rondeurs des monts Poiana Ruscă saupoudrés de multiples villages.

Deva

> *Env. 395 km N-O de Bucarest, env. 150 km E de la frontière occidentale, 80 km S-O d'Alba Iulia. D'Alba Iulia, prenez la DN 1 jusqu'à Sebeş, puis la DN 7. Parking : str. Avram Iancu, bd 1 Decembrie 1918 ou près de l'hôtel* Decebal. ***Carnet d'adresses** p. 143.*

La capitale du département de Hunedoara est une ville « modernisée » et pratique pour rayonner dans la région. Elle présente aussi deux autres centres d'intérêt.

Le musée de la Civilisation dace et romaine*

> ***Muzeul Civilizatiei Dacice si Romane.** Bd 1 Decembrie 1918, 39 ☎ 21.22.00. Ouv. t.l.j. sf lun. 9h-17h. Entrée payante. Visite : env. 1 h.*

La **Magna Curia**, palais bâti en 1621 par le prince Béthlen, abrite le musée consacré à l'Antiquité dace et romaine, représentée par une passionnante collection d'objets. Ces expositions, complétées par une maquette de citadelle dace, vous préparent à mieux profiter de la visite *in situ* des sites de Costeşti *(p. 141)* et Sarmizegetusa *(p. 141)*.

La citadelle de Deva*

> ***Cetatea Deva.** Du parc, sentier à g. : 180 m en grimpant, 20 mn de marche. Entrée libre.*

Ce nid d'aigle a de tout temps servi de refuge aux habitants de la région. Il accueille, à partir du XVIe s., une forteresse militaire quasi imprenable. En 1849, pendant le conflit qui oppose les rebelles hongrois aux Habsbourg, le fort vole en éclats, soufflé par l'explosion des munitions entreposées dans ses caves. Un chemin se hisse au sommet, à 180 m au-dessus de la ville ; de là-haut, vous toisez la vallée du Mureş.

histoire

Iancu, le Chevalier blanc

Iancu de Hunedoara (1387-1456) est issu d'une grande famille roumaine admise dans l'élite du royaume et par la suite « magyarisée » : les Hunedoara deviennent Hunyadi. Voïvode ↪ de Transylvanie (1441-1456), Iancu (Janos en hongrois) est un inlassable bâtisseur et un grand homme de guerre, célèbre dans l'Europe du XVe s. sous le nom de « Chevalier blanc » pour ses exploits contre les Ottomans, qu'il repousse plusieurs fois. Il gouverne la Hongrie pendant la minorité du jeune roi Ladislav V (1446-1453) et après le décès de ce dernier. Son fils Matei dit Corvin est élu roi de Hongrie en 1458 *(encadré p. 190)*. •

Hunedoara : le château des Corvin**

> ***Castelul Corvineştilor.** 20 km S de Deva. De Deva, prenez la DN 68 B jusqu'à Hunedoara ☎ 71.14.23. Ouv. t.l.j. sf lun. 9h-17h. Entrée payante. Visite : env. 1 h. Parking.*

Le plus grand château de Roumanie occupe une situation incongrue au cœur d'un décor de hauts-fourneaux dans la cité sidérurgique d'Hunedoara. En 1409, le roi Sigismond donne la place forte d'Hunedoara, déjà connue au XIIIe s., à Voicu Corvin. Le fils de ce dernier, **Iancu** *(encadré ci-dessus)* rebâtit la forteresse entre 1440 et 1453. De cette époque date l'aile ouest, où se trouve la **salle des Cavaliers***. Son fils Matei Corvin *(encadré p. 190)* étend vers le nord le château, qui acquiert alors l'essentiel de son aspect actuel : un ensemble spectaculaire et sévère de tours et poivrières, de donjons pointus, de créneaux et de mâchicoulis. L'accès n'est pas moins théâtral : un pont étroit monte vers une porte sombre, dominée par une tour quelque peu inquiétante. Les voûtes du château abritent un **musée*** où se trouvent, entre autres, des collections d'armes anciennes et d'ethnographie locale.

●●● **À voir tout près** : la route menant à Densuş traverse un bourg dont le panneau d'entrée peut surprendre : **General Berthelot** *(23 km S d'Hunedoara, 5 km O de Haţeg; de Hunedoara dirigez-vous vers Haţeg par la DN 68 B, tournez à dr. vers Densuş)*. Ici se trouve la propriété que la Roumanie offrit au fameux général *(encadré ci-dessous)*.

♥ L'église de Densuş*

> ***Biserica Densuş**. 45 km S de Deva, 25 km S d'Hunedoara. D'Hunedoara prenez la DN 68 B vers Haţeg, puis tournez à dr. en dir. de Densuş. Pour visiter, demandez à la maison la plus proche ou au n° 15 de la rue principale. Entrée libre.*

Des pierres récupérées des ruines de la cité romaine de Sarmizegetusa (chapiteaux, dalles funéraires) ont servi à la construction de cette église, probablement bâtie au XIIe s. Sa forme initiale a connu des extensions ultérieures qui lui confèrent une silhouette originale. Les éléments de la **fresque** (1443) qui nous sont parvenus témoignent d'une parenté stylistique avec les peintures de Valachie, notamment celles de l'église Saint-Nicolas de Curtea de Argeş *(p. 97)*.

Le ruines romaines de Sarmizegetusa*

> ***Sarmizegetusa Ulpia Traiana**. 59 km S de Deva, 14 km S de Densuş. De Densuş rejoignez la DN 68* via *Toteşti et tournez à dr. vers Caransebeş. Ouv. t.l.j. 8h-17h. Entrée payante. Visite : 30 mn.*

La *Colonia Ulpia Traiana Augusta Dacica* s'établit entre 108 et 110, sous l'empereur Trajan, non loin de Sarmizegetusa, la capitale des Daces récemment conquise *(p. 141)*. Le nom de cette dernière sera accolé plus tard à celui de la colonie qui devient la capitale de la province romaine de Dacie jusqu'en 271.

portrait

Le brave général Berthelot (1861-1931)

À partir de 1916, une importante mission militaire française est appelée à Iaşi *(p. 251)* pour réorganiser les 15 divisions roumaines bloquées en Moldavie, où vont se réfugier la Cour et le gouvernement roumain fuyant Bucarest. Choisi par Joffre pour « son expérience, sa science militaire [...], sa rondeur et son optimisme », le général Berthelot dirige cette mission (1916-1918).

Sous ses ordres, 350 officiers français apportent leur expérience à l'armée roumaine, qui se ressaisit et vainc les troupes austro-allemandes à Mărăşeşti (Moldavie). Le général s'enflamme pour la cause roumaine et son action contribue à la création de la Grande Roumanie *(p. 50)*.

Héros en ce pays dont il est fait citoyen, il reçoit en reconnaissance une propriété en Transylvanie, du côté de **Haţeg**. Bon vivant, chaleureux et simple, il appréciait de se retrouver parmi cette population qui le touchait autant qu'elle l'adorait. Vous rencontrerez plus de rues à son nom en Roumanie qu'en France. ●

randonnées

Les montagnes de la région de Haţeg sont encore vivantes mais l'exode vers les villes et les vallées voisines a commencé, annonçant l'abandon d'un paysage ciselé par des siècles de labeur.

Le massif est sillonné d'itinéraires de randonnée balisés. Le règlement du parc national demande de ne pas s'en éloigner. Une **taxe d'entrée** est perçue dans les refuges ou sur les routes d'accès. On vous remet un ticket *(bilet de vizitare)* et un schéma du massif avec les lieux d'hébergement (conditions souvent sommaires) et les itinéraires à respecter. N'hésitez pas à demander conseil aux gardiens de refuge ou aux volontaires de Salvamont (secours en montagne).

Rens. : administration du parc national de Retezat, bd 22 Decembrie, bloc 4, parter, Deva ☎ (0254) 21.88.29, < www.retezat.ro >. •

Une ville importante, si l'on en juge par ses vestiges : des remparts de 600 m sur 500 entouraient la cité. Au centre se trouvaient les **sanctuaires** et le **forum**. Au nord, un **amphithéâtre** pouvait accueillir 5 000 spectateurs.

Tout près, le **musée** *(☎ 77.64.18 ; ouv. t.l.j. sf lun. 10 h-17 h ; entrée payante)* expose des pièces trouvées sur le site. Pendant des siècles, les décombres de la métropole ont alimenté la région en pierres de construction.

Les monts du Retezat★★

> ***Munţii Retezat****. Haţeg : 16 km N-E de Sarmizegetusa, 34 km S de Deva. Au S de Deva* via *Haţeg.*

Au carrefour des solitudes sauvages entre Banat, Olténie et Transylvanie, un massif se distingue du reste des Carpates roumaines par un relief plus ample et une ribambelle de lacs : le Retezat. Sous les 2 509 m du **mont Peleaga** s'étale un paysage classique de reliefs granitiques. En

nature

Les richesses du Retezat

Du fond des vallées voisines jusque vers 1 700 m, le paysage est couvert de profondes **forêts** (hêtres, sapins, épicéas). Au-delà et jusqu'à 1 900 m environ, le seul grand arbre qui subsiste est le **pin cembro**: dans les lieux exposés, on rencontre des individus à la silhouette torturée par les intempéries; dans les sites plus favorables, ce pin forme des bosquets qui assurent refuge et nourriture aux oiseaux et qui fédèrent des milieux d'un grand intérêt écologique.

À cette altitude, des étendues de genévriers (versants ensoleillés) et de rhododendrons (versants frais) colonisent les éboulis. Au-delà de 2 000 m, les monts du Retezat se parent d'une flore alpine remarquable. Les forêts abritent l'ours, le lynx, le chat sauvage, les cervidés ou le coq de bruyère. Loups, renards et sangliers vagabondent entre vallées, forêts et pâturages. La haute montagne est le domaine du chamois, de la marmotte, de l'hermine et de l'aigle royal. •

altitude, l'érosion glaciaire a évidé un chapelet de cirques au fond desquels se sont formés environ **80 lacs**. Les versants sont nappés d'éboulis et d'anciennes moraines.

Le parc national...

> ***Parcul Național Retezat****. De Sarmizegetusa, tournez à dr. 2 km après Hațeg.*

L'originalité et la richesse biologique du massif *(encadré ci-dessus)* en ont fait, dès 1935, le premier parc national de Roumanie, qui bénéficie aujourd'hui du statut de réserve de la biosphère.

... et ses accès

La **région d'Hațeg** offre les accès les plus intéressants au parc, dans lequel de nombreux itinéraires sont balisés *(encadré p. 139)*.

• **Par la vallée du Râu Mare.** Prenez la DN 68 en direction de Caransebeş, puis, après 11 km, tournez à gauche vers Clopotiva. La route goudronnée longe la vallée du Râu Mare en direction du barrage de Gura Apei *(env. 28 km)*.

Au bout de 18 km, vous atteignez le **refuge de Gura Zlata** *(**Cabana Gura Zlata** ☎ 0254.77.72.80; restaurant; alt. 775 m)*. De là, un itinéraire balisé d'un triangle rouge vous conduit vers les lacs d'altitude dont le Zănoaga.

• **Par le refuge de Pietrele.** Suivez la DN 66 jusqu'à Ohaba de Sub Piatra *(10 km S d'Hațeg)*, puis tournez à droite vers Nucşoara *(14 km S)*. Continuez sur 6 km par un chemin carrossable jusqu'à la maison forestière de Cârnic *(parking sûr)*. Il reste 1 h 30 de marche jusqu'au **refuge de Pietrele** *(**Cabana Pietrele** ☎ 0721.29.17.79 [portable]; 150 places; confort très rustique; possibilité de s'alimenter; alt. 1 480 m)*. Ce site permet d'accéder aux plus belles randonnées du massif mais il est très fréquenté, surtout en été.

Au cœur du royaume des Daces★★

> *De Hațeg, dirigez-vous vers Simeria et Orăştie par les DN 66 et DN 68. Sortez d'Orăştie par le S jusqu'à Costești.*

D'étranges vestiges, répartis au cœur d'un relief boisé et peu accessible, parlent au visiteur qui s'y attarde:

ici, il peut saisir la force et le degré d'évolution de la civilisation dace. En dehors de l'aire gréco-romaine, aucune autre civilisation de l'Europe antique n'a développé un tel ensemble *(encadré ci-dessus)*.

De Costești à Sarmizegetusa Regia*

> *Costești : 43 km S-E de Deva, 16 km S d'Orăștie. Du refuge de Costești, un indicateur signale le chemin d'accès à la citadelle ; 561 m en grimpant, 20 mn de marche.*

La **citadelle de Costești** *(**Cetatea Costești**)* semble avoir été à la résidence principale du roi dace **Burebista** et une place forte.

Plus puissante que la précédente, la **citadelle de Blidaru*** *(**Cetatea Blidaru** ; 3 km S de la citadelle de Costești)* occupe une position clé pour protéger Sarmizegetusa Regia, capitale dace.

♥ Sarmizegetusa Regia**

> *68 km S-E de Deva, 42 km S-E d'Orăștie, env. 25 km S-E de Costești. De Costești, prenez une route non asphaltée vers Grădiștea de Munte, puis continuez à pied sur env. 5 km car le chemin forestier est difficilement carrossable.*

Dissimulé dans les profondeurs de la montagne, à une altitude (1 200 m), où les conditions de vie sont rudes, le site de Sarmizegetusa étale des vestiges qui en disent long sur le niveau d'organisation de cette région du temps des Daces *(encadré ci-dessus)*. Centre militaire, politique et religieux de l'État de **Décébale** *(p. 39)*, l'agglomération comprenait deux cités civiles, entre lesquelles s'élevait une citadelle de 3,5 ha et un espace sacré, où les fouilles ont exhumé des sanctuaires de plan rectangulaire doublés de rangées de colonnes.

On rencontre également deux **sanctuaires circulaires** : des blocs d'andésite dessinent un cercle énigmatique. L'ensemble bénéficiait de rues pavées, de l'adduction d'eau et de son évacuation.

Il fallut une énergie extraordinaire aux Daces pour acheminer de telles quantités de pierres en ces lieux reculés qui en sont dépourvus. Quant au peuple romain, on imagine les forces colossales qu'ils durent réunir pour détruire ces citadelles et mettre au pas cette grande civilisation. •

histoire

Du mur de terre au mur de pierre

Entre le Ier s. av. J.-C. et la fin du Ier s. apr. J.-C., les Daces aménagent un dispositif sophistiqué pour défendre leur royaume, selon un réseau dense dans le sud-ouest de la Transylvanie et au sud du Mureș. Contrôlant les accès importants, une chaîne de citadelles protège la capitale, **Sarmizegetusa** *(ci-dessous)*, elle-même retirée dans un lieu difficile d'accès. Les fortifications les plus primitives comportaient des levées de terre et des palissades de bois.

Les nombreux échanges avec les **colonies grecques de la mer Noire** *(p. 288)* sensibilisent les Daces à des techniques de construction plus élaborées. Lorsque, autour de 55 av. J.-C., le roi **Burebista** s'empare de ces colonies, il y recrute sans doute bâtisseurs et tailleurs de pierre : des inscriptions en grec ont été découvertes sur des pierres ouvragées. Les citadelles se dotent ainsi de murs épais et de bastions, tandis que l'architecture civile et religieuse se raffine sous l'influence hellène. •

Carnet d'adresses

Une partie des revenus des Moţi provient de l'exploitation des forêts des Apuseni.

Aiud

> *Indicatif* ☎ *0252. Visite p. 133. Carte p. 131.*

Hébergement

▲▲ **Pensiunea Varga**, str. Transilvaniei, 120 ☎ 86.27.72. *4 ch.* À la sortie, vers Alba Iulia, une pension sympathique, qui pourrait s'agrandir dans un proche avenir. Restaurant.

Albac

> *Indicatif* ☎ *0252. Visite p. 133. Carte p. 127.*

Hébergement

▲▲ **Pensiunea Aurora** ☎ 77.70.57. *9 ch. et table d'hôtes.* Près de la rue principale, à g. Après la mairie en venant de Gârda de Sus. Famille accueillante. Bonne cuisine. Demandez les chambres avec sdb privée.

▲▲ **Pensiunea Tibiana**, hameau de Cioneşti, 10 ☎ 77.70.48. *5 ch. et table d'hôtes.* Au centre d'Albac, tournez à g. sur la DJ 68 (dir. Horea et Huedin). Après env. 2 km, à dr. Proche de la forêt.

Alba Iulia

> *Indicatif* ☎ *0252. Visite p. 133. Carte p. 134.*

Accès

• **En train**. Liaisons quotidiennes avec Bucarest, Budapest, Timişoara, Cluj-Napoca, Iaşi. **Gare** *(Gara)*, env. 2 km S-E de la citadelle, près de la route principale (vers Sibiu). **Agence des chemins de fer** *(Agenţia CFR)*, str. Motilor, 1 ☎ 81.36.89 ou 81.66.78.

• **En bus**. Liaisons quotidiennes avec Bucarest, Sibiu, Cluj-Napoca et les localités de la région. **Gare routière** *(Autogara)*, str. Iaşilor, 94 ☎ 81.29.67. Près de la gare ferroviaire.

Hébergement

▲▲ **Hotel Cetate**, str. Unirii, 3 ☎ 81.17.80, fax 83.15.01. *110 ch.* À deux pas de la citadelle.

▲▲ **Hotel Transilvania**, piaţa Iuliu Maniu, 22 ☎ 81.20.25, fax 81.11.95. *83 ch.* Au centre-ville, pratique mais sans charme. Restaurant sans intérêt.

Marché

Piaţa Cetate, bd Revoluţiei 1989. Dans l'alignement de la citadelle, vers le S-O (bd Transilvaniei). Marché alimentaire et bazar sympathique. Autour, des lieux où se restaurer convenablement et sur le pouce.

Bucova

> *Indicatif* ☎ *0255. Carte p. 136.*

Hébergement

▲▲ **Casa Irina** ☎ 52.49.21. Paisible village sur la DN 68, entre Caransebeş et Haţeg. *3 ch. d'hôtes* confortables et agréables. Une ambiance champêtre, en dehors du village, à env. 700 m d'alt. avec vue sur les meules de foin et les monts Târcu. *Table d'hôtes.*

Costeşti

> *Indicatif ☎ 0254. Visite p. 141. Carte p. 136.*

Hébergement

Refuge *(Cabana Costeşti)* ☎ 21.19.76. *23 pl. et 13 bungalows à 2 pl.* Ce refuge permet de passer au moins 2 j. sur place. Eau courante. Conditions sommaires. Parking.

Deva

> *Indicatif ☎ 0254. Visite p. 137. Carte p. 136.*

Hébergement

▲▲▲ **Hotel Decebal**, str. 1 Decembrie 1918, 37 A ☎ 21.24.13. *36 ch.* Hôtel sans charme mais situé sous la citadelle. Restaurant.

Gârda de Sus

> *Indicatif ☎ 0258. Visite p. 130. Carte p. 127.*

Hébergement

▲▲ **Familia Danciu** ☎ 77.80.06. *7 ch. et table d'hôtes.* Au centre du village : en venant de l'amont, juste avant le pont du centre, tournez à g. : la grande maison des Danciu s'étire le long de la rivière. En face, départ du chemin pour aller à pied à la grotte de Scărişoara. Une fameuse cuisine !

Sport

Association de spéléologie Sphinx *(Asociatia Speologica Sfinx)* ☎ 0744.33.16.72 (portable), <cristigarda@yahoo.com>. Rens. sur la pratique de la spéléologie. Demandez Cristian Ciubotarescu, qui parle le français, l'anglais et l'allemand.

Gheţar (grotte de Scărişoara)

> *Indicatif ☎ 0258. Visite p. 130.*

🛈 Près du carrefour de Gheţar, un point d'information et de vente d'artisanat a été aménagé dans une vieille grange traditionnelle.

Hébergement

▲▲ **Famille Lucian Dobra**, maison n° 233 ☎ 0740.89.49.96 (portable). *2 ch. et un refuge.* Situé au carrefour de Gheţar à 15 mn de la grotte du glacier de Scărişoara, dont le portier-guide habite ici. Pas de sdb, on se lave à la cuvette et au seau !

▲▲ **Pension Scărişoara** ☎ 0744.90.26.21 (portable). Maison confortable avec 2 s.d.b. Accueil exceptionnel d'une famille de paysans. Étape idéale pour des familles avec enfants : nombreuses activités de la ferme et découverte des environs avec les enfants de Iuliana et Nicodim Pasca.

Hărău

> *Indicatif ☎ 0254. Carte p. 136.*

Hébergement

▲▲ **Angelica Lenuţa**, maison n° 197 ☎ 0744.52.14.02 (portable). *2 ch. et table d'hôtes.* Une paisible maison bien située : à quelques km à peine de Deva.

Oradea

> *Indicatif ☎ 0259. Visite p. 122. Plan p. 122.*

Accès

• **En avion**. Liaisons avec Bucarest plusieurs fois par semaine par vols **Tarom** (se rens. car jours et horaires changent souvent). **Aéroport**, sur la route d'Arad, à 8 km du centre **hors pl. par A3**. **Agence Tarom** *(Agenţia Tarom)*, piaţa Regele Ferdinand, 2 **A3** ☎ 44.40.55 ou 13.19.18.

• **En train**. Plusieurs liaisons quotidiennes avec Arad, Cluj-Napoca et Budapest. **Gare** *(Gara)*, piaţa Bucureşti. Au bout de la Str. Republicii, située au N de la ville, près du Palais baroque **A1**. Liaisons par les tramways 1 et 4 avec le cœur de la ville (piaţa Unirii). **Agence des chemins de fer** *(Agenţia CFR)*, str. Republicii, 2 **B1** ☎ 13.05.78 ou 41.49.70.

Hébergement

▲▲▲ **Pensiunea Atlantic ♥**, str. Iosif Vulcan, 9 **A3** ☎ 42.69.11, < www.wpg.ro >. *8 ch.* Essayez la chambre matrimoniale de la pension Atlantic, avec un lit immense et un suave décor de bonbonnière bleutée. Bien placé, près des rives du Criş. Restaurant.

▲▲▲ **Pensiunea Gobe ♥**, str. Avântului, 4/A **hors pl. par B3** ☎ 41.35.13. *23 places.* Située juste à l'E de la citadelle, près de la route de Cluj-Napoca. Restaurant à l'ambiance rustique, cuisine magyare et, de temps en temps, des musiciens de Bihor.

Restaurants

♦♦ **Capitolium**, str. Avram Iancu, 8 **A3** ☎ 13.05.51. Bonnes spécialités hongroises.

♦ **Criş**, str. George Enescu, 30 **B2** ☎ 41.72.06. Restaurant végétarien et non-fumeurs.

♦ **Oradea**, str. Iosif Vulcan, 1 **A3** ☎ 13.43.39. Terrasse très agréable dans un jardinet rafraîchissant. Situation idéale, donnant sur la piaţa Regele Ferdinand, au cœur de la ville.

♦ **Patiseria Trei Zorele**, piaţa Regele Ferdinand, 5 **A3**. Au rdc de la Casa Poynar, à côté de la librairie Eminescu. Idéal pour manger sur le pouce. Une petite boutique où l'on vous sert (à emporter), tout droit sortis du four, des strudels au fromage, aux noix ou aux pommes, des chaussons aux pommes de terre et au chou.

Bars

Cafe Mirage, str. Vasile Alexandri, 2-4 **A3**. Dans le palais de l'Aigle noir *(p. 124)*.

Kelly's Irish Pub, str. Republicii, 2 **B1/2**. Dans l'immeuble de l'ancien bazar.

Adresses utiles

• **Pharmacie**. *Farmacia Concordia*, piaţa Bucureşti, 2 **A1** ☎ 44.93.18. Face à la gare. *Ouv. 24h/24.*

• **Poste**. ***Poşta***, str. Roman Ciorogariu, 12 **A2**. *Ouv. lun.-sam. 8h-18h.*

Plateau de Padiş

> *Indicatif ☎ 0259. Visite p. 129. Carte p. 127.*

Hébergement

▲▲ **Cabana Padiş** ☎ 0748.59.18.90 (portable). *30 places.* À 1 300 m d'alt. Idéal pour la randonnée. Confort sommaire. *Ouv. mai-sept.*

Adresse utile

• **Secours en montagne**. **Salvamont Bihor** ☎ 33.03.98.

Rimetea

> *Indicatif ☎ 0258. Visite p. 132. Carte p. 131.*

Hébergement

▲▲ **Deák Tulit Zsuzsa**, maison n° 285 ☎ 76.80.62 et 0745.50.64.47 (portable). *4 ch.* Ambiance familiale et décor magyar. Fabuleuse cuisine de Zsuzsi (prononcer « souzi »).

Bar

Forras ♥. Bar du sympathique Janos. Cave voûtée. À 100 m de la mairie.

Sântamăria-Orlea

> *Indicatif ☎ 0254. Carte p. 136.*

Hébergement

▲▲ **Castel Orlea** ☎ 77.77.68, fax 77.22.00. *14 ch.* Château du XIIIe s. reconstruit en 1782 puis remanié, nationalisé après 1945, il abrite un hôtel de niveau moyen, aux prix raisonnables. Restaurant avec une superbe salle à manger. Dans la localité, église du XIIIe s. avec fresques. ●

La Transylvanie du Sud

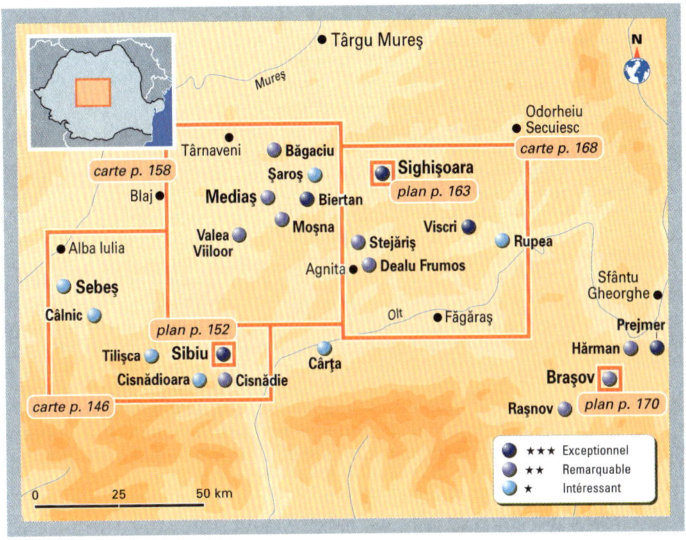

La Transylvanie évoque une contrée fictive, mais le pays « d'au-delà des forêts » (*trans silvania* en latin) est pourtant bien réel, chahuté par une histoire complexe: il fut un temps le cœur de la Dacie; après l'Empire romain, il connut des invasions qui poussaient les peuples locaux vers les Carpates. Il eut par la suite plusieurs maîtres avant de revenir à la Roumanie en 1918. À l'abri des Carpates, cette région est d'une grande portée symbolique pour l'identité roumaine et les cultures allemande et magyare. Le Sud est marqué par la civilisation dite « saxonne » qui, après neuf siècles de présence, a laissé de superbes villes et villages. À la fin du Moyen Âge, ce territoire appartenait à l'aire culturelle d'Europe centrale et accueillait les artistes de Vienne, Prague ou Nuremberg. C'était le point le plus oriental en Europe de l'influence catholique, puis de la Réforme, au contact de la tradition orthodoxe des peuples roumains. À côté d'un patrimoine culturel exceptionnel, cette région dispose d'espaces naturels dominés par les Carpates, qui ont ici leur point culminant (Moldoveanu, 2544 m).

sommaire

© Pierre Soissons

Entre Carpates et Sibiu★

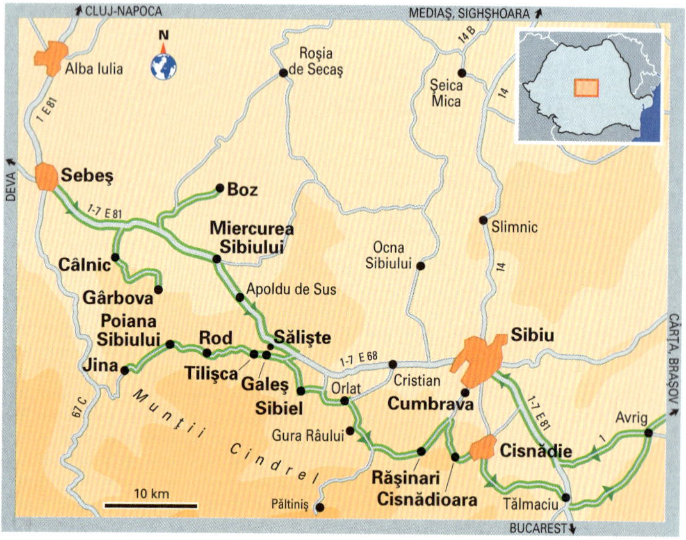

Abrités sur le flanc des Carpates, les descendants des Daces ont assisté à l'arrivée des premiers colons allemands dans le sud-ouest de la Transylvanie. La cité marchande de **Sebeş** est l'une de leurs premières fondations, lesquelles s'égrènent jusqu'aux portes de Sibiu. À la même époque, les moines cisterciens fondaient l'**abbaye de Cârţa** et disséminaient leur savoir-faire de bâtisseurs en Transylvanie. Dans la superbe vallée de **Marginimea Sibiului**, les bergers roumains entretiennent avec fierté une culture originale.

programme

Env. 100 km de Sebeş à Sibiu en flânant sur les petites routes qui desservent les villages de bergers et les fondations saxonnes. Nombreuses possibilités d'**hébergement** à Cristian, Gura Râului, Răşinari, Salişte, Sibiel, Sibiu, Tilişca.

> ***Carnet d'adresses*** *p. 174.*

Sebeş et ses environs★

> ***Mülhbach*** *(en allemand). 65 km E de Deva par la DN 7, 55 km O de Sibiu par la DN 1-7, 19 km S-E d'Alba Iulia par la DN 1.*

Des vestiges de remparts rappellent que Sebeş, ville de 30 000 habitants, fut dès le XIIIe s. l'une des principales cités saxonnes.

● **L'église évangélique**★★ ***(Biserica Evanghelică)****. Ouv. t.l.j. 9 h-17 h. Entrée payante.* De l'édifice roman du XIIIe s. subsiste la nef. Au milieu du chœur gothique trône un ♥ **retable en bois polychrome**★★★ *(p. 164)*, de 13 m de haut, daté de 1524 *(p. 162)*. Cette œuvre éblouissante présente des moments de la vie du Christ, une **Vierge à l'Enfant** et un **arbre de Jessé** ↪ très expressifs. Au-dessus volettent trois anges et une guirlande de feuillages en bois doré.

À l'extérieur, les contreforts du chœur exposent le plus bel ensemble de **statues gothiques** de Transylvanie.

• **Les citadelles entre Sebeş et Sălişte★**. *Prenez la DN 1-7 vers Sibiu où se greffent les routes latérales qui desservent les villages.* Le long de la route de Sibiu, ou en retrait, des villages modelés par l'urbanisme saxon affichent un charme spécifique grâce au soin apporté à la décoration des maisons et aux différentes citadelles : **Câlnic★**, **Gârbova★**, **Boz★** ou **Miercurea Sibiului★**.

Après Apoldu de Sus, la DN 1-7 franchit un petit col (belle vue sur les Carpates) et redescend sur Salişte.

Marginimea Sibiului, le pays transhumant★★

> *De Sebeş, prenez la DN 1-7 dir. Sibiu.*

Au pied des **monts Cindrel** s'étire un archipel de 18 villages exclusivement roumains et dotés d'une forte identité culturelle liée au **pastoralisme** *(p. 198 et encadré p. 148)*. Influencé par le style saxon, le bâti traditionnel cède lentement la place à des constructions ultra-modernes, dont les propriétaires arborent le costume traditionnel lors des jours de fête : les hommes avec leur chapeau noir en forme de cloche et les femmes en costume blanc et noir d'une sobre élégance.

♥ Les villages de bergers★★

> *Quittez la DN 1-7 pour entrer dans Sălişte. Sur le grand espace central, tournez à dr. et suivez la rue qui remonte la rivière.*

Les habitants, *Margineni*, se sont adaptés à cette vallée étroite et incommode en étageant leurs ressources : en bas, la maison ; plus haut, le jardin ; en moyenne montagne, des prairies à foin ; plus haut ou plus loin, les pâturages.

À **Galeş**, le dernier **fabricant de chapeaux en cloche★** *(**Virgil Ilieş**, maison n° 43 ☎ 55.34.31 ou 55.33.08)* laisse visiter son atelier.

Le défilé se resserre à **Tilişca★**, point de départ de superbes balades à pied. La route s'élève ensuite jusqu'aux derniers villages étalés sur des épaulements des monts Cindrel : **Rod★**, **Poiana Sibiului★** avec sa célèbre **foire des Bergers★** *(19 sept.)* et **Jina★** figurent parmi les localités les plus élevées de Roumanie (au-dessus de 1 000 m).

Villages roumains et églises saxonnes★

> *Revenez à Sălişte et prenez la route à dr. sur 6 km (mauvais état).*

Osant à peine s'éloigner des contreforts des Carpates, les autres villages de la Marginimea Sibiului occupent un espace plus ouvert et les communautés roumaines voisinent avec des citadelles saxonnes.

• **De Sibiel au village de Cioran.** Une petite rivière court au milieu de **Sibiel★**, village bucolique. Près de l'église de la Sainte-Trinité *(Sfânta Treime)*, le **musée d'icônes sur verre★** *(**Muzeul de Icoane pe Sticlă**; visite sur demande ☎ 55.38.18 ; entrée payante)* compte environ 700 réfé-

histoire

Pourquoi sont-ils appelés Saxons ?

Dans des documents du début du XIIIe s., les Allemands de Transylvanie apparaissent sous le nom de Saxons, ce qui reste une énigme : la plupart des émigrants proviennent de pays rhénans et mosellans et n'ont semble-t-il rien à voir avec la Saxe, située loin de leurs origines, vers le nord-est. On suppose que quelques groupes d'arrivants en Transylvanie étaient constitués de mineurs du Harz, région saxonne, et que leur nom a été étendu à l'ensemble des colons. Il se pourrait aussi que certains migrants rhénans se soient arrêtés un certain temps en Saxe. •

tradition

La civilisation pastorale

La laine reste une importante source de revenus pour les éleveurs de la région.

© Pierre Soissons

Le pastoralisme est l'un des piliers de l'identité roumaine. La tradition explique que les descendants des Daces et des Romains ont échappé aux invasions en se dissimulant dans les forêts ou sur le flanc des Carpates. Une autre façon de survivre était de se déplacer avec les troupeaux, toute implantation étant promise à la destruction. La population de Marginimea Sibiului a conjugué ces deux stratégies : un habitat-refuge et la mobilité. Les périls ont disparu, mais le mode de vie semi-nomade imprègne toujours les mentalités des ***Margineni*** et leur rapport au monde. Jusqu'au début du XXe s., les troupeaux d'ici partaient pour des années, s'aventurant même jusqu'au Caucase. Ils se contentent aujourd'hui de parcourir la **Dobrogea** ou le **Banat**, où vous croiserez sans doute des troupeaux conduits par un berger coiffé du fameux chapeau en forme de cloche ! ●

rences. À 3 km, prenez à droite vers **Orlat** puis **Gura Râului** *(route goudronnée)*. À l'entrée du village, une route part à gauche vers **Răşinari*** *(env. 16 km de Sibiel, 21 km de Sibiu; liaison par tramway encadré p. 157)*, qui a vu grandir le philosophe **Emil Cioran** (1911-1995; *p. 325 et p. 327*).

●●● **Tout près de Răşinari** : la route monte vers **Păltiniş** *(1450 m; 35 km de Sibiu)*, qui fut la première station de ski du pays et offre toujours un bel enneigement dans un paysage de sapins.

● **Cisnădioara*** *(**Michelsberg**, en allemand). 21 km E de Răşinari, 12 km O de Sibiu; sur la route menant à Sibiu, tournez à dr. après 6 km.* Isolée sur un promontoire, son église romane était défendue par des murailles de galets et de schistes : autrefois, tout jeune Saxon désireux de convoler devait apporter à la citadelle une grosse pierre. Aujourd'hui, ce lieu inspiré accueille des manifestations comme le **festival de théâtre** de Sibiu.

• **Cisnădie et la Madone de Braller**** *(**Heltau**, en allemand). 5 km E de Cisnădioara, 7 km S de Sibiu.* La **citadelle*** présente une heureuse combinaison de volumes: des fortifications du XVe s. protègent une église romane du XIIIe s. sur laquelle sont greffées des tours de défense. L'autel de l'église saxonne de Bruiu *(Braller, entre Agnita et Făgăraş)* a été récemment mis en sécurité dans cette église. En son centre, une émouvante statue de la Vierge à l'Enfant, plus connue sous le nom de ***Madone de Braller**** (1520).

© Hermann Fabini

La Madone de Braller est aujourd'hui conservée dans l'église de Cisnădie.

• **L'abbaye de Cârţa***. *De Cisnădie, dirigez-vous vers Tălmaciu, puis Avrig, où vous rejoignez la DN 1. Après 18 km, tournez à g. Entrée libre. Visite sur demande.* En 1190, 13 moines quittent l'abbaye cistercienne de Pontigny (Bourgogne). Après des mois de voyage, ils s'installent dans ce fond de vallée inhospitalier pour fonder une puissante cité monastique qui diffuse en Transylvanie le modèle architectural cistercien. De l'abbaye, abandonnée en 1474, seule l'église, aux proportions et aux ouvertures caractéristiques de l'art cistercien, est restée en bon état. Elle est utilisée par la communauté évangélique saxonne.

••• **En chemin**: en allant à Sibiu, vous laissez à gauche la DN 7 C, ou ***Transfăgăraşan***, qui est la plus haute route du pays (2034 m). •

Les Saxons et leurs citadelles

Avec la venue des colons allemands, la Transylvanie connaît une des plus vastes opérations d'aménagement du territoire jamais menées en Europe, et dans un contexte d'insécurité qui amène les villages à transformer leurs églises en citadelles.

La politique territoriale du roi Geza

À l'appel du roi de Hongrie **Geza II** (1141-1162), environ 500 familles de paysans libres et de petits nobles du Luxembourg, de Rhénanie, de Lorraine et de Wallonie traversent l'Europe pour s'établir en **région de Sibiu**. Ils y reçoivent des terres du domaine royal, accompagnées de privilèges considérables. Le souverain poursuit ainsi plusieurs objectifs : mettre en valeur de vastes espaces ; instaurer un contrepoids au pouvoir de la noblesse hongroise de Transylvanie. Par ailleurs, les **chevaliers Teutoniques** s'établissent à l'est, dans le **pays de Bârsa** (Brașov), région exposée aux invasions.

Un statut privilégié

Directement subordonnés au roi, les Saxons administrent eux-mêmes leurs activités artisanales et commerciales et la basse justice, statut scellé en 1224 par le **diplôme d'André II *(Andreanum)***. Dès lors, de puissantes cités marchandes se développent. À la fin du XVe s. se constitue l'***Universitas saxonum*** (l'Université saxonne), « gouvernement » des Saxons chargé de réglementer leurs affaires internes et de les représenter à la Diète (Parlement) de Transylvanie. L'*Universitas saxonum* et les privilèges seront supprimés en 1876.

Un urbanisme très structuré

Les premiers groupes de colons reçoivent des terres partagées en lots égaux : des parcelles étroites et longues, alignées le long d'une rue principale très large et souvent dominée par l'église. L'habitat

Aujourd'hui encore, la plupart des villages ont conservé la structure du lotissement original à parcelles longues et étroites.

© Pierre Soissons

affiche une grande homogénéité : pas de maison plus haute que les autres, pas d'exubérance décorative. La façade sur rue se compose du pignon de l'habitation et d'un haut mur dans lequel s'ouvre un portail. Elle dissimule une longue cour intérieure où sont distribués en enfilade les différents corps de la ferme. De l'autre côté, une immense grange clôt la zone habitée. Au-delà se trouve le verger. Le défaut de cet urbanisme bien agencé est sa vulnérabilité.

La citadelle de Cinçsor.

Les citadelles

Après l'équipée dévastatrice des **Tatars** (1241), les fondations saxonnes entourent leurs églises de remparts à l'intérieur desquels tout est organisé pour soutenir un siège : celliers, réserves à lard tenues par les associations de voisinage (Nachbarschaft), espace entre l'enceinte et l'église pour parquer le bétail. L'église est souvent fortifiée, prenant parfois des allures de vaisseau fantastique. Chaque village invente une solution architecturale adaptée à ses moyens, à l'espace disponible ou aux formes de l'église initiale.

Chaque village développe ses propres motifs décoratifs qui se retrouvent sur les frontons des maisons.

Sibiu★★★

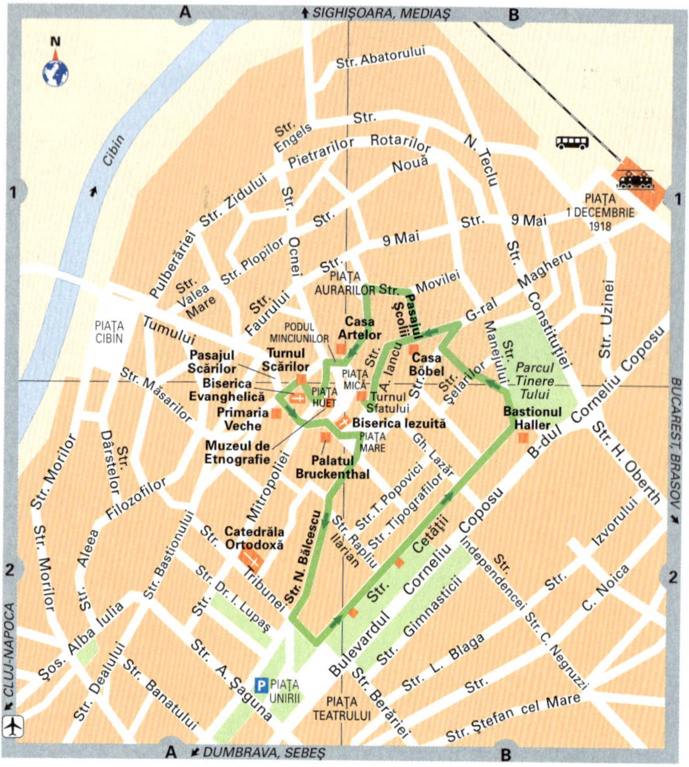

Berceau de la civilisation saxonne, Sibiu, qui compte 170 000 habitants, est la ville de Roumanie qui a préservé le plus vaste ensemble de vieux quartiers : ils donnent parfois au promeneur l'illusion de se trouver dans une vieille cité allemande de Franconie. Sur 70 ha, la vieille ville réserve un dédale mélancolique de vieilles rues pavées, de passages et d'escaliers, de jardins secrets, de places, de maisons aux coloris fatigués et aux volets verts. Au milieu des toits, des lucarnes allongées, comme des paupières mi-closes, donnent le sentiment que la ville somnole ou épie le passant.

Une cité saxonne

Vers 1150, les premiers arrivants allemands se fixent sur les terrasses de la vallée du Cibin (d'où la ville tirera son nom roumain). Habité depuis la préhistoire, ce site se trouve à la convergence de routes d'échanges déjà connues des Romains : celle qui relie Alba Iulia au pays de Bârsa (Braşov) et l'axe des Balkans au centre de l'Europe.

Baptisé *Villa Hermanni* (en latin) ou *Hermannstadt* (en allemand), un bourg se développe à partir d'une rangée de maisons, l'actuelle str. 9 Mai *(p. 154)*, mais les Tatars l'anéantissent en 1241.

Sibiu, ville libre

Pour stimuler sa reconstruction, le roi de Hongrie lui accorde le statut de ville libre, administrée par les corporations. Sans délai, elle met sa prospérité à l'abri de remparts qui s'étendront en cercles concentriques jusqu'au XVe s. Hermannstadt devient la grande cité économique et militaire de Transylvanie. Dès le XVIIIe s., les Saxons partagent la ville avec Roumains, juifs et Hongrois. Elle abrite le mouvement de revendication des Roumains de Transylvanie qui y créent, en 1861, l'association ASTRA *(Asociaţia Transilvene de Artă şi Literatură)* dont le nom reste lié aujourd'hui à un remarquable ensemble muséographique.

Les fortifications de la ville haute

> **A/B2** *De la piaţa Unirii, prenez la str. Cetăţii.*

Au sud-est de la piaţa Unirii, une partie des fortifications est bien conservée. La **str. Cetăţii** longe l'intérieur du mur d'enceinte, jalonné de trois tours du XVe s., d'un ancien bastion d'artillerie du XVIe s. et du bastion Haller (1552).

La str. Avram Iancu et la ville basse*

> **B1/2** *Du bastion Haller, prenez la str. Manejului, qui suit les remparts (N-E), puis à g. la ruelle qui traverse la str. Şelarilor et aboutit dans la G-ral. Magheru. Tournez à dr. puis à g. dans la str. Avram Iancu.*

Cette rue est représentative de la société qui vivait dans la ville haute: maisons des commerçants saxons qui entreposaient leurs marchandises dans ces cours intérieures que, à peu d'exceptions près, vous pouvez visiter, en prenant soin de ne pas déranger les gens qui y logent.

La str. Avram Iancu et ses cours intérieures*

Dirigez-vous vers la piaţa Mare. Osez un coup d'œil dans les cours: vous y découvrez un monde souvent beau et poétique, parfois très modeste, capharnaüm ou jardin potager.

Par exemple, au n° 7, au fond de la cour, quelques marches mènent à une terrasse bordée d'un mur de briques, vestige de remparts. Revenez sur vos pas jusqu'au n° 16 où se remarque la façade triangulaire de la **Casa Böbel*** (XVe s.).

mode d'emploi

- **Situation**. 275 km N-O de Bucarest, 273 km E de la frontière (Arad), 55 km E de Sebeş par la DN 1-7, 47 km O de Cârţa par la DN 1.
- **Se repérer**. Les grands axes se réunissent pour constituer la str. Andrei Şaguna, qui traverse Sibiu en longeant le S-O de la cité historique, et la **piaţa Unirii A2**, au cœur de la ville moderne. Sur cette place débouche la **str. Nicolae Bălcescu A2**, principale voie d'accès à la cité historique et à la **piaţa Mare A-B2**. La **gare B1** se trouve au N-E de la vieille ville et l'**aéroport, hors pl. par A2** à l'O, sur la route d'Alba Iulia (DN 1).
- **Se déplacer**. Laissez votre voiture au parking de la **piaţa Unirii** et déplacez-vous à pied. Prévoyez de bonnes chaussures (pavage disjoint) et des jumelles.
- **Programme**. Si vous n'avez que 2 ou 3 h, visitez le cœur de la ville haute. Mais une journée permet aussi de se perdre dans les ruelles et les petites places de la ville basse. En été, le mercredi soir, vous pourrez assister à un concert d'orgue dans l'église évangélique *(p. 155)*.

> ***Carnet d'adresses*** *p. 176.* •

urbanisme

Les fortifications successives

Quelques années après le passage des Tatars (1241), la ville se dote d'une première ceinture de remparts, dont l'aire de protection se limite à l'actuelle piața Huet *(ci-contre)*, autour de l'église Sainte-Marie. L'essentiel de l'habitat se trouve à l'extérieur de l'enceinte : à chaque alerte, la foule se précipite au *Burg* par le chemin le plus court. Les fortifications suivent l'essor de la cité. Au début du XIVe s. elles englobent l'actuelle piața Mică *(ci-contre)*. Au début du XVe s., elles s'étendent à toute la ville haute, celle des notables et des institutions. Quelques décennies plus tard, elles enveloppent l'ensemble de la ville basse, jusqu'à proximité du Cibin *(p. 152)*. Le périmètre de la cité est parcouru de solides remparts, renforcés de 39 tours de défense et de quatre bastions. Hermannstadt devient la plus puissante des villes de Transylvanie et sa superficie fortifiée égale alors celle de Vienne. Au XIXe s., on détruit une partie des murs, des tours et des portes pour remodeler la ville. •

♥ Les plus vieilles rues de la ville*

Face à la Casa Böbel (n° 16 de la str. Avram Iancu), le **passage des Écoliers*** ***(Pasajul Şcolii)*** se faufile entre les maisons jusqu'à la pittoresque **str. Movilei*** où le caniveau court au milieu des pavés disjoints. Cette rue et les rues parallèles (str. 9 Mai et str. Nouă) sont les plus vieilles de la ville (milieu XIIe s.).

♥ La piața Aurarilor**

> **B1** *De la str. Movilei, descendez à g.*

Cette place encore intime, entourée de délicieuses maisons du XVIe s., fut longtemps un lieu de passage entre la ville basse et la piața Mică. Des charrettes allaient et venaient, percutant parfois les murs : c'est pourquoi d'énormes pierres protègent l'angle des maisons. Au n° 5,

© Victor Bortas

La tour du Conseil domine les toits de la vieille ville.

une longue cour étroite laisse place à un petit jardin et à une ancienne tour de défense coiffée d'une mansarde du XVIIIe s.

Avant de quitter la place, à gauche, au n° 10, un portail vous invite dans une cour fermée au sud par un rempart du XIVe s.

Des escaliers vous conduisent à la piața Mică, en passant sous une voûte datée de 1567.

Les petites places de la ville haute

Tandis que la plupart des corps de métiers restaient cantonnés dans la ville basse, les institutions et les gens aisés habitaient la ville haute, plus facile à défendre et plus aérée.

La piața Mică**

> **B2** *De la piața Aurarilor, prenez les escaliers qui mènent à la piața Mică (S-O).*

Ses côtés nord et est présentent un ensemble de demeures, surmontant des rangées d'arcades, qui appartenaient aux plus prestigieux des artisans de la ville.

À l'actuelle **maison des Arts*** (***Casa Artelor***), de 1370, était la halle du marché, avant de devenir celle des bouchers. Elle accueille aujourd'hui des expositions.

La piața Huet et ses alentours

> **A2** *De la piața Mică (S-O), empruntez le pont des Mensonges.*

Du **pont des Mensonges** (***Podul Minciunilor***), réalisé en fonte et inauguré en 1860, vous passez sur la piața Huet. Correspondant à la première ceinture de fortifications *(encadré ci-contre)*, un anneau de maisons cerne l'église évangélique *(ci-contre)*.

• **Le musée d'Ethnographie saxonne Emil Sigerus**** (***Muzeul de Etnografie Săsească Emil Sigerus***). *Piața Huet, 12 ☎ 21.81.95. Ouv. t.l.j. sf lun. 9 h-17 h. Entrée payante. Visite : env. 1 h.* Fondé en 1997, il donne, à travers mobilier, textile, céramique (dont de nombreux éléments de poêles en faïence), un passionnant aperçu de la civilisation allemande de Transylvanie.

© Pierre Soissons

L'église évangélique de Sibiu.

• **L'église évangélique*** (***Biserica Evanghelică***). *Ouv. t.l.j. 6 h-20 h. Entrée libre sf offices et chapelle des Pierres funéraires (ouv. t.l.j. 10 h-18 h en été, 11 h-16 h en hiver ; entrée payante). Visite : env. 30 mn.* Son clocher de 74 m de haut, est le repère visuel du promeneur. Dédiée à la Vierge Marie avant de devenir luthérienne, l'église, commencée en 1321 sur les bases d'une basilique romane, a été achevée en 1520.

Entrez par la porte sud de l'église : à gauche, dans une chapelle séparée du reste de l'édifice, sont alignées 67 pierres funéraires sculptées, appartenant à des figures historiques de la ville de Sibiu. L'une des plus anciennes est celle de **Mihnea cel**

histoire

Mémoire saxonne

Autour des années 1930, une partie de la minorité saxonne de Roumanie se laisse séduire par la propagande nazie. En représailles, après la guerre, l'occupant soviétique et ses alliés déporteront en Sibérie, des milliers de Saxons. Ceux qui resteront s'intégreront dans la société roumaine. Toutefois, dès la chute du communisme en Roumanie, certains choisiront de repartir vers l'Allemagne.

Aujourd'hui, l'Allemagne et la Roumanie sont à l'initiative de nombreux projets internationaux de sauvegarde et de revalorisation du patrimoine saxon en Roumanie. •

Rău (Mihnea le Mauvais), fils de Vlad Tepeş (*encadré p. 83*), qui fut assassiné à la sortie de l'église. Sur sa sépulture est gravée une croix dominant une lune renversée. Sur la paroi nord du chœur, une **fresque*** représente la **Crucifixion**; elle a été peinte en 1445 par Johannes de Rosenau et maladroitement restaurée en 1650. L'orgue baroque (rénové en 1997) date de 1672.

Sortez de l'église par la porte nord et passez sous la **tour des Escaliers*** (***Turnul Scărilor***), l'une des portes du premier mur d'enceinte (*encadré p. 154*). Descendez les marches et prenez à gauche le **passage des Escaliers*** qui remonte dans la ville haute.

• **L'ancienne mairie** (***Primaria Veche***). *Ouv. t.l.j. sf lun. 9h-17h. Entrée payante.* Bel exemple d'architecture civile gothique en Transylvanie, ce bâtiment, construit en 1470, abrite désormais le **musée d'Histoire** de la ville (***Muzeul de Istorie***). Vous êtes à quelques pas du cœur de la ville.

La piaţa Mare : le cœur de la ville haute**

> **A/B2** *De l'ancienne mairie, continuez jusqu'à la piaţa Mare (E).*

Autour de la piaţa Mare, en partie piétonne, s'organise un paysage sans fausse note, où s'articule une belle variété de volumes, de styles et de couleurs.

• **Le palais Brukenthal*** (***Palatul Brukenthal***). *Piaţa Mare, 3-5 ☎ 41.76.91 et 41.15.45. Ouv. t.l.j. sf lun. 9h-17h. Entrée payante. Visite: env. 1h.* Le baron Samuel von Brukenthal (1721-1803) a commandé la construction de ce palais baroque à trois niveaux, achevé en 1787. Député des Saxons et gouverneur de Transylvanie, il était aussi conseiller de l'impératrice Marie-Thérèse.

Amateur d'art, il a amassé tableaux, antiquités, monnaies et livres. C'est en 1817 que s'ouvre le musée en reprenant les collections auxquelles s'ajouteront d'autres fonds: peintures des écoles flamande, hollandaise (Van Dyck, Brueghel le Vieux), allemande ou italienne.

• **L'église baroque des Jésuites** (***Biserica Iezuită***). *Piaţa Mare, 3.* Construite entre 1726 et 1733, l'église symbolisa, dans cette ville dominée par la Réforme, le retour de l'Église catholique imposé par les Habsbourg.

• **La tour du Conseil**** (***Turnul Sfatului***). *Ouv. t.l.j. sf lun. 10h-18h. Entrée payante.* Mentionnée dès 1370, elle commandait l'entrée dans la deuxième ceinture de fortifications.

Collée au bâtiment où se tenait le Conseil de la ville, elle en a pris le nom. Elle s'écroula lors du séisme de 1568, écrasant le peintre Johannis David qui était en train de la décorer. Rebâtie en 1588, elle acquiert son aspect actuel en 1826. Du sep-

© Pierre Soissons

Les places du centre historique conservent le charme suranné des vieilles cités allemandes.

tième étage, le **panorama sur la ville**★★ est superbe. Vous rejoignez le parking de la piaţa Unirii par la **str. Nicolae Bălcescu**, rue piétonne et commerçante.

♥ Le musée en plein air de Dumbrava★★

> **Hors pl. par A2** ***Muzeul în aer liber din Dumbrava Sibiului.*** *Calea Răşinari ☎ 24.24.19. Ouv. en hiver t.l.j. sf lun. 9h-17h, en été mer.-ven. 10h-18h et sam.-dim. 10h-20h. Entrée payante. Plan et descriptif en vente à l'entrée. Visite: 2 à 5h.*

Dans le bois de Dumbrava Sibiului *(encadré ci-contre)*, sur 96 ha et le long de 10 km d'allées, cet **écomusée** réunit près de 300 bâtiments représentatifs du patrimoine technique des peuples de Roumanie: moulins, scieries et forges hydrauliques, pressoirs, bergeries, toutes sortes d'ateliers et autres installations anciennes. Deux vieilles auberges *(rens. et rés. ☎ 24.21.77 ou 24.22.67)* ont été reconstituées au centre *(Cârciuma din Bătrâni)* et à l'entrée *(Han de Tulgheş)*. Des fêtes et des foires artisanales s'y tiennent régulièrement. •

accès

Musée en plein air de Dumbrava

Il est situé à 2 km au S du centre de Sibiu, sur la route de **Răşinari** *(p. 148)*. De la gare ou de la piaţa Unirii, prenez le trolley 1 ou 5 jusqu'au cimetière, puis l'unique tramway (qui va jusqu'à **Răşinari**). Aux heures de pointe (7 h-9 h et 13 h-15 h), il passe toutes les 30 mn et toutes les heures le reste du temps. •

Mediaş et les citadelles de la Târnava★★★

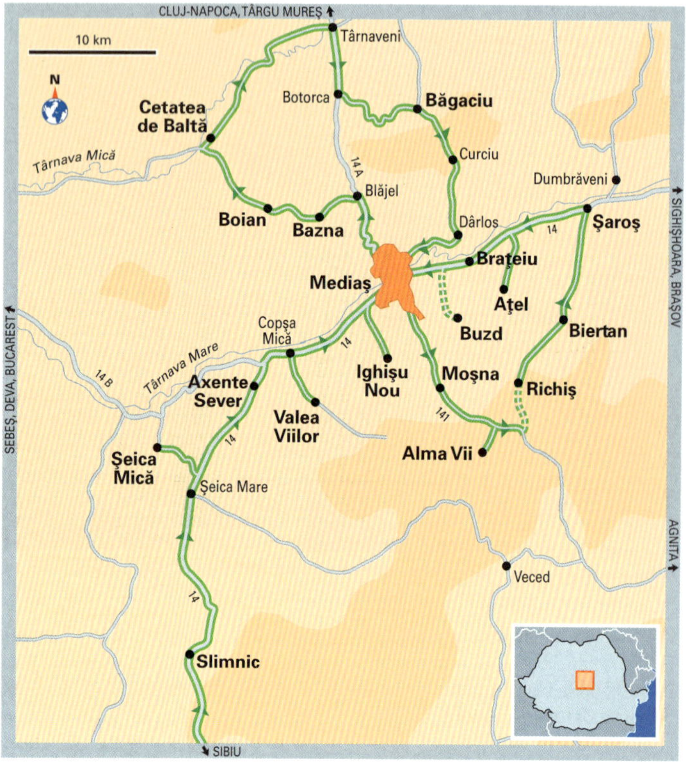

Tours et clochers émergent des toits de **Mediaş** et rappellent qu'elle fut la rivale de Sighişoara et de Biertan. Dans un rayon de 25 km, les petites vallées affluentes de la Târnava abritent quelques-uns des plus beaux villages saxons, dont certains conservent dans leur église de sublimes **retables** *(p. 164)*, chefs-d'œuvre de l'art gothique.

De Sibiu à Mediaş★★

> De Sibiu prenez la DN 14 vers Mediaş.

La route traverse un paysage de collines d'où émerge la silhouette romantique de la forteresse de **Slimnic**★ *(**Stolzenburg**, en allemand)*, en

programme

92 km de Sibiu à Mediaş. Comptez au moins 2 j. Comptez plus si vous voulez visiter les villages saxons, souvent situés à quelques kilomètres de la route principale. Les routes locales sont carrossables avec un peu de précaution. Début mai, les vergers croulent sous les fleurs. En octobre, les villages sont caressés par de belles lumières automnales.

Hébergement à Sibiu, Mediaş, Băgaciu, Biertan.

> ***Carnet d'adresses*** p. 174.

partie ruinée. Laissant à gauche la citadelle de **Şeica Mică*** *(Kleinschelken, en allemand)*, vous traversez **Axente Sever*** *(Frauendorf, en allemand)*, dont la citadelle somnole au milieu du village.

À **Copşa Mică** *(Kleinkopschen, en allemand)*, tournez à droite vers **Valea Viilor** *(Würmloch, en allemand)*, qui possède la **citadelle**** la plus imposante de la région. Ceinte de gros remparts, l'église-halle est puissamment fortifiée : une tour massive surmonte sa partie ouest et le chœur surélevé est percé de meurtrières.

Retournez sur la DN 14 et tournez à droite, 3 km avant Mediaş, vers la **citadelle d'Ighişu Nou*** *(Eibesdorf, en allemand)* à l'allure étrange, dominée par une tour massive (XIVe-XVe s.) aussi large que l'église.

Mediaş**

> 59 km N-E de Sibiu par la DN 14.

Cette ville de 65 000 habitants connut son heure de gloire au Moyen Âge, époque où sa situation au cœur de la Transylvanie lui conférait un certain poids politique et économique. Elle resta longtemps l'un des pôles culturels des Saxons qui, en 1919, y tinrent l'assemblée proclamant leur union à la nouvelle Roumanie. Mediaş est devenue une agglomération industrielle.

La piaţa Regele Ferdinand I*

Les rues L. Roth et Petöfi Sandor débouchent sur un vaste espace piétonnier agrémenté de verdure et de bancs. Tout autour s'alignent des façades d'époques et de teintes extrêmement variées.

À l'angle nord-est de la piaţa Regele Ferdinand I, s'élève une solide bâtisse blanche, la **maison Schuller*** *(Casa Schuller)*, construite au XVe s. et ancienne résidence des princes de Transylvanie, qui héberge désormais les institutions saxonnes de la ville.

mode d'emploi

- **Se déplacer**. La route principale Sibiu-Sighişoara franchit la voie ferrée.

Face à la tour Forkesch, prenez la str. Unirii à gauche, qui, à 100 m de la gare, tourne légèrement à droite (str. Pompierilor). Vous passez devant la str. L. Roth et la str. Petöfi Sandor (parking), qui débouchent sur la piaţa Regele Ferdinand I.

Vous pouvez continuer sur l'avenue principale ou tournez à droite dans la str. Turnului (parking payant).

- **Se repérer**. Les rues les plus intéressantes convergent toutes vers la piaţa Regele Ferdinand I.

- **Programme**. Comptez 2 h au minimum à pied. Dormir à Mediaş permet de visiter les citadelles de la région et d'assister à un concert d'orgue ou à un service liturgique (en allemand) dans l'église gothique.

Une ville dans la ville : le Kastell**

> De la piaţa Regele Ferdinand I, prenez la ruelle (f. par une grille 17 h-8 h) ; entrée principale piaţa Enescu.

La citadelle, le *Kastell* des Saxons, est entourée d'une double enceinte dont il reste quelques remparts et quatre tours fortifiées, mais l'essentiel est masqué par des constructions.

Au centre de la citadelle, l'**église gothique** aspire l'espace vers le haut. Légèrement inclinée et coiffée de tuiles émaillées, la tour (68 m) qui surmonte l'édifice abritait les guetteurs, qui sonnaient l'alarme en cas d'incendie ou bien lorsque des ennemis étaient en vue, d'où son nom : la **tour des Trompettes***.

L'église gothique et ses retables**

> *Ouv. t.l.j. 8h-19h. Entrée payante.*

Achevée au XVe s. à partir d'une basilique romane, elle était dédiée à sainte Marguerite jusqu'à la Réforme. Le vaste espace intérieur réserve quelques merveilles : sur le mur nord, des restes de **fresques*** du début du XVe s., dont un fragment de l'**arbre de Jessé** ↪. Ce thème ne se rencontre nulle part ailleurs dans les peintures murales de Transylvanie et il apparaît ici pour la première fois en Roumanie, précédant d'un siècle sa floraison sur les églises moldaves. Au milieu du chœur trône un ♥ **retable**** (fin du XVe s. ; *p. 164*) d'un maître inconnu mais probablement viennois. Les jours de semaine, lorsque les volets du retable sont refermés, un superbe **cycle de la Passion** s'y déploie en nuances raffinées. L'église abrite aussi trois retables récupérés dans des églises de la région : le somptueux ♥ **retable de Dupuş**** (***Tobsdorf***, *en allemand*) présente des scènes pleines de vitalité et de couleurs (remarquer la manne céleste et le repas de Pâques). Au milieu de l'autel de **Şoroştin*** (***Schorsten***, *en allemand*), le visage du Christ est très impressionnant.

Les citadelles au nord de Mediaş**

> *De Mediaş, prenez la DN 14 A vers Târnaveni.*

Entre la Târnava Mare et la Târnava Mică, les citadelles sont particulièrement robustes, bien que cette région de fortes collines n'ait pas la plus exposée aux invasions.

La citadelle de Bazna*

> ***Baasen*** *(en allemand). 18 km N-O de Mediaş, 5 km O de Blăjel. Prenez la DN 14 A vers Târgu Mureş. À Blăjel, tournez à g. Pour visiter, contactez la famille Binder ☎ 85.01.01.*

La citadelle de Bazna est perchée au croisement des deux rues principales du village que surveille la sévère tour d'entrée. La forme étrange de l'église du XIIIe s. est due à la surélévation du chœur, effectuée au XVe s. en même temps que la réfection des remparts.

♥ La citadelle de Boian et les collines de la Târnava Mică*

> ***Boian*** *(Bonnesdorf, en allemand) : 23 km N-O de Mediaş, 5 km N-O de Bazna. De Bazna, reprenez la route (O).*

La citadelle de Boian est pourvue de remparts circulaires. Sur la face

© Pierre Soissons

L'église de la citadelle veille sur Mediaş et la piaţa Regele Ferdinand I.

L'étonnante citadelle de Băgaciu préserve l'un des plus beaux retables de Transylvanie.

nord de l'église et sur la tour d'entrée figure l'emblème de la Moldavie (tête d'aurochs avec une étoile au front) : le village dépendait du domaine de Cetatea de Baltă qui appartint un temps aux voïvodes moldaves. Descendez dans la vallée de la Târnava Mică, au cœur du **vignoble de Jidvei**. Tournez à droite vers Târgu Mureş et traversez **Cetatea de Baltă*** qui, après les princes moldaves, passa aux mains de la famille Bethlen, qui y fit élever un **château*** au XVIIe s.

La citadelle de Băgaciu**

> *Bogesdorf (en allemand). 25 km O de Cetatea de Baltă, 19 km N de Mediaş. Avant Târnaveni, prenez à dr. la DN14A vers Mediaş. Après 7 km, à Botorca, prenez à g. Pour visiter, contactez Suzana Sălcianu, maison n° 62 ☎ 42.56.93.*

On pénètre dans l'église du XVe s. par un portail gothique richement décoré. Au centre du **retable**** (1518 ; *p. 164*), un groupe sculpté représente la Vierge à l'Enfant entourée de sainte Catherine et de sainte Marie-Madeleine. Revenez à Mediaş par Curciu et Dârlos.

La vallée de Târnava Mare***

> *Entre Mediaş et Sighişoara.*

Dans la vallée de la Târnava (***Kokeltal**, en allemand)* et ses affluents se trouvent la plus grande densité de citadelles saxonnes.

La citadelle de Moşna**

> *Meschen (en allemand). 10 km S de Mediaş. De Mediaş, prenez la DJ 141 vers Agnita. Pour visiter, contactez Ilse Diplas ☎ 86.21.54.*

Sa taille ainsi qu'un jeu complexe de remparts, de toits et de tours la distinguent des autres citadelles de la région, excepté celles de Mediaş *(p. 159)* et Biertan *(ci-dessous)*. Dans le chœur de l'église gothique (1486) s'élève un **tabernacle de pierre*** admirable ouvragé.

La citadelle d'Alma Vii*

*> **Almen** (en allemand). 7 km S de Moşna par la DJ 141. À dr. suivez une route de terre pendant 2 km.*

Cet émouvant village est perdu dans sa solitude, dominé par une citadelle qui semble à l'abandon. L'église-halle somnole au milieu des herbes folles et, sur les remparts, l'enduit se désquame, laissant apparaître, telle une plaie rosée, le mur de brique.

La citadelle de Richiş*

*> **Reichesdorf** (en allemand). 5 km N-E d'Alma Vii. Retournez sur la DJ 141. Tournez à dr. puis, après 2 km, à g. sur une route de terre que vous suivez pendant 3 km.*

Nichée dans une petite vallée affluente de la Târnava, l'**église de Richiş** offre au moins deux raisons de s'y attarder: sur le tympan de la porte O est sculptée la Crucifixion, composition vive aux formes bien détachées.

L'intérieur abrite l'un des plus beaux autels baroques de Transylvanie: des anges invitent l'assistance à regarder le Christ crucifié.

Biertan***

*> **Birthälm** (en allemand). 26 km S-E de Mediaş, 8 km N-O de Richiş par l'unique route qui suit la vallée. **Citadelle**: entrée sur la place du village (S-E); ouv. t.l.j. 9h-16h sf office du dim. matin; entrée payante; visite: env. 30 mn.*

Biertan a hébergé de 1572 à 1867 le siège épiscopal de la communauté évangélique saxonne. Entre 1492 et 1516, l'église est bâtie sur une hauteur puis protégée par une triple enceinte de remparts, ponctués de huit tours, qui s'étend jusqu'au pied de la colline. Par un escalier couvert en bois on accède à l'église qui, vue de loin, semble faire le gros dos: le chœur est bien plus bas et plus étroit que le reste de l'église, dont le volume est surprenant. L'espace sur le plateau étant limité, la longueur des trois nefs est raccourcie.

La **chaire** de pierre est sculptée de bas-reliefs reprenant des épisodes de la Passion. Le **retable**** (1524) est un modèle du genre *(p. 146)*, représentant des scènes de la vie de Marie. Au centre, la niche abrite une Crucifixion en bois sculpté et doré.

Entre Şaroş et Mediaş*

> Şaroş: 35 km de Mediaş via Biertan par la DN 14, 9 km N de Biertan.

Continuez le long de la rivière pour déboucher dans la vallée de la Târnava Mare près de la **citadelle de Şaroş*** *(**Scharosch**, en allemand)*.

●●● **Si vous retournez sur Mediaş** *(16 km O de Şaroş)*: prenez le temps d'admirer la **citadelle de Braţeiu*** *(**Pretai**, en allemand)* et, dans les vallées voisines, celle d'**Aţel*** *(**Hetzeldorf**, en allemand)*, qui renferme un autel baroque, et l'incroyable **église de Buzd**** *(**Bussd**, en allemand)*, au chœur surélevé et fortifié au XVe s.

De **Şaroş***, prenez la DN 14 (E) pour rejoindre Sighişoara. ●

Sighişoara★★★

La cité historique domine un défilé de la Târnava et deux vallées affluentes, où s'étalent la ville basse et les quartiers périphériques récents. Préservant jusqu'à aujourd'hui un cachet propre aux vieilles cités allemandes, Sighişoara, ville de 37000 habitants, déploie un ensemble homogène qui, au hasard des ruelles et des places offre une multitude de charmes.

Le piéton qui aime déchiffrer une ville y trouve son bonheur: recoins de verdure, rues aux pavés disjoints, alignement de façades ventrues bleues, jaunes, vertes ou roses. Sans oublier les passages, chemins et escaliers qui permettent de relier la ville basse à la ville haute.

Génèse de la cité

Sur le plateau supérieur de la colline (habité dès la préhistoire, puis du temps des Daco-Romains), les colons allemands auraient fondé un premier village vers 1191. Détruit par les Tatars en 1241, le bourg se reconstruit et devient Schaessburg en allemand, Sighişoara en roumain et Segesvar en hongrois. La cité atteint sa plus grande extension dès le XIVe s. et obtient le statut de ville, avec privi-

Les retables saxons

Dès la seconde moitié du XVe s., les Saxons de Transylvanie dotent leurs églises de retables sophistiqués et illustrés de scènes très colorées. Ce phénomène connaît alors une grande vogue dans toute l'Europe centrale germanique, de l'Alsace à Vienne et aux Carpates.

© Hermann Fabini

Le retable en bois polychrome de **Sebeș** (1524) présente au centre une Vierge à l'Enfant et sur les panneaux latéraux des scènes de la vie du Christ, un arbre de Jessé et des scènes de la vie de la Vierge.

Le retable à volets

Les autels sont surmontés d'éléments verticaux de bois sculpté et peint. Le modèle le plus répandu est le **retable à volets** *(**Flügel altar**, en allemand)*, appelé polyptyque. En règle générale, il comprend quatre panneaux (deux mobiles et deux fixes) articulés autour d'une niche centrale. Chaque panneau est décoré de deux scènes superposées. Les deux panneaux fixes n'apparaissent que lorsque les deux volets mobiles sont ouverts sur la partie centrale du retable.

Détail du retable en bois polychrome de **Dupuș**. Le Chemin de Croix illustre le volet gauche et la Crucifixic avec la Vierge et saint Jean, le volet droit.

Jours ordinaires et jours de fête

L'ensemble des panneaux présente un cycle de huit scènes. Le retable reste fermé les jours de la semaine et pendant la période de l'Avent et du carême pascal ; c'est « la face des jours ordinaires » (*Alltagsseite* ou *Werkstagseite*). Les panneaux mobiles ne s'ouvrent que pour les jours de fête *(Feiertagsseite)*, comme s'ouvrirait une armoire recelant un trésor. La niche centrale est alors révélée aux fidèles. Sur elle repose la signification de l'ensemble de l'ouvrage : somptueusement décorée, elle sert d'écrin au Christ crucifié, à une Vierge à l'Enfant ou à d'autres personnages, sculptés ou peints, plus rarement à une autre iconographie.

Entre gothique et Renaissance

Le cycle de la Passion est le plus souvent représenté sur les huit scènes de la *Werkstagseite*. Le style est à la croisée des influences : il reste des touches de facture gothique, mais l'esprit de la Renaissance commence à imprégner les auteurs. Par exemple, la nature n'est plus un prétexte décoratif, le paysage est vivant. Une meilleure maîtrise de la perspective permet aux plans de s'articuler et de se différencier. Quant aux personnages, ils sont de plus en plus raffinés et de moins en moins statiques.

L'époque brillante des retables fut courte. Après 1545, la Réforme interdit ces représentations ou les fit repeindre. Ainsi, une centaine de ces chefs-d'œuvre ont disparu dans toute la Transylvanie et il n'en subsiste que 27 ; certains dans les musées, à Sibiu, Cluj, Bucarest ou Budapest, d'autres dans leurs églises. Quelques-uns ont été transférés de lieux désertés dans des églises plus sûres : la sublime ***Madone de Bruiu*** *(**Braller**, p. 149)* se trouve à **Cisnădie** *(**Heltau**)* et les fameux retables de **Dupuș** *(**Tobsdorf**, p. 160)* et **Șoroștin**★ *(**Schorsten**, p. 160)* enchantent l'église de **Mediaș** *(p. 160)*. Les plus beaux retables de Transylvanie se trouvent au musée Brukenthal de Sibiu *(p. 156)*, à Sebeș *(p. 146)*, Băgaciu *(p. 161)*, Biertan *(p. 162)*, Malâncrav, Sighișoara *(p. 163)*, Cincu *(p. 168)* ou Hălchiu.

Le retable en bois polychrome de **Băgaciu** comporte une Vierge à l'Enfant entourée de sainte Catherine et de sainte Marie-Madeleine. Les panneaux latéraux illustrent des scènes de la vie de la Vierge.

mode d'emploi

• **Situation** 280 km N de Bucarest, 96 km N-E de Sibiu, 37 km E de Mediaş.

• **Accès**. La route principale Mediaş-Braşov ou Târgu Mureş-Braşov longe la vallée et traverse la ville basse et les nouveaux quartiers. **Parkings payants au pied de la citadelle** : str. Morii **B2** et, à 200 m, sur la piaţa Hermann Oberth **B3**. **Parking payant dans la citadelle** : piaţa Cetăţii **B2**. **Gare** à 1 km de la cité **hors pl. par A1**.

• **Programme**. Comptez au minimum 1 demi-journée à pied. La terrasse de la **Casa Wagner**, sur la piaţa Cetăţii, offre un endroit reposant pour le déjeuner. Préférez l'automne : la citadelle retrouve un rythme somnolent et les chats prennent le soleil sur les pavés...

> ***Carnet d'adresses*** *p. 174.* •

lèges et autonomie juridictionnelle. La prospérité permet de bâtir un puissant système défensif. Autour s'est étendue la ville basse, peuplée au cours des siècles de Roumains, de Hongrois, de juifs et d'autres.

L'URBANISME DES VIEILLES CITÉS ALLEMANDES

L'urbanisme est caractéristique des cités allemandes de la fin du Moyen Âge, dont le plan obéit au « système à deux rues » *(Zweistrassensystem)* : la ville se développe à partir de deux voies principales parallèles, la str. Tâmplarilor (O), et la str. Şcolii (E), la plus importante, prolongée par la str. Bastionului. Un axe longitudinal coupe les deux rues.

À l'intersection de la str. Şcolii, la **piaţa Cetăţii** concentre l'animation de la ville. Comme dans toutes les villes germaniques, le système défensif de la cité a été construit et maintenu par les corporations d'artisans. Des fortifications, qui atteignaient 930 m, il ne reste aujourd'hui que neuf tours, deux bastions et une partie des remparts.

L'aspect du bâti a lentement évolué (notamment après un grand incendie en 1656) : les styles gothique, Renaissance, baroque puis éclectique du XIXe s. se fondent dans cette symphonie urbaine.

La tour de l'Horloge★★

> **A2** ***Turnul cu Ceas****. À l'O de la piaţa Oberth (parking), une rue mène à l'entrée principale de la citadelle et à la piaţa Muzeului. Ouv. t.l.j. sf lun. 9h-16h. Entrée payante. Visite : 1 h.*

Symbole des institutions qu'elle a un temps abritées, elle est la seule tour qui n'appartenait pas à une corporation. Au XVIIe s., un artisan local y installe une **horloge**★, avec un cadran qui regarde la ville basse et un autre face à la citadelle (*cetate* en roumain, *burg* en allemand). Le mécanisme actionne deux groupes de personnages de bois de 80 cm de haut. Côté ville basse, chaque nuit, au sixième coup de minuit, une statuette représentant un jour de la semaine vient remplacer la précédente. Côté citadelle défilent les allégories du Droit, de la Justice et de la Paix, accompagnées d'un tambour qui bat les heures. Un ange du Jour sort à 6h et rentre à 16h, passant le relais à celui de la Nuit, qui porte des cierges. Ainsi étaient fixées et annoncées les heures d'embauche et de débauche des ateliers de la cité.

Le conseil de la ville se tenait jusqu'en 1556 dans cette tour qui abrite aujourd'hui le **musée d'Histoire**★ de la ville (***Muzeul de Istorie***).

Au premier étage, parmi une collection de vestiges antiques, une maquette représente la citadelle. Les étages suivants sont consacrés aux corporations, à une pharmacie ancienne et à une collection de meubles. Au cinquième niveau de la tour, vous découvrez le mécanisme de l'horloge puis vous atteignez la galerie, qui offre un panorama sur la ville et ses environs.

Vers l'église de la Colline★

> **A3** ***Biserica din Deal.*** *De la piaţa Muzeului, prenez la str. Cositorarilor et, à la piaţa Răţuştelor, tournez à dr. Ouv. t.l.j. Entrée payante.*

Les 175 marches de l'**escalier de l'École★** *(Scara Şcolii)*, construit et couvert de bois en 1642, vous hissent au sommet de la colline. **L'église de la Colline**, dédiée à saint Nicolas, est édifiée à partir de 1345 sur l'emplacement d'une église romane du XIIIe s. Elle est conçue selon le modèle gothique allemand de l'église-halle *(Hallenkirche)*. L'intérieur lumineux présente des traces de fresques, recouvertes après l'implantation de la Réforme. Dans le collatéral nord est conservé un superbe **retable à volets★★** *(p. 164)*.

Vers la piaţa Cetăţii

> **A3/2/1** *De l'église de la Colline, prenez la rue qui passe par le cimetière et les remparts (O), puis la str. Tâmplarilor et tournez à g. jusqu'à la piaţa Cetăţii.*

Depuis l'église de la Colline, vous longez les vestiges des remparts. La rue vire à droite, pour atteindre le bas de l'escalier couvert. Prenez à gauche la str. Cojocarilor, au bout de laquelle se trouve l'un des lieux les plus délicieux de la ville. La **tour des Bouchers** *(Turnul Măcelarilor)* côtoie celle **des Fourreurs★** *(Turnul Cojocarilor)*. Suivez les remparts jusqu'à la **tour des Couturiers★** *(Turnul Croitorilor)*, du XIVe s., sous laquelle passe la route d'accès à la cité. Si vous suivez les fortifications, vous atteignez la **tour des Cordonniers** *(Turnul Cizmarilor)*, proche d'un espace vert.

Remontez par la str. Tâmplarilor. Au niveau du n° 9, prenez à gauche une ruelle qui mène sur la **piaţa Cetăţii**. Cette place de la cité dégage une atmosphère d'apaisement et d'intimité, qui vient sans doute de l'équilibre des proportions : ses dimensions, l'alignement des façades, l'absence d'édifice dominant. Vous y trouverez des bancs, de l'ombre, des terrasses de cafés et de restaurants.

© Pierre Soissons

La tour de l'Horloge et ses 64 m dominent le plateau inférieur de la cité.

Entre Sighişoara et Rupea★★

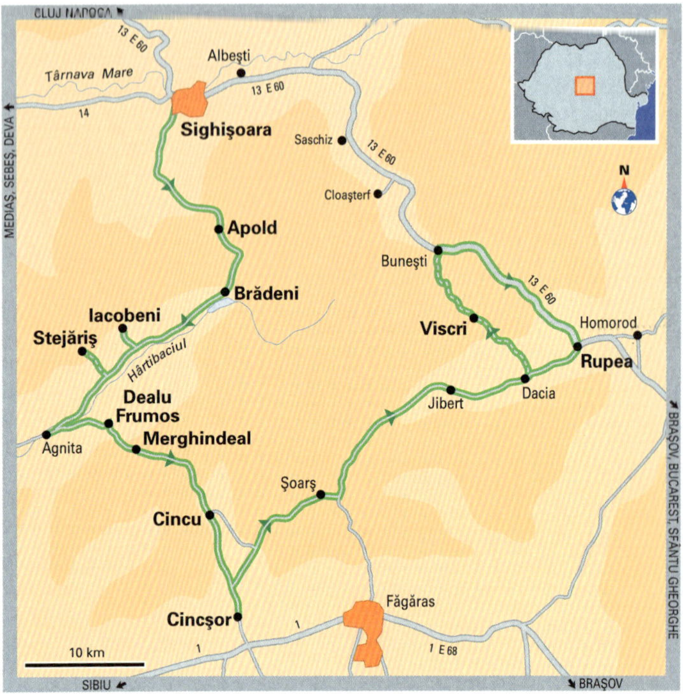

Les collines se font de plus en plus sauvages et le paysage en partie délaissé prend ici une ampleur saisissante, surtout lorsque, au détour d'une route, émerge la silhouette massive d'une citadelle.

programme

Env. 230 km de Sighişoara à Braşov. Comptez au minimum 2 j. Les périodes idéales : mai, juin et octobre. **Hébergement** à Sighişoara, Şoarş et Viscri.

> ***Carnet d'adresses*** *p. 174.*

La vallée de l'Hârtibaciu★★

> ***Harbachtal*** *(en allemand). 65 km entre Sighişoara et Cincşor. Quittez Sighişoara en dir. d'Agnita (S).*

Dans la vallée de l'Hârtibaciu s'égrènent les citadelles, comme **Apold**★ (***Kleinpold****, en allemand*) ou **Brădeni**★ (***Henndorf****, en allemand*). À 9 km de Brădeni, prenez à droite pendant 2 km pour découvrir la **citadelle de Iacobeni**★ (***Jakobsdorf****, en allemand*). De retour sur la route d'Agnita, après 4 km, tournez à droite sur la route non asphaltée qui mène à **Stejăriş**★★ (***Probstdorf****, en allemand*), village au milieu duquel s'élève la **citadelle**★★. Juste à l'entrée d'Agnita, tournez à gauche pour découvrir **Dealu Frumos**★★ (***Schönberg****, en allemand*), dont l'enceinte en forme de quadrilatère est renforcée d'une tour à chaque coin, la citadelle de **Merghindeal**★ (***Mergeln****, en allemand*), l'autel de l'église de **Cincu**★ (***Grosschenk****, en allemand*) et la citadelle de **Cincşor**★ (***Kleinschenk****, en allemand*).

Viscri et le pays de Rupea★★★

> 48 km entre Cincşor et Rupea. De Cincşor, retournez vers Agnita et après 3 km, prenez à dr. vers Rupea.

La Transylvanie saxonne était divisée en juridictions ou sièges (*Stuhle*). Celui de **Rupea** marque la limite orientale de la région, au contact du pays des Szeklers *(p. 180)*.

• **Viscri** (***Deutsch-Weisskirch***, *en allemand*). *À la sortie de Dacia, 7 km avant Rupea en venant de Cincşor, prenez une route non asphaltée à g. (8 km).* Ce village est resté miraculeusement intact, situé dans l'un des endroits les plus solitaires de la Transylvanie du Sud. Parcourue par un ruisseau et des régiments de volaille, une longue rue monte entre les façades pastel.

La **citadelle**★★★ *(pour visiter, contactez Caroline Fernolend, maison n° 13)* apparaît au-dessus des toits du village. Une allée ombragée vous mène face à la tour d'entrée blanche. Le mur d'enceinte (XIVe s. et suivants) comprend trois tours et deux bastions, couronnés d'une galerie de bois et d'un toit pyramidal.

Du haut de la tour qui surmonte l'église à l'ouest (construite au XIVe s.) vous découvrez le plan typique d'un village saxon, son organisation en parcelles et l'homogénéité de son bâti *(p. 150)*.

●●● **À voir tout près** : les citadelles de **Cloaşterf**★ et **Saschiz**★ sur la DN 13 ou à proximité, en allant vers Sighişoara (N-O).

• **Rupea**★. *De Viscri continuez sur la route non asphaltée jusqu'à Buneşti (9 km). Tournez ensuite à dr. sur la DN 13.* La rue principale aux façades de maisons vieillies et fanées témoigne de l'importance passée de la ville, laquelle est surmontée des ruines d'une citadelle construite au XIIIe s.

●●● **À voir en chemin** : la **citadelle de Homorod**★ *(3 km N-E de Rupea)*.

Vous rejoignez la DN 13 qui mène à Braşov. ●

© Pierre Soissons

La citadelle de Viscri.

Braşov et ses environs★★

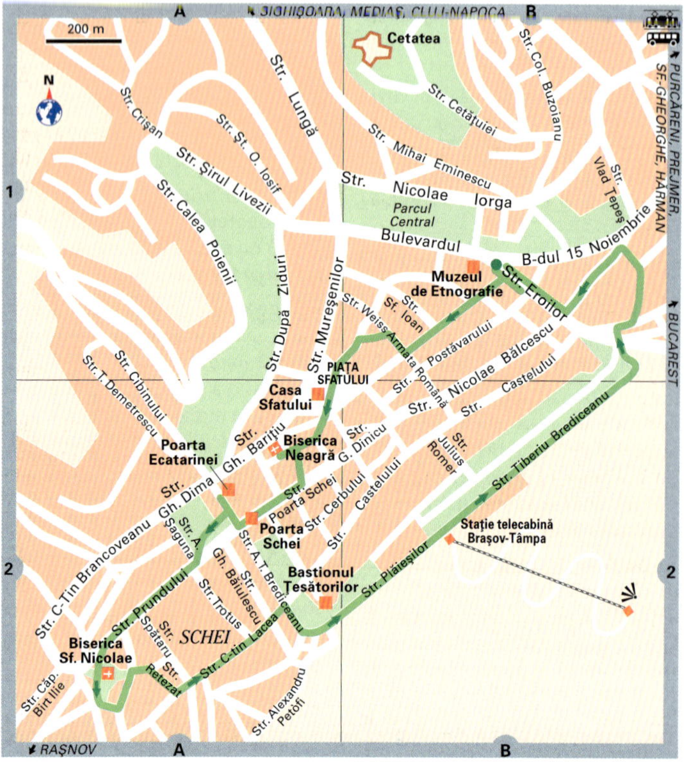

Le **pays de Bârsa** (***Ţara Bârsei***) s'étend sur un plateau logé au cœur des montagnes, au débouché de passages stratégiques dont la vallée de Prahova et le couloir de Rucar-Bran. Si l'héritage germanique est encore sensible, notamment dans l'urbanisme, le caractère roumain des villages de montagne a traversé les siècles. Une minorité hongroise peuple aussi Braşov et certains villages de la périphérie du pays de Bârsa.

Outre sa richesse multiculturelle, cette région dispose d'un atout exceptionnel : la proximité des montagnes, offrant d'infinies possibilités de randonnées et un superbe domaine skiable près de la ville : Poiana Braşov.

Braşov est connue dès 1235 sous le nom de Corona, qui devient Kronstadt en allemand. Les noms roumain (Braşov) et hongrois (Brasso) sont dérivés de celui de la rivière Bârsa. Protégée par des remparts et par le relief, réputée difficile à prendre, la ville devient rapidement une riche cité d'artisans et de puissants négociants. Elle est la clé du commerce avec les pays roumains d'au-delà des Carpates, l'Asie Mineure, l'Adriatique et l'Europe centrale et baltique. Les convois de charretiers roumains du quartier de Schei sillonnent alors le continent. Au XVIe s. s'épanouissent les idées de l'humaniste **Honterus**, propagateur de la Réforme en Transylvanie et organisateur de l'Église évangélique saxonne. Brașov devient l'une des métropoles industrielles de Roumanie, où éclatent, en 1987, les manifestations qui annoncent la fin du régime de Ceaușescu. Elle compte aujourd'hui 320 000 habitants.

Vers la place du Conseil★★

> ***Piața Sfatului (Marktplatz**, en allemand). Du bd Eroilor (parking), prenez la str. Republicii, puis à dr. la str. Michael Weiss jusqu'à la piața Enescu*

À l'extrémité de la place Enescu, une ruelle s'engage sous les maisons pour déboucher sur la grande place, près de l'église orthodoxe.

Des demeures d'époques diverses, jamais de plus de quatre étages, forment un décor homogène autour de ce vaste espace qui accueillit longtemps des foires réputées.

La maison du Conseil★★

> **A2** ***Casa Sfatului**. Ouv. t.l.j. sf lun. 10 h-17 h. Entrée payante.*

Construite au XIVe s. et additionnant les styles gothique, Renaissance et baroque (voir la grande loggia), la maison du Conseil trône au milieu de la place. Après avoir abrité pendant des siècles les institutions de la cité, elle héberge aujourd'hui le **musée départemental d'Histoire** ***(Muzeul Județean de Istorie)***, riche en collections archéologiques, en mobilier ancien et en témoignages de la prospérité des corporations.

Ne quittez pas la place sans un petit crochet au sud, à travers les rues intimes comme la str. A. Hirscher. L'horizon ouest de la place est dominé par l'église Noire.

L'église Noire★★

> **A2** ***Biserica Neagră (Schwarzkirch**, en allemand). Ouv. t.l.j. sf dim. (rés. au culte) 7 h-19 h. Entrée payante sf offices. Visite : env. 30 mn.*

Dans un contexte d'insécurité quasi permanente, le chantier de cette église (1383-1477) est plusieurs fois interrompu. Le chœur est achevé au début du XVe s., à l'apogée du style gothique. À la même époque, les contreforts reçoivent un ensemble de statues, posées sur des socles et abritées par un baldaquin. Aujourd'hui, ils portent les copies de ces statues, dont la plupart se trouvent dans le **lapidarium★** de la partie ouest de l'église.

mode d'emploi

- **Situation**. 145 km E de Sibiu par la DN 1, env. 168 km N de Bucarest par la DN 1, 60 km de Rupea par la DN 13.
- **Se repérer**. Le centre historique est situé au S-O de la ville et la gare au N. L'axe principal Sibiu ou Sighișoara-Bucarest longe le centre : str. Lungă, bd Eroilor, bd 15 Noiembrie, calea București. Le **parking** le plus pratique : près de la poste, entre bd Eroilor et str. Nicolae Iorga **B1**.
- **Se déplacer**. Le centre de la vieille ville ne peut être parcouru qu'à pied. Bus, tram et trolley : tickets en vente dans les kiosques de la RATBV. Le bus 20 dessert Poiana Brașov.
- **Programme**. Comptez une demi-journée à pied pour l'essentiel. N'hésitez pas à entrer dans les cours et à vous promener le nez en l'air pour voir frontons, cariatides, balcons. Pour la pause déjeuner, profitez du charme de la piața Enescu. Un aller-retour en télécabine au mont Tâmpa et la visite de la citadelle de Prejmer compléteront la visite.

> ***Hébergement** possible à Purcăreni p. 176. **Carnet d'adresses** p. 174.*

Vue aérienne du centre historique de Brașov dominé par l'église Noire.

Bel exemple du gothique flamboyant d'Europe centrale, le **portail occidental★** est couronné d'arcs polylobés, surmontés d'une rangée de feuilles de vigne finement ciselée.

En octobre 1542, l'église accueille le premier service luthérien, en allemand, introduit par **Johannes Honterus** (1498-1549), qui répand la Réforme en Transylvanie saxonne. Mais lors d'un incendie en 1689, provoqué par les armées autrichiennes, les voûtes de la nef s'effondrent. Les trois quarts de l'édifice sont réduits à une carcasse noircie, ce qui lui vaut son appellation.

L'église s'est enrichie aux XVIIe et XVIIIe s. d'une **collection de tapis orientaux★** offerts par les marchands de la ville.

Le quartier de Schei★

> **A2** *Schei. De l'église Noire, rejoignez et prenez à dr. la str. Poarta Schei jusqu'à la str. Prundului.*

Comme dans leurs autres villes, les Saxons refusèrent longtemps aux autres nationalités le droit d'habiter à l'intérieur des remparts. Une importante communauté roumaine, établie bien avant l'arrivée des Saxons, dut se masser à la périphérie, dans le quartier de Schei, dont l'entrée est symbolisée par la **porte de Schei** *(Poarta Schei)* réalisée en 1827.

●●● **À voir tout près**: passez sous la **porte de Schei** et faites un petit décrochement pour sortir de la cité. À droite, la **porte de Catherine★** *(Poarta Ecatarinei)*, au toit bordé de quatre échauguettes, date de 1559. Le quartier s'est constitué autour de l'**église orthodoxe Saint-Nicolas★**, ***(Biserica Sf. Nicolae)*** bâtie au XVIe s. et remaniée ensuite dans un mariage insolite de styles.

De l'église Saint-Nicolas, prenez vers le sud-est la str. Retezat puis la str. Lacea. Avant d'entrer dans la vieille ville, se dresse à dr. le **bastion des Tisserands** ***(Bastionul Țesătorilor***, XVe s.), le mieux conservé des sept qui renforçaient les remparts.

Sous le mont Tâmpa

> **B2** *Du bastion des Tisserands, prenez l'aleea Tiberiu Brediceanu.*

Longez les remparts pendant 1 km, avec, d'un côté, la ville, de l'autre, la forêt et le mont Tâmpa.

●●● **Panorama★★**: une télécabine *(ouv. t.l.j. en été 9h-19h, hiver 9h30-*

16h45) et un chemin à travers bois *(1h de marche)* permettent d'accéder au sommet du mont Tâmpa *(restaurant p. 175)*: la ville est à vos pieds.

Continuez sur l'allée Tiberiu Brediceanu qui finit par rejoindre la ville, non loin du parking de la poste: offrez-vous un peu de repos sous les arbres du **parc Titulescu**, fréquenté par d'impassibles joueurs d'échecs.

••• **À voir avant de quitter Braşov**: le **Musée ethnographique*** **B2** *(**Muzeul de Etnografie**; bd Eroilor, 21 A, près du parking de la poste; ☎/fax 47.55.62; ouv. t.l.j. sf lun. 10h-17h)* présente une exposition sur le patrimoine textile de la région.

Prejmer***

> Sortez de Braşov par la DN 11 en dir. de Bacău. Après env. 11 km, tournez à dr. sur la DN 10 (dir. Buzău). Ouv. mar.-ven. 9h-17h, sam. 9h-14h, dim. 12h-17h. Entrée gratuite, dons à convenance. Visite: 1h.

Sous la protection des chevaliers Teutoniques, des Saxons s'approprient les terres fertiles de la plaine de Bârsa. Mais ces grands espaces n'offrent aucune sécurité en cas d'invasion. Les paysans de Prejmer et Hărman se dotent alors de grandes citadelles capables d'accueillir la population en cas de siège prolongé.

La citadelle de Prejmer *(**Tartlau**, en allemand)*, un ensemble puissant, n'a pas grand-chose à voir avec les citadelles rustiques des villages de la Târnava *(p. 161)*. Un long passage voûté du XVIIIe s. traverse un premier rang de fortifications pour accéder à une **première cour intérieure** *(privée; ne se visite pas)*. Une seconde galerie donne accès au cœur de l'ensemble, protégé par des murs de 12 m de haut et de 3/4 m d'épaisseur, renforcés par des bastions. Vers l'intérieur, 272 celliers sont adossés aux remparts. Chacun d'eux appartenait à une famille qui y entassait des provisions, tandis que le bétail était dans la cour. Au milieu de cette dernière se tient l'église, construite en 1250, qui abrite le plus ancien retable de Transylvanie.

© Pierre Soissons

L'église de Prejmer porte l'empreinte des bâtisseurs cisterciens venus de Cârţa (p. 149).

Un petit **musée*** complète la visite avec des objets du quotidien des paysans saxons, du mobilier et des costumes.

••• **À voir tout près**: la **citadelle** **de Hărman** *(**Hönigberg**, en allemand; revenez vers Braşov, après env. 1 km sur la DN 11, prenez à dr.; ouv. t.l.j. sf lun. 9h-12h et 13h-17h; entrée payante; visite: 30 mn)* ressemble à la citadelle de Prejmer, aux dimensions plus modestes.

Raşnov**

> Env. 10 km S-O de Braşov, par la DN 73 en direction de Campulung.

Sur un piton rocheux dominant la cité de Raşnov se dresse une belle citadelle paysanne du XIVe s. Derrière les murs d'enceinte, un ensemble de maisonnettes a été restauré pour accueillir les touristes. Le puits, profond de 140 m, aurait été creusé par des prisonniers turcs en échange de la liberté. Petit musée.

••• **Itinéraire possible**: Au sud de Raşnov, sur la DN 73, on rejoint le **château de Bran** *(12 km; p. 96)*. •

Carnet d'adresses

Manfred Werner, un des derniers Saxons de Meșendorf (Viscri).

Băgaciu

> *Indicatif ☎ 0265. Visite p. 161. Carte p. 158.*

Hébergement

▲▲ **Suzana Sălcianu**, n° 62 ☎ 42. 56.93. *Ch. d'hôtes.* Env. 40 places dans plusieurs maisons saxonnes restaurées. Table d'hôtes sur demande. Suzana fait également visiter la citadelle de Băgaciu.

Biertan

> *Indicatif ☎ 0269. Visite p. 162.*

🛈 **Natura International**, str. 1 Decembrie, 1 ☎ 80.66.99, < www.biertan.ro >. Rens. et rés. d'hébergements dans le village.

Hébergement

▲▲ **Pensiunea Omi**, str. Aurel Vlaicu, 1 ☎ 86.81.19. *3 ch. et table d'hôtes.* Cette maison remonterait à 1517; une pharmacie y est installée depuis 1821.

Restaurant

♦♦♦ **Unglerus**. Géré par Natura International. Restaurant pesamment « médiéval », cave agréable. Galerie d'art.

Brașov

> *Indicatif ☎ 0268. Plan et visite p. 170.*

Accès

- **En train**. Nombreuses liaisons avec Bucarest (plus de 3 h pour 166 km) et les autres grandes villes de Transylvanie. **Gare**: 1 km N-E de la vieille ville **hors pl. par B2**. **Agence des chemins de fer** *(Agenția CFR)*, str. Republicii, 53 ☎ 47.06.96. *Ouv. lun.-ven. 7h-19h.*
- **En bus**. Brașov est relié à toutes les villes du pays. Bus pour l'Allemagne ou la France. **Atlassib**: str.

transport

Villes saxonnes en train

Les villes saxonnes sont bien reliées entre elles mais aussi avec **Bucarest** et **Budapest**. Au départ de Bucarest, plusieurs trains par jour desservent Brașov, Sighișoara et Mediaș. Pratique, le train Dacia (avec wagons-lits bon marché) roule sur les traces de l'empire disparu : il part de Vienne, passe à Budapest et dessert Mediaș, Sighișoara, Brașov avant de rejoindre Bucarest. Plusieurs trains par jour circulent entre Sibiu et Mediaș.

Rens. agence des chemins de fer de chaque ville *(Agenția CFR)* ou < www.cfr.ro >.

Lungă, 1 **A1** ☎/fax 15.27.74. **Gare routière** *(Autogara)*: près de la gare ferroviaire ☎ 42.68.82. **Minibus et maxitaxis**: sur le parking de la gare; départs pour Bucarest et les grandes villes de Roumanie.

Adresse utile

• **Poste**. Str. Nicolae Iorga, 1 **B1**. *Ouv. lun.-ven. 8h-20h30, sam. 8h-13h.*

Hébergement

▲▲▲ **Montana**, str. Stejerişului, 2A **hors pl. par A2** ☎/fax 47.27.31. *7 ch.* spacieuses. Sur la route de Poiana Braşov. Vue sur la ville. Parking gardé. Restaurant.

▲▲▲ **Pensiunea Stejeriş**, str. Stejerişului, 15 **hors pl. par A2** ☎ 15.23.85, fax 15.20.78. *5 ch.* Sur la route de Poiana Braşov. Terrasse avec belle vue. Restaurant.

▲▲ **Hotel Coroana**, str. Republicii, 62 **B1** ☎ 14.43.30, fax 14.15.05. *75 ch.* Superbement situé dans le centre ville, près du bd Eroilor.

▲▲ **Hotel Helis** ♥, str. Memorandului, 29 **hors pl. par A1** ☎ 41.02.23, fax 41.50.19. 18 ch. Une petite rue calme, sans grâce, parallèle à la str. Lungă (à dr. en venant de Sighişoara ou Sibiu). Hôtel simple, propre et clair. Restaurant. Excellent rapport qualité/prix. On y parle français, anglais, allemand.

Restaurants

♦♦♦ **Bistro de l'Arte** ♥, piaţa Enescu, 11bis **A1** ☎ 47.39.94. Près de la piaţa Sfatului. Agréable et intime décor orné de peintures et sculptures. Bon accueil et bonne musique.

♦♦ **Blue Corner** ♥, piaţa Enescu, 13 ☎ 0744.57.33.38 (portable). Une bonne adresse de recettes roumaines et françaises.

♦♦ **Panoramic B2** ☎ 47.53.49. En haut de la télécabine de la Tâmpa. Pour la vue superbe sur la ville. Horaires du téléphérique.

♦♦ **Taverna**, str. Politehnicii, 6 **B1** ☎ 47.46.18. Une rue qui donne sur la str. Republicii. Grand choix, bonne cuisine et accueil agréable.

Manifestation

• **Festival de la bière** *(**Festivalul Berii**)*. En octobre.

Cristian

> *Indicatif ☎ 0269. Carte p. 146.*

Hébergement

▲▲ **Gasthaus Kasper** ☎ 57.92.96. *8 ch.* Une petite auberge saxonne confortable et doucement chaleureuse, dans un beau village saxon, à 9 km de Sibiu (4 km de l'aéroport).

▲▲ **Gasthaus Spack** ♥ ☎ 57.92.62. *5 ch.* L'autre auberge de Cristian.

Gura Râului

> *Indicatif ☎ 0268. Visite p. 148. Carte p. 146.*

Hébergement

▲▲ **Ţepeş Nicolae** ♥, n° 958 ☎ 57.23.24. *3 ch. d'hôtes.* Une maison traditionnelle restaurée, avec une grande cour intérieure. *Table d'hôtes* avec les produits de la ferme. En été, les repas sont servis dans le grand verger de la maison.

Mediaş

> *Indicatif ☎ 0269. Visite p. 159. Carte p. 158.*

Accès

• **En train**. Au cœur des liaisons entre Cluj-Napoca, Sibiu, Sighişoara et Braşov *(encadré ci-contre)*. **Gare**: piaţa Unirii, 1, au S-O de la vieille ville. **Agence des chemins de fer** *(Agenţia CFR)*: piaţa Regele Ferdinand, 5 ☎ 84.13.51. *Ouv. lun.-ven. 7h30-19h30.*

• **En bus**. Liaisons t.l.j. avec les grandes villes de Roumanie. **Gare routière** *(Autogara)*, piaţa Unirii, 8 ☎ 84.43.26, près de la gare ferroviaire.

Adresse utile

• **Poste**. Piața Unirii, 3. Au S-O de la vieille ville.

Hébergement

▲▲▲ **Vila Flora** ♥, str. Hermann Oberth, 43 ☎ 83.56.65. *14 ch* confortables, sur la route principale, près de la sortie vers Sibiu.

▲▲ **Hotel Select**, str. Petöfi Sandor, 3 ☎ 83.48.74. *15 ch.* Dans une rue menant à la grande place. Restaurant.

▲ **Hotel Central**, str. Eminescu, 4-7 ☎ 84.17.87, fax 84.17.22. *128 ch.* correctes. Prix intéressant.

Restaurant

♦♦ **Traube**, piața Regele Ferdinand I, 16 ☎ 84.48.98. Pour la terrasse donnant sur la grande place.

Purcăreni

> *Indicatif ☎ 0268. Carte p. 170.*

Hébergement

▲▲ **Lajos et Vilmi Matyas**, str. Principala, 509 ☎ 36.55.50, et 0745.81.86.83 (portable), <www.arbredejoie.org>. *4 ch.* d'hôtes. 2 sdb. et *table d'hôtes* Agréable été comme hiver. Cuisine hongroise et roumaine. Accueil chaleureux et francophone. Bien situé (20 km de Brașov).

▲▲ **Sandor et Erika Petö**, str. Zizin, 344 ☎ 0744.48.22.60 (portable). *1 ch. d'hôtes* à 2 lits avec sdb. et *table d'hôtes* copieuse. Jeune famille adorable parlant français.

Rășinari

> *Indicatif ☎ 0269. Visite p. 148. Carte p. 146.*

Hébergement

▲▲ **Petru Cioran**, str. Protopop Emil Cioran, 1503 ☎ 55.71.70. *6 ch.* Dans la famille du philosophe Emil Cioran *(p. 325)*, le pessimisme n'est pas de rigueur : les hôtes vous font facilement l'honneur de leur cave à vins et de leur alcool de prune. Parking.

Saliște

> *Indicatif ☎ 0269. Carte p. 147.*

Hébergement

▲▲ **Casa Ittu**, str. Nicolae Iorga, 1271 ☎ 55.39.03, <www.casa-ittu.ro>. *4 ch.* confortables. et *table d'hôtes*. Une vieille demeure cossue dans le centre.

▲▲ **Casa Rudi et Ella**, str. Lunci, 14 ☎ 23.66.84. *5 ch.* Une pension sur la route de Sibiel tenue par un jeune couple sympathique. Possibilité d'hébergement dans une vieille maison.

Sibiel

> *Indicatif ☎ 0269. Visite p. 147. Carte p. 146.*

Hébergement

▲▲ **Casa Bunica Eugenia** ♥ ☎ 55.25.09. *5 ch.* et excellente *table d'hôtes*. Chez la grand-mère (*bunica* en roumain) Eugenia Pau. Une maison accueillante dans un village bucolique. On se sent en famille.

▲▲ **Cândea Maria** ☎ 55.25.32. *3 ch.* et *table d'hôtes*. Une autre bonne adresse parmi lesfamilles d'accueil de Sibiel.

Sibiu

> *Indicatif ☎ 0269. Visite et plan p. 152.*

ℹ **Centre d'information touristique B2** (*Centrul de Informare a Turiștilor*), piața Mare, 7 ☎ 21.11.10, fax 21.60.33, <www.sibiu.ro>. *Ouv. lun.-ven. 9 h-17 h, sam. 9 h-13 h.*

Maison de l'Ille-et-Vilaine ♥, str. Konrad Haas, 14 **A2** ☎/fax 21.29.03, <www.miv.directnet.ro>. Près de la piața Huet. Partenaire de la région de Sibiu, le département français d'Ille-et-Vilaine mène beaucoup d'actions intéressantes. Nombreux rens. en français. *Ouv. mar.-ven. 10 h-13 h et 15 h 30-19 h 30, sam. 10 h-13 h.*

Accès

• **En avion**. Aéroport international de Sibiu **hors pl. par A2** ☎ 21.11.39. À 6 km sur la route d'Alba Iulia. La liaison **Tarom** Bucarest-Munich fait escale à Sibiu (5 vols/sem.). Liaisons **Carpatair** t.l.j. pour Timişoara avec correspondances vers l'Allemagne et l'Italie. **Agence Tarom**: str. Nicolae Bălcescu, 10 **A2** ☎ 21.11.57. *Ouv. lun.-ven. 8h-19h, sam. 8h-13h.*

• **En train**. Liaisons t.l.j. avec Bucarest, Braşov et Mediaş. **Gare**: piaţa 1 Decembrie 1918 **B1**, au N-E de la vieille ville. **Agence des chemins de fer** *(Agenţia CFR)*: str. Nicolae Bălcescu, 6 **A2** ☎ 21.20.85. *Ouv. lun.-ven. 7h30-19h30.*

• **En bus**. Liaisons régulières avec l'Allemagne, l'Italie et la France. **Atlassib**: ☎ 22.92.24. **Autogara**: à côté de la gare **B1** ☎ 21.77.57. Liaisons t.l.j. avec Bucarest et les grandes villes de Roumanie.

Adresses utiles

• **Pharmacie**. **Farmasib**, str. Nicolae Bălcescu, 53 **A2** ☎ 21.78.97. *Ouv. 24h/24.*

• **Poste**. Str. Mitropoliei, 14. **A2** *Ouv. lun.-ven. 7h-20h, sam. 8h-13h.*

Hébergement

▲▲▲▲ **Impăratul Romanilor ♥**, str. Nicolae Bălcescu, 4 **A2** ☎ 21.65.00. *96 ch.* Fondé en 1773 à la place d'une auberge de 1555, il a reçu Joseph II, Franz Liszt, Johannes Brahms, Mihai Eminesc. L'actuel bâtiment date de 1895. Restaurant moyen.

▲▲▲ **Bulevard**, piaţa Unirii, 10 **A2** ☎ 21.60.60. *122 ch.* Situé au centre ville, bon confort et prix intéressants.

▲▲▲ **Ela**, str. Nouă, 43 **B1** ☎/fax 21.51.97. *7 ch.* Dans maison ancienne.

▲▲▲ **Gasthof Clara**, str. Râului, 24 **A1** ☎ 22.29.14. Prix corrects. Sur les bords du Cibin (beaucoup de circulation). Bon restaurant servant des plats roumains et allemands.

Restaurants

♦♦♦ **Butoiul de Aur ♥**, pasajul Scărilor, **A2** ☎ 21.45.75. Dans une des plus vieilles maisons de Sibiu, cuisine transylvaine avec de multiples influences: plats inventifs et parfois délicats. Excellent rapport qualité/prix.

♦♦♦ **La Turn**, piaţa Mare, 1 **B2** ☎ 21.39.85. À côté de la tour du Conseil. En été, terrasse sur la place.

♦♦ **Crama Ileana**, piaţa Teatrului, 2 **A/B2** ☎ 43.43.43. Une ambiance détendue et une assiette correcte.

♦♦ **Hermannstadt**, piaţa Mare, 8 **B2** ☎ 21.56.37. Bonne cuisine paysanne et transylvaine.

Bar

Art Cafe, str. Filarmonicii **B2**. Au sous-sol de la salle de concerts. Galerie d'art et ambiance jazz.

Shopping

• **Antiquités**. **Antic**, str. Nicolae Bălcescu, 23 **A2** ☎ 21.16.04. **Art Antic**, piaţa Huet, 1 **A2** ☎ 21.11.15.

• **Artisanat**. **Galeriile de Arta Populara**, str. Avram Iancu, 4 **B1**.

• **Bric-à-brac**. Bazar d'Obor, à la sortie de Sibiu vers Mediaş **B1**.

• **Marché**. Piaţa agro-alimentară Cibin **A1**.

Manifestations

• **Juin**. **Foire des Artisans ♥**, musée en plein air de Dumbrava.

• **Août**. Fêtes de Sibiu et de la Bière.

• **Septembre**. Foire des Potiers, musée en plein air de Dumbrava.

• **Octobre**. Festival international de Jazz.

Sighişoara

> *Indicatif ☎ 0269. Visite et plan p. 163.*

Accès

• **En train** *(encadré p. 174)*. **Gare**: piaţa Libertăţii, 51 **hors pl. par AB1** (au N de la cité). **Agence des chemins de fer** *(Agenţia CFR)*: str. 1 Decembrie 1918, 2 ☎ 77.18.20. *Ouv. lun.-ven. 7h30-19h30.*

• **En bus**. Liaisons t.l.j. avec l'Allemagne. Plusieurs liaisons par jour avec les grandes villes de Roumanie. **Autogara hors pl. par A1/B1** ☎ 77.12.60. À côté de la gare.

Hébergement

▲▲▲▲ **Casa cu Cerb**, str. Şcolii, 1 **A2** ☎ 77.46.25, fax 77.73.49. *9 ch.* Grand confort. Une des plus vieilles maisons, véritable monument historique en plein centre de la citadelle dont l'aspect actuel remonte au XVIIe s. Son nom vient du trophée de cerf fixé à l'angle de l'édifice.

▲▲▲▲ **Casa Wagner** ♥, piaţa Cetăţii, 6 **B2** ☎ 50.60.14, fax 50.60.15, <www.casa-wagner.com>. *3 ch.* grandes aux voûtes gothiques, décor épuré et mobilier ancien. Excellent restaurant (cuisine roumaine, saxonne et hongroise). Terrasse sur la place, sous un noyer.

▲▲▲ **Hotel Sighişoara**, str. Şcolii, 4-6 **A2** ☎ 77.10.00. *29 ch.* Dans la citadelle, à deux pas de la piaţa Cetăţii. Restaurant, cave à vins.

▲▲ **Hotel-restaurant Claudiu**, str. Ilarie Chendi, 28 **hors pl. par A3** ☎/fax 77.98.82. *16 ch.* Simple, confortable, dans une rue qui longe la citadelle au sud (dir. Agnita). Restaurant.

▲▲ **Hotel Rex**, str. Dumbravei, 18 **hors pl. par B1** ☎/fax 77.76.15. *28 ch.* Près de la route principale, en direction de Braşov. Dans un quartier récent. Restaurant correct.

▲ **Hotel Steaua** ♥, str. 1 Decembrie 1918, 12 **B3** ☎ 77.15.94. *50 ch.* Au début du XXe s., l'hôtel faisait la fierté de la ville. Aujourd'hui, il garde un charme désuet, avec une belle façade 1900. Accueil aimable. Restaurant.

Şoarş

> *Indicatif ☎ 0268. Visite et carte p. 168.*

Hébergement

▲▲ **Mihai Patrichi**, str. Principala, 155 ☎ 28.54.15. *3 ch. et table d'hôtes.* Une famille chaleureuse, à la bonne humeur contagieuse. L'une des bonnes tables de Transylvanie, servie dans un jardin de poète.

▲ **Maria et Viorel Giurgu**, str. Principala, 145. *2 ch. et table d'hôtes.* Pas de téléphone mais un accueil fantastique. Excellente cuisine. Logement dans une petite maison indépendante.

Tilişca

> *Indicatif ☎ 269. Visite et carte p. 147.*

Hébergement

▲▲ **Irina et Nicuşor Balea**, str. Şcolii, 535 ☎ 55.40.09 et 0744.31.31.02 (portable). *5 ch.* Maison moderne et confortable. Accueil chaleureux. Superbe cuisine traditionnelle. Nicuşor est un fameux joueur de *taragot* (sorte de clarinette).

▲▲ **Mihai Rodean**, str. Principala, 84 ☎ 55.41.73. *4 ch.* Une authentique famille de bergers. Une excellente table arrosée du vin blanc du patron, qui a le regard malicieux de ceux qui ont vécu dehors pendant des années avec leur troupeau.

Viscri

> *Indicatif ☎ 0268. Visite p. 169. Carte p. 168*

Hébergement

▲ **Fundaţia Alba Eglesia**, maison n° 13 ☎ 0724.57.09.92 (portable). *20 ch. d'hôtes* env. dans le village. Animateurs de l'association qui essaie de protéger et de revitaliser Viscri, Caroline et Walter Fernolend vous trouvent un hébergement dans une des familles du village. Accueil chaleureux et bonnes tables. Les maisons sont toutes de vieilles maisons saxonnes. Elles ont une salle d'eau mais les toilettes sont à l'extérieur (cabanon dans le jardin). ●

Au cœur de la Transylvanie

Dans sa partie orientale et carpatique, la Transylvanie ressemble à l'idée que l'on se fait d'elle: il y règne une ambiance troublante, alliage de mystère et de beauté brute. Des écharpes de brume flottent sur les monts **Harghita**, refuge des ours, des loups et de sources aux effluves de soufre. Plus au sud, un cortège d'enfants serait apparu, sortant d'une grotte et suivant un joueur de pipeau *(encadré p. 182)*. Enfin, que dire des **Szeklers**, peuple fascinant des forêts et des hauts plateaux battus par le froid, proche des Magyars et fiers d'une histoire épique?

À l'ouest s'étend une tout autre Transylvanie, au relief moelleux, celle des Lumières et de l'ouverture au monde. Un kaléidoscope d'identités qui révèlent ensemble et chacune à sa façon l'originalité de la culture transylvaine: Cluj-Napoca et ses universités; Târgu Mureş et le tourbillon créatif des années 1900; la robuste civilisation saxonne *(p. 150)*; le souvenir fané de l'aristocratie hongroise aux châteaux en ruine.

sommaire

Au pays des Szeklers★★

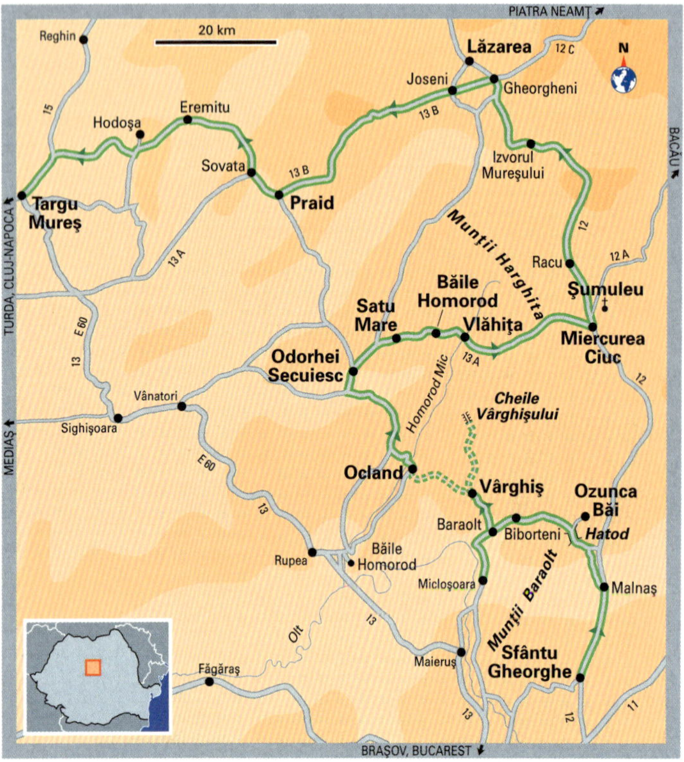

Le pays des Szeklers (***Székelyföld***, *en hongrois)* est abrité à l'ouest par les monts Harghita et leur frange de collines, et à l'est par les Carpates. Au milieu s'étirent de larges dépressions d'altitude, les plus froides de Roumanie, drainées par l'**Olt** et le **Mureş**. Près de 700 000 Szeklers (sur un total d'env. 1 700 000 citoyens constituant la minorité hongroise de Roumanie) y vivent, concentrés dans les départements de Harghita (où ils représentent env. 85 % de la population), Covasna (74 %) et Mureş (moins de la moitié).

La plupart sont catholiques, luthériens ou unitariens *(encadré p. 186)*. Si les racines asiatiques des peuples hongrois sont bien connues, l'origine des Szeklers reste incertaine. La migration s'est faite en deux temps : **Attila** et ses **Huns** ont traversé les Carpates au Vᵉ s. et les sept tribus hongroises, conduites par **Arpad**, ont déferlé à la fin du IXᵉ s.

Les Szeklers aiment dire qu'ils sont les descendants des Huns, dont certains seraient demeurés sur place. Isolés dans les Carpates, ils ont perpétué des traditions et une langue pleine d'archaïsmes ; longtemps, ils ont utilisé une étrange écriture cunéiforme.

Les passionnés de randonnées ressentiront l'appel d'une nature primordiale : tourbières chargées de vapeur, sources salées ou sulfureuses, sapins voilés de lichens, traces d'ours dans les sous-bois…

De Sfântu Gheorghe aux monts Harghita★★

> De Sfântu Gheorghe, prenez la DN 12 dir. Odorhei Secuiesc.

Ce parcours buissonnier ne fait qu'effleurer une région méconnue malgré la splendeur de ses paysages, l'atmosphère de ses villages et la richesse de son patrimoine, qui voit le moindre bourg disposer d'un château ou d'une église fortifiée.

Le musée de Sfântu Gheorghe★★

*> **Muzeul Național Secuiesc** ou **Székely Múzeum**. Sfântu Gheorghe (**Sepsiszentgyörgy**, en hongrois) : env. 188 km N de Bucarest par les DN 1, DN 11, DN 12, 32 km N de Brașov par la DN 11 et la DN 12. Str. Kos Karoly, 10 ☎ 31.24.42. Ouv. mar.-ven. 9 h-16 h, sam.-dim. 9 h-13 h, f. lun. Entrée payante. Visite : une heure env.* ***Carnet d'adresses** p. 193.*

En dehors de collections ethnographiques passionnantes et d'une immense documentation sur l'histoire et la culture de ce peuple, le **Musée szekler★★** présente dans son parc des portes traditionnelles et une maison reconstituée.

Les monts de Baraolt et les gorges de Vârghiș★

> Vârghiș : 55 km N-O de Sfântu Gheorghe. De Sfântu Gheorghe, prenez la DN 12 vers Miercurea Ciuc. À Malnaș, tournez à g. vers Baraolt.

Au **col d'Hatod★** (710 m) se dévoile un paysage velouté de pâturages et de hêtres.

Peu après le col, à droite, au niveau de l'**auberge d'Hatod**, une route conduit à **Ozunca Băi★** (« bains d'Ozunca »), un hameau thermal dispersé dans la douce fraîcheur d'un vallon.

De retour à la route principale, vous traversez **Biborteni**, connu pour ses sources d'eaux minérales, puis Baraolt où vous tournez à droite vers Odorhei Secuiesc.

programme

Environ 250 km de Sfântu Gheorghe à Târgu Mureș. Bonnes routes sauf entre Vârghiș et Odorhei Secuiesc et entre Gheorgheni et Praid.

Compter au minimum 2 j. En mai, les prairies d'altitude se couvrent de narcisses, et en septembre les forêts s'embrasent de couleurs.

Hébergement à Băile Homorod, Micloșoara, Ozunca Băi, Odorhei Secuiesc.

> ***Carnet d'adresses*** *p. 191.*

À **Vârghiș★**, la mairie du village occupe le **château Daniel★**, du XVIIe s., qui appartenait à une grande famille szekler.

À la sortie du village en direction d'Odorhei Secuiesc, prenez à droite une route non asphaltée, qui atteint après 13 km les ♥ **gorges de Vârghiș★** (***Cheile Vârghișului***). Le torrent s'est ouvert un passage étroit de 4 km à travers la couche de calcaire.

♥ De Vârghiș au col de Vlăhița★★

> Vlăhița : env. 110 km N de Sf. Gheorghe, env. 67 km N de Vârghiș, 25 km N d'Odorhei Secuiesc. De Vârghiș, prenez à dr. vers Odorhei Secuiesc.

La route se déroule au milieu d'un des paysages les plus envoûtants de Transylvanie. Lorsque vous atteignez la **vallée du Homorod Mic★**, tournez à droite.

Entourée d'un petit rempart, l'église d'**Ocland★**, bâtie au XIIIe s., est de culte unitarien *(encadré p. 186)*, comme beaucoup d'autres dans cette vallée.

Vous traversez de beaux espaces solitaires, balisés par les clochers des villages, avant d'atteindre l'agréable **Odorhei Secuiesc** (***Székelyudvarhely***, *en hongrois*). Plus loin, **Satu**

légende

Le joueur de pipeau de Hameln

En l'an 1284, le bourg de Hameln (nord de l'Allemagne) est dévasté par les rats. Un étranger vient proposer aux édiles de les débarrasser du fléau moyennant récompense. Le marché conclu, l'étranger prend son pipeau et joue une étrange musique. Débouchant de partout, les rats le suivent jusqu'à la Weser, où ils se noient. Mais lorsque l'étranger réclame son dû, les notables refusent d'honorer leur promesse. Quelques jours plus tard, le 26 juin, fête des saints Pierre et Paul, l'homme revient. D'une flûte dorée, il sort une mélodie si douce et si envoûtante que les 130 enfants du village lui emboîtent le pas. Ils quittent le bourg par la porte orientale et disparaissent dans une grotte des environs. Jamais on ne les reverra. De nombreuses versions de cette légende les font ressortir très loin à l'est, en Transylvanie, et y voient l'origine du peuplement allemand de ce pays. Le lieu où sont apparus le joueur de flûte et les enfants de Hameln ne serait autre que la **grotte d'Almaş** (ou de Mereşti), dans les **gorges de Vârghiş** *(p. 181)*. •

Mare aligne de part et d'autre de la route de superbes ♥ **portails traditionnels**★★ *(p. 204)*, dont certains datent du XIXe s.

La route s'élève et longe les bains d'Homorod, **Băile Homorod**★, chapelet de sources et de cabanes noyées dans la forêt. Vous atteignez le cœur des ♥ **monts Harghita**★★ *(**Munţii Harghita**)* : la forêt couvre le relief où l'on peut distinguer d'anciens cratères. La lumière vient de rares pâturages, de crêtes inhospitalières et de vastes tourbières où narcisses, bouleaux nains et résineux luttent contre le froid et le vent.

Après le large col de **Vlăhiţa**★, la route atteint le **pays de Ciuc** *(**Csík**, en hongrois)*.

Entre Olt, Mureş et salines

L'une des plus grandes rivières de Roumanie, l'**Olt**, naît en amont de la dépression du **pays de Ciuc**. Un petit col la sépare d'une large vallée d'altitude, le **pays de Giurgeu** *(**Gyergyó**, en hongrois)* d'où s'écoule un autre cours d'eau majeur, le **Mureş**. Dans ces vastes espaces se sont déroulés des moments tragiques pour les Szeklers, qui y situent leur foyer spirituel.

Miercurea Ciuc et ses environs★

*> **Csíkszereda**, en hongrois. 270 km N de Bucarest, 133 km N de Sf. Gheorghe, 48 km E d'Odorhei Secuiesc. D'Odorhei Secuiesc ou du col de Vlăhiţa, prenez la DN 13 A. **Carnet d'adresses** p. 192.*

La capitale du département d'Harghita et du pays de Ciuc a été en partie « modernisée » : il reste cependant d'intéressants vestiges, dans la piétonnière **str. Petöfi Sandor**★, où se succèdent de belles façades et des terrasses. Dans le haut de la ville, à l'ouest de la mairie, se tient une citadelle flanquée de bastions.

• **Le musée szekler du pays de Ciuc**★ *(**Muzeul Secuiesc al Ciucului**). Piaţa Cetăţii, 2 ☎ 11.17.27. Ouv. mar.-ven. 9h-16h, sam.-dim. 9h-13h, f. lun. Entrée payante. Visite : 30 mn env.* Le **château du comte Miko** héberge le Musée szekler du pays de Ciuc. Achevé au XVIIe s., il a été fortifié par les Autrichiens en 1714. Le musée possède une intéressante collection ethnographique que complètent des portes et des maisons traditionnelles.

• **L'ensemble franciscain de Şumuleu*** *(**Csíksomlyó**, en hongrois). De Miercurea Ciuc prenez la route de Gheorgheni (N) et tournez à dr. vers le faubourg de Şumuleu. Cathédrale: ouv. t.l.j. 8h-18h; entrée libre.* Ce site accueille dès 1442 un monastère franciscain fondé par **Iancu de Hunedoara** *(encadré p. 137)*. Il s'y développe une école réputée. Mais l'ensemble est dévasté par le général Basta en 1600, puis rayé de la carte par les Tatars en 1661.

La **cathédrale** franciscaine actuelle a été achevée vers la fin du XIXe s. Tout autour s'est établi un complexe monastique, centre spirituel des Szeklers, dont les franciscains ont toujours partagé le destin *(encadré ci-dessous)*.

De Miercurea Ciuc à Lăzarea*

> Lăzarea: 196 km O de Sf. Gheorghe, 63 km N de Miercurea Ciuc, 6 km N de Gheorgheni. De Miercurea Ciuc, prenez la DN 12 jusqu'à Gheorgheni et Lăzarea.

Au sein d'un paysage de plus en plus frais, la route atteint le **col d'Izvorul Mureşului**, où prend naissance le Mureş. Vous basculez alors dans le **pays de Giurgeu** *(**Gyergyó**, en hongrois)*.

Après **Gheorgheni** apparaît le village de **Lăzarea*** *(**Gyergyószarhegy**, en hongrois)*, dominé par un monastère franciscain et par le **château des Lăzar***: construit au XVIe s. par une famille de nobles szeklers, il a conservé ses remparts et de puissantes tours d'angle.

De **Lăzarea** ou de **Gheorgheni**, une somptueuse route en pleine nature mène à **Praid** *(**Parajd**, en hongrois)*.

••• **Itinéraires possibles**: à **Gheorgheni**, vous croisez la DN 12 C, qui file en Moldavie par le **lac Roşu** et les **gorges de Bicaz** *(p. 267)*.

La mine de sel de Praid*

*> **Salina Praid**. 276 km N-O de Sf. Gheorghe, 85 km O de Lăzarea. De Lăzarea, tournez à dr. vers Joseni puis prenez la DN 13 B (en mauvais état) jusqu'à Praid. Au centre ville, prenez à dr. la DN 13 A, puis une rue à g. peu avant la sortie de Praid. Mine ouv. t.l.j. 9h-19h; ticket à régler au chauffeur du bus. Visite: une heure et 10 mn de trajet. **Carnet d'adresses** p. 193.*

Cette bourgade thermale doit sa notoriété à l'exploitation du sel. À 50 m de la route principale s'ouvre l'entrée de la mine de sel: non seulement celle-ci fournit encore près de 500 tonnes de sel par mois, mais elle est aussi un centre de traitement de l'**asthme** et des **bronches fragiles**.

À 180 m de profondeur, taillée dans la masse de sel, s'ouvre une incroyable salle d'environ 2 ha pour une hauteur de 15 m. On vient y passer des heures à respirer les fines particules de sel qui flottent dans l'air.

••• **À voir tout près**: pour rejoindre **Târgu Mureş**, tournez à droite à la fameuse station thermale **Sovata** et plongez-vous dans une campagne de charme aux villages fleuris comme **Eremitu** et **Hodoşa**.

histoire

Un pèlerinage coloré

Le prestige de **Şumuleu** *(ci-dessus)* remonte au XVIe s.: le prince Jean Sigismond (1559-1571), qui, un an plus tard, proclamera l'Édit de Tolérance *(encadré p. 186)*, cherche à convertir au culte protestant les Szeklers catholiques. Devant le refus de ces derniers, le samedi de Pentecôte 1567, une bataille s'engage au **col de Vlăhiţa**, où les Szeklers écrasent les troupes princières.

Les moines y voient un signe de la Vierge et depuis, chaque **week-end de Pentecôte**, des pèlerins venus de toute la Transylvanie et de Hongrie convergent au pays de Ciuc (Csík). •

Târgu Mureş★★

> *Marosvasarhely, en hongrois. 336 km N de Bucarest, 57 km O de Praid. De Praid, prenez la DN 13 jusqu'à Sovata puis tournez à dr. Lorsque vous atteignez de nouveau la DN 13, tournez à dr.* ***Carnet d'adresses*** *p. 193.*

Comme son nom l'indique (« la foire du Mureş »), Târgu Mureş est depuis longtemps le poumon des activités du centre de la région. Au XVIe s., sept corporations possèdent chacune leur tour dans les remparts de la citadelle. Cette ville de foire, révolutionnaire en 1848, développe peu à peu une vie culturelle féconde, dominée par une double ambition, théâtrale et musicale. Au début du XXe s., un jeune maire, **Bernady György**, s'attache à remodeler le centre, invitant les meilleurs artistes de l'avant-garde hongroise à s'exprimer. Cette ville bilingue dégage une atmosphère tonique.

La préfecture★

> **A1** ***Prefectura.*** *Au S-E de la piaţa Trandafirilor. Piaţa Victoriei. Ouv. lun.-ven. 9h-16h. Entrée libre, limitée au hall d'entrée.*

Un toit rythmé par des tuiles vernissées et un campanile haut de 60 m

mode d'emploi

Târgu Mureş : Capitale du département de Mureş. Env. 170 000 hab.

● **Se repérer.** La partie intéressante de la ville se situe autour de la piaţa Trandafirilor **AB1**. Très allongée, cette « place des Roses » offre l'aspect d'une avenue dont les voies sont séparées par un terre-plein central couvert de roses. La gare **hors pl. par A2** est excentrée à l'O de la ville. L'aéroport **hors pl. par A2** se situe sur la route de Cluj-Napoca (12 km O). **Parkings** sur la piaţa Trandafirilor et dans les rues adjacentes.

● **Programme.** 2 h suffisent, sauf si l'art 1900 vous passionne. La piaţa Trandafirilor est piétonnière le dimanche et les jours fériés : moment privilégié pour découvrir les façades Sécession puis s'installer à la terrasse d'un café.

> ***Carnet d'adresses*** p. 193. ●

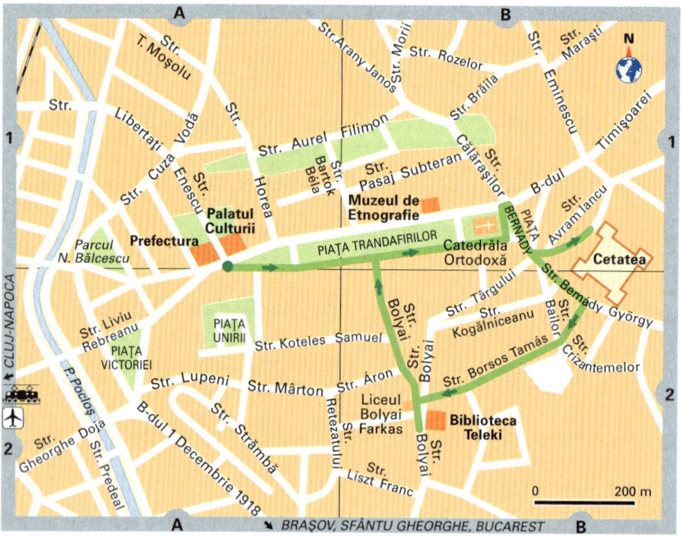

Sévère à l'extérieur, le palais de la Culture de Târgu Mureș se dévergonde à l'intérieur, dégageant poésie et sensualité.

signalent l'édifice. Construit en 1907 par les fameux **Jakab** et **Komor** *(p. 125)*, il est le premier de la série d'immeubles de style Sécession qui vont transformer le visage du centre ville au début du XXe s. *(encadré p. 125)*. L'atmosphère du **hall d'entrée** dégage une poésie quelque peu inquiétante. Les nervures des voûtes dessinent des étoiles au centre desquelles s'épanouissent des fleurs géantes. Flanqué de deux ailes, un banc de pierre repose sur les trois pieds d'un animal tandis que le parapet de l'escalier d'honneur imite un ruban d'étoffe qui ondule négligemment.

♥ Le palais de la Culture**

> **A2** ***Palatul Culturii***. *Piața Trandafirilor. Ouv. mar.-ven. 9h-16h, sam.-dim. 9h-13h. Visite: env. 1h.*

L'urbanisme de l'ère **Bernady György** culmine avec l'inauguration en 1913 de cet édifice emblématique de la **Sécession transylvaine** *(encadré p. 125)*. Les architectes **Jakab** et **Komor** se laissent ici fléchir par l'influence viennoise, dont ils tentaient de se démarquer à Oradea *(p. 125)*. Ils renoncent aux tracés sinusoïdaux pour un vocabulaire plus géométrique. Le principal intérêt de ce palais vient de sa décoration, qui mobilise les plus grands maîtres de l'époque en céramique, vitrail, peinture, ébénisterie, etc.

• **Le hall d'honneur**. *Entrée libre.* Long de 45 m, il est coiffé de coupoles ornées de motifs végétaux. Jaillissant d'une amphore, une liane de vigne se délie autour de fresques épiques puisées dans la mythologie des Szeklers. La référence à ce peuple idéalisé est le fil conducteur d'une grande partie de la décoration intérieure du palais, jusqu'aux motifs ornementaux, empruntés à la broderie traditionnelle.

• **La salle des Miroirs**** *(**Sala Oglinzi**)*. Le meilleur exemple de cette décoration se trouve, au 1er étage, dans cette salle stupéfiante. Si, effectivement, des miroirs se

religion

L'Église unitarienne

Que peuvent avoir en commun le président Jefferson, Newton, Darwin ou Dickens ? L'appartenance à un culte né au XVIe s. dans le sillage de la Réforme. À l'origine, **David Ferencs**, brillant théologien, tour à tour prêtre catholique, luthérien puis calviniste, reprend les thèses du Catalan Michel Servet (1511-1553) : remise en cause de dogmes énoncés par les conciles des IVe et Ve s. dont la Trinité, l'incarnation et le péché originel. Pour ces réformateurs, Dieu est Un (d'où « unitarien ») et Jésus est homme et prophète. Le prince de Transylvanie, **Jean Sigismond**, se convertit.

Ferencs fonde en 1568 à Cluj la première **Église unitarienne**. La même année, le prince proclame l'**édit de Tolérance** qui institue en son pays la liberté de conscience, au moment où l'Europe est embrasée par les guerres de religion. Plus tard, l'unitarisme essaime en Angleterre puis aux États-Unis. En Transylvanie, 160 églises et près de 60 000 fidèles perpétuent cette tradition. •

répondent à chaque extrémité de la pièce, prolongeant l'espace à l'infini, le regard est happé par de grands vitraux.

Certains ont été dessinés par le peintre hongrois **Nagy Sandor**, qui a représenté les ballades tragiques des Szeklers. Mais, au lieu de glorifier la proverbiale rudesse de ce peuple guerrier, l'auteur peint des corps qui s'abandonnent, des visages perdus, des regards ambigus. Comme si cette longue pièce manquait de sensualité, les décorateurs ont imaginé un mobilier exquis en forme de tulipe.

• **La salle de spectacles**★. Dans la salle des Miroirs, demandez l'autorisation de vous glisser sur l'un des balcons de cette salle, au décor superbe et à l'acoustique renommée. L'excellent **orchestre philharmonique** de la ville y donne des concerts *(p. 194)*. Vous pouvez aussi y entendre en récital l'orgue monumental de 1914.

Le Musée ethnographique★

> **B1** ***Muzeul de Etnografie şi Artă Populară***. *Piaţa Trandafirilor, 11 ☎ 21.58.07. Ouv. mar.-ven. 9h-16h, sam.-dim. 9h-13h. Entrée payante.*

Le **palais Tholdologi**, édifice de style baroque construit en 1762, abrite le Musée ethnographique de la ville, excellente vitrine des arts populaires du cœur de la Transylvanie.

••• **À voir tout près : sur** le **côté nord** de la **piaţa Trandafirilor**, une belle série de façades **Sécession** ; à **l'est** de la place s'élève la **cathédrale orthodoxe** *(Catedrăla Ortodoxă ; 1934)*.

La bibliothèque Teleki★

> **B2** ***Biblioteca Teleki***. *Au S de la piaţa Trandafirilor. Str. Bolyai, 17. Ouv. mar.-ven. 9h-16h, sam.-dim. 9h-13h. Entrée payante.*

Dans ce palais achevé en 1802, le comte **Samuel Teleki**, chancelier de Transylvanie, fonda une bibliothèque qu'il dota de 40 000 volumes de sa collection personnelle, auxquels s'ajoutèrent plus tard 90 000 ouvrages provenant du collège réformé.

Le palais rend aussi hommage aux mathématiciens **Farkas et János Bolyai**, qui ont développé la géométrie non euclidienne.

De Târgu Mureş, 105 km vous mènent à Cluj-Napoca, *via* **Turda**. •

Cluj-Napoca★

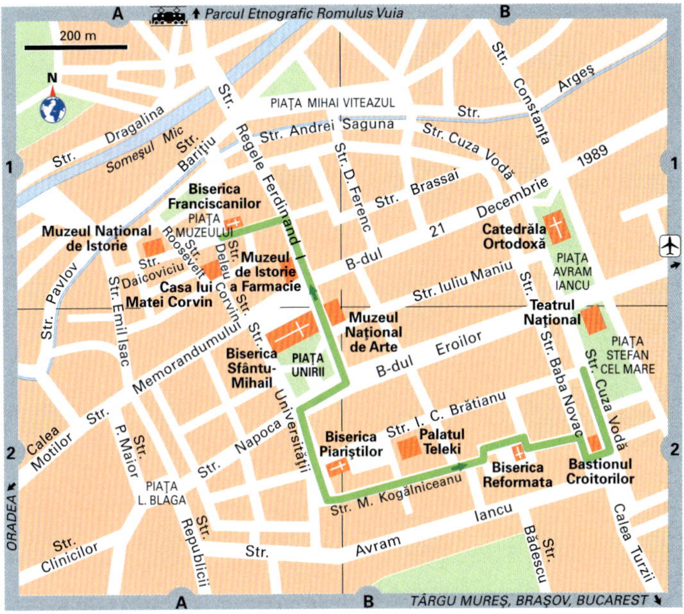

Dès la préhistoire, les hommes ont été attirés par ce site où des collines se resserrent autour du Someş, formant un large défilé (d'où le nom de la ville, hérité du latin *clusius*, cluse). Les Daces *(p. 39)* y fondent une localité dont le rôle stratégique sera important dans le dispositif militaire des Romains en Dacie, mais dont la localisation demeure incertaine. En revanche, la **Napoca** romaine est attestée en 108. À la fin du XIe s., la région est englobée dans le royaume de Hongrie.

À la croisée des chemins

Cluj-Napoca s'étend au carrefour de deux grands axes: la route est-ouest qui relie la Transylvanie aux plaines d'Europe centrale *via* Oradea *(p. 122)* et l'axe nord-sud qui réunit les routes de Moldavie et de Galicie puis longe le piémont oriental des Apuseni *(p. 131)*. Cette position favorable aux échanges attire les Saxons dès la fin du XIIe s. En 1316, après l'invasion des Tatars de 1241, Charles-Robert, roi de Hongrie, accorde à la cité le statut privilégié de ville libre. Connaissant dès lors un dynamisme florissant, Cluj refait ses remparts et aménage son espace urbain selon un plan en damier encore en vigueur aujourd'hui.

Le centre culturel de la Transylvanie

Lorsque **Matei Corvin** *(encadré p. 190)*, né à Cluj, devient roi de Hongrie, sa ville natale profite de ses largesses. En 1568, le prince **Jean Sigismond** y proclame l'**édit de Tolérance** *(encadré p. 186)*. Reléguant peu à peu Alba Iulia, Cluj s'impose comme le centre culturel de la Transylvanie avant d'en devenir la capitale administrative entre 1790 et 1867. Dès lors maîtres de la Transylvanie, les Habsbourg attirent architectes et sculpteurs, faisant souffler l'esprit baroque sur la ville et ses environs.

mode d'emploi

• **Situation.** Env. 440 km N-O de Bucarest, 152 km E de la frontière *via* Oradea par la DN 1, 105 km N-O de Târgu Mureş par les DN 15 et DN 1. Capitale du département de Cluj. Env. 450 000 hab.

• **Se repérer.** Les grands axes traversent la ville moderne, très étendue, et convergent vers le vieux centre, entre la piaţa Unirii **A2**, la piaţa Muzeului **A1**, et les places Ştefan cel Mare **B1** et Avram Iancu **B2**. Nombreux parkings. La gare est située au N **hors pl. par A1** et reliée au centre par le tramway 101 et des taxis. L'aéroport est à 6 km N-E de la ville **hors pl. par B1**.

• **Programme.** Au moins 1 demi-journée, pour arpenter la piaţa Unirii et ses alentours, et une soirée, pour partager l'animation étudiante dans les bars, sont nécessaires.

> ***Carnet d'adresses*** *p. 191.* •

Fidèle à son passé, la ville de Cluj-Napoca est aujourd'hui une ruche culturelle : à côté d'une université trilingue (roumain, hongrois, allemand) accueillant jusqu'à 40 000 étudiants, on trouve un théâtre roumain et un théâtre hongrois, des centres culturels allemand, britannique et français.

La piaţa Unirii*

La place est entourée de façades aux styles contrastés et parfois superposés, où les éléments baroques voisinent avec des vestiges gothiques, Renaissance et des tendances néoclassiques. L'espace est dominé par l'église Saint-Michel et par le palais Banffy.

L'église Saint-Michel*

> **A2** ***Biserica Sfântu Mihail****. Piaţa Unirii. Ouv. t.l.j. 6h-20h. Entrée libre sf offices. Visite : env. 30 mn.*

Bâtie au milieu du XIVe s., cette église a été par la suite modifiée plusieurs fois. Sur la façade ouest s'ouvre un portail de 1444, surmonté de la statue de saint Michel, délimité par un arc trilobé qui témoigne des premiers échos de la Renaissance. À l'intérieur, les volumes sont amplifiés par des voûtes élancées et rehaussées de nervures. Cherchez la **porte de la sacristie***: l'encadrement de 1528 est abondamment ciselé de motifs empruntés à la Renaissance italienne.

♥ Le musée national d'Art*

> **A2** ***Muzeul Naţional de Arte****. Piaţa Unirii, 30 ☎ 59.69.52. Ouv. mer.-dim. 12h-19h. Entrée payante. Visite : env. 1 h.*

Entre 1774 et 1785, un architecte saxon, Johann Eberhardt Blaumann (auteur du palais Brukenthal à Sibiu ; *p. 156*) édifie le **palais Banffy** pour la famille du gouverneur de Transylvanie, György Banffy. Sur la balustrade qui couronne la façade baroque courent des statues de divinités antiques. Le tout est surmonté du blason de la famille. Ce palais abrite la riche collection du **musée national d'Art***, qui présente des œuvres du XVIe s. à nos jours. Parmi les pièces les plus anciennes se trouvent le **polyptyque de l'autel de Jimbor*** (XVIe s.), bel exemple de l'art saxon, et une **collection d'icônes**.

Au nord de la place

> **A2** *Traversez la place vers la str. Regele Ferdinand I puis dirigez-vous vers la piaţa Muzeului.*

À l'emplacement de la première pharmacie de la ville (1573), la **maison Hintz** héberge le **musée de l'Histoire de la pharmacie*** *(**Muzeul de Istorie a Farmacie**; piaţa Unirii, 28 ☎ 59.75.67; ouv. lun.-sam. 10h-16h; entrée payante)*, contenant plus de 2 300 pièces.

La maison natale de Matei Corvin à Cluj-Napoca.

Longez la place et prenez la str. Vasile Goldiş, à droite, au fond de laquelle se profile la **maison natale de Matei Corvin** *(**Casa lui Matei Corvin**; str. Matei Corvin, 6; ne se visite pas)*, en partie du XVe s., où serait né le futur roi de Hongrie *(encadré p. 190)*.

La rue à droite de la maison de Matei Corvin vous mène à la piaţa Muzeului. À votre droite s'élève l'**église du monastère des franciscains** *(**Biserica Franciscanilor**; str. Victor Deleu, 4; ouv. t.l.j. 7h-19h; entrée libre sf offices)*, construite à l'emplacement d'un édifice roman détruit par les Tatars en 1241 et remaniée à l'époque baroque.

De l'autre côté de cette petite place se tient le musée d'Histoire.

Le musée d'Histoire★ *(**Muzeul Naţional de Istorie a Transilvaniei**; str. C. Daicoviciu, 2 ☎ 59.17.18; ouv. t.l.j. sf lun. 10h-16h; entrée payante)* présente au rez-de-chaussée une rangée d'encadrements de portes et de sculptures ornementales des périodes gothique et Renaissance. Le premier étage est consacré à la Préhistoire et aux Daces.

Autour du vieux quartier universitaire★

> **A/B2** *De la piaţa Unirii, dirigez-vous vers le S et longez l'hôtel* Continental *qui s'ouvre sur la str. Universităţii.*

En prenant la str. Universităţii, vous longez la délicate **église des piaristes** *(**Biserica Piariştilor**; str. Universităţii, 5; ouv. t.l.j. 7h30-18h30; entrée libre sf offices)*, élevée entre 1718 et 1724 dans le style baroque.

Vous atteignez ensuite la str. M. Kogălniceanu. Au nº 7 de la rue, le **palais Teleki** *(**Palatul Teleki**)*, achevé en 1795, abrite désormais la **bibliothèque départementale** *(**Biblioteca Judeteana**; ouv lun.-ven. 9h-19h45, sam. 9h-12h45; entrée libre)*.

Vers le bout de la rue, l'**église réformée hongroise**★ *(**Biserica Reformata**; str. M. Kogălniceanu, 21; ouv. t.l.j. 8h30-18h sf hiver; entrée libre sf offices)* impose ses volumes à la fois robustes et épurés, rythmés de contreforts puissants et massifs.

Sa construction, dans le style gothique tardif, a débuté en 1486, du temps de Matei Corvin *(encadré ci-*

portrait

Matei Corvin

Cluj a donné à la Hongrie l'un de ses plus brillants souverains : Matei Corvin (Mathias Ier 1443-1490). En 1458, ce jeune fils de **Iancu de Hunedoara** (Jean Hunyadi ; encadré *p. 137*) est élu roi de Hongrie, en dépit de l'opposition des partisans de l'empereur d'Autriche Frédéric III de Habsbourg. Tout en réformant et centralisant le pouvoir, il s'affirme sur les champs de bataille, où il doit contenir la progression des Turcs et les prétentions de son voisin autrichien. Après 1480, écartant momentanément les Habsbourg, il établit sa résidence à Vienne, où il meurt en 1490. Son règne est aussi marqué par les rapports versatiles et ambigus qu'il entretient avec deux autres grands princes roumains, son cousin Vlad Tepeş, dit Dracula *(encadré p. 43)* et le voïvode de Moldavie, **Étienne le Grand** *(p. 43)*, s'attribuant souvent les exploits de ces derniers contre les Turcs et n'hésitant pas à les trahir.

Il laisse le souvenir d'un humaniste passionné par les arts. Épousant en troisièmes noces **Béatrice, la fille du roi de Naples**, il attire en Europe centrale des artistes italiens grâce auxquels l'esprit et l'esthétique de la Renaissance se répandront à Cluj et en Transylvanie quelques décennies plus tard. •

dessus) pour s'achever en 1516. La rue vient ensuite buter sur un vestige des remparts de la cité médiévale, une tour massive, le **bastion des Tailleurs*** *(**Bastionul Croitorilor**; ne se visite pas)*.

Vous débouchez à l'est sur les places Ştefan cel Mare, au sud, et Avram Iancu, au nord. Entre les deux se dresse le bâtiment flamboyant du **Théâtre national*** *(**Teatrul Naţional**)*, dont chaque tour est surmontée d'un char tiré par des lions.

Sur la piaţa Avram Iancu s'élève l'imposante **cathédrale orthodoxe** *(**Catedrăla Ortodoxă**)* achevée en 1933.

••• **Itinéraire possible** : vous pouvez rejoindre le Maramureş *(p. 195)* en passant par le village de **Bistriţa** *(124 km N-E de Cluj-Napoca par la DN 17)*, qui fut une grande cité saxonne, et les **monts de Bârgau** *(**Munţii Bârgău**)*, riches en paysages grandioses.

Le parc ethnographique Romulus Vuia*

> **Hors pl. par A1** *Parcul Etnografic. 5 km N-O de la piaţa Unirii, accès par le bus 30. Str. Tăietura Turcului ☎ 58.67.76 ou 58.67.76. Ouv. t.l.j., mai-sept. 10 h-17 h, oct.-avr. 9 h-16 h. Entrée payante.*

La tour de Babel transylvaine est bien représentée par quelque 200 constructions d'origines roumaines, saxonnes, hongroises et szeklers. Un secteur est consacré à l'habitat traditionnel, un autre réunit les bâtiments techniques : installations pour le broyage des minerais aurifères, bergerie, forges, etc. Le parc accueille trois églises en bois (XVIIIe s.) de Transylvanie dont celle de Cizer, œuvre d'un artisan du pays des Moţi, un certain Horea *(p. 135)*.

Cette église vient de la région de **Salaj** (entre Cluj et Oradea) riche en églises de bois dont la plus connue est celle de Fildu de Sus* (XVIIIe s.). •

Carnet d'adresses

© Pierre Soissons

Théâtre national de Cluj-Napoca.

Băile Homorod (*Homoródfürdo*)

> *Indicatif* ☎ *0266. Visite p. 182.*

Hébergement

▲▲ **Pensiunea Lobogó** ☎ 24.75.45. *11 ch.* Une agréable étape, bien que située en bord de route. Restaurant (s'il fait froid, vous ne regretterez pas le goulash !). Source thermale et balades en forêt.

Cluj-Napoca (*Kolozsvar*)

> *Indicatif* ☎ *0264. Plan et visite p. 187.*

ℹ **Pan Travel**, str. Traian Grozavescu, 13 **hors pl. par A1** ☎/fax 42.05.16, < www.pantravel.ro >. *Ouv. lun.-ven. 9h-17h.* Une petite agence dynamique. Informations et réservation de chambres d'hôtels. **Location de voitures** possible à des prix intéressants.

Accès

• **En avion.** Liaisons quotidiennes avec Bucarest (Tarom) et Budapest (Carpatair). Liaisons toutes les semaines avec Francfort (Tarom) et Vienne (Austrian Airlines). **Aéroport international** : str. Traian Vuia, 149 **hors pl. par B1** (route de Dej), à 8 km du centre de Cluj-Napoca. **Agence Tarom** : piaţa Mihai Viteazu, 11 **AB1** ☎ 53.01.16, fax 43.25.24. *Ouv. lun.-ven. 8h-13h et 14h-19h, sam. 9h-13h.* **Agence Carpatair** : aéroport ☎ 41.60.16, fax 41.68.53, < www.carpatair.ro >. *Ouv. lun.-ven. 9h-18h, sam. 9h-12h.*

• **En train.** Plusieurs liaisons quotidiennes avec Bucarest et les grandes villes de l'O de la Roumanie. 2 liaisons/j. avec Oradea et Budapest. **Gare hors pl. par A1** : au N de Cluj-Napoca. **Agence des chemins de fer** *(Agenţia CFR)* : piaţa Mihai Viteazu, 10 **AB1** ☎ 43.20.01. *Ouv. lun.-ven. 7h-19h.*

• **En bus.** Liaisons quotidiennes avec Bucarest et les grandes villes roumaines. Liaisons avec l'Europe occidentale. **Gare routière** *(Autogara)* : str. Giordano Bruno, 3-5 **hors pl. par A1** (près de la gare ferroviaire) ☎43.52.78. **Eurolines** : bd 21 Decembrie, 54-56 (l'hôtel *Victoria*) ☎/fax 43.19.61. *Ouv. lun.-ven. 9h-19h.*

Hébergement

▲▲▲▲ **Vila Casa Alba** ♥, str. Emil Racoviţă, 22 **hors pl. par A1** ☎/fax 43.22.77. *18 ch.* Près du centre, dans un quartier calme, une maison blanche avec jardin. Grand confort. Restaurant et terrasse. Parking fermé.

▲▲▲ **Hotel Topaz**, str. Septimiu Albini, 10 **hors pl. par B2** ☎41.40.21. *51 ch.* Restaurant.

▲▲ **Hotel Meteor**, str. Eroilor, 29 **B2** ☎/fax 59.10.60. *25 ch.* Restaurant. < www.hotelmeteor.ro >.

▲▲ **Hotel Vladeasa**, str. Regele Ferdinand, 20 **A1** ☎/fax 59.44.29. *20 ch.* Au centre ville. Bon rapport qualité/prix. Restaurant.

Restaurants

♦♦♦ **Escorial** ♥, piaţa Unirii, 23 **A2** ☎59.69.09. Aménagé dans la cave de l'immeuble du consulat de Hongrie. Ambiance feutrée, cuisine hongroise.

♦♦♦ **Red House**, bd Brâncuşi, 114 **hors pl. par B2** ☎44.21.86. Table transylvaine.

♦♦ **Ciuleandra**, str. Septimiu Albini, 10 ☎41.40.21. Cuisine roumaine.

♦ **Mary**, str. Pavlov, 27 **A1/2**. Agréable terrasse, très calme et petits prix.

♦ **Roata**, str. Alexandru Ciulea, 6A ☎59.20.22. Cuisine roumaine.

Cafés

Amadeus Mozart Cafe, str. Pavlov, 7 **A1/2**. Cafés et desserts.

Cafe Bulgakov, str. I.M. Klein, 17 **A2**. Près de la piaţa L. Blaga. Lieu insolite : une sorte de bibliothèque où l'on peut prendre un verre en écoutant de la poésie ou de la musique.

Adresses utiles

• **Centre culturel français**. Str. I.C. Bratianu, 22 **B2** ☎59.85.51, < www.ccfc.ro >. Dans l'ancien palais Béldi (XVIIIe s.). Expositions, concerts, rens. sur la vie culturelle locale.

• **Pharmacie** *(Farmacia)*. Str. Calea Floreşti, 75 **hors pl. par A2** ☎42.62.72. *Ouv. 24h/24.*

Lăzarea *(Gyergyószarhegy)*

> *Indicatif ☎0266. Visite p. 183.*

Hébergement

▲▲ **Pap Emma** ♥, str. Szini, 1285 ☎35.27.00 et 0745.63.51.31 (portable). *3 ch.* et *table d'hôtes.* Une maison impeccable et un accueil d'une discrète gentillesse.

Micloşoara *(Miklosvar)*

> *Indicatif ☎0267. Carte p. 180.*

Hébergement

▲▲▲▲ **Chambres d'hôtes du comte Kalnoky** ♥ ☎37.46.02, < www.transylvaniancastle.com >. *8 ch.* aménagées dans de vieilles maisons et *table d'hôtes.* Mobilier ancien de Transylvanie, poêles en faïence et couettes en duvet, sauna. Descendant d'une vieille lignée szekler, le comte Kalnoky aime évoquer l'histoire de sa famille (qui est aussi celle de la Transylvanie). Balades à pied ou à cheval.

Miercurea Ciuc *(Csíkszereda)*

> *Indicatif ☎0266. Visite p. 182.*

Hébergement

▲▲▲▲ **Hotel Fenyö** ♥, str. N. Bălcescu, 11 ☎31.14.93, fax 17.21.81, < www.hunguest-fenyo.ro >. *104 ch.* Le meilleur hôtel de la région. Prestations impeccables. Restaurant.

▲▲▲ **Hotel Park**, str. Szenk, 58/A ☎ 11.38.33, fax 11.40.95. *19 ch.* Un style déroutant, mais très confortable. Restaurant.

▲▲ **Betty Panzió**, str. Jigodin, 5 ☎ 31.13.50 et 0723.97.28.01 (portable). *4 ch.* (18 places). À la sortie vers Braşov. Restaurant.

Restaurants

Dans la rue piétonnière (str. Petöfi Sandor), vous trouverez restaurants et pizzerias.

Odorhei Secuiesc (*Székelyudvarhely*)

> *Indicatif ☎ 0266.* *Visite p. 181.*

🛈 **Turisztikai Informacios Iroda**, piaţa Primăriei, 1 ☎/fax 21.74.27.

Hébergement

▲▲ **Korona Panzió** ♥, piaţa Primăriei (Városháza), 12 ☎/fax 21.80.61, < www.koronapanzio.ro >. *6 ch.* Dans un vieil immeuble. Chambres propres et simples mais donnant sur la cour, où se trouve le bar le plus agréable de la ville avec tables en bois et petits coins… qui, en été, ne ferme jamais avant minuit. Autant profiter de l'ambiance.

▲▲ **Maestro Panzió**, piaţa Primăriei (Városháza), 3 ☎ 21.56.00, fax 21.82.34, <www.maestro-panzio.ro>. *7 ch.* Bon confort.

Ozunca Băi (*Uzonkafürdo*)

> *Indicatif ☎ 0267.* *Visite p. 181.*

Hébergement

▲ **Hatod Fogadó** ♥ ☎ 34.43.10. *3 ch.*, sdb commune. Accueil très sympathique, cadre bucolique et tables dans le jardin. Bon restaurant. Le samedi soir, les gens du pays et d'ailleurs viennent y faire la fête : à défaut de pouvoir dormir, vous pouvez vous joindre à eux…

Praid (*Parajd*)

> *Indicatif ☎ 0266.* *Visite p. 183.*

Hébergement

▲▲ **Pensiunea Szekeres**, n° 1007 ☎ 0740.18.25.96 (portable). *4 ch.* et *table d'hôtes.* Anna et Imre Szekeres vous servent des produits laitiers faits maison, un excellent fromage de brebis et des légumes frais du jardin.

Racu (*Csíkrákos*)

> *Indicatif ☎ 0266.* *Carte p. 180.*

Restaurant

♦♦ **Cserekert Fogadó** ♥, n° 185 ☎ 37.91.11. Une auberge pittoresque décorée dans une ambiance « szekler ».

Sfântu Gheorghe (*Sepsiszentgyörgy*)

> *Indicatif ☎ 0267.* *Visite p. 181.*

Hébergement

▲▲▲ **Hotel Castel**, str. Izvorului, 1 ☎/fax 31.87.00. *22 ch.* À la sortie de la ville, dir. Miercurea Ciuc. Architecture déconcertante mais chambres très confortables. Honnête restaurant.

Târgu Mureş (*Marosvasarhely*)

> *Indicatif ☎ 0265.* *Plan et visite p. 184.*

Accès

- **En avion**. Pour Bucarest, 3 vols/sem. (Tarom). **Aéroport** : à 12 km du centre, route de Cluj-Napoca **hors pl. par A2**. **Agence Tarom** : piaţa Trandafirilor, 6-8 **AB1** ☎ 13.62.00.

• **En train**. Târgu Mureş est mal desservi. Deux liaisons quotidiennes avec Bucarest ; plusieurs liaisons avec Cluj et Braşov (changements de train) ; 1 liaison par jour avec Budapest. **Gare** : piaţa Gării **hors pl. par A2** (à l'O de la ville). **Agence des chemins de fer** *(Agenţia CFR)* : piaţa Teatrului, 1 **A2** ☎16.62.03, < www. cfr.ro >. Près de la cathédrale. *Ouv. lun.-ven. 7h-18h.*

• **En bus**. Nombreuses liaisons quotidiennes avec Bucarest et les grandes villes de Roumanie. Transports pour de la Hongrie et l'Europe occidentale. **Gare routière** *(Autogara)* : str. Gh. Doja 10 **hors pl. par A2**.

Hébergement

▲▲▲ **Hotel Helvetia**, str. Borsos Tamas, 13 **B2** ☎21.69.54, fax 21. 50.99. *11 ch.* Bien situé. Restaurant.

▲▲▲ **Pensiunea Doïna & Jeno** ♥ str. Eroilor Martiri, 25/C **hors pl. par B2** ☎25.59.26. *10 ch.* Restaurant.

▲▲▲ **Pensiunea Tip Top**, str. Plopilor, 7 **hors pl. par A1** ☎21.92.34. *14 ch.* Restaurant.

▲▲ **Hotel Transilvania**, piaţa Trandafirilor, 46 **AB1** ☎16.56.16, fax 16.60.28. *105 ch.* Bien situé, bon rapport qualité/prix.

Restaurant

♦♦ **Restaurant Tempo**, str. Morii, 27 **B1** ☎21.35.52. Bonne table transylvaine

Concerts

Palais de la Culture. Concerts de l'orchestre philharmonique *sept.-juin, jeu. 19h.* Rens. et rés. : **Casa de bilete**, angle de la piaţa Trandafirilor **AB1** ☎26.14.20. *Ouv. t.l.j. lun.-ven. 10h-13h, j. de concert 17h-19h.*

Shopping

Liliput Antique, str. Horea, 7 **A1** ☎26.72.20. Une caverne d'Ali Baba, mais les prix sont exorbitants. *Ouv. t.l.j. 9h-18h.* •

Le Maramureș

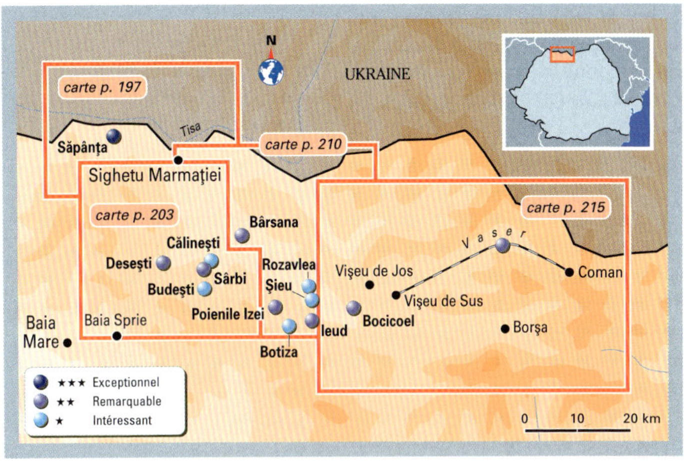

Le vieux pays de Maramureș (prononcer « maramourech ») se tapit au nord-ouest de la Roumanie. À l'ouest et au sud, de placides montagnes aux origines volcaniques le séparent de la Transylvanie. À l'est, l'horizon est fermé par l'un des plus beaux massifs des Carpates : les **monts de Rodna** (***Pietrosul***, 2 302 m). Ce relief se prolonge au nord, avant de céder la place à la **plaine de la Tisa**, aujourd'hui frontière avec l'Ukraine.

Ainsi isolé du reste du pays, le Maramureș a entretenu au cours des siècles une civilisation originale et vigoureuse, un jardin de culture roumaine dans un environnement mouvementé. Depuis 1918, la plus grande partie du Maramureș (la rive droite de la Tisa) est séparée de la Roumanie *(p. 50)*. Aujourd'hui, elle se trouve en Ukraine subcarpatique.

UN PAYSAGE GÉNÉREUX

Tout en douceur, le paysage respire l'abondance. Les hauteurs sont couvertes de forêts touffues de conifères et de feuillus où vivent les ours. Plus bas, le travail millénaire des paysans a modelé une succession de terrasses allongées, garnies de prairies, de champs de maïs, de pommes de terre ou de haricots. À la belle saison, cette campagne grouille de monde et de couleurs. Des bosquets de noise-

sommaire

© Bernard Houliat

tiers, d'immenses vergers, quelques frênes donnent de l'ombre au faucheur fatigué. Les vallées sont parcourues de rivières débonnaires: le Vişeu, la Mara, le Cosău ou l'Iza, qui finissent par s'abandonner dans la Tisa, dont les eaux filent en Hongrie *via* l'Ukraine avant de s'unir au Danube.

Un pays tonique

Une sorte de légèreté tonique flotte dans l'air: les gens d'ici sont habités d'une force paisible et d'une truculence qui n'exclut pas une profonde religiosité. Ce caractère leur a sans doute permis de résister à bien des oppressions et de maintenir jusqu'à nos jours de nombreux vestiges, apparents ou invisibles, d'une société paysanne forte et originale dont on imagine la richesse passée.

Le long des vallées s'étire un archipel de villages qui s'étalent sur des kilomètres et sur des siècles. Les rues s'écoulent vers de vieilles églises en bois qui accueillent, les dimanches et jours de fête, des villageois en costumes traditionnels. Mais de lourdes villas, bâties par ceux qui ont tenté leur chance en Europe occidentale, bouleversent peu à peu l'unité architecturale séculaire.

La civilisation du bois

Maramureş est synonyme de civilisation du bois. De l'art religieux aux moindres détails du quotidien, le génie bâtisseur du paysan combine spiritualité, délicatesse et maîtrise technique de ce matériau. Outre les nombreuses maisons en bois au toit en écailles de sapin, souvent séparées de la rue par un grand portail sculpté qui met en scène les forces primitives de la vie *(p. 204)*, c'est dans l'art de bâtir les églises que s'illustrent ces maîtres charpentiers. De nos jours, ils continuent à tailler, assembler et décorer.

L'art religieux dans l'adversité

Terre orthodoxe, le Maramureş n'a conservé que quelques édifices religieux construits avant 1717, date du dernier grand passage des Tatars, qui détruisirent la plupart des églises.

À la même époque, une tourmente géopolitique et culturelle agitait cette partie de l'Europe: la principauté de Transylvanie, dont le Maramureş fait partie, était intégrée à la Hongrie. Les orthodoxes roumains furent contraints de passer à l'Église gréco-catholique, dite uniate, récemment promue par les autorités impériales. L'Europe centrale vit s'affronter Réforme et Contre-Réforme. Reléguée dans ses villages, la culture orthodoxe roumaine se replia autour de ses **églises en bois**, symboles de la cohésion de la communauté.

Aujourd'hui, les **peintures** qui éclairent la pénombre parfumée des églises en bois du Maramureş témoignent de cette émouvante communion entre les paysans et leur église. La plupart d'entre elles ont été exécutées par des peintres originaires des villages de la région entre le XVIIIe s. et le début du XIXe s., sous la vigilance des prêtres gréco-catholiques, à l'occasion de la réfection ou de la reconstruction des églises détruites par les Tatars. Circulant en Transylvanie et en Maramureş, ces peintres décoraient les églises et peignaient des icônes. Ils disséminaient ainsi thèmes et modes d'expression. •

Sighet et ses environs★

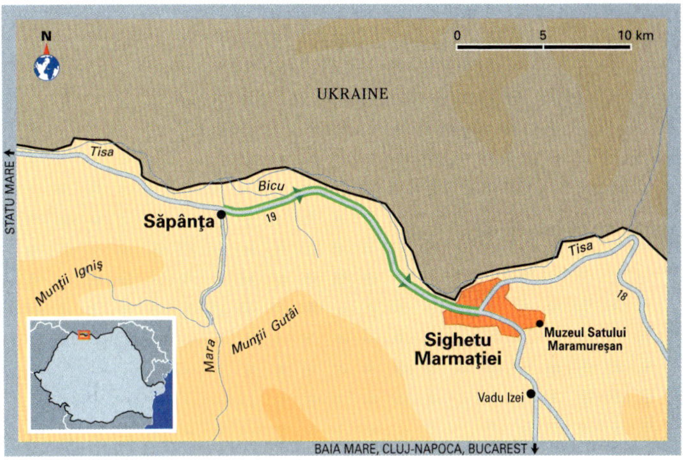

Aborder le Maramureş par sa ville principale, nourrie de l'atmosphère cosmopolite d'Europe centrale, est une bonne entrée en matière pour visiter la région : ses foires et ses musées vous fournissent des clés pour mieux découvrir la civilisation villageoise des vallées voisines. Et le cimetière de Săpânţa donne un premier aperçu de la verve poétique qui anime les paysans d'ici.

À peine 2 heures en voiture suffisent, en partant de Satu Mare (frontières de Petea ou Valea lui Mihai), pour atteindre la vallée de la Tisa : jusqu'à Sighet alternent des villages peuplés de Roumains, de Hongrois ou d'Ukrainiens (les Ruthènes).

programme

Si vous venez en voiture en Roumanie, **Săpânţa** peut constituer une excellente première étape. Une bonne demi-journée suffit à découvrir le bourg (vous pouvez dormir sur place). Vous trouverez à **Sighetu Marmaţiei** tous les services (station-service acceptant les cartes de crédit, distributeurs de billets). Une demi-journée est nécessaire pour visiter les musées, le marché et la foire. **Hébergement** à Săpânţa et Sighet.

> ***Carnet d'adresses*** *p. 216.* ●

Săpânţa★

> 86 km E de Satu Mare par la DN 1 C et la DN 19. ***Carnet d'adresses*** *p. 218.*

Vieux foyer de culture roumaine, Săpânţa doit sa célébrité à son cimetière et aux croix de bois vivement colorées par un peintre-paysan qui ornent ses tombes.

♥ Le cimetière★★★

> ***Cimitirul Vesel****. Situé au centre du village. Ouv. t.l.j. 7 h-19 h. Entrée payante. Visite : au moins 1 h.*

Dès l'entrée de ce cimetière, qualifié un peu hâtivement de « joyeux », le visiteur ne sait où donner de la tête parmi ce foisonnement de croix d'un bleu intense rehaussé de cou-

La « stâna »

Les communautés villageoises entretiennent une tradition pastorale vivace dont les rituels gravitent autour de la bergerie, la stâna. *Ce nom quasiment magique évoque une organisation minutieuse et un univers plein de mystère marquant la lisière entre le sauvage et le domestique, entre l'homme et la bête, entre le rationnel et le surnaturel.*

Un calendrier rituel

Une *stâna* est formée de cinq à six troupeaux (ou *botei*) de brebis. La *stâna* reste autour du village jusqu'à la fin mai, puis elle est menée vers les pâturages de montagne (de 2 à 6 jours de marche du village) par les bergers, qui y retrouvent leurs cabanes de bois. Elle est administrée par le maître de bergerie *(gazda de stâna)*, un paysan du village, souvent celui qui dispose du plus grand nombre de brebis. Visitant régulièrement la bergerie, ce maître veille au respect des rituels et au fonctionnement de l'ensemble. Il fournit tous les ustensiles nécessaires : chaudrons de cuivre, louches, récipients de bois. Un berger plus ancien, le *baciu*, dirige l'équipe de bergers et règne sur la fabrication du fromage. Par *botei* de 200 brebis, trois hommes sont engagés : le berger, son assistant et un jeune apprenti. « Berger » se dit ici *păcurar*, nom d'origine latine *(pecuarius)*, alors que dans le reste de la Roumanie on emploie un terme d'origine turque : *cioban*. En hiver, chaque famille garde ses bêtes (de 2 à 12 par famille). Dès avril, elles sont confiées aux bergers, qui les font paître autour du village jusqu'au départ pour la montagne. Et en mai a lieu le moment très attendu de la mesure du lait, ou collecte de la mesure (***mulsul măsurii***).

D'énormes chiens protègent les troupeaux des attaques des ours et des loups.

Ruptul sterpelor

Au printemps, dans la première moitié de mai, a lieu la **séparation des brebis** *(ruptul sterpelor)* qui donnent du lait de celles qui n'en ont pas. Les propriétaires amènent leurs bêtes, brebis et chèvres. C'est le moment de la mesure du lait. La quantité de lait que donnent les bêtes ce jour-là sert à fixer la quantité de fromage que leur propriétaire recevra durant l'été. Vers midi, au son lugubre de longues trompes de métal, les familles se réunissent autour de la *stâna*, au milieu duquel est dressé un petit sapin chargé de couronnes de pain et de fleurs. Les seaux *(budac)* sont renversés, le fond vers le ciel. Les brebis sont amenées devant chaque trayeur. Après une brève célébration, le prêtre bénit les bêtes, les bergers, la bergerie, les instruments. Le maître de bergerie fait réciter un *Notre Père* et la mesure peut commencer. Puis viennent de longues agapes bien arrosées d'alcool de prune au son des violons, entrecoupées de rituels proches de la magie : le maître de bergerie arrose les brebis avec l'eau qui a servi à nettoyer les seaux. Le mugissement des trompes de berger emplit l'atmosphère de mystère.

À Botiza, Ieud ou Poienile Izei, vos hôtes peuvent vous conduire à la *stâna* *(carnet d'adresses p. 216)*. ●

Deux fois par jour, les brebis sont réunies dans un enclos pour la traite.

Sorti du chaudron, le fromage frais est mis à égoutter dans des torchons.

La chronique naïve d'un bon demi-siècle de la vie de Săpânța défile sous vos yeux dans son cimetière.

leurs éclatantes. Pendant une quarantaine d'années, un des sculpteurs du village, **Ion Stan Patras** (1909-1977), a consacré sa vie aux morts, entretenant leur mémoire de singulière façon. Il a ciselé pour chacun une croix portant un hommage personnalisé : une petite scène en bas-relief, peinte de couleurs vives, résume le trait principal de la vie du défunt ou les circonstances de sa mort. En dessous, une courte épitaphe complète le tableau : le mort se présente humblement, parfois avec humour, toujours avec tendresse, à celui qui s'arrête devant sa tombe.

On retrouve la verve et l'humour des gens de Maramureș ainsi que, dans les épitaphes, leur langage imagé. L'ivrogne est représenté la bouteille à la main (la scène revient souvent !) ; le coureur de jupons, entouré de femmes ; la paysanne modèle, trayant sa vache ; le berger avec ses brebis et le musicien avec son violon. Mais le cimetière est loin d'être aussi joyeux que le prétendent les brochures touristiques. Elle est bien triste, en effet, l'histoire de ce berger décapité par un soldat hongrois, ou bien celle de Mihai Stan Patras, soldat de la Première Guerre mondiale, jamais revenu du front d'Italie et laissant une veuve et trois enfants, dont Ion Stan, le sculpteur lui-même. Les scènes qui ornent les tombes d'enfants sont bouleversantes : une petite fille percutée par une voiture (dont on lit la plaque d'immatriculation) ; une autre, n'ayant même pas atteint l'âge d'un an, figurée avec les ailes d'un ange. À chaque fois, le court poème crie la déchirure des parents, qui est celle de toute une communauté et aussi celle du sculpteur, collecteur et interprète des douleurs du village.

Ion Stan avait préparé sa propre croix, qui figure en bonne place, face à l'entrée de l'église. Un de ses apprentis maintient en activité l'ancien atelier.

L'atelier-musée*

> En sortant du cimetière, prenez à g. deux fois. Après 300 m, dans une rue non asphaltée, tournez de nouveau à g. Ouv. t.l.j. Entrée payante.

Avec modestie, **Dumitru Pop** poursuit aujourd'hui l'œuvre de son maître. Il restaure les planches les plus usagées et continue à graver le mémorial du village. Il sculpte et peint des meubles et des objets pieux. La maison est aménagée en musée. Hélas, faute de soutien financier, on ne peut voir l'ensemble des pièces qui sont ici conservées. Le vieux Ion Stan créait aussi des meubles et exécutait des tableaux de commande, comme cet incroyable hommage à l'un des congrès du Parti communiste ou encore les portraits des époux Ceaușescu.

Le monastère de Peri*

*> **Mănăstirea Peri**. De la rue du cimetière, regagnez la route principale et tournez à dr. vers Sighetu Marmației. Après 300 m, prenez à g. Juste après un petit pont, un chemin descend le long du ruisseau. Après 1 km, vous trouvez le chantier dans une forêt de chênes.*

Un monastère portant ce nom existait sur l'autre rive de la Tisa, aujourd'hui en Ukraine. Son souvenir revêt une importance particulière pour les gens d'ici: en 1394, le patriarcat de Constantinople lui accordait un statut d'autonomie, signe d'une profonde implantation orthodoxe. Depuis le début des années 1990, un projet de reconstruction est mené de l'autre côté de la Tisa, à Săpânța, vis-à-vis de Peri. Un chantier a été ouvert dans la forêt. Les constructeurs utilisent les chênes au fur et à mesure des besoins, perpétuant les méthodes ancestrales des modestes bâtisseurs d'églises de Maramureș.

attention

Il est interdit de photographier à l'intérieur des églises.

Sighetu Marmației

*> Env. 600 km N-O de Bucarest, 105 km E de Satu Mare et 19 km E de Săpânța par la DN 1 C et la DN 19. **Carnet d'adresses** p. 218.*

Sighetu Marmației, que les gens du cru appellent **Sighet**, a conservé le cachet des villes commerçantes de l'Empire austro-hongrois malgré quelques regrettables constructions. Cette ville est restée dépositaire de la mémoire complexe de la région.

Le cœur de la ville s'étend autour de la longue **avenue – ou place – centrale** *(**piața Libertății**)*, à proximité de laquelle on trouve, outre tous les services, le Musée ethnographique, le Mémorial des victimes du communisme, la maison-musée d'Elie Wiesel, le marché alimentaire. Le bazar ukrainien, le champ de foire et le musée en plein air se trouvent à la sortie, en direction de Baia Mare et Vadu Izei.

Le Musée ethnographique**

*> **Muzeul de Etnografie**. Str. Libertății, 15 ☎ 31.15.21. Ouv. t.l.j. sf lun. 10 h-18 h. Entrée payante. Visite: env. 1 h.*

C'est une introduction idéale à un séjour en Maramureș. L'univers du bois y occupe une large place: portes sculptées, objets domestiques, mobilier. Mais aussi un superbe éventail des savoir-faire du textile: couvertures et tapis de laine, costumes traditionnels. Belle collection d'icônes sur verre et sur bois.

Une intéressante annexe en plein air du musée se trouve en dehors de la ville *(p. 202)*.

Le Mémorial de la résistance et des victimes du communisme**

*> **Memorialul Victimelor Comunismului și al Rezistenței**. Traversez la piața Libertății et prenez la première rue à dr. après la mairie. Str. Corneliu Coposu, 4 ☎ 31.94.24. Ouv. t.l.j sf lun. 10 h-18 h. Entrée payante.*

Aménagé dans l'ancienne prison, ce mémorial présente avec sobriété l'un des visages les moins connus de la barbarie communiste. Vous découvrez le monde ordinaire du détenu, la cour de promenade ou les cellules, tandis que les nombreux documents exposés traduisent dans leur sécheresse toute l'étendue de la souffrance.

Entre ces murs, l'élite politique roumaine d'avant 1940 a été lentement liquidée, ainsi que des prêtres et des évêques de l'Église uniate (gréco-catholique, prépondérante en Maramureş mais interdite à partir de 1948), ou même de simples villageois, membres de la résistance anticommuniste active dans les forêts de la région.

La ville juive*

> *Retournez sur la piața Libertății et traversez-la au niveau d'un petit parc.*

Sighet était l'un des phares de la culture juive d'Europe centrale. En 1930, 34 000 juifs vivent en Maramureş. Parmi eux se trouvent même des paysans : il existe alors des bergeries casher sur les monts de Rodna et dans les monts de Maramureş. Cette communauté est évoquée dans *Tous les fleuves vont à la mer* par le plus célèbre de ses enfants : **Élie Wiesel** *(p. 328)*, né ici en 1928, déporté en 1944. La maison natale du prix Nobel *(**Casa Memorială Elie Wiesel**, **Muzeul Culturii Evreiesti din Maramureş**; str. Tudor Vladimirescu, 1 ☎ 31.15.21 ; ouv. lun.-ven. 9 h-15 h; entrée payante)* a été transformée en **musée de la Culture juive de Maramureş***. Non loin se trouve la **synagogue Wijnitzer Klaus** *(str. Basarabia, 10)*. La maison voisine *(str. Basarabia, 8 ☎ 31.16.52)* abrite le siège de la communauté juive de Sighet : pour visiter la synagogue ou le **cimetière juif** *(**Cimitirul Evreiesc**; au S de la ville)*, il faut s'adresser ici.

Dans la plupart des villages de la région, vous reconnaîtrez les maisons ayant appartenu à des familles juives à l'encadrement des fenêtres, dont chaque angle est doublé. C'est le cas de l'ancienne **auberge Drimer** de Bârsana *(p. 210)*, reconstituée aujourd'hui dans le musée du village *(ci-dessous)*.

© Pierre Soissons

Porte sculptée de Maramureş.

Le musée du village de Maramureş**

> ***Muzeul Satului Maramureşan**. À la sortie de Sighet vers Baia Mare, petite rue à g., 400 m après la station-service Petrom, panneau signalétique. Str. Muzeului, 1 ☎ 31.42.29. Ouv. t.l.j. sf lun. 10 h-18 h. Entrée payante.*

L'annexe en plein air du Musée ethnographique *(p. 201)* complète idéalement la visite de ce dernier. Dans le cadre bucolique d'une colline dominant la plaine de la Tisa, il présente un large éventail de la civilisation du bois en Maramureş à travers une compilation de vieilles maisons et de bâtiments agricoles réunis autour d'une belle église. L'espace d'accueil propose une documentation détaillée sur cet écomusée et sur la région. •

Les vallées de la Mara et du Cosău★★★

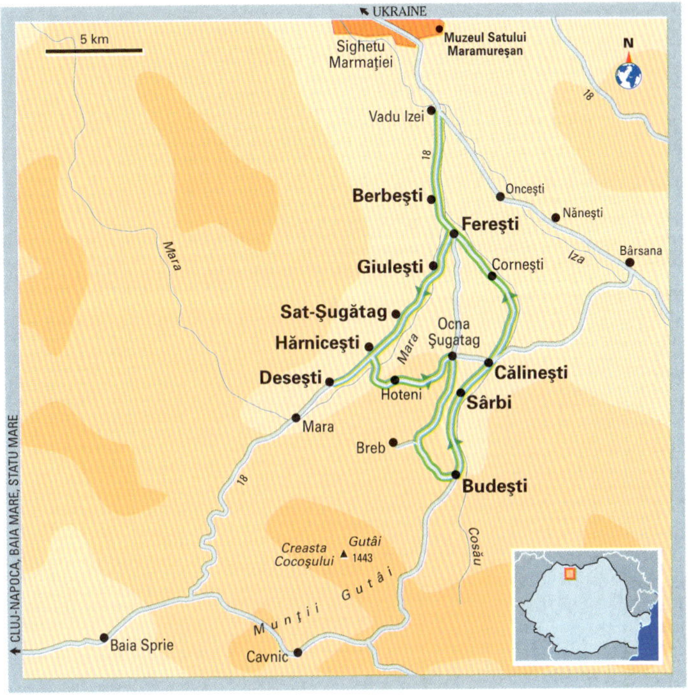

Des montagnes d'origine volcanique, la « Crête de coq » (***Creasta Cocoșului***, 1 428 m) et l'imposant **massif de Gutâi** (1 443 m), aux crêtes couvertes de myrtilles, veillent sur ce paysage touffu et grouillant de vie. Les vallées les plus traditionnelles de Maramureș réunissent une dizaine d'églises en bois et de paisibles villages.

Chaque maison règne sur un enclos qui comprend un verger, un jardin et plusieurs constructions utilitaires: puits, granges, grenier à foin et autres. Les enfants partagent la cour avec la grand-mère, qui file la laine, mais aussi avec la volaille et les chats. Des casseroles sont accrochées aux murs ou sur les arbres du jardin. Les draps bordés de dentelle, les tissus brodés, les jupes fleuries ou les chemises blanches sèchent au-dessus des choux.

programme

Circuit d'environ 70 km autour de **Vadu Izei** à faire en une journée. La DN 18 Sighetu Marmației-Baia Mare parcourt la **vallée de la Mara**, d'où une petite route mène en **vallée du Cosău** et au village le plus en amont, **Budești**. De là, la route suit la vallée. **Hébergement** à Vadu Izei.

> ***Carnet d'adresses*** *p. 216.*

Portails sculptés

Les portails de bois dressent encore leur silhouette le long des villages de Maramureş. Ils témoignent d'un savoir-faire qui a traversé les siècles et perpétuent, dans la symbolique de leur ornementation, une vision de l'univers venue des temps les plus lointains.

Un savoir-faire

Les auteurs de ces chefs-d'œuvre sont de modestes artisans de village. La **maîtrise technique** est doublée d'un sens esthétique qui ne doit rien au hasard : le sculpteur respecte des règles immémoriales d'ornementation dont lui-même ne perçoit pas toujours la **portée symbolique**. Tout au plus introduit-il quelques notes personnelles dans les frises et dentelures. Le portail est soutenu par trois piliers de chêne, ornés de sculptures en ronde bosse, qui encadrent une petite porte, utilisée par les piétons, et une grande, où passent les charrettes. Le tout est couronné d'un petit toit de tavaillons *(draniţa)*. Mais cet ensemble n'est pas qu'un simple élément de décor.

La limite entre deux mondes

Le portail monumental marque de façon théâtrale la limite entre l'univers domestique et le monde extérieur, chargé de périls. Doté de **fonctions magiques**, il est une sorte d'obstacle contre le mal. Sur le seuil, on déposait de l'argent, du basilic et de l'eau bénite pour éloigner les maladies.

Le serpent joue un rôle complexe : avant d'être le mal qui tente Ève, il a longtemps été le protecteur de la maison et le guérisseur (l'emblème de la médecine).

© Diane Dufresne

© Bernard Houliat

© Pierre Soissons

Le portail est orné de motifs aux **significations symboliques** universelles comme les cercles, métaphore du soleil, ou la corde et ses branches qui s'élèvent en diagonale, représentant l'arbre de vie : c'est la variante locale du culte universel de l'arbre, que l'on retrouve sur les calvaires d'Olténie, dans le bouquet qui vient couronner la maison lorsque la charpente est achevée ou que l'on plante traditionnellement sur les tombes.

Les portails fabriqués de nos jours, souvent surchargés, tendent à perdre leur sens magique.

La corde torsadée représente l'infini. On la retrouve aussi sur les murs extérieurs des églises. Les disques et rosaces représentent le soleil, symbole de la vie, objet d'un culte universel.

© Bernard Houliat

© Bernard Houliat

Vadu Izei

> 6 km S de Sighetu Marmației par la DN 18. **Carnet d'adresses** p. 219.

Au confluent des vallées de la Mara et de l'Iza, Vadu Izei est renommé pour **ses artisans** : sculpteurs sur bois (les portails de ce village comptent parmi les plus intéressants de la région), tisseuses et même un peintre d'icônes sur verre, Ion Borlean, qui propose aussi des chambres d'hôtes *(p. 219)*. Ce village est un excellent point de départ pour explorer les vallées de la Mara et du Cosău.

La vallée de la Mara★

> De Vadu Izei, en dir. de Baia Mare (S) par la DN 18.

Après 2 km, à l'entrée de **Berbești**, à droite, se trouve le **calvaire de bois des Rednic★** *(**Troiță Rednicenilor**)*, du XVIIIe s. : un abri couvert de bardeaux protège le Christ et les autres personnages, patinés par le temps. Il reste encore de vieilles maisons, de superbes portails et une activité débordante dans les villages de **Berbești★**, de **Ferești★** et de **Giulești★**.

© Diane Dufresne

Les personnages du calvaire des Rednic semblent plongés dans un recueillement profond.

À **Sat-Șugatag★**, l'**église en bois★** *(dans le cimetière ; pour visiter, contacter le prêtre Vasile Danci, maison n° 87 ☎ 37.49.78)* a fort belle allure.

Après env. 3 km, vous atteignez **Hărnicești★**. Dans un cimetière noyé parmi la végétation trône discrètement l'**église en bois★** *(au centre du village, tournez à dr. ; pour visiter, contactez le prêtre Ștefan Peter ☎ 37.26.79)*. À l'intérieur sont conservées des **icônes** de valeur.

♥ L'église de Desești★★

> 20 km S de Vadu Izei, env. 3 km S de Hărnicești, à 150 m de la DN 18. Au centre du village, prenez le chemin qui monte à dr. face à l'école. Pour visiter, contacter le prêtre Ion Sigartău, près de l'église ☎ 37.26.14. Entrée payante.

Cette église dédiée à sainte Paraschiva date de 1770. Réalisée en 1780 et restaurée dans les années 1990, la peinture intérieure est le chef-d'œuvre de **Radu Munteanu** *(encadré p. 208)*, originaire d'Ungureni en pays de Lăpuș (de l'autre côté de la montagne), et de Gheorghe Zugravul.

Dès l'entrée de l'église, vous êtes pris dans un univers enchanté et plein de fraîcheur qui évoque celui des contes populaires. Peints sur fond coloré ou pastel, les différents ensembles sont délimités par des frises de motifs végétaux.

Sur la voûte du naos↪, côté sud, est représentée la **Genèse** : créant **Adam** puis **Ève**, Dieu montre un visage paternel, mélange de sévérité et de bonté, dans un décor rose parsemé d'étoiles et d'anges. La rusticité du peintre se remarque dans la gaucherie d'Adam, qui a du mal à tenir sur ses jambes. Sur la paroi opposée, l'assassinat d'**Abel** par **Caïn**, tous deux fils d'Adam et Ève, inaugure une série de péchés. Un ange inflige des coups de trident aux villes de **Sodome** et **Gomorrhe** (paroi nord du naos, base de la voûte), représentées la tête en bas ; le ciel se trouve lui-même en dessous. Les premiers registres se réfèrent également à l'Ancien Testament et à quelques péchés graves montrés pour l'exemple.

Juste en dessous, au niveau des fenêtres, s'établit le parallèle avec le Nouveau Testament et la Rédemption des péchés : le **cycle de la Passion** déployé en 16 scènes autour du naos illustre les derniers jours de Jésus, de son arrestation à sa crucifixion et à sa mise au tombeau. Le Christ du **Jugement dernier** domine le **pronaos** ↪, au-dessus de la porte qui communique avec le **naos**. Entouré d'apôtres, il trône et décide du sort des hommes à la fin des temps. En dessous, de part et d'autre, Adam et Ève sont représentés à genoux. Sur la paroi nord, les justes ; en face, les pécheurs, en costumes pittoresques : Juifs, Turcs, Tatars, Allemands et, dans le coin, sur la paroi ouest, d'énigmatiques « Francs » *(frânci)*.

Avec Radu Munteanu, la peinture murale se rapproche nettement du style rustique des icônes sur verre : aplats colorés ou ligne claire du dessin aux contours nets. Préoccupé de l'effet décoratif, le peintre-paysan prend ici quelques libertés avec le programme iconographique post-byzantin, notamment dans la succession des scènes.

L'église de Deseşti contient aussi des icônes sur bois du XVIIIe s. et des icônes sur verre du XIXe s.

Entre la Mara et le Cosău**

> Revenus à Hărniceşti, prenez à dr. la petite route d'Ocna Şugatag (O).

La route traverse **Hoteni**, où chaque deuxième dimanche de mai se tient la spectaculaire fête de **Tănjeaua de pe Mara***, qui célèbre le printemps. En direction de Budeşti *(2 km après Hoteni, laissant Ocna Şugatag à g., prenez à dr.)*, la route suit la crête avec, en contrebas à gauche, le chapelet ininterrompu des maisons de **Sârbi**. Les **hauteurs de Breb*** offrent un des plus beaux paysages agricoles de Maramureş, fait de cultures en mosaïque (maïs et haricots, pommes de terre et jardins) et de prairies à foin piquetées d'arbres (bouleaux, frênes, trembles, chênes et fruitiers).

© Pierre Soissons

En vallée de Mara, cette façon astucieuse et hygiénique de sécher les casseroles indiquerait aussi qu'il y a une fille à marier.

La vallée du Cosău***

Dans cet univers palpite encore l'âme du Maramureş : vieilles maisons, moulins, foulons, lavoirs, alambics s'égrènent le long du Cosău tandis que de nombreux paysans continuent à vivre dans un monde à terme condamné. Contrairement à d'autres, la vallée reste étonnamment harmonieuse. C'est pourquoi il faut la visiter d'urgence !

peinture

Programme iconographique

Terre orthodoxe passée au culte gréco-catholique au XVIIIe s. *(p. 54)*, le pays de Maramureş suit la tradition artistique post-byzantine, qu'alimentent les échanges avec la Moldavie voisine. Disposant d'une place réduite, le programme iconographique varie peu d'une église à l'autre et prend un sens moralisateur. Dans le **naos** ↪ sont représentées des scènes de l'Ancien Testament où la **création d'Adam et Ève** et le **péché originel** figurent en bonne place. En parallèle s'étalent des scènes du Nouveau Testament, essentiellement le **cycle de la Passion**, à savoir les derniers jours de la vie du Christ, de son arrestation à sa crucifixion et sa mise au tombeau. Ces épisodes annoncent la **rédemption des péchés**. Cependant les peintres s'éloignent peu à peu des normes byzantines et privilégient l'effet décoratif, intégrant çà et là une influence occidentale baroquisante, comme à Bârsana *(p. 210)*. Les peintures murales de Maramureş affichent une spontanéité candide qui leur confère un charme inimitable. Leurs auteurs œuvraient pour des communautés rurales dont ils partageaient le quotidien et l'imaginaire, leur langage pictural imagé rappelle la verve et la gaieté des gens de cette région que l'on peut toujours sentir dans les villages et qui s'exprime aussi au cimetière de Săpânta *(p. 197)*.

Trois maîtres et trois styles vous donnent rendez-vous : **Alexandru Ponehalski** à Budeşti-Susani *(ci-dessous)*, Calineşti-Câieni *(p. 209)* et Ieud *(p. 213)*, **Radu Munteanu** à Deseşti *(p. 206)*, **Toader Hodor** à Bârsana *(p. 210)*. •

Budeşti*

> 20 km S de Vadu Izei, 7 km S d'Ocna Şugatag. De la partie haute de Budeşti, tournez à dr. vers la vallée.

Quadrillé de ruelles empierrées ou en terre, ce village suit les rondeurs qui encadrent le Cosău.

• **L'église d'en haut**** *(**Biserica din Budeşti-Susani**). Du centre du village, prenez à pied, presque en face de l'église du bas, la route qui suit la rivière; 1 km en amont, sur la rive g., se dissimule l'église.* Construite en 1760, à la place d'une église plus ancienne dont il ne reste que les portes impériales (1628), elle conserve seulement sur une partie des parois du naos ↪, de l'iconostase ↪ et du sanctuaire ↪, des peintures réalisées par **Alexandru Ponehalski** *(encadré ci-dessus)*. Du rouge, du bleu, du vert et du jaune donnent aux illustrations l'aspect de miniatures.

Sur la paroi nord du naos, des scènes de l'Ancien Testament. Les douces collines du paradis ressemblent à celles du Maramureş et sont peuplées d'une faune familière ou imaginaire, traitée avec un dessin gauche plein de poésie ; chien, chevaux, loup, cerf, chèvre, ours, agneau ou sanglier côtoient un chameau, un éléphant, un lion à visage humain, un centaure, un être mi-oiseau, mi-quadrupède, une sirène. **Adam** et **Ève** sont accablés de chagrin en franchissant la porte du paradis. Remarquez aussi l'expression d'Adam en train de labourer et celle d'Ève qui file la laine.

Sur la paroi sud, contre l'iconostase, la représentation de la Cène est influencée par la tradition grecque : la table du dernier repas du Christ avec les apôtres a la forme de la lettre oméga. Le Christ montre un visage dévoré par de grands yeux tristes.

• **L'église d'en bas**★★ *(Biserica din Budeşti-Josani). Dans la rue principale du village.* Un portail marque l'accès à l'église, dédiée en 1628 à Sfântu Nicoară. Surmontant le pronaos ↪, la flèche du clocher s'accompagne de quatre clochetons, exemple unique en Maramureş. À l'intérieur est conservée une partie de la cotte de mailles du fameux haïdouk Pintea Viteazul *(p. 39)*, un Robin des Bois local, qui se fit remarquer en luttant contre l'occupant impérial. La peinture intérieure n'est conservée qu'en partie, mais ses couleurs et sa luminosité désignent l'œuvre d'**Alexandru Ponehalski** en 1762.

Sârbi★★

> 16 km S de Vadu Izei, 4 km N de Budeşti.

• **L'église d'en haut**★★ *(Biserica din Sârbi-Susani). À 1 km de l'entrée du village, un panneau indique à g. « Biserica ».* Un chemin ombragé escalade la colline, traversant le cimetière. Le site est l'un des plus émouvants de Maramureş. Pendant les cérémonies, l'assistance se masse autour de l'église, trop petite, et s'éparpille en taches colorées au milieu des tombes et des arbres, notamment le 12 octobre, fête de sainte Paraschiva, patronne de l'église. Celle-ci a été construite en 1532, en madriers de chêne de 60 cm de largeur, assemblés en queue d'aronde. Une ceinture sculptée en forme de corde torse entoure le bâtiment, qui contient des icônes sur bois du XVIIIe s. peintes par Radu Munteanu.

• **L'église d'en bas**★ *(Biserica din Sârbi-Josani).* Flânant entre la rivière et les vieilles maisons aux portails en bois fatigués, la route passe sous l'**église d'en bas**★, qui occupe également un site superbe. Construite en 1665, celle-ci est dorénavant utilisée par les gréco-catholiques.

La visite de Sârbi s'achève avec un alambic et un **lavoir** *(à dr. de la route)*, tandis que se profilent les premières maisons du village suivant.

Călineşti★

> 13 km S de Vadu Izei, 3 km N de Sârbi.

• **L'église d'en haut**★ *(Biserica din Călineşti-Susani). À g. dans la rue principale.* L'accès à l'église se fait par un portail en bois et une allée en pente qu'empruntent chaque dimanche les fidèles en habits traditionnels.

• **L'église de Câieni**★★ *(Biserica din Câieni). Sur la route menant à Bârsana, prenez le chemin en face de la maison n° 385.* Élevée en 1663, l'**église de Câieni** ou « d'en bas » *(Josani)* fut peinte en 1754 par **Alexandru Ponehalski** qui, disposant de peu de place, se vit obligé de simplifier son langage iconographique. Cela ne diminue en rien l'expressivité de la plupart des scènes, notamment le **Chemin de croix** ↪ (paroi nord du naos ↪) et la **Crucifixion**. À noter, au milieu du **Jugement dernier**, sur la paroi est du pronaos ↪, trois icônes peintes à même le mur : celles du Christ, de la Mère et de l'Enfant, qui dégagent une grande sérénité.

De Călineşti, *via* **Corneşti** (église peinte par Toader Hodor) et **Fereşti**, il reste 17 km au milieu d'une vie rurale intense avant de revenir à Vadu Izei *(p. 206)*. •

La vallée de l'Iza★

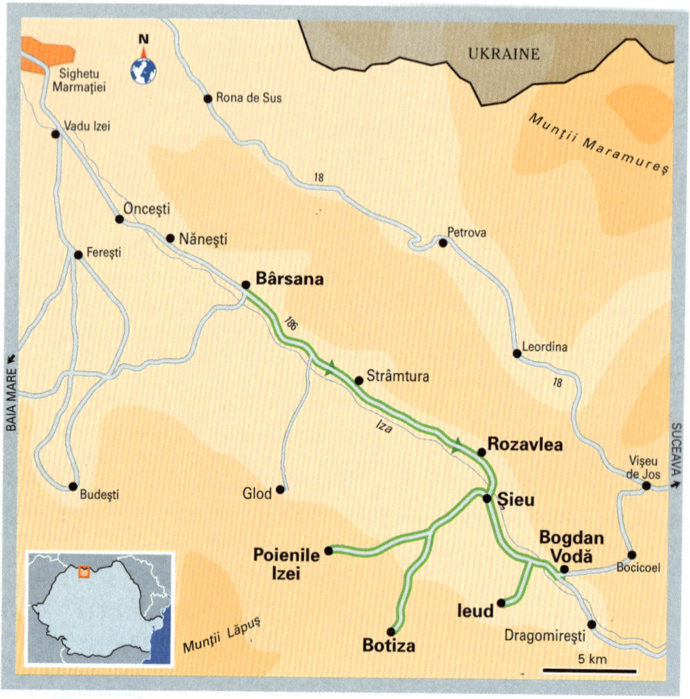

Plus ouverte aux influences extérieures, la vallée de l'Iza voit disparaître lentement son patrimoine architectural. Cependant, subsistent encore de superbes églises en bois, des maisons traditionnelles et une jovialité communicative que vous ne pouvez apprécier qu'en séjournant dans un village.

De Vadu Izei *(p. 206)*, prenez la DJ 186. Vous traversez **Oncești**★, où persistent de délicieux petits portails en bois sculpté, et Nănești, avant d'arriver à Bârsana.

L'église de Bârsana★★

> 12 km S-E de Vadu Izei par la DJ 186. Au centre du village, prendre à g. une rue qui monte vers l'église. Pour visiter, contacter le prêtre Gheorghe Urda ☎ 33.10.06.

Un document de 1391 signale déjà l'existence d'un monastère, disparu lors du passage des orthodoxes roumains au culte gréco-catholique *(p. 54)*. En 1720, son église en bois est déplacée sur son site actuel.

Réalisée en 1806, la peinture est l'œuvre majeure de **Toader Hodor**, originaire de la vallée voisine de Vișeu, à qui l'on doit l'apparition tardive et timide du style baroque dans les églises rurales de Maramureș

programme

Il est préférable de séjourner 2 ou 3 jours dans l'un des villages des vallées affluentes : Ieud, Botiza ou Poienile Izei. Évitez les propositions d'hébergement le long des routes, de même que les bureaux d'information dans les villages.

> ***Carnet d'adresses*** p. 216.

(encadré p. 208). Loin d'emprunter à cet art la veine tragique et monumentale, le peintre en adopte les envolées décoratives et le sens du spectaculaire. Il conçoit des ensembles picturaux cohérents, au sein desquels il donne libre cours à sa fantaisie, avec une visible désinvolture.

Les teintes dominantes (blanc, bleu et rouge) sont vives et contrastées. L'iconostase ↪ éclaire le naos ↪ de couleurs fraîches, tandis que, parcourues de volutes végétales, de courbes et contre-courbes, les portes impériales laissent voir le sanctuaire ↪: derrière l'autel, sur les parois, on aperçoit les chérubins, au corps couverts d'yeux, et les séraphins. Sur la voûte du naos, saint Élie apparaît au sein d'une composition dynamique, tandis que Dieu le Père, les archanges et les Évangélistes figurent dans des médaillons baroques.

Reprenez la route principale, bordée de portails (p. 204). Vers la sortie du village, à l'emplacement de l'ancien couvent et s'inspirant de la tradition des églises en bois, un **ensemble monastique** lourd et grandiloquent a vu le jour à partir de 1992.

L'église de Rozavlea*

> 25 km S-E de Vadu Izei, 12 km S-E de Bârsana par la DJ 186. Après le centre du village, sur la dr. Pour visiter, contacter le prêtre, maison n° 235 ☎ 33.32.11.

Bâtie entre 1717 et 1720, l'église dédiée aux saints archanges Michel et Gabriel se dresse sur l'emplacement d'une précédente brûlée par les Tatars. Le superbe décor intérieur a été réalisé entre 1823 et 1825 par **Ion Plohod**, de Dragomireşti, qui était l'assistant de Hodor à Bârsana.

L'église de Şieu*

> 29 km S-E de Vadu Izei, 4 km S-E de Rozavlea par la DJ 186. Au carrefour, prenez à dr. vers Botiza. Pour visiter, contacter le prêtre, maison n° 602 ☎ 33.30.25.

L'harmonieuse église du village à la douce lumière intérieure est agrémentée de peintures attribuées à **Ion Plohod**.

Parmi les ruelles d'un village de la vallée de l'Iza.

Sortie de la messe à Botiza.

Botiza*

> 39 km S-E de Vadu Izei, 10 km S de Șieu par la DJ 186. De Șieu, tournez à dr. **Carnet d'adresses** p. 216.

Le village, encaissé dans deux vallées, est connu pour la truculence et la roublardise de ses habitants. Sur le flanc d'une colline, en partie masquée par un colosse de béton, l'**église en bois***, dédiée à sainte Paraschiva, veille sur le cimetière. L'élevage reste ici une des ressources essentielles des paysans, très attachés aux coutumes liées au pastoralisme *(encadré p. 198)*. La confection de tapis *(encadré p. 217)* avec de la laine teintée de couleurs végétales est aussi une vieille tradition locale.

♥ Poienile Izei**

> 42 km S-E de Vadu Izei, 15 km S de Șieu par la DJ 186. De Botiza, retournez vers Șieu, avant le village prenez à g. **Carnet d'adresses** p. 218.

Dans un amphithéâtre de cultures, de prairies et de forêts, ce site dégage une grande harmonie, même si les vieilles maisons en bois sont peu à peu remplacées par de lourdes constructions. Ce village a donné de grands musiciens, comme les Giurg et le modeste Ion de la Cruce.

Plus que Botiza, trop touristique, Poienile Izei offre des conditions idéales pour passer plusieurs jours: un paysage superbe, des chambres d'hôtes de grande qualité *(p. 218)*, la dimension réduite du village, qui vous offre une immersion chaleureuse dans la vie locale.

• **L'église en bois****. *Pour visiter, contacter le prêtre, maison n° 210 ☎ 33.43.21. Entrée payante.* Superbe, dans l'enclos du cimetière où se déroulent encore des messes en plein air, elle possède une grâce que n'aura jamais l'église construite récemment non loin de là. Réalisée en 1794 par un maître local, la peinture intérieure se compose de scènes amples, trois ou quatre par registre, insérées dans des cadres. Sur les parois du naos ↪, les registres supérieurs sont consacrés à la **Passion** en 18 épisodes.

Sur la paroi sud, au-dessus de la fenêtre près du pronaos ↪, la scène du **Couronnement d'épines** montre Jésus couvert de plaies sanglantes. Vis-à-vis, sur la paroi nord, un pélican se déchire le torse pour nourrir ses enfants de son sang: symbole du Christ crucifié, percé de lances, pour sauver le monde. Les parois du pronaos sont consacrées selon la tradition au **Jugement dernier**. Au centre de la paroi ouest, au-dessus de la porte d'entrée, Jésus entouré de ses apôtres préside le jugement des hommes. À la porte d'entrée, au milieu de la paroi nord, des détails crus et réalistes informent le pécheur de ce qui l'attend en enfer: le menteur est pendu par la langue, celui qui laboure le dimanche est labouré par deux diables, l'avorteuse avale un enfant, celui qui dort pendant la messe est étendu sur un lit tandis que le diable lui joue un air de violon ; le forgeron est gonflé par son soufflet ; le bottier malhonnête se voit enfoncer un clou dans le derrière. En bas, Judas le traître disparaît dans la gueule du Léviathan.

Ieud**

> 40 km S-E de Vadu Izei, 4 km S-E de Şieu par la DJ 186. De Şieu, tournez à dr. ***Carnet d'adresses*** *p. 217.*

Ieud s'étale sur des kilomètres le long d'une vallée bucolique dominée par le massif du Ţibleş (1 839 m).

• L'église de la colline** (***Biserica din Deal***). *Avant le centre, un panneau indique la rue à g. qui conduit à l'église. Visite t.l.j. sur demande, contacter le gardien Gavrila Chindriş, maison n° 598. Entrée payante.* Construite en 1364, près d'une forteresse de bois du voïvode ↪ Balc, fils de Dragoş, c'est la plus vieille église de la partie roumaine du Maramureş. Datée de 1782, la peinture murale est l'œuvre la plus accomplie d'**Alexandru Ponehalski** *(encadré p. 208)*. Remarquez le beau visage de Dieu le Père sur la voûte du naos ↪, dont les parois offrent une superbe représentation du **cycle de la Passion**. Comme dans les autres églises, le pronaos ↪ est consacré au **Jugement dernier** : à droite de la porte d'entrée, l'enfer et les châtiments réservés aux pécheurs, ceux qui dorment au lieu d'aller à la messe, les ivrognes, les menteurs, les cabaretiers, les assassins et bien d'autres.

Juste à côté se tient la Mort, avec une faux et un râteau à foin. Sur la porte est représenté **saint Christophe**, le patron des voyageurs, qui aurait porté Jésus sur ses épaules pour traverser une rivière – un thème caractéristique de l'Église occidentale, surtout dans la mouvance de la Contre-Réforme.

En sortant de l'église, sur le bord du cimetière, vous verrez une croix ornée d'un violon qui indique le lieu où repose **Gheorghe Covaci**. Décédé dans la pauvreté à 80 ans, en mars 2002, ce violoniste rom d'une

© Pierre Soissons

À Ieud, le cortège funéraire arrive à l'église de la vallée.

grande finesse préservait le patrimoine musical du village. Rappelons que **Bela Bartók** est venu collecter la musique des paysans de Ieud *(p. 219)*.

• **L'église de la vallée**★★ *(**Biserica din Șes**). Dans la rue principale du village. Visite t.l.j. sur demande, contacter la gardienne Maria Chindriș a lui Nicoară, maison n° 544. Entrée payante.* Face à une église récente et sans charme en béton, se trouve celle que l'on appelle parfois la « **cathédrale en bois du Maramureș** ».

Une abondante verdure invite à franchir le portail pour découvrir cet édifice constuit en 1718; il faut passer parmi les tombes du cimetière et rejoindre la clôture vers l'est pour apprécier l'élégante silhouette élancée et unique en Maramureș.

Envoûtante est l'atmosphère de l'intérieur des lieux, avec le parfum spécifique des églises en bois, la lumière diffuse, les tentures colorées accrochées aux parois de l'église et une collection d'icônes sur verre, dont beaucoup proviennent de l'école transylvaine du monastère de Nicula.

Bogdan Vodă

> 38 km S-E de Vadu Izei, 6 km S-E de Șieu par la DJ 186.

Le village de Bogdan Vodă s'appelait **Cuhea** jusqu'à ces dernières décennies. Selon la légende, le voïvode ↳ **Bogdan Ier** véritable fondateur de la Moldavie (1359), est parti de ce village. Dédiée à saint Nicolas, l'**église en bois**★ a été construite en 1718, sur le site d'une église incendiée par les Tatars l'année précédente. Elle contient des peintures murales, œuvres d'un peintre anonyme. La fine silhouette du bâtiment est désormais écrasée par le voisinage agressif d'une église en béton, typique des constructions religieuses des années 1990.

À la sortie de village se tient un marché paysan *(encadré p. 218)*.

••• **Itinéraire possible**: de la vallée de l'Iza ou de Vișeu de Sus, vous pouvez gagner la **Bucovine** par le col de Prislop. Cette route traverse des paysages à grand spectacle dominés au sud par les **monts de Rodna**★★ *(Munții Rodnei)*. Émergeant des forêts, ces vastes espaces alpins sont d'un grand intérêt naturaliste. •

Le train forestier de la Vaser★★

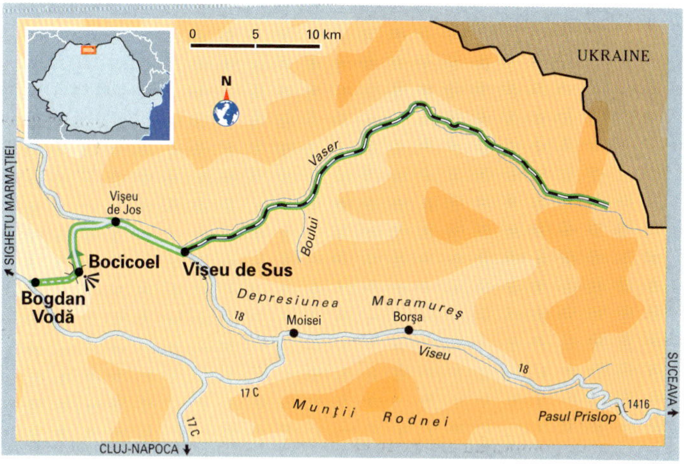

En Europe, les locomotives à vapeur ne tractent plus que des trains touristiques. Une des rares exceptions se trouve en Maramureș, où elles assurent un service régulier pour le transport du bois, des bûcherons, des visiteurs et de tout un monde pittoresque qui gravite autour de la forêt.

Vișeu de Sus, ville des Zipser★

> 17 km N-E de Bogdan Vodă d'où vous prenez à g. vers Vișeu de Jos (route non revêtue sur 3 km). Panorama au ***col de Bocicoel★★****. Après le village du même nom, prenez à dr. la DN 18 vers Borșa pour atteindre Vișeu de Sus. 60 km de Sighet par la DN 18.* ***Carnet d'adresses*** *p. 220.*

Longtemps, l'allemand fut la langue d'une partie de la population de ce bourg de montagne. Sur la rive droite de la Vaser, leur quartier, la Zipserei, a conservé ses maisons alignées caractéristiques. Venus dès le XVIIIe s., les Zipser constituaient le gros bataillons de bûcherons et de travailleurs du bois (le flottage, les scieries, etc.). Ils tiennent leur nom de la Zips, la région à minorité allemande des Tatras de Slovaquie, d'où certains sont originaires. Ils viennent également du nord-ouest de l'Autriche, sur les contreforts de la Bohême, et de la région de Salzburg. Aujourd'hui, la plupart des Zipser ont émigré en Allemagne.

Pour un voyage dans le temps

> Du centre ville, vis-à-vis de l'hôtel Brad, *une rue file vers le nord et la vallée de la Vaser. Continuez jusqu'à la gare du chemin de fer forestier (Caile ferate forestiere). Pendant l'été, au moins 1 train t.l.j. sf dim. et fêtes, dép. 6 h. Hors saison, trafic aléatoire.* ***Carnet d'adresses*** *(Vișeu) p. 220.*

Construite dans les années 1930, cette ligne à voie étroite longe pendant 45 km la vallée de la Vaser. Tractés par une machine à vapeur ou un engin diesel, les trains de wagons vides sont arrêtés tout le long du parcours pour y recevoir leur chargement de bois. Les wagons pleins sont ramenés ensuite à Vișeu. La ligne est également utilisée par les bergers, les garde frontières ou le médecin qui circulent à bord d'engins incroyables : par exemple, des carrosseries de minibus Volkswagen ou Ford montées sur châssis de draisine. Les trains comprennent habituellement un wagon pour les passagers. Vous pouvez descendre en route, faire une balade à pied et vous faire reprendre par le train ou par une draisine. ●

© Pierre Soissons

🛈 **Bureau d'information du Maramureş** *(Centrul de Informare, Ţara Maramureş ului)* à **Vadu Izei**, 161 (près de la poste et de la mairie du village) ☎/fax (0262) 33.01.71. À 6 km de Sighet, au centre du village, dans une belle maison traditionnelle. Cette association représente les chambres d'hôtes du Maramureş *(p. 206)*.

Botiza

> *Indicatif* ☎ *0262. Visite p. 212.*

Hébergement

Nombreux hébergements, de qualité variable. Évitez ce qui ressemble à un bureau d'information; allez directement chez les familles d'accueil.

Au centre du village

▲▲ **Casa Dorina Pătrăuş**, n° 678 ☎ 33.42.08. *3 ch.* et *table d'hôtes.* Au centre, continuez tout droit. 700 m plus loin, juste après un pont, c'est la 1re maison à g. Un jeune couple, mais une hospitalié à l'ancienne. Une bonne adresse pour amateur de balades: M. Pătrăuş est forestier.

▲▲ **Pensiunea Poienar** ☎ 33.41.54 et 0726.41.20.62 (portable). *3 ch.* et *table d'hôtes.* À 200 m environ de Botiza (panneau indicateur). Une des meilleures maisons de Botiza: calme, accueil familial et bonne table.

▲▲ **Lucia et Şandor Suci**, n° 335 ☎ 33.40.36. *3 ch.* et *table d'hôtes.* Au carrefour, prenez à dr. en longeant la rivière. C'est la 4e maison après l'école. De l'espace, des fleurs partout et une excellente cuisine.

À Valea Sasului

● **Accès.** Au centre de Botiza, après le pont, prenez à dr. la route de Valea Sasului et de Poienile Izei, qui suit la rivière. Après env. 5 km de route puis de piste, vous atteignez la bifurcation vers Poienile Izei (calvaire et maison neuve couverte de tuiles rouges).

▲▲▲ **Casa Balint, Valea Sasului** ☎ 0744.50.94.24 (portable), <carpathica@yahoo.com>. *4 maisons anciennes de 4 à 10 pl. chacune* et *table d'hôtes.* Dans un verger, à 200 m de la route, maisons restaurées et aménagées dans le respect du patrimoine local. Idéal pour les familles et les groupes. Rés. indispensable. Uniquement pour un séjour de plus de trois jours.

accès

● **En train.** Botiza, Poienile Izei et Ieud utilisent la gare d'Iza *(à Saliştea, 25 km E de Botiza et Poienile Izei, 15 km E de Ieud)*. Elle est desservie par les trains assurant les liaisons entre Sighet et Bucarest ou Cluj-Napoca. Pas de moyen de transport pour rejoindre les villages, mais si vous avez une réservation, votre hébergeur peut venir vous chercher (tarif: env. 10 €).

● **En bus.** Plusieurs liaisons quotidiennes avec Sighet. ●

artisanat

La laine aux couleurs végétales

© Pierre Soissons

La nature fournit la matière première et inspire les motifs des tapis de Botiza.

Pour teindre la laine de leurs fameux tapis, les femmes de Botiza cueillent les couleurs dans le paysage: elles courent les prairies et les bois pour ramasser les feuilles, les racines, les fleurs. Elles en extraient des couleurs subtiles. L'hiver, elles tissent les motifs intemporels du vieux Maramureş qui se juxtaposent en carrés sur la surface du tapis: la ronde du village *(hora)*, le sapin, les oiseaux, la brebis, la femme, le marié sur son cheval. Le long travail que demande un tapis justifie son prix, qui semble élevé. Cette tradition aurait sombré dans l'oubli si l'épouse du prêtre n'avait poussé les femmes du village à perpétuer et à revitaliser leur savoir-faire. Hélas, sous le faux prétexte de plaire au touriste, cet art si raffiné est en train de dégénérer en carpettes grotesques sur lesquelles apparaissent une silhouette d'église et le nom de Botiza ! •

▲▲ **Aurica et Ion Costinar**, Valea Sasului ☎ 33.42.37. *6 ch.* et *table d'hôtes*. À la bifurcation, prenez à dr. vers Poienile Izei: c'est la 1re maison blanche à dr. La famille du forestier est une des plus accueillantes. Terrasse couverte pour prendre les repas en été. Cuisine remarquable.

Tapis traditionnels

Victoria Berbecaru, n° 694 ☎ 33.42. 07. Au carrefour, prenez à g. vers l'église et juste après le pont à dr. La première maison est celle d'Isidor Berbecaru, le prêtre du village. Son épouse a contribué à revitaliser la tradition des couleurs d'origine végétale *(encadré ci-dessus)*. La maison dispose de *ch. d'hôtes*.

Maria Costinar, n° 790 ☎ 33.40.44. Préservant méthodes et motifs traditionnels, elle passe ses hivers devant le métier à tisser. Dans la maison voisine, sa fille, Aurica Paşca, propose des chambres d'hôtes.

Ana Trifoi, n° 861 ☎ 33.40.96. Probablement les plus beaux tapis du village et de loin les moins chers.

Ieud

> *Indicatif ☎ 0262.* *Visite p. 213.*

Hébergement

▲▲ **Casa Hotico** ♥ ☎ 33.61.33. *2 ch. d'hôtes*. De l'église de la vallée, continuez vers l'amont sur env. 1 km. Prenez la seconde ruelle à dr.

après une école. Au fond de la ruelle, à g., un portail sculpté : vous êtes chez Gavrila Hotico, un personnage humble et agréable, sculpteur sur bois renommé et bâtisseur d'églises (la nouvelle église en bois de Dragomireşti ou celle de la communauté roumaine de… Chicago, aux États-Unis !).

Poienile Izei

> *Indicatif* ☎ *0262. Visite p. 212.*

Hébergement

▴▴ **Casa Ion de la Cruce** ☎ 33.43.65. *3 ch.* et *table d'hôtes.* En venant de Şieu, à 1 km sur la dr. avant le village. Ion de la Cruce, grand violoniste traditionnel de Maramureş, et sa famille vous réservent un accueil chaleureux dans leur modeste maison.

Săpânţa

> *Indicatif* ☎ *0262. Visite p. 197.*

Accès

● **En bus.** Plusieurs liaisons par jour au départ de Sighet.

Hébergement

▴▴ **Pensiunea Ileana** ♥, Maria Ileana Stetca ☎ 37.21.37. *3 ch.* et *table d'hôtes.* La pension se trouve face au cimetière « joyeux » de Săpânţa. Très bien situé. Une maison agréable, un accueil à la fois discret et efficace. Une excellente table. Et demandez à voir la chambre où se trouve la dot *(zestre).*

Sighetu Marmaţiei

> *Indicatif* ☎ *0262. Visite p. 201.*

Accès

● **En voiture.** 115 km de la frontière hongroise par Satu Mare, la DN 1 C et la DN 19. Env. 600 km de Bucarest, *via* Braşov, Târgu-Mureş, Bistriţa et la vallée de l'Iza.

● **En train.** De Bucarest, un train de nuit part chaque fin d'après-midi et dispose d'un wagon-lit 1re classe (cabines de 2). 14 h de voyage ! Les trois dernières heures du parcours, en Maramureş, se déroulent dans un paysage bucolique. **Gare ferroviaire** à 400 m de la place centrale. **Agence des chemins de fer** *(Agenţia CFR)*, piaţa Traian (place centrale) ☎ 952 ou 31.26.66. *Ouv. lun.-ven. 7 h-14 h.*

● **En bus.** Des bus en provenance de Baia Mare, Satu Mare, Cluj-Napoca desservent le Maramureş. Liaisons quotidiennes avec les villages de la région. **Gare routière**, près de la gare ferroviaire ☎ 31.15.12.

Hébergement

▴▴ **Motel Buţi**, str. Simion Barnutiu, 10 ☎ 31.10.35. *10 ch.* Bonne adresse, dans un quartier calme. Restaurant.

▴▴ **Hotel Perla Sigheteană**, str. Avram Iancu, 65 ☎ 31.06.13. *8 ch.* Sur la route de Săpânţa. Restaurant et terrasse.

▴▴ **Hotel Tisa**, piaţa Libertăţii, 8 ☎ 31.33.41. *42 ch.* Emblématique de Sighet, vieil hôtel en cours de modernisation. Restaurant.

Restaurants

En dehors des restaurants des hôtels, vous trouvez des établissements de restauration rapide.

marchés

- **Botiza** : samedi.
- **Bogdan Vodă** : lundi, en alternance avec Dragomireşti.
- **Dragomireşti** : lundi, en alternance avec Dragomireşti.
- **Ocna Şugatag** : jeudi.
- **Rozavlea** : mardi.
- **Sighetu Marmaţiei** : mercredi, premier lundi du mois.
- **Stramtura** : vendredi. ●

musique

Noces endiablées

L'isolement du Maramureş explique le fait qu'ici, et nulle part ailleurs en Roumanie, se soit conservé un héritage musical aussi dense et original. Vivante et fraîche, cette musique est reconnaissable entre toutes : la sonorité nasillarde du violon, ou *cetera*, due à une entaille verticale pratiquée dans le chevalet, est toujours soutenue par la *zongora*, une guitare à cinq cordes tenue verticalement.

La grosse caisse ou *doba* fait écho aux grands coups de botte des hommes qui marquent le rythme, criant des incantations rituelles, paillardes ou provocantes. Les couples tourbillonnent : tout gravite autour d'eux, les jupes fleuries s'envolent et seuls bougent les regards. Paysans, mineurs ou bûcherons, les musiciens jouent essentiellement pour les noces.

Hélas, l'apparition des discomobiles annoncent la disparition à court terme de ces noces traditionnelles : les musiciens-paysans, devenus inutiles à leur collectivité, vont devoir s'adapter... ou raccrocher leur violon. •

Foire et manifestation

• **Foire au bétail**. *Les 1er lun. et 2e mer. de chaque mois, 7 h-11 h.* À Târgul de Animale : dans le pré qui jouxte la station Petrom, à la sortie de la ville en dir. de Baia Mare.

• **Fêtes d'hiver**. *2 jours avant le Nouvel An.* Rassemblement dans les rues de Sighet des villageois de la région qui perpétuent la coutume des fêtes d'hiver, équivalent du carnaval des pays occidentaux *(p. 36)*.

Vadu Izei

> *Indicatif ☎ 0262. Visite p. 206.*

🛈 **Bureau d'information du pays de Maramureş** ***(Centrul de Informare, Ţara Maramureş ului)***, *coordonnées p. 216.* On vous propose des hébergements dans le village de Vadu Izei.

Accès

• **En train.** Gare de Sighet (à 6 km).

• **En bus.** Nombreuses liaisons avec Sighet, Baia Mare et les vallées de la Mara, Cosău et Iza.

Hébergement

▲▲ **Ioan Borlean ♥**, uliţa Batrâna, 704B ☎ 33.02.28. Dans une maison traditionnelle de Maramureş aménagée avec soin par un homme passionné par le patrimoine de sa région. *Table d'hôtes* avec cuisine traditionnelle et alcool de prune distillé dans le village.

Restauration

Le bureau d'information peut vous trouver un lieu pour un casse-croûte rapide ou un repas traditionnel (sur commande).

Artisanat

• **Gilets traditionnels** *(pieptar)*. Grigore Michnea, maison n° 231.

• **Icônes sur verre**. Ioan Borlean *(ci-dessus)*.

• **Portes sculptées**. Petru Bledea, maison n° 603 ; Liviu Bledea, maison n° 602 ; Gavrila Arba, maison n° 106 ; Petru Gogea dit Pupaza, valea Stejarului, n° 117 (une grande figure du Maramureş).

• **Sandales de cuir** *(opinci)*. Vasile Arba, valea Stejarului, n° 48.

La locomotive à vapeur s'arrête pendant 15 mn tous les 8 km pour pomper de l'eau dans la Vaser. Il faut bien 10 h pour faire l'aller-retour Vişeu-Vişeu.

• **Sculpture sur bois, mobilier.** Vasile Apan, maison n° 605.

• **Tapis.** Ileana Borlean, uliţa Batrâna, 704A ☎ 33.01.80.

• **Vannerie.** Mihai Petreus, valea Cufundoasa, n° 92. Cet homme adorable prépare les paniers que les fidèles apportent à l'église le jour de Pâques.

Manifestation

Foire annuelle *(Târg)*. Foire en août ou en sept. durant laquelle se regroupes des artisans. Musique et danses. Rens. ❶.

Vişeu de Sus

> *Indicatif ☎ 0262. Visite p. 215.*

❶ **Provişeu**, str. Libertăţii 1 ☎/fax 35.22.85, < www.viseu.mmnet.ro >. Une équipe vous aide à organiser votre séjour dans la vallée de Vişeu et vous informe sur le train forestier de la vallée de la Vaser.

Accès

• **En bus.** Plusieurs liaisons au départ de Sighet.

• **Train de la Vaser.** Holz Company.

Hébergement

▲▲▲ **Hotel Brad**, str. 22 Decembrie, 50 ☎ 35.29.99, fax 35.38.57. *11 ch.* Hôtel de la compagnie qui exploite les forêts de la Vaser. Restaurant.

▲▲ **Anastasia Bota-Schiesser** ☎ 35.42.33. Chambres d'hôtes dans la Zipserei.

▲▲ **Valea Vinului** ☎ 35.28.49. *Ouv. avr.-oct.* Accès : 500 m avant le panneau d'entrée à Vişeu de Sus, à g., env. 4 km de route en mauvais état. Auberge tenue par Björn et Florentina Reinhardt.

Restauration

Pizzerias et autres boutiques de restauration rapide dans le centre de Vişeu de Sus. •

Moldavie : la Bucovine

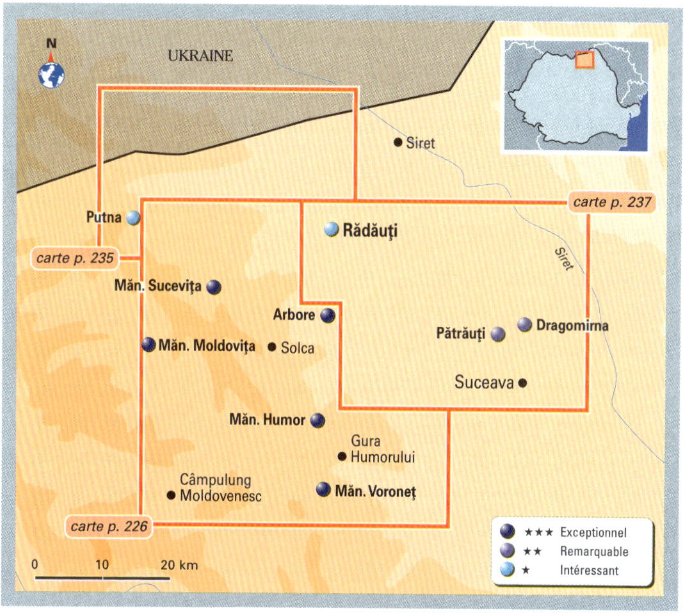

Au nord-est de la Roumanie, s'appuyant sur les dernières palpitations des Carpates, se blottit un pays qui fut un lieu de brassage et de cohabitation de peuples variés. Ici se trouvent les origines de la Moldavie, ses lieux saints et les plus belles pages de son histoire.

La Moldavie connaît son apogée au XVe s. *(p. 43)* sous les règnes d'**Alexandre le Bon** (Alexandru cel Bun ; 1400-1432) et d'**Étienne le Grand** (Ştefan cel Mare ; 1457-1504). Après une âpre résistance qui a longtemps enrayé la progression européenne des Ottomans, le pays doit se ranger sous leur tutelle. En 1775, les Turcs cèdent à l'empire des Habsbourg le nord-ouest de la Moldavie, alors baptisé **Bucovine** (« le pays des hêtres », du slave *bouk*). En 1918, ces terres mythiques reviennent à la Roumanie. En 1944, l'Union soviétique annexe la moitié nord de la Bucovine et sa brillante capitale, **Cernăuţi** *(Czernowitz en allemand, Tchernivtsy en ukrainien)*, aujourd'hui en Ukraine.

sommaire

On résume souvent la Bucovine à ses églises : ce pays recèle pourtant une inépuisable source d'émerveillement. Dans le paysage s'égrènent des villages débordant d'activité et de couleurs, où l'on est surpris par la beauté et la tenue des maisons. Le paysan semble investi d'une mission esthétique et ancestrale, tant il met du cœur à embellir les choses ordinaires et à faire de chaque détail un enchantement. Maisons multicolores, puits et granges fignolés, décor intérieur chaleureux sont autant d'expressions d'une civilisation paysanne raffinée voisinant avec les splendeurs que sont les églises, dont il est utile de dresser ici le portrait.

Renouveau de l'art byzantin en Moldavie

Au lendemain de la prise de Constantinople en 1453 *(p. 53)*, l'art byzantin et le monde orthodoxe s'apprêtent à se replier dans une interminable torpeur. Seule la Moldavie réagit et trouve la force de renouveler la tradition. Deux vagues créatrices vont toucher les églises de Moldavie entre la seconde moitié du XVe s. et la première moitié du XVIe s. La première est architecturale, la seconde est un raz-de-marée d'images.

La tradition byzantine influencée par la Serbie (plan triconque ↪, à trois absides unies par un espace central) rencontre des apports occidentaux véhiculés par la Transylvanie ou la Pologne (ouvertures gothiques). À partir du plan triconque, les bâtisseurs moldaves du XVe s. trouvent des solutions originales : la tour prolonge le naos ↪ vers le ciel, portée par un système ingénieux de croisement d'arcs. Les toits ascendants, sortes de chapiteaux tendus vers le ciel par des fils invisibles, coiffent non pas l'ensemble de l'église mais chacune de ses parties. L'innovation concerne aussi l'espace intérieur : apport de l'exonarthex ↪, tantôt fermé (Voroneţ), tantôt ouvert (Humor, Moldoviţa), et de la chambre des tombeaux ↪, généralement réservée aux nécropoles princières.

Architecture : synthèse moldave du temps d'Étienne le Grand

Lorsque **Petru Rareş** *(encadré ci-contre)* monte sur le trône en 1527, son cousin germain **Grigore Roşca**, futur métropolite ↪ de Moldavie, est l'higoumène ↪ de Probota *(p. 246)*. C'est en partie sur les conseils de ce dernier que le prince

légende

La naissance de la Moldavie

Sur les terres voisines de Maramureş vivait un jeune seigneur plein de bravoure, **Dragoş**. Un beau jour, escorté de fidèles compagnons, il quitte son village pour chasser du côté des montagnes au soleil levant. Là-haut, ils croisent la trace d'un **aurochs** (bison ; *p. 17)* et la suivent. Après avoir traversé monts et forêts, ils débouchent dans une très belle vallée où ils aperçoivent enfin un magnifique aurochs, qui porte une étoile au front. Ils le pourchassent jusqu'aux berges d'une rivière pure et légère, où ils le mettent à mort. Au cours d'eau, Dragoş donne le nom de sa chienne Molda, morte d'épuisement. Tous sont séduits par ces terres inconnues et s'y installent, après avoir été chercher leurs familles. Et là-bas, au bord de la **Moldova**, sur ces terres inhabitées aux confins desquelles vagabondent des Tatars nomades et leurs troupeaux, ils fondent un État qui porte le nom de la rivière. Ils font de **l'aurochs au front étoilé** l'emblème du pays et de Dragoş leur voïvode ↪. •

portrait

Prince et mécène

© Pierre Soissons

Petru Rareş offre au Christ la maquette de l'église par l'intercession de saint Nicolas. Tableau votif du monastère de Probota (p. 246).

Fils naturel d'Étienne le Grand *(p. 43)*, **Petru Rareş** reste une personnalité fascinante de l'histoire moldave. Ancien marchand de poissons, grand voyageur, c'est aussi un homme très cultivé et ouvert qui sait s'entourer de conseillers de qualité. Il règne une première fois entre 1527 et 1538 et conteste la domination turque qui s'instaure sur la région. Écarté par des rivalités de cour, il revient, cette fois avec l'appui des Turcs, pour régner entre 1541 et 1546. Ambitieux et infatigable, il se sent investi d'une mission sacrée : protéger et dynamiser l'Église, contre les Turcs et surtout contre la Réforme. Avec l'aide de son cousin le métropolite ↳ **Roşca**, il encourage l'esprit artistique, crée des monuments, en fait peindre d'autres. •

inaugure le grand cycle des peintures extérieures moldaves. La volonté personnelle et la grande culture de Rareş n'auraient jamais engendré un tel phénomène sans l'impulsion et le soutien des monastères.

L'ÉTAT D'URGENCE

La fulgurance de cet élan trahit un état d'urgence : le monde orthodoxe cherche de nouveaux repères après le traumatisme de la prise de Constantinople par les Turcs en 1453. La Moldavie, à l'orée des années 1530, se trouve menacée à la fois par la Réforme, la pression ottomane et l'appétit territorial de la Pologne.

Petru Rareş, qui possède des terres en Transylvanie (Cetatea de Balta ; *p. 161*) gagnée par le mouvement luthérien, connaît les ravages de la Réforme. Voilà pourquoi les thèmes étalés sur les murs des églises affirment la force et la pureté de la « vraie foi » (étymologie d'« orthodoxie »), son ancrage et sa légitimité. Les fresques accordent un rôle central à la Vierge et aux saints, que la Réforme remet en question.

Du côté du soleil levant, la menace est d'un autre ordre : la mainmise turque est devenue réalité et la Moldavie est depuis plusieurs décennies vassale de la Sublime Porte *(p. 53)*, qui cependant respecte l'Église orthodoxe. Les fresques représentant le siège de Constantinople ou les pécheurs au Jugement dernier *(p. 229)* sembleraient toutefois porter un message anti-ottoman.

L'iconographie des églises moldaves

Saint Démètre (Dumitru), protecteur militaire, détail de la fresque extérieure du monastère d'Arbore.

© Pierre Soissons

Entre 1530 et 1547, un grand souffle embrase les murs extérieurs des églises qui, sur toute leur surface, sont alors recouverts de fresques renouvelant les grands thèmes de l'iconographie byzantine.

Un mouvement fulgurant

L'initiative de peindre les extérieurs des églises revient au voïvode **Petru Rareş** *(encadré p. 223)* et à son conseiller spirituel (et cousin), le métropolite **Grigore Roşca**. Auparavant seul l'intérieur

Façade sud de l'église de Voroneţ, détail de l'hymne acathiste de saint Nicolas.

© Pierre Soissons

© Pierre Soissons

La niche de la façade ouest du monastère d'Arbore.

était décoré, conformément à la tradition byzantine. En l'espace de quelques années, de Saint-Georges de Hârlau en 1530 *(p. 250)* à Voroneț en 1547 *(p. 229)*, une quinzaine d'églises sont habillées de fresques – des icônes, en vérité. Ce mouvement s'éteint aussi vite qu'il est apparu, avec seulement deux exceptions : à Râșca en 1552 et à Sucevița en 1596 *(p. 232)*. Les cinq églises de Humor *(p. 228)*, Moldovița *(p. 231)*, Arbore *(p. 226)*, Voroneț *(p. 229)* et Sucevița *(p. 232)* ont conservé l'essentiel de ces fresques. Des lambeaux sont visibles à Probota *(p. 246)*, Suceava (église Saint-Georges du monastère Sfântul Ioan cel Nou ; p. 239) et Râșca.

La tradition devient créatrice

Si les principaux thèmes font partie de la **tradition byzantine**, leur mise en fresques est une **création moldave**. L'hymne acathiste à la Mère de Dieu ↪, l'arbre de Jessé ↪ *(p. 231)*, le Jugement dernier ↪ *(p. 229)*, le cycle de la Genèse et l'hymne acathiste de saint Nicolas sont les plus fréquents. Du fait de leur déplacement à l'extérieur et de la mission qui leur est assignée, ces sujets connaissent ici des développements inhabituels. D'autres thèmes sont spécifiques aux églises moldaves : la prière de tous les saints *(p. 233)* en procession autour des absides, l'échelle des vertus, les douanes célestes, la vie de sainte Paraschiva la Jeune et celle de saint Jean le Nouveau *(encadré p. 236)*.

Des fresques extérieures qui résistent au temps

Malgré les rigueurs du climat de Bucovine, les peintures extérieures ont traversé près de cinq siècles sans se perdre. Cette résistance est due à la qualité des supports, enduits à la chaux, et des produits, que maîtrisaient parfaitement les peintres moldaves. On ne peut peindre ***a fresco*** que tant que le support est humide, d'où la nécessité de se limiter à une surface restreinte. La virtuosité des artistes permet cependant d'exécuter de grandes scènes dans des conditions optimales d'humidité. Les traits rouges qui séparent les tableaux correspondent aux limites du travail réalisé en une journée. Le noir est issu du charbon de bois, les ocres sont des argiles teintées par des oxydes de fer, le rouge est obtenu à partir de sulfure de mercure ou de carbonate de cuivre, et le bleu à partir d'azurite ou de lapis-lazuli. On remarquera le délayage de certaines couleurs dans la chaux, qui leur donne une transparence troublante. ●

La pesée des âmes, détail de la fresque du monastère d'Arbore.

© Pierre Soissons

Le tour des monastères★★★

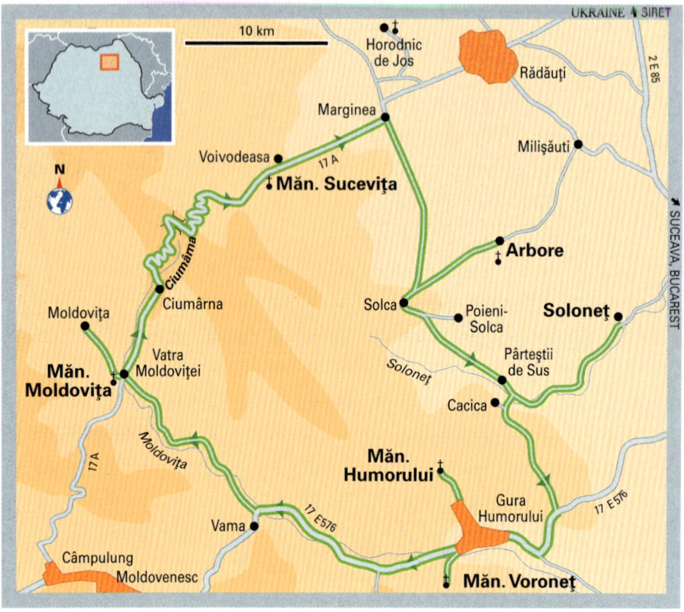

Dans un espace restreint s'égrènent les cinq églises qui ont conservé l'essentiel de leurs fresques extérieures : **Humor**, **Moldoviţa**, **Voroneţ** et **Suceviţa** sont chacune intégrée dans un monastère ; **Arbore** est restée une église de village. Presque toutes ces fondations sont situées à l'abri de vallées secondaires qui s'enfoncent dans les premiers contreforts des Carpates. D'une église à l'autre, il faut compter entre 10 et 40 km de paysages d'exception, travaillés méticuleusement par les paysans.

L'église d'Arbore★★★

> 28 km S-E de Suceviţa. De Suceviţa, dirigez-vous vers le N. À Marginea, tournez à dr. jusqu'à l'entrée de Solca, puis à g. Ouv. t.l.j. 9h-18h. Entrée payante. Visite : moins d'1 h.

Dans un décor de verdure, cette église, dédiée à la décollation de saint Jean-Baptiste, se remarque par la fraîcheur et la verve de ses fresques. Son fondateur n'est pas un prince, mais l'un des conseillers d'Étienne le Grand, **Luca Arbore**, qui la destinait à devenir l'église et la nécropole de sa résidence seigneuriale. Construite en 1503, elle n'est peinte qu'en 1541 par une équipe conduite par **Dragoş Coman**, l'un des plus grands artistes de l'Orient orthodoxe du XVIe s. De lui on ne sait presque rien, mais ce chef-d'œuvre indique qu'il a circulé dans une Europe touchée par la Renaissance.

• **La paroi ouest**. Une grande niche est aménagée dans la paroi ouest. Ainsi abritées des intempéries, les fresques y sont bien conservées. L'ensemble est fluide, porté par le rythme presque musical des compositions et de la couleur : plusieurs nuances de vert, rose violacé, brique, carmin, bleu, blanc. Dans chaque tableau se révèlent l'expressivité et l'élégance des personnages, servis par un dessin alerte et précis. Le tout se déroule dans un délicieux décor architectural aux formes inventives.

Cette paroi comprend sept registres de onze scènes. En haut, en partie détériorés, les trois premiers registres décrivent la **vie de saint Georges** *(Sfântul Gheorghe)*: sur le deuxième, par exemple, il est présenté devant l'empereur Dioclétien qui veut lui faire abjurer sa foi. Devant son refus, il est plongé dans un chaudron d'eau bouillante, puis lié sur un gril.

Au registre inférieur, il terrasse le dragon, l'amadoue et le présente à l'empereur. Au-dessus de la fenêtre, dans une superbe composition, la cour impériale lui rend hommage puis lui offre un banquet.

Le quatrième registre relate la vie et le martyre de **saint Démètre** *(Dumitru)*, protecteur militaire comme saint Georges.

Les cinquième et sixième, la vie de **saint Nicétas** *(Nichita)*. Le septième registre présente **sainte Parascève** *(Paraschiva)* **la Jeune**, qui apparaît pour la première fois dans l'iconographie orthodoxe. Au début du XVIe s., l'engouement pour cette sainte dans le sud-est de l'Europe *(p. 256)* n'en est qu'à ses débuts.

• **La façade sud**. Elle porte l'hymne acathiste ↪ avec le siège de Constantinople par les Perses et le Jugement dernier ↪, en mauvais état. Le reste de la peinture extérieure a beaucoup souffert.

Sur les parois de l'abside, seul le bleu est demeuré, soulignant les silhouettes devenues blanches des saints qui se dirigent en procession fantomatique vers le soleil levant.

••• **Sur la route de Humor**: après **Solca** et son église de 1614, vous longez un paysage saturé de verdure, de longs champs en lanières, ponctués de meules de foin et de bosquets.

Ici se nichent des **villages polonais**★ (Cacica, Soloneţ). Les deux tiers (soit près de 3 000 personnes) des Polonais citoyens roumains vivent en Bucovine et ont conservé de belles traditions, notamment au moment des fêtes de Pâques et de l'Assomption (15 août). Polonais et Slovaques sont arrivés en Roumanie au début du XIXe s. à l'invitation de l'Empire autrichien, qui avait besoin de main-d'œuvre spécialisée dans l'exploitation du sel. Le village de **Pârteştii de Sus**★ présente de superbes **maisons traditionnelles**★.

programme

Circuit d'env. 120 km. Durée: 1 à 3 j. au départ de **Suceviţa**. Si vous souhaitez visiter les monastères suivant l'ordre chronologique de leur mise en fresque, commencez par Humor et finissez par Suceviţa.

En plein été, évitez les monastères entre 10 h et 17 h: c'est la cohue. Si vous logez à Suceviţa, venez au monastère le matin à l'aube ou le soir, 1 h avant le coucher du soleil.

Pour tous les monastères: parking et entrée payants, taxe pour filmer ou pour prendre des photos (interdit de photographier les religieuses). On ne fume pas dans l'enceinte. La visite demande une tenue correcte et beaucoup de respect. À Moldoviţa et Suceviţa: visite guidée en français en anglais ou en allemand, mais il faut souvent réunir plusieurs personnes. **Hébergement** à Suceviţa, Mănăstirea Humorului, Poieni-Solca, Vama. Excellente tables d'hôtes chez l'habitant et quelques restaurants.

> ***Carnet d'adresses*** *p. 240.* •

Le monastère de Humor★★★

> *Mănăstirea Humorului. 38 km S d'Arbore. D'Arbore, regagnez Solca puis la DN17 à quelques km de Gura Humorului. Dans la ville, tournez à dr. vers Mănăstirea Humorului. Ouv. t.l.j. 8 h-20 h. Entrée payante. Visite : moins d'1 h.*

Sous l'égide du prince Rareş *(encadré p. 223)*, **Toader Bubuiog** et son épouse Anastasia fondent en 1530 un monastère qui sera fermé par les Autrichiens après 1775. Les bâtiments conventuels tombent peu à peu en ruine, à l'exception de la tour nord-est. Depuis les années 1990, la vie monastique a repris avec vigueur et enthousiasme.

Dédiée à l'Assomption de la Vierge, l'église est inaugurée le 15 août 1530. Elle est prolongée par un exonarthex ↪ ouvert sur trois côtés et reposant sur quatre arcades en forme d'ogive. Cette innovation apparaît ici pour la première fois en Moldavie. L'ensemble des peintures, daté de 1535, est dû à un groupe conduit par un certain **Toma de Suceava** qui semble avoir fréquenté l'Occident et le mont Athos. Un document de 1541 nous apprend que c'était l'un des peintres officiels de la cour de Petru Rareş. Les compositions sont dominées avec bonheur par une gamme de rouge, d'ocre, de rose, de bleu et d'orange. La **paroi sud** vous invite à un festin d'images : l'**hymne acathiste à la Mère de Dieu** ↪ y est suivi, à droite, de l'acathiste de saint Nicolas.

L'hymne acathiste à la Mère de Dieu

Le ballet de couleurs et la musicalité de la composition donnent presque à entendre ce chant, composé au VIe s. par saint Romanos le Mélode, un moine né en Syrie et vivant à Constantinople. Chaque tableau correspond à l'une des 24 strophes de l'hymne. Le terme « acathiste », d'origine grecque, signifie que l'on reste debout pour écouter cet hymne, qui, dans les monastères moldaves, est chanté chaque samedi avant la liturgie, sauf les samedis ou l'on doit célébrer un saint important.

Sur le registre supérieur, les premières strophes évoquent l'Annonciation, la Visitation, la naissance de Jésus. En dessous, une superbe composition avec la **chevauchée des Rois mages**. Suivant des moments essentiels de la vie de Marie et de celle du Christ. Dans cet ensemble se détache, près de la fenêtre, la grande icône de la Glorification de Marie (la **Théotokos** ↪ « qui porte Dieu » en grec), avec l'Enfant dans ses bras, entourée d'anges et dominant l'assemblée des saints.

Plus tard a été rajoutée une strophe, le **tropaire**, composée par le patriarche Serge de Constantinople (610-638) pour remercier Marie d'avoir contribué à repousser le siège de cette ville par les Perses en 626. Cette strophe est représentée par le siège de Constantinople qui figure en dessous de l'hymne.

La fresque de Humor représente la cité assiégée, les processions avec l'image de la Vierge, les combats sur les remparts. Les armées turques s'approchent. Un cavalier transperce de sa lance un soldat ottoman. Son nom est écrit à côté : c'est Toma, le peintre de l'église. Une pluie de feu s'abat sur l'ennemi. Il est convenu de voir dans cette représentation un message à l'intention du peuple moldave : les assaillants ne seraient pas les Perses du VIIe s., mais bien les Turcs du XVe s.

La ville ressemble fort à Suceava, la capitale de cette Moldavie qui, à l'instar de Constantinople en 626, trouvera son salut dans la prière à Marie. Lors du premier règne de Petru Rareş, les premières fresques représentent le siège de Constantinople (Humor, Moldoviţa). Après son retour au pouvoir en 1541 avec l'appui de la Sublime Porte *(p. 53)*, cette scène disparaît diplomatiquement de l'iconographie.

Le monastère de Voroneţ★★★

*> **Mănăstirea Voroneţ**. 9 km S de Mănăstirea Humorului. De Mănăstirea Humorului, retournez au centre de Gura Humorului et tournez à dr. sur la DN 17. Après 1 km, à la sortie de la ville, une route à g. mène à Voroneţ. Ouv. t.l.j. 8h-20h. Entrée payante. Visite: minimum 1h.*

Entre le 26 mai et le 14 septembre 1488, Étienne le Grand *(p. 43)* fait construire l'église de Voroneţ sur l'emplacement de l'ermitage en bois de **Daniel l'Ermite** *(**Daniel Sihastru**)*, son conseiller spirituel. De plan triconque ↳, elle est composée à l'origine du sanctuaire ↳, du naos ↳ surmonté d'un haut tambour et du pronaos ↳. Ce monastère fut fermé peu après l'annexion de la Bucovine (1775), devenant église paroissiale. Trois moniales, Irina, Gabriela et Elena, en ont rouvert les portes en 1991, rétablissant une vie monastique harmonieuse.

Les peintures de l'autel et du naos sont contemporaines de la construction. Celles du pronaos et de l'exonarthex ↳ furent ajoutées au moment des fresques extérieures. Le **cycle de la Passion** et un **tableau votif** de la famille du prince fondateur recouvrent le naos. Murs et voûte de l'exonarthex sont ornés des 365 scènes du **ménologe** ↳. Réalisées en 1547, les **fresques extérieures** sont les dernières du cycle initié par ce prince. Son mentor, le métropolite ↳ **Grigore Roşca**, en a dirigé l'exécution. On y retrouve les thèmes traditionnels: la prière de tous les saints *(p. 233)*, l'arbre de Jessé ↳ et l'hymne acathiste ↳, amputé de la scène du siège de Constantinople *(p. 53)*.

Le Jugement dernier

L'extraordinaire **Jugement dernier** recouvre intégralement la paroi occidentale sur cinq registres.

- **Premier registre**. À la fin du monde, les anges enroulent le cours du temps, figuré par les signes du zodiaque. Les archanges Michel et Gabriel, au centre, ouvrent les volets, faisant apparaître Dieu le Père.
- **Deuxième registre**. Marie et Jean-Baptiste intercèdent auprès du Christ trônant, sous les pieds duquel jaillit le feu qui va s'étendre dans les registres suivants. Des deux côtés s'assemblent les apôtres et des anges.
- **Troisième registre**. Au milieu, le trône, ou hétimasie, symbolise l'attente de la seconde venue du Christ, au moment du Jugement dernier. Le Saint-Esprit, représenté par une

Le Jugement dernier, façade ouest de l'église du monastère de Voroneţ.

colombe, s'y est posé. De part et d'autre, Adam et Ève. Sous le trône, l'Évangile et le calice. À l'extrême gauche, saint Paul exhorte prophètes, évêques et martyrs à se diriger vers le trône. À droite, Moïse, tenant d'une main les Tables de la Loi, désigne le trône à ceux qui ne connaissent pas la « vraie foi » : juifs, Turcs et Tatars, Arméniens, latins.

• **Quatrième registre**. La main divine tient la balance. Juste en dessous, un personnage nu attend son jugement, qui l'enverra du côté où elle penchera, enfer ou paradis. Des anges déposent sur un plateau des rouleaux de parchemin où sont notées les bonnes actions du défunt. Des diables grimaçants s'agitent pour entasser sur l'autre plateau la liste de ses péchés. À l'aide de tridents, les anges tentent de repousser les démons. Des condamnés attendent d'être précipités dans la rivière de feu, où, chose surprenante, on distingue un ange : il traîne par sa barbe l'hérétique Arius, qui niait la divinité du Christ et provoqua l'un des premiers schismes de l'Église (325). Sur la partie droite se développe la résurrection des morts, qui se poursuit au registre inférieur. L'ange de l'Apocalypse sonne la trompette, les tombes s'ouvrent, les animaux sauvages crachent les restes des humains qu'ils ont dévorés. Un personnage féminin coiffé d'un sapin symbolise la terre. Proche de l'ange et symbolisant la pureté, une biche semble égarée dans cette assemblée de fauves. À l'opposé, sur la partie gauche, le cortège des justes se déplace vers le paradis.

• **Cinquième registre**. Sous le regard de l'archange, la porte du paradis s'ouvre à la procession des justes, dont la multitude est suggérée par un foisonnement d'auréoles. Ils sont guidés par saint Pierre, qui tient la clé et guide saint Paul. Non loin apparaissent le premier empereur romain converti au christianisme, Constantin, et Elena, sa mère, reconnaissables à leur couronne. Au paradis, de gauche à droite : Abraham, Isaac, Jacob, qui tiennent les âmes sauvées dans des écharpes. Le bon larron, crucifié en même temps que le Christ, se tient debout auprès du siège où est assise Marie, entourée des deux archanges. Au milieu de la paroi, David fait vibrer la *cobza*, sorte de luth encore utilisé en Moldavie. Il semble jouer pour le personnage vêtu de blanc étendu à sa droite, qui représente la mort du juste. De la bouche du juste s'élève une figurine blanche : son âme que l'ange gardien va conduire au Jugement. David se désintéresse de la scène opposée, la mort du pécheur attendu par le démon qui règne dans les flammes. Sur le reste de la paroi se poursuit la résurrection des morts : la mer, symbolisée par une femme, tient un navire et chevauche des poissons qui régurgitent des naufragés.

Les autres parois

La paroi sud n'est pas moins éblouissante, grâce à la fécondité des compositions et à l'excellente conservation des couleurs. La partie occidentale est occupée par l'**acathiste de saint Nicolas** *(p. 229)*, aux couleurs éclatantes, et, en dessous, par les onze tableaux qui relatent le martyre de **saint Jean le Nouveau** *(encadré p. 236)*. À gauche de la porte sont représentés les deux « parrains spirituels » de cette église : l'ermite Daniel Sihastru, qui en a inspiré la construction, et le métropolite ↪ **Grigore Roşca**, qui est à l'origine de la mise en fresques des églises moldaves. L'**arbre de Jessé** ↪ et, sur les absides, la **prière de tous les saints** *(p. 233)* sont éblouissants. Les fresques ont quasiment disparu de la façade nord. La **Genèse** y est lisible. Dans la lumière blanche du paradis, Adam et Ève commettent le péché et sont chassés par l'archange. Adam signe un pacte avec le diable, damnant sa postérité en échange de l'aide de ce dernier pour labourer la terre.

Le monastère de Moldovița★★★

> *Mănăstirea Moldovița. Env. 33 km N-O de Voroneț. De Voroneț, revenez sur la DN 17 et tournez à g. puis, à Vama, prendre à dr. vers Moldovița. À Vatra Moldoviței (le monastère n'est pas dans le village de Moldovița, situé 4 km plus loin), 200 m après un grand carrefour, tournez à dr. Ouv. t.l.j. 8 h-20 h. Entrée payante. Visite: minimum 1 h.*

Une première église, fondée par Alexandre le Bon en 1408, a été emportée un siècle plus tard par un glissement de terrain. Elle a été remplacée, quelque 300 m en aval, par l'église actuelle, dédiée à l'Annonciation et construite en 1532 à la demande de Petru Rareș.

Autour d'elle s'est développé le monastère, défendu par de hauts remparts et des tours de défense. Aujourd'hui, environ quarante religieuses maintiennent la quiétude des lieux. Dès la porte d'entrée, les couleurs vives de l'abside captent l'attention.

© Pierre Soissons

L'arbre de Jessé illustre la continuité entre Ancien et Nouveau Testament et insiste sur l'enracinement terrestre du Christ, qui est dit rattaché à David dans les Évangiles de Matthieu et de Luc. Détail de la fresque de Moldovița.

Cette église présente beaucoup de points communs avec celle de Humor *(p. 228)*, bâtie deux ans auparavant, mais il s'agit d'une fondation princière: ses dimensions sont plus grandes et, comme à Probota *(p. 246)*, Voroneț *(p. 229)*, Pătrăuți *(p. 237)* ou Sucevița *(p. 232)*, une tour érigée sur le naos ↪ domine le toit. La peinture a été réalisée en 1537, probablement par **Toma de Suceava** et son équipe, auteurs du cycle pictural de Humor. Bien conservé, l'ensemble est éclatant. Les compositions les plus remarquables sont, à l'intérieur, le **ménologe** ↪ et le **cycle de la Passion**; à l'extérieur, la **prière de tous les saints** *(p. 233)* et, sur la paroi sud, les compositions les plus brillantes, probablement le plus bel **hymne acathiste** ↪ de Moldavie et un **arbre de Jessé** ↪ particulièrement luxuriant.

L'arbre de Jessé

L'arbre de Jessé est la représentation symbolique de la **généalogie du Christ** sous la forme d'un arbre dont **Jessé**, le père du roi **David**, représente la racine. Ce thème iconographique est répandu au Moyen Âge dans toute l'Europe, mais jamais il n'a atteint les dimensions et la complexité de son interprétation moldave: à Moldovița, comme à Voroneț ou Sucevița, il occupe de vastes surfaces, mobilisant une centaine de personnages aux couleurs vives sur un fond bleu hypnotisant.

En bas, Jessé est représenté couché. « Un rameau sortira de la souche de Jessé, un surgeon jaillira de ses racines. Sur lui reposera l'Esprit du Seigneur », proclama au VIIIe s. avant notre ère le prophète Isaïe (11,1-2). L'arbre s'épanouit en huit registres et ses ramifications portent des fleurs en forme de calice: chacune accueille un ou plusieurs person-

© Pierre Soissons

Le monastère de Sucevița est entretenu par une communauté d'environ cinquante moniales.

nages de l'ascendance du Christ. Sur le tronc principal se succèdent les rois, à commencer par David et son fils Salomon, jusqu'à leur descendant Joseph. La parenté est aussi spirituelle : des prophètes, montrant leurs écrits annonçant la venue du Sauveur, fleurissent sur les branches périphériques. La partie supérieure présente des scènes de la vie de Marie et du Christ, notamment Nativité (à dr. de la fenêtre) et Crucifixion (au-dessus). Sur les flancs de l'arbre figurent les sages de l'Antiquité – Socrate, Platon, Aristote, Pythagore – dont la recherche spirituelle trouve un prolongement dans la doctrine chrétienne.

●●● **Sur la route de Sucevița** : vous traversez **Ciumârna** *(du monastère de Moldovița, reprenez la DN 17 A vers le N)*, village peuplé de Houtsoules *(encadré p. 241)*, puis vous franchissez le **col de Ciumârna**★ (superbe vue au soleil couchant sur les flancs boisés des reliefs de Bucovine) et redescendez vers Sucevița, où plane l'odeur des sapins.

Le monastère de Sucevița★★★

↗ ***Mănăstirea Sucevița****. 31 km N E de Moldovița. De ce monastère, reprenez la DN 17 A vers Rădăuți. Ouv. t.l.j. 8 h-20 h. Entrée payante. Visite : minimum 1 h.* ***Carnet d'adresses*** *p. 240.*

Sucevița, avec ses nombreuses fermes traditionnelles aux couleurs vives, noyées sous la verdure, s'étire sur 7 km. Certaines maisons comme dans le village voisin de Marginea, portent encore sur leur façade l'emblème de la famille princière **Movila**, qui commandita le monastère *(encadré ci-contre)* : deux épées croisées, qui font penser à un compas.

Entourées de sapins et d'herbages, fortifications et tours signalent le monastère, d'une sévérité qui s'oublie dès que l'on franchit le portail. Le complexe monastique est peut-être le plus somptueux de Bucovine par ses proportions, la débauche de couleurs et l'élégance des formes. L'église se singularise par la personnalité de ses fondateurs et la date de sa « mise en images », intervenue plusieurs décennies après celle des

© Bernard Houliat

Les saints convergent vers l'axe du sanctuaire, où ils sont conviés à la grande liturgie qui célèbre la Parousie, le retour du Christ.

histoire de l'art

Requiem de l'art moldave

En mobilisant de grands moyens, les frères Movila tentent de restaurer la mission chevaleresque et sacrée des souverains moldaves, garants de l'unité de l'Église *(p. 186)*. Les **fresques de Sucevița** semblent pourtant le dernier chant d'une force exténuée. L'énergie qui caractérisait les années 1530-1550 est consumée : depuis cinquante ans, on ne peint plus l'extérieur des églises. Fini l'état d'urgence qui sublimait la création : la Moldavie est installée pour longtemps dans la mouvance de l'Empire ottoman. L'orage de la **Réforme** est passé, contenu au-delà des Carpates, et le monde orthodoxe se replie dans la pénombre de ses églises. L'ambition des Movila sera brisée par les Ottomans et par les rivalités moldaves. Sucevița porte en elle une douceur mélancolique, celle des destins inaccomplis. Après Sucevița, les murs des églises moldaves ne fleuriront plus. Voilà pourquoi cette église est parfois qualifiée de « **testament de l'art moldave** ». Ce chant du cygne sera aussi celui de Vasile Lupu à Iași *(p. 251 et encadré p. 256)*. •

autres églises peintes. Construite entre 1582 et 1584, fortifiée pour devenir une résidence princière, elle est la seule église moldave à fresques extérieures postérieures à 1552, lesquelles furent commandées par le métropolite ↪ **Gheorghe Movila** (1595-1596) et exécutées par les frères Ion et Sofronie.

La paroi nord

La première scène que l'on voit en pénétrant dans l'enceinte est la plus caractéristique de Sucevița : l'**échelle des vertus** est inspirée par les écrits de **saint Jean Climaque le Sinaïte**, qui vécut au VIe s. au Sinaï, où il fut le supérieur du monastère Sainte-Catherine. La paroi est séparée en deux par une échelle dont chacun des 30 barreaux correspond à une des vertus que les moines doivent posséder. De part et d'autre, deux univers que tout oppose : anges volant en ordre parfait, démons et corps gesticulant dans le désordre. Sous la corniche, la lumière blanche du paradis permet de reconnaître le **cycle de la Genèse**. En dessous est représentée la vie de **saint Pacôme**, qui édicta au IVe s. les règles des moines du Sinaï. Entre les deux fenêtres, Pacôme fait abattre une tour, symbole d'orgueil inutile dans un monde où seule compte l'humilité. Contournez l'abside en suivant l'incroyable cortège qui s'y presse.

La prière de tous les saints

L'ensemble de l'iconographie trouve son accomplissement dans cette représentation de la prière de tous les saints qui couvre les absides de toutes les églises moldaves peintes. Sur huit registres, les personnages, dont les vêtements sont traités avec un grand souci du détail, font mouvement vers l'orient. Au premier registre, sous la corniche, les séraphins et les chérubins. Au second, les anges. Ces registres constituent la **hiérarchie céleste de l'Église**. Puis vient la **hiérarchie terrestre** : prophètes, apôtres, Pères de l'Église, martyrs et ermites. Tous se dirigent vers l'axe central où figurent, de haut en bas, Dieu le Père, Jésus Emmanuel (en hébreu : « Dieu avec nous »), l'icône de l'Incarnation (Marie portant Jésus), le Christ prêtre et juge, l'**Eucharistie** (l'Enfant Jésus dans le calice). Plus bas, sur le contrefort, saint Jean-Baptiste est représenté avec des ailes d'ange.

© Bernard Houliat

L'hymne acathiste à la Vierge s'achève sur une vaste scène d'inspiration russe (appelée Pokrov, du nom russe du voile tenu par les anges au-dessus de Marie). Détail de la fresque de Sucevița.

La paroi sud

L'**hymne acathiste à la Mère de Dieu** ↪ et l'**arbre de Jessé** ↪ occupent presque toute la surface. À défaut du siège de Constantinople, les peintres ont représenté, en bas à gauche, le martyre des moines du monastère Sainte-Catherine du Sinaï, décapités par les musulmans. Un porche, bien postérieur à la construction, donne accès à l'église.

L'intérieur

La subtilité de la lumière joue avec l'or utilisé en abondance dans la peinture, s'appuyant sur une gamme chromatique très variée. La qualité de l'exécution rappelle que les peintres Ion et Sofronie sont aussi des peintres de miniatures et d'icônes. Dans le pronaos ↪, la coupole à l'est porte la **sainte Trinité de l'Ancien Testament**. L'autre coupole présente **Dieu le Père**. Sur les pendentifs sont brillamment représentés les **premiers conciles** chrétiens. Les quatre murs portent les cinq registres du **ménologe** ↪ et les vies de **saint Georges** et surtout de **saint Nicolas**, sur la partie droite : le regard est attiré par un superbe tableau où, embarqué sur un navire, le saint sauve des marins de la tempête et du démon.

Dans la **chambre des tombeaux** ↪ reposent deux des frères Movila qui furent à tour de rôle voïvodes ↪ de Moldavie : **Jérémie** (mort en 1606) et **Simion** (mort en 1609). Ils sont recouverts d'une pierre ciselée où l'on distingue les armoiries moldaves (tête d'aurochs avec une étoile au front), surmontant les deux épées croisées, insignes de la famille Movila.

Dans le naos ↪ se développe le **cycle de la Passion**. Le **tableau votif** montre Jérémie Movila, suivi de sa nombreuse famille, offrant la maquette de l'église au Christ par l'intercession de Marie. Sur le naos s'élève la tour qui s'achève par une coupole où resplendit l'icône du **Christ Pantocrator** ↪ au visage fascinant et bienveillant.

Au **musée** du monastère, vous pouvez admirer les **voiles funéraires** de Jérémie et Simion, qui les représentent grandeur nature en tenue d'apparat.

Chaque 6 août a lieu la **fête patronale du monastère** (Transfiguration). Ce jour-là, la foule des pèlerins gravit jusqu'au sommet, près d'une chapelle récente, la montagne qui, du versant opposé, domine le monastère *(montée : env. 40 mn)*. Superbe panorama.

••• **À voir tout près** : un des villages de la commune de Sucevița, **Voievodeasa*** *(**Fürstenthal**, en allemand)* a conservé en grande partie l'habitat des **Allemands** qui ont vécu ici jusqu'à la Seconde Guerre mondiale : alignement de maisons en bois bariolées au toit à deux pentes, jardins bien soignés. Originaires des Sudètes, ces spécialistes de la cristallerie ont été attirés ici en 1803 par les Habsbourg. •

À la lisière nord des Carpates★★

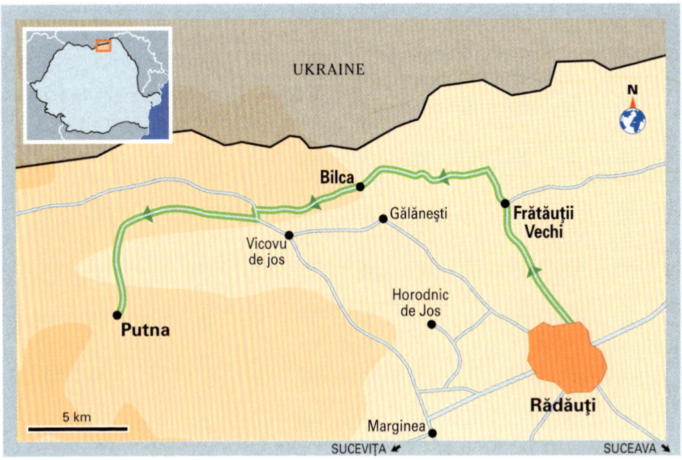

La vallée de la Suceava draine cet espace embelli par une chaîne ininterrompue de villages s'étirant de part et d'autre de la rivière, certains très proches de la frontière avec l'Ukraine.

Au XVe s., le souverain de Moldavie, Étienne le Grand, installa une résidence dans une vallée affluente, sans doute choisie pour sa difficulté d'accès et l'omniprésence de la forêt, un refuge idéal contre les envahisseurs de l'époque.

Rădăuţi

> 16 km N-E Suceviţa. De Suceviţa, suivez la route principale qui traverse Marginea et atteint Rădăuţi. ***Carnet d'adresses** p. 240.*

Ville de foire, un temps capitale de la Moldavie, Rădăuţi est devenue au début du XXe s. l'une des grandes villes juives de Bucovine. L'intérêt de cette ville ne saute pas aux yeux de prime abord, mais elle est pourtant très animée : les paysans de la région s'y retrouvent au moment des foires.

programme

Le circuit commence à Rădăuţi et se termine à Putna. Env. 34 km. Comptez 1 j. Commencez, le matin, par le marché ou la foire *(ven.)* de **Rădăuţi**. **Hébergement** à Rădăuţi et Suceviţa.

> ***Carnet d'adresses** p. 240.*

L'église Bogdana*

*> **Biserica Bogdana**. Ouv. t.l.j. 7 h-19 h. Entrée libre. Visite : env. 20 mn.*

Remontant au XIVe s., elle serait l'œuvre et la nécropole du voïvode ↪ **Bogdan** (1359-1365), fondateur de l'État moldave *(p. 41)*.

Dédiée à saint Nicolas, l'église de Bogdana est le plus vieil édifice religieux en pierre de Moldavie et le seul présentant un plan de basilique romane, rappelant qu'à cette époque, catholiques et orthodoxes étaient en concurrence dans cette région.

Le Musée ethnographique*

> **Muzeul de Etnografie**. *Piața Unirii, 63 ☎ 56.25.65. Ouv. t.l.j. sf lun. 9h-17h. Entrée payante. Visite : env. 30 mn.*

La région de Rădăuți était une mosaïque multiculturelle, d'où la richesse du musée qui comprend des céramiques de Kuty et Rădăuți, du mobilier paysan, des objets usuels, une belle diversité de costumes, etc.

Le bazar*

Derrière la poste se trouve le poumon de la ville. À partir de la halle agroalimentaire s'emboîte un dédale de passages et de cours intérieures qui traverse la rue de Sucevița et se poursuit entre les maisons. Partout s'éparpillent des étals où vous pouvez trouver l'introuvable.

Putna*

> *50 km O de Sucevița, 34 km O de Rădăuți. Devant la synagogue de Rădăuți, prenez la route de Frătăuții Vechi qui longe le champ de foires. À Frătăuții Vechi, tournez à g. Traversez Bilca pour rejoindre la route principale. Prenez à g. après un pont et un croisement, tournez à dr.*

De Rădăuți à Putna, *via* **Frătăuții Vechi*** et **Bilca***, vous traversez des villages idylliques qui résument bien l'esprit de l'habitat en Bucovine : un bocage de maisons impeccables aux toits noirs, enveloppant l'univers familial, entourées de potagers et de fleurs où l'on prend les repas en été.

Le grand village de Putna est marqué par la mémoire d'Étienne le Grand, ce qui en fait un haut lieu du sentiment national roumain.

Le monastère de Putna*

> **Mănăstirea Putna**. *Ouv. t.l.j. 7h-20h. Entrée libre. Visite : env. 15 mn.*

L'église du monastère fut fondée en 1468 par **Étienne le Grand** *(p. 43)* pour y établir sa nécropole : son tombeau est devenu depuis un lieu de pèlerinage. Les remparts ont été renforcés au XVIIIe s. Si l'église est d'un intérêt limité (plusieurs fois remaniée), l'ensemble monastique a belle allure. Le **musée*** *(ouv. t.l.j. 10h-18h; entrée payante)* présente une superbe collection de broderies byzantines.

♥ L'église en bois de Dragoș*

> **Biserica lui Dragoș**. *Du monastère de Putna, reprenez la même route qu'à l'aller. À 400 m du monastère, tournez à g. Ouv. t.l.j. 9h-17h. Entrée payante. Visite : env. 15 mn. Pour une visite guidée en français, demandez à la maison paroissiale à g. de l'entrée.*

Datant sans doute de 1346, elle a été construite à l'initiative du prince **Dragoș**, à Volovăț, près de Rădăuți. Étienne le Grand l'a fait transporter ici pour servir d'église aux ermites éparpillés dans la forêt en attendant la construction du monastère.

Bâtie de chêne, elle fut agrandie en sapin, d'où l'atmosphère délicatement boisée et apaisante qui baigne l'intérieur. •

portrait

Saint Jean le Nouveau

Pour avoir refusé d'abjurer sa foi orthodoxe, ce marchand originaire d'Asie Mineure est martyrisé en 1330 par les Tatars à Cetatea Alba (port sur la mer Noire, aujourd'hui en Ukraine). Canonisé sous le nom de saint Jean le Nouveau, il est aussitôt adulé en Moldavie. À la demande d'Alexandre le Bon, ses reliques sont transférées un siècle plus tard dans l'église de Mirăuți à Suceava, puis dans l'église Saint-Georges, au cœur du monastère qui porte son nom. Depuis, il fait l'objet d'une vénération que seule dépasse sainte Paraschiva de Iași *(p. 256)*. Chaque 24 juin, des pèlerins affluent de toute la Roumanie pour célébrer le saint. •

De Rădăuţi à Suceava★★

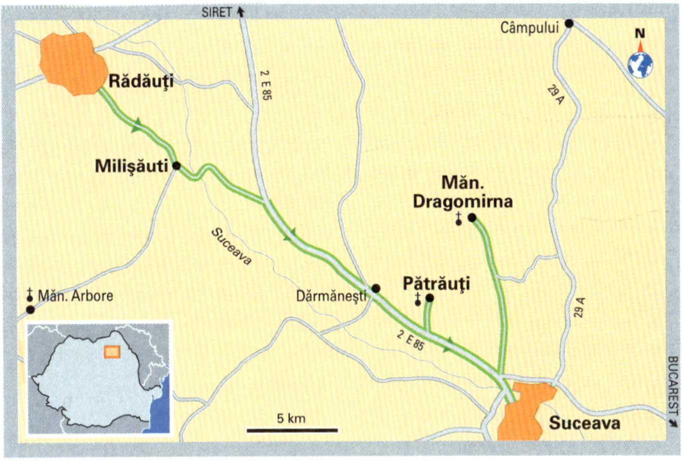

Les Carpates s'achèvent, laissant la place au monde étrange des collines moldaves et aux grands espaces qui s'ouvrent à l'est. Les villages sont plus modestes mais tout aussi colorés et les rendez-vous avec une histoire complexe se multiplient.

De Rădăuţi, suivez la route de Suceava, qui traverse de beaux villages dont **Milişăuti**, où de grands baquets de bois et une odeur suggestive révèlent la spécialité locale: le chou fermenté. Après Dărmăneşti (4 km), une route à gauche entre dans le long village de Pătrăuţi, à la sortie duquel se tient, à droite, un bijou de l'art moldave.

programme

Env. 60 km. Prévoyez une demi-journée: l'essentiel de la visite se concentre sur les églises de Pătrăuţi et Dragomirna. L'excursion peut débuter à Suceviţa. **Hébergement** à Suceava et Rădăuţi.

> ***Carnet d'adresses*** *p. 240.*

♥ L'église de Pătrăuţi★★

> 30 km S-E de Rădăuţi. Pour la visite, contactez la maison en face de l'église. Entrée payante. Visite: env. 20 mn.

Construite en 1487, c'est la plus ancienne des fondations d'Étienne le Grand qui nous soient parvenues. Dédiée à la sainte Croix (belle fête le 14 sept.), cette petite merveille résume le **style moldave**. La pureté de ses proportions lui donne un charme inégalé. Des restes de fresques murales extérieures ont été dégagés. En mauvais état, celles de l'intérieur suivent la tradition byzantine, mais des innovations scellent l'intrusion de l'actualité historique au cœur d'une iconographie figée.

Le **tableau votif**, répandu ensuite dans toutes les fondations princières, prend de l'importance: **Étienne le Grand** et sa famille y sont avantageusement représentés. Le prince offre la maquette de l'église au Christ par l'intercession de **Constantin**, premier empereur romain baptisé, qui constitue une référence dans le combat mené pour maintenir à flot la Moldavie et son Église. Même remarque avec la scène de la **cavalcade des saints militaires** où, sur son cheval blanc, l'archange Michel, chef de la milice céleste et défenseur de l'Église, est suivi de l'empereur Constantin.

Le monastère de Dragomirna★★★

> *Mănăstirea Dragomirna. 17 km de Pătrăuţi, 12 km N de Suceava. De Pătrăuţi, retournez sur la DN 2 et, à l'entrée de Suceava, tournez à g. avant un pont qui franchit la voie ferrée. Ouv. t.l.j. 8 h-20 h. Entrée payante. Visite : env. 1 h.*

En 1602, une communauté est fondée au nord de Suceava par **Anastasie Crimca** *(encadré ci-dessous)* et le boyard ↪ **Luca Stroici** à partir d'une minuscule **église**★, qui dessert aujourd'hui le cimetière. La grande église, inaugurée en 1609, se singularise par sa forme insolite de vaisseau élancé, étiré en longueur et dont la hauteur semble disproportionnée par rapport à la largeur.

Le temps des peintures extérieures est révolu, mais, dans le naos ↪, les **fresques intérieures** perpétuent la tradition moldave, avec un penchant pour le brillant et le faste. Une ceinture sculptée, représentant trois grosses cordes torsadées, fait le tour de l'église. La **tour** inaugure en Moldavie le décor ciselé dans la pierre, aux accents orientaux, qui sera déployé lors de la construction de l'église des Trois-Hiérarques de Iaşi *(p. 255)*. Pour faire face aux attaques incessantes que subit la région, le voïvode ↪ **Miron Barnovski Movila** fait édifier en 1627 de hautes murailles.

Au cours des premières décennies du XVIIe s., ce monastère devient, sous l'impulsion de Crimca, un brillant foyer de culture.

Suceava

> *12 km S de Dragomirna. De Dragomirna, rejoignez la DN 2 (S). Carnet d'adresses p. 240.*

En partie reconstruite, l'ancienne capitale de Moldavie offre des repères historiques importants qui justifient qu'on s'y attarde.

• **Le Musée ethnographique**★ *(**Muzeul Etnografic**). Str. Ciprian Porumbescu, 5 ☎ 21.40.81. Ouv. t.l.j. sf lun. 10 h-18 h. Entrée payante.* Aménagé dans l'ancienne demeure princière *(**Hanul Domnesc**)*, ce musée conserve, entre autres, de

art

♥ Les enluminures d'Anastasie Crimca

Évêque de la ville moldave de Roman puis métropolite de Moldavie, Anastasie Crimca a marqué son époque par sa personnalité généreuse et cultivée. Au **monastère de Dragomirna**, il développe une intense activité spirituelle, notamment en fondant un atelier d'enluminures, sa passion. Si les thèmes et la composition de ses miniatures ne s'écartent guère des modèles byzantins, la liberté de son graphisme bouleverse le genre : effets de matière rendus par des traits parallèles et vigoureux, silhouettes stylisées, personnages qui évoluent dans un tourbillon de couleurs vives. Magnifiquement composé, le texte est soutenu par des ornementations très orientales.

Dans le **musée du monastère** de Dragomirna, vous pouvez admirer quelques précieux manuscrits décorés par cet artiste au style raffiné. •

Le monastère fortifié de Dragomirna, d'où émerge la tour effilée de l'église, se reflète dans le lac où les moniales élèvent des carpes.

superbes tapis aux motifs zoomorphes et une belle collection de costumes traditionnels.

• **Le monastère Saint-Jean le Nouveau*** (***Mănăstirea Sfântul Ioan cel Nou***). *Face au parc central, quittez l'artère du centre-ville (bd Ana Ipătescu) et prenez la str. Mitropoliei, vers Bosanci et Dolhasca (DJ 208 A), puis tournez à g. 100 m plus loin. Ouv. t.l.j. 8 h-20 h. Entrée gratuite. Visite: env. 15 mn.* Il comprend l'**église Saint-Georges** *(Sfântu-Gheorghe)*, achevée en 1522. Destinée à être l'église du métropolite ↪, elle présente de grandes dimensions. Son toit couvert en 1910 de tuiles vernissées permet de la distinguer de loin. En 1534, les murs extérieurs sont couverts de fresques: sur la face sud demeurent des vestiges de l'hymne acathiste à la Mère de Dieu ↪, avec la fameuse strophe du siège de Constantinople *(p. 53)*, et l'arbre de Jessé ↪. Les reliques de saint Jean le Nouveau sont conservées dans l'église, sous un baldaquin de pierre *(encadré p. 236)*.

L'ensemble se trouve dans un parc paisible, oasis dans la ville, qui voit déferler chaque 24 juin une marée humaine de pèlerins.

• **La citadelle*** (***Cetatea de Scaun***). *Du monastère Saint-Jean le Nouveau, continuez sur la DJ 208 A vers la sortie de la ville, puis tournez à g. Ouv. t.l.j. 7 h-18 h. Entrée payante.* Construite à la fin du XIVe s., elle est réaménagée par Étienne le Grand. Quasiment imprenable, elle résiste à plusieurs sièges turcs, tatars et polonais. En 1476, les troupes de Mehmed II, le conquérant de Constantinople, ne parviennent pas à la faire tomber et doivent battre en retraite. Dans un cadre agréable, vous pouvez voir les restes des impressionnantes fortifications érigées par Étienne le Grand, renforcées par sept tours. •

Plan triconque, tour surmontant le naos, toiture fragmentée aux lignes aériennes, l'église de Pătrăuţi annonce la plupart des églises bâties au siècle suivant.

Mănăstirea Humorului

> *Indicatif ☎ 0230. Visite p. 228.*

Hébergement

▲▲ **Casa Buburuzan** ☎ 0745.84.98.32 (portable). *5 ch.* et *table d'hôtes.* Face au parking (200 m du monastère). Vente de tapis de laine.

▲▲ **Casa Bucovina** ☎ 0744.37.39.31 (portable). *4 ch.* Contournez le monastère par la g. et continuez sur env. 200 m : une maison toute simple et accueillante. Ferme, jardin et grand verger. Vente de tapis.

Moldoviţa

> *Indicatif ☎ 0230. Visite p. 231.*

Artisanat

▲▲ **Œufs décorés, famille Semeniuc** ☎ 33.63.81. Dans Moldoviţa, prenez à dr. après l'église, puis, après 100 m, le chemin de g. La maison est à 50 m. Viorica, Violeta et Camelia (la mère et ses deux filles) perpétuent la tradition houtsoule des œufs écrits *(pysanka en ukrainien ; encadré ci-contre)*, teintés de couleurs vives, que l'on offre à Pâques *(p. 35)*. Vente et démonstration sur demande. La maison dispose aussi de *ch. d'hôtes.*

Poieni Solca

> *Indicatif ☎ 0230. Carte p. 226.*

Hébergement

▲▲ **Simion Jucan** ☎ 0745.02.11.51 (portable). *3 ch.* Dans un lieu bucolique, complètement perdu dans les douces collines du piémont, entre prairies et vergers, une ferme traditionnelle et bien vivante et une maison délicieusement confortable. L'accès est assez compliqué, aussi est-il vivement conseillé d'appeler Simion Jucan pour se faire guider !

Rădăuţi

> *Indicatif ☎ 0230. Visite p. 235.*

Hébergement

▲▲ **Pension Fast**, str. Ştefan cel Mare, 80 ☎ 56.00.60. *8 ch.* Établissement confortable, aux prix raisonnables. Restaurant.

Suceava

> *Indicatif ☎ 0230. Visite p. 238.*

Accès

• **En avion.** 3 liaisons par semaine avec Bucarest, opérées par Angels Airlines en partenariat avec Tarom. Aéroport à 6 km de Suceava, direction Botoşani. **Agence Tarom** : str. Nicolae Bălcescu, 2 ☎ 21.46.86. *Ouv. lun.-ven. 9h-17h.*

• **En train.** Plusieurs trains par jour entre Bucarest et Suceava dont 2 liaisons quotidiennes par train Intercity. Excellent train de nuit (avec wagons-

minorités

Les Houtsoules

© Antoine Schneck

Les Houtsoules perpétuent l'art de décorer les œufs offerts le jour de Pâques.

Peuple slavophone à l'origine énigmatique, les Houtsoules apparaissent dès le XVIIe s. dans l'actuelle Bucovine, en provenance du nord, de la région la plus sauvage des Carpates, entre Bucovine et Galicie.

Ils sont appelés par les grands monastères, qui ont besoin de main-d'œuvre pour exploiter leurs forêts. En échange, les Houtsoules reçoivent des terres à défricher et à exploiter. Dix fois plus nombreux en Ukraine, ils pourraient être une vingtaine de milliers aujourd'hui en Roumanie, principalement en Bucovine. Vivant jusqu'à il y a peu en marge de la société roumaine, ils ont conservé leur dialecte — qui tient beaucoup de l'ukrainien, avec un contingent de mots roumains — et de fascinantes traditions dont la plus connue est **l'art de décorer les œufs.** •

lits). Liaisons avec Iaşi. **Gare**: Gara Suceava Nord, quartier Iţcani (au N de la ville, route de Rădăuţi). **Agence des Chemins de fer** *(Agenţia CFR)*, str. Nicolae Bălcescu, 8 ☎ 21.43.35. *Ouv. lun.-ven. 7h-19h.* Rens. CFR ☎ 51.71.17.

• **En bus.** Liaisons régulières avec Iaşi, Cluj, Bucarest, Rădăuţi et l'Ukraine. Maxitaxis pour de nombreuses villes. **Gare routière** *(Autogara)*: str. V. Alexandri, 9 ☎ 52.43.40, au centre de la ville, près du marché.

Hébergement

▲▲▲ **Hotel Dava ♥**, str. Mitropoliei, 3 ☎ 52.21.46, fax 52.00.87, < www.balada.ro >. *19 ch.* Restaurant. Le meilleur hôtel de Suceava. Proche du monastère Sf. Ioan cel Nou.

▲▲ **Hotel Continental Arcaşul ♥**, str. Mihai Viteazul, 4-6 ☎ 21.09.44, fax 21.47.00. *96 ch.* Confortable, prix corrects, bien situé près du centre. Restaurant.

▲▲ **Villa Alice**, str. Simion Florea Marian, 1 bis ☎ 52.22.54. *12 ch.* spacieuses et confortables. En dehors du petit déjeuner, repas sur demande.

Shopping

• **Bazar.** Près du pont sur la Suceava, direction Botoşani. *Ouv. t.l.j. sf lun. 6h-12h.*

• **Marché agroalimentaire** *(piaţa Agroalimentară)*, str. Petru Rareş, 7 (près de la gare routière). Tous les jours, toute la journée.

Suceviţa

> Indicatif ☎ 0230. Visite p. 232.

❶ **Bucovina Reteaua Verde** (Réseau vert de Bucovine) ☎ 0745.33.34.02 (portable), < inforeverde@yahoo.com >. À 400 m du monastère en direction de Rădăuţi, à droite. Immédiatement après un hôtel en béton. Petite maison qui donne sur la prairie communale, le bureau

habitat

L'hiver au coin de la soba

L'hiver est la saison où l'on saisit le mieux la magie intimiste des maisons de Bucovine. Lorsque les villages disparaissent sous la neige, il fait bon se blottir à l'intérieur dans une atmosphère douillette, au décor chargé de couleurs. Sous d'énormes couettes et des draps de lin, les nuits semblent trop courtes. Mais rien n'égale la chaleur douce de la *soba*, ce poêle monumental bâti en briques réfractaires recouvertes de plaques de céramique, qui peuvent être bleues, vertes, châtaigne, décorées ou non. Un feu le matin et un feu le soir suffisent à emmagasiner la chaleur que restitueront les plaques. À Sucevița, qui, l'hiver, se transforme en paradis, les chambres d'hôtes sont équipées de la *soba*. •

d'information (indiqué par un panneau « i ») vous met en contact avec les propriétaires de chambres d'hôtes du village. Tenu par Felicia Cazac *(ci-dessous)*.

Hébergement

▲▲▲ **Casa cu Cerbi** ♥ ☎ 745.33.34.02 (portable) ou 0744.50.94.24 (portable), fax 41.72.06, < carpathica@ yahoo.com >. *5 ch. et suites*, avec s.d.b. dans trois maisons traditionnelles de Bucovine, aménagées avec goût (mobilier ancien, décor typique). Table d'hôte gastronomique sur commande. Accueil francophone et agence de voyage qui organise de randonnées dans toute la Roumanie et en Ukraine.

▲▲▲ **Popas Turistic Bucovina** ☎ 56.53.89. *Env. 60 places.* Un hôtel moderne et villa en bordure de forêt, à l'entrée du village en venant de Moldovița. Confortable. Restaurant.

▲▲ **Casa Felicia et Trandafir Cazac** ☎ 41.70.83 et 0745.56.02.53 (portable). *5 ch.* et 2 sdb. Ferme agréable avec une grande maison d'habitation, des poules, un chat et un grand jardin. Une fameuse table. Les enfants peuvent dormir dans un petit bungalow en bois. Trandafir connaît très bien la région.

Restaurant

♦ **Gradina de Vara** ☎ 41.70.17. 1,5 km en amont du monastère. Cuisine simple, goûteuse et bon marché.

Vama

> Indicatif ☎ 0230. Carte p. 226.

Hébergement

▲▲ **Pensiunea Letiția Orșivschi** ☎ 23.92.12 et 0745.86.95.29 (portable). *9 ch.* réparties sur deux maisons et *table d'hôtes*. À 100 m de la gare, la convivialité et la simplicité d'une famille d'artisans (spécialistes de la broderie).

▲▲ **Pensiunea Virginia**, str. Iorgu Toma, 192 ☎ 23.91.78 et 0723. 54.03.26 (portable). *5 ch.* (bientôt une dizaine) et *table d'hôtes* avec les bonnes recettes de Virginia. Et l'enthousiasme de Tică, son mari, toujours prêt à organiser une expédition-grillade en montagne ! •

Monts et collines de la Moldavie

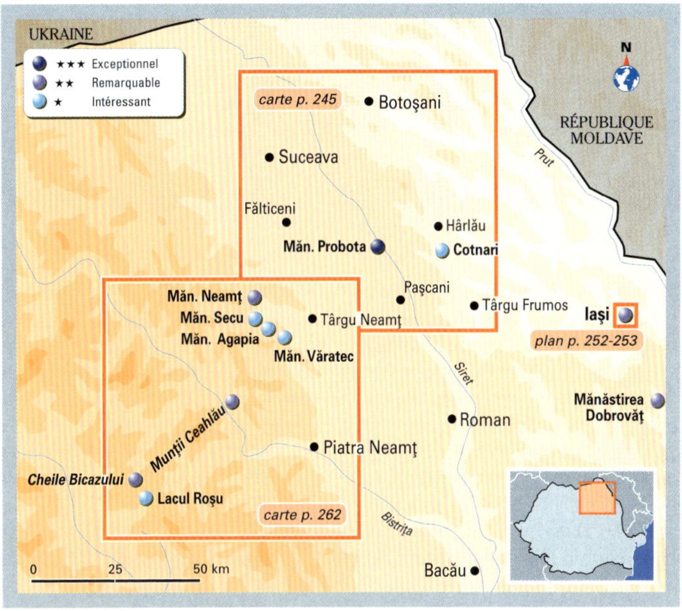

Pour le public occidental non avisé, la Moldavie évoque une contrée incertaine. Que reste-il donc de ce qui fut un grand pays, dont les princes, brillants et cultivés, qui régnèrent aux XVIe et XVIIe s. des Carpates de Bucovine à la mer Noire ? Depuis cet âge d'or, le destin de la Moldavie n'est qu'un lent glissement vers l'oubli. Pauvre et marginalisée, elle est aujourd'hui une sorte de cul-de-sac, qui d'ici peu bénéficiera du statut guère excitant de frontière orientale de l'Union européenne. Mais, fidèle à une capacité historique à résister au pire, elle ne se laisse pas envahir par un spleen moldave, qui serait chargé de nostalgie, de paradis et de somptueux monuments. Particulièrement dynamique, sa jeunesse sait que son salut ne viendra jamais de Bucarest, mais de son ouverture au monde, comme au bon vieux temps des voïvodes.

sommaire

histoire

La République de Moldavie

En 1812, la Moldavie est amputée de son territoire oriental, la Bessarabie, située entre Prut et Dniestr, qui est engloutie par l'Empire russe. En 1918, cette province réintègre la Roumanie, jusqu'en 1940, où Staline en fait la **République socialiste soviétique de Moldavie** (capitale **Chişinău** ou Kichinev). Avec l'effondrement de l'URSS, en 1991, ce territoire devient indépendant sous le nom de **République de Moldavie**. Des deux côtés, on parle la même langue, même si, officiellement, elle s'appelle *moldovenesc* au-delà du Prut, où, pendant l'ère soviétique, elle fut la seule langue latine écrite en caractères cyrilliques ! •

La plaine du Siret, par où passent les échanges millénaires entre le Bosphore et les pays qui s'étendent jusqu'à la Baltique, coupe la Moldavie en deux. Côté ouest, vers les Carpates, elle est apaisante, confortablement adossée à ces monts couverts de forêts, d'ermitages et de villages coquets. De tout temps, les populations locales y ont trouvé un abri sûr. Dans ces montagnes s'est entretenu un foisonnement spirituel qui en fait l'un des hauts lieux du monde orthodoxe. Côté soleil levant, la Moldavie des collines est inquiète. Comme tous ces pays qui n'ont jamais été épargnés par l'adversité, elle ne se donne pas aisément. Elle couvre sa fragilité de musiques tourbillonnantes et de villages-oasis aux modestes maisons de terre crue, chaulées de bleu ou de vert, bordées d'arcades orientales. En été, la vie disparaît sous de grandes treilles à l'ombre desquelles vieillards et chats passent les heures chaudes. Tout autour flottent des parfums de poivron, de fruits mûrs et d'aneth. C'est dans ces paysages de l'intime que se mesure l'art de vivre du Moldave : il a toujours su parer son univers d'une poésie et d'une douceur qui ont souvent eu le goût âcre de l'éphémère. •

De Suceava à Iaşi

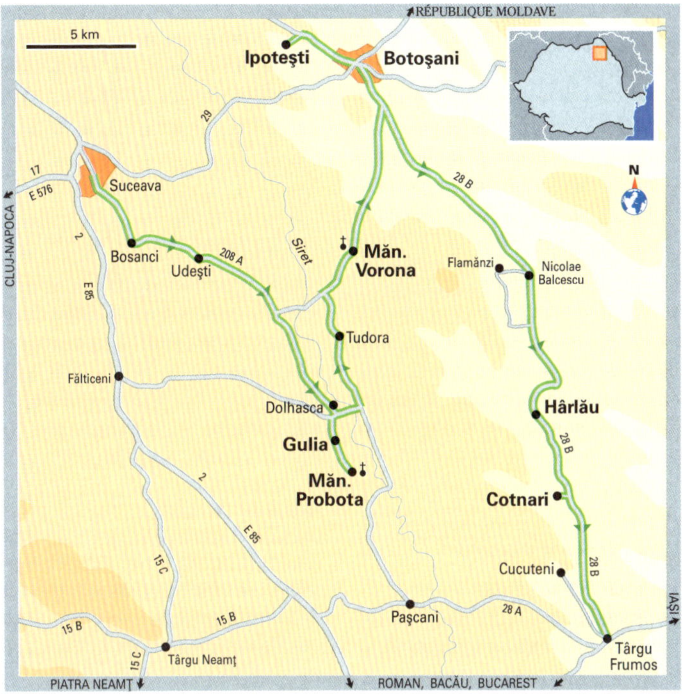

La Moldavie est née au cœur des montagnes de la Bucovine, mais ses princes s'en sont peu à peu éloignés, jalonnant de résidences un territoire devenu très étendu et donc difficile à contrôler.

Oubliées à l'extrémité nord-est de la Roumanie, les collines de Botoşani et de Iaşi paraissent bien sévères et de peu d'intérêt, malgré la tendresse qui émane des modestes villages de la région.

Il est conseillé de les fréquenter au mois de mai, en octobre et surtout en hiver, lorsque les lumières font naître des sensations irréelles et des pulsations archaïques qui se déchaînent au **Nouvel An** *(p. 36)*.

programme

Une journée suffit pour suivre les pas du voïvode Alexandru Lăpuşneanu, qui a transféré la capitale de Suceava *(p. 238)* à Iaşi *(p. 251)*, en passant par Hârlău *(p. 250)*, le vignoble de Cotnari *(p. 250)* et, chef-d'œuvre du prince Petru Rareş, le monastère de Probota *(p. 246)*. Routes en mauvais état de Suceava à Probota et Tudora, correctes ensuite.

Hébergement à Cotnari, Botoşani.

> ***Carnet d'adresses*** p. 268.

Le monastère de Probota★★★

> ***Mănăstirea Probota.*** *40 km S-E de Suceava, 5 km S de Dolhasca. Sortez de Suceava en dir. de Bosanci par la DJ 208 A et, à Dolhasca, tournez à dr. puis à g. Ouv. t.l.j. du lever au coucher du soleil. Entrée payante. Visite : 1 h 30 à 2 h.*

Profitez de l'état de la route pour conduire lentement et savourer l'ambiance des villages traversés, comme le village rom de **Gulia**, aux maisons enduites de chaux et colorées d'un bleu intense. Visitez ce village sans *a priori* : les gens sont accueillants et votre véhicule est en sécurité devant le bar. Au cœur d'un paysage champêtre apparaissent les murs d'enceinte et les tours du monastère, dont le nom d'origine, Probota, désigne en slavon la « confrérie » (celle des moines).

L'église Saint-Nicolas

> ***Biserica Sfântu Nicolae.***

L'église est construite en 1530 sur ordre de **Petru Rareş**, fils d'Étienne le Grand, qui a choisi d'en faire sa nécropole, rompant avec la tradition des sépultures princières de Putna *(p. 236)*. Lorsqu'il monte sur le trône en 1527, l'higoumène ↪ de Probota n'est autre que son cousin germain **Grigore Roşca**, futur métropolite de Moldavie. C'est en partie sur les conseils de ce dernier que Petru Rareş initie le cycle des peintures murales extérieures moldaves *(p. 224)* qui débute à Saint-Georges de Hârlău *(p. 250)* en 1530, et en 1532 à Probota. Au cours des siècles suivants, l'établissement perd peu à peu de son éclat et les bâtiments tombent en ruine. Plusieurs couches de peintures viennent recouvrir les fresques de l'intérieur, tandis que celles de l'extérieur subissent d'irrémédiables dommages. Dans les années 1990, d'importants travaux de recherche et de restauration, financés par une fondation japonaise, permettent de dévoiler à l'intérieur la qualité exceptionnelle des fresques originelles de 1532, qui, par chance, ont été préservées par les barbouillages académiques du XIXe s.

Bien que la construction reste fidèle aux formes traditionnelles des églises moldaves, la verticalité accentuée de ses proportions (30 m de hauteur à la pointe de la tour) et ses grandes ouvertures étirées témoignent d'une plus grande influence gothique.

Les fresques intérieures★★★

Dans l'église, les artistes ont su tirer le meilleur parti d'une gamme chromatique assez limitée, qui n'a en rien entravé leur souci de faire vivre ces fresques et de soigner les détails.

• **Le pridvor** ↪. La lumière pénètre par les grandes fenêtres gothiques, et, le soir, elle baigne la paroi du **Jugement dernier** ↪, qui fait ici sa première apparition sur les murs d'une église moldave. L'interpénétration des formes architecturales et de la lumière dégage une ambiance troublante. Le *pridvor* n'est pas seulement le porche d'entrée, il affirme sa fonction symbolique de passage : en plein milieu du Jugement dernier, c'est-à-dire à la fin des temps, la porte s'ouvre vers la révélation et l'intérieur de l'église.

• **Le pronaos** ↪. Coiffée de deux coupoles, la pièce voit sa hauteur accentuée par celle des quatre fenêtres. Le programme pictural suit une hiérarchie : la **Vierge** occupe la clé de voûte puis sur les tympans sont représentés les premiers **conciles**, ceux qui ont déterminé la doctrine chrétienne. Plus bas, dans les registres du **ménologe** ↪, sont réunis les saints. Le calendrier orthodoxe commence en effet ici et se prolonge sur les parois de la chambre des tombeaux.

• **La chambre des tombeaux** ↪. Elle est presque entièrement enveloppée par le **ménologe** ↪. Aucune monotonie dans cette profusion de scènes, parcourues d'inventions, de

Chaque carré du registre supérieur du pronaos de Probota illustre un jour du calendrier orthodoxe.

tensions et de dynamisme. Le grand prince Petru Rareş repose côté sud, auprès de sa femme Elena.

• **Le naos** ↬. Sur la paroi ouest du naos se trouve l'habituel **tableau votif**: le fondateur, Petru Rareş, offre au **Christ** la maquette de l'église par l'intercession de **saint Nicolas**. Le personnage qui suit Petru Rareş semble être un Turc égaré dans cette famille. En fait, il s'agit d'**Iliaş**, fils et successeur de Petru sur le trône de Moldavie (1546-1551). Mais pourquoi son visage a-t-il été noirci et son nom effacé? Parce qu'il s'était converti à l'islam!

Sur une bonne partie des parois sont développés les épisodes du cycle de la **Passion du Christ**. La fluidité narrative est favorisée par l'absence de séparations entre les différentes scènes. Les murs sont peuplés d'une foule de personnages en mouvement et par d'innombrables détails, comme ces bâtiments aux formes multiples qui animent le décor. La **Crucifixion** éclaire la voûte de l'abside nord d'une vie intense. La scène est encadrée par une malheureuse série de portraits, de facture académique, vestiges d'une des couches du XIXe s. qui ont recouvert les fresques originales. L'abside sud représente le patron de cette église, **saint Nicolas**, dans ses beaux vêtements d'évêque. Sur la paroi ouest sont peintes la **Dormition de la Vierge** ↬, où celle-ci est entourée de personnages dont l'émotion est visible comme cet

portrait

Mihai Eminescu, le poète national

Mihai Eminescu (1850-1889) fait l'objet d'un véritable culte. S'exprimant dans un style ample et sans scories, il exalte dans sa poésie l'amour romantique et son cortège de souffrance et de solitude désespérée. Il puise aussi son inspiration dans le répertoire paysan traditionnel et dans l'histoire du combat de la nation roumaine contre l'envahisseur, entre les valeurs spirituelles de son peuple et les nuisances de la société moderne. Développées dans le contexte bien particulier du XIXe s. et de l'émancipation des nationalités, ses œuvres ont parfois été détournées par des courants nationalistes roumains. Ce grand poète demeure mal connu à l'étranger, où il est peu traduit *(p. 325)*. Rongé par des crises de folie, il fut interné à partir de 1883. •

ange qui se penche sur elle et, sous l'arc sud-est de la tour, la **Nativité**. Sur un pendentif sud-ouest de la tour, l'Évangéliste **saint Luc** est en train d'écrire au sein d'un décor sophistiqué. Dans la coupole surmontant le naos, le **Christ Pantocrator** ↪ embrasse l'assistance d'un regard d'une grande douceur.

De Probota à Iaşi

> *De Probota, dirigez-vous vers Dolhasca et Botoşani (N).*

De retour à Dolhasca, il faut traverser le Siret pour rejoindre Tudora et Vorona, où subsistent tant bien que mal des **fêtes d'hiver archaïques** *(p. 36)*.

Le monastère de Vorona

> ***Mănăstirea Vorona**, 2 km S-E du village de Vorona, 35 km N de Probota.*

La route traverse une forêt sombre pour déboucher sur la vaste clairière où s'est développé l'ensemble monastique de Vorona, dont l'intérêt historico-artistique reste limité mais où règne une atmosphère fraîche et paisible, un brin mystérieuse.

Botoşani et ses environs

> *61 km N de Probota, 30 km N de Vorona.* ***Carnet d'adresses*** *p. 268.*

Au cœur d'une cité de science-fiction hérissée de blocs résiste un îlot de l'ancien quartier juif, typique des villes de foire de jadis: maisons éclectiques chargées de stuc et de corniches pulpeuses, avec une cour intérieure animée où se dissimulaient les transactions, où escaliers et galeries de bois mènent aux appartements. Le **musée d'ethnographie** *(**Muzeul Etnografic**; str. Unirii, 3; ouv. t.l.j. 9h-17h sf lun.; entrée payante)* présente un assortiment d'objets artisanaux et de costumes de la région. À voir aussi, l'église **Saint-Nicolas Popăuţi** *(**Biserica Sf. Nicolae**)*, bâtie en 1497 par Étienne le Grand.

Les collines de Botoşani ont vu naître deux génies de la culture roumaine: le poète **Mihai Eminescu** *(encadré ci-contre)* et le compositeur **George Enescu** *(p. 327)*. À **Ipoteşti** *(4 km O de Botoşani)*, **Eminescu** a passé son enfance, avant de poursuivre des études à Vienne et de participer à l'intense vie culturelle de Iaşi. Une réplique de la maison familiale est devenue musée-mémorial *(**Casa Memorială**; ouv. t.l.j. sf lun. 10h-17h; entrée payante)*.

La route file vers Iaşi entre les collines de Botoşani sans arbres, occupées par des cultures ou des pâturages, et traverse des villages qui pourraient être des oasis: vergers, fleurs, maisons vivement colorées avec piliers et corniches de bois.

musique

Fanfare moldave

La musique des fanfares moldaves est l'héritière de la musique militaire des campagnes de l'armée ottomane.

La fanfare **Ciocârlia** *(p. 326)* déchaîne le public d'Europe occidentale, qui a découvert le rythme effréné des danses moldaves. Une fanfare réunit une dizaine de musiciens : des cuivres flamboyants et des clarinettes sont soutenus par une rythmique précise, haletante, aux pulsations pleines et joufflues, assurée par des hélicons, des tubas et des percussions. Cette musique était autrefois interprétée par les Roms au sein des armées ottomanes. Elle est ensuite devenue celle des villages de Moldavie, animant les noces et les fêtes. La fantaisie débridée et la virtuosité des musiciens leur permettent d'enrichir en permanence leur répertoire et d'y introduire des thèmes et des arrangements venus d'ailleurs, sans perdre leur âme. Les fanfares de certains villages connaissent ainsi la gloire, comme celle de **Zece Prajini**, d'où provient aussi la fanfare Ciocârlia. D'autres survivent et accompagnent les mascarades d'hiver de **Vorona** *(p. 248)* et de **Tudora**. Mais, de plus en plus de musiciens abandonnent, et danser la *sârba*, la *bătuta* ou la ***ruseasca*** devient un luxe occidental ! •

gastronomie

Le nectar doré de Cotnari

Le *grasă* de Cotnari doit sa célébrité au prince Étienne le Grand. Si la vigne atteint ici à sa limite septentrionale, elle donne des vins blancs remarquables dont certains sont de la famille des tokays, des sauternes ou des vins jaunes du Jura. Le cépage *grasă* de Cotnari est le composant principal de ces vins. *Grasă* signifie charnu, plein, ce qui résume bien les qualités de ce raisin riche en acides et en glycérine, imprimant au vin un bouquet très particulier. Fait de raisins vendangés grain par grain lorsqu'ils sont déjà ratatinés et colonisés par la pourriture noble (*Botrytis cinerea*), c'est un vin à forte teneur en sucre. Les bouteilles que l'on trouve dans le commerce ne sont guère convaincantes. Mais vous pourrez découvrir le vrai vin de Cotnari à la **pension Bilius**, située en plein vignoble *(p. 268)*. •

Hârlău

> 109 km N de Probota via Botoşani, 48 km S de Botoşani par la DN 28 B.

Étienne le Grand avait fait de Hârlău l'une de ses résidences préférées : il y fit bâtir un palais dont ne subsistent que de vagues ruines et l'**église Saint-Georges★**, consacrée en 1492. Les premières fresques extérieures moldaves ont été réalisées sur les murs de cette église, mais elles ont disparu, laissant à nu une architecture élégamment rythmée par le contraste entre la pierre blanche et les parements de briques rouges. Le long de la corniche courent des briques émaillées de différentes couleurs.

Le vignoble de Cotnari★

> 119 km N de Probota via Botoşani, 58 km S de Botoşani et 10 km S de Hârlău par la DN 28 B. Pour accéder aux vignes : du village, suivez la dir. Bălceni. ***Carnet d'adresses*** *p. 268.*

Étienne le Grand a aussi fait la renommée des vins de Cotnari *(encadré ci-dessus)*, qui fut entre le XVe et le XVIe s. une ville importante, ce que l'on a du mal à imaginer aujourd'hui.

Du haut de la colline qui domine le village s'offre un paysage ample, d'une étrange âpreté, qui fut habité dès la Préhistoire. Cet amphithéâtre de vignes produit un nectar divin.

••• **À voir tout près** : votre route passe non loin du village de **Cucuteni** *(17 km S-O de Cotnari)*, qui a donné son nom à une civilisation, datant de 4 000 av. J.-C. environ, célèbre pour les céramiques anthropomorphes colorées de blanc, de noir et de rouge que l'on a découvertes en ces lieux. Le musée d'Histoire de Iaşi *(Muzeul de Istorie al Moldovei ; p. 254)* en possède une très belle collection. •

Iași★★

Édifice surdimensionné, le palais de la Culture apparaît comme une bravade pour une capitale qui ne guérit pas de sa grandeur passée.

De la verdure, de la jeunesse et l'atmosphère indicible de ces lieux à bout de souffle, orphelins d'un destin qui leur a échappé : voilà la première impression donnée par cette ville que les diplomates appelaient Jassy et dont le nom se prononce « yache ».

programme

Donnez-vous **2 jours** pour explorer la ville et ses environs. Le **1er jour** : randonnée urbaine de 6 h (visites comprises). Le **2e jour** : escapade champêtre à **Dobrovăț** en voiture ou en bus et au **cimetière juif** de Iași **A1** à la lumière du soir. **Hébergement** possible à Poiena et à Iași.

> ***Carnet d'adresses*** *p. 268.*

Destin contrasté et douloureux d'une ville habitée par la culture

L'histoire de Iași est celle d'une longue relégation mais aussi celle d'une fécondité culturelle inaltérable. Lorsqu'en 1565 le bourg commercial devient capitale de la Moldavie, celle-ci n'est déjà plus le vaste pays du temps d'**Étienne le Grand** *(p. 43)* : elle est muselée par les Ottomans. Avec **Vasile Lupu** *(encadré p. 256)*, de 1634 à 1653, Iași s'imagine un moment comme une seconde Byzance, fastueuse et ouverte aux influences, cultivée, mécène du monde orthodoxe. Mais ce n'est qu'illusion, car l'emprise du sultan se resserre. La Moldavie rapetisse, amputée de la Bucovine en 1775, puis de la Bessarabie. Lorsque les principautés deviennent **royaume de Roumanie** en 1812, Iași espère en devenir la capitale. En vain. Elle se renfrogne dès lors dans son exil provincial, n'en sortant que lors du **pogrom** de 1941, qui laisse planer une douleur assourdissante sur cette ville qui fut à moitié juive. Au cœur d'une région économiquement ex-

A
B
1
2
3
4
N
Cimitirul Evreiesc
Grădina botanică
CRUCEA ROȘIE
COPOU
ȚICĂ
Parcul Copou
Centrul Cultural Francez
PACURARI
UNIVERSITĂȚII
PIAȚA M. EMINESCU
DACIA
UZINEI
Catedrăla Mitropolitană
MIRCEA CEL BĂTRÂN
NICOLINA
Măn. Galata
GALATA
BUCAREST, SUCEAVA
Podgoriilor
Munteni
Dumbrava Roșie
Bulevardul 1 Decembrie 1918
Șos.
George Coșbuc
Col. Dr. Vicol
Simion
Oastei
Sărărie
Codrescu Teodor
Lascăr Catargi
Fagului
Peneș Curcanu
Aurora
Transilvaniei
Cazarmilor
Toma Cozma
Văscăuțeanu Copou
Carol
Păcurari
Șos. Canta
Luca Arbore
Luterană
Șos. Bancila
Octav
Moara de Foc
Arcu
Tabacului
B-dul Strămoșilor
Dacia
Râul Bahlui
Drobeta
B-dul Alexandru cel Bun
Șos. Națională
Silvestru
Mușatini
Sarmisegetuza
Cerna
Cicoarei
Cărămidari
Calea Galata
Nicolae Iorga
Trotuș
Valeni
Podișului
Urcusul Galata
Vasile Ureche
Șos. Voinești
Galata
Sălcilor
Șos. Tudor Neculai
ITINÉRAIRES :
Autour du boulevard Stefan cel Mare si Sfânt
Verdure et poésie urbaine
Les monastères des collines

IAȘI

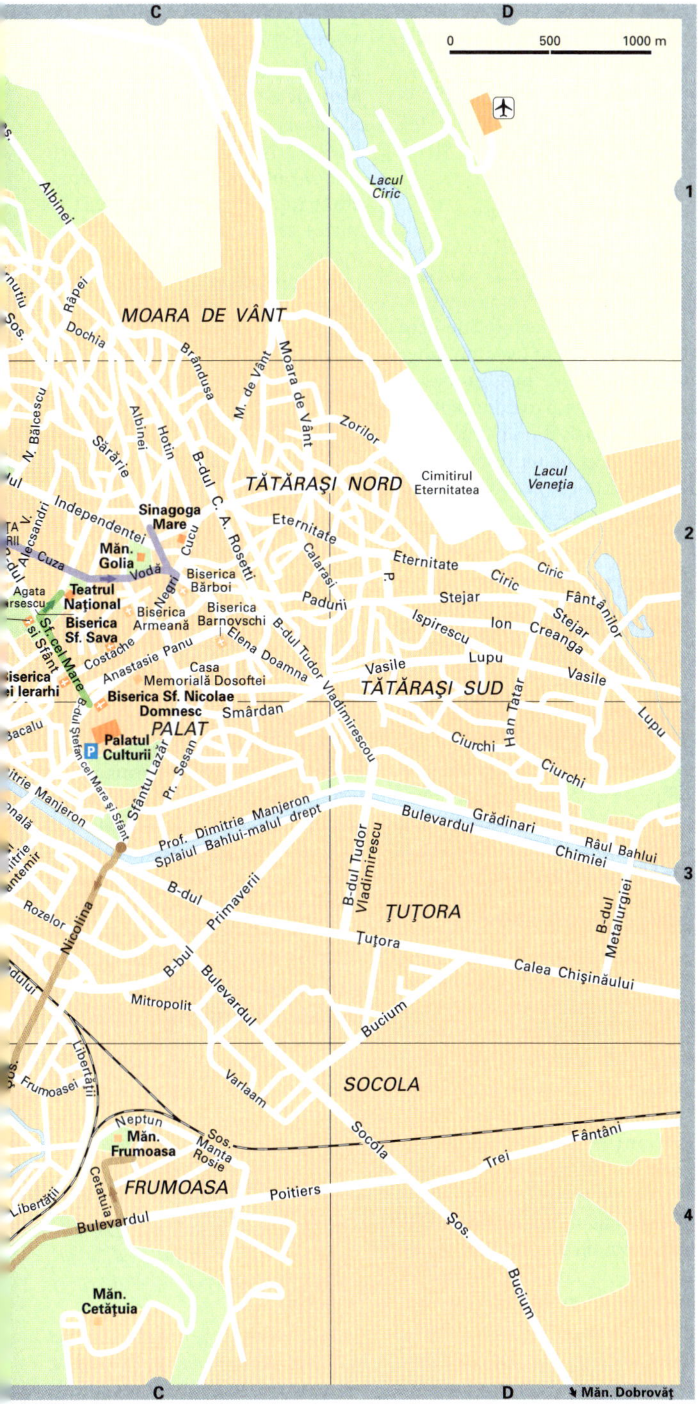
C
D
0
500
1000 m
Lacul Ciric
1
2
3
4
MOARA DE VÂNT
Albinei
Râpei
Dochia
Brândusa
M. de Vânt
Moara de Vânt
Zorilor
N. Bălcescu
Sărărie
Albinei
Hotin
B-dul C. A. Rosetti
TĂTĂRAȘI NORD
Cimitirul Eternitatea
Lacul Veneția
Independenței
Sinagoga Mare
Cucu
Măn. Golia
Cuza Vodă
V. Alecsandri
Biserica Bărboi
Eternitate
Calarași
Eternitate
Ciric
Ciric
Agata
Teatrul Național
Negri
Biserica Armeană
Biserica Barnovschi
Paduri
P.
Stejar
Fântânilor
Biserica Sf. Sava
Costache
Ispirescu
Ion Creanga
Stejar
Sf. cel Mare și Sfânt
Anastasie Panu
Elena Doamna
B-dul Tudor Vladimirescu
Vasile Lupu
Vasile
Casa Memorială Dosoftei
TĂTĂRAȘI SUD
Lupu
Biserica Sf. Nicolae Domnesc
Smârdan
Han Tatar
PALAT
Ciurchi
Ciurchi
Palatul Culturii
B-dul Ștefan cel Mare și Sfânt
Sfântu Lazăr
Pr. Sesan
Manjeron
Prof. Dimitrie Manjeron
Splaiul Bahlui-malul drept
Bulevardul Grădinari Chimiei
Râul Bahlui
B-dul Tudor Vladimirescu
B-dul Primaverii
B-dul Metalurgiei
ȚUȚORA
Rozelor
Nicolina
Țuțora
Calea Chișinăului
B-dul Bulevardul
Mitropolit Varlaam
Bucium
Libertății
Frumoasei
SOCOLA
Neptun
Măn. Frumoasa
Șos. Manta Rosie
Socola
Fântâni
Trei
Cetațuia
FRUMOASA
Poitiers
Libertății
Bulevardul
Șos. Bucium
Măn. Cetățuia
Măn. Dobrovăț

sangue, à l'écart des axes majeurs de communication, la deuxième ville universitaire de Roumanie (les étudiants représentent env. 12 % de la population) place ses espoirs dans ce capital d'intelligence qu'elle a toujours entretenu.

La ville aux sept collines

Entourée de sept collines, Iaşi occupe le fond de la vallée du Bahlui, affluent du Prut. À la périphérie, les quartiers d'immeubles de l'ère Ceauşescu voisinent avec un labyrinthe semi-rural de maisons basses et de jardins. Une partie du centre a été saccagée. Mais il reste cependant de nombreux et beaux vestiges de la ville d'avant, en particulier un nombre impressionnant d'églises.

Autour du boulevard Ştefan cel Mare şi Sfânt

> ***Bulevardul Ştefan cel Mare şi Sfânt.*** *Parking au palais de la Culture.*

Dans un paysage urbain un peu chaotique se détache la grande artère de la ville, le bd Ştefan cel Mare şi Sfânt, jalonné d'édifices historiques et entrecoupé d'espaces verts.

Le palais de la Culture*

> **C3** ***Palatul Culturii.*** *piaţa Ştefan cel Mare şi Sfânt, 1 ☎ 21.83.83, < www.home.dntis.ro/~palatis/index.htm >. Ouv. t.l.j. sf. lun. 10 h-17 h. Entrée payante, réduction pour la visite des 4 musées. Visite : env. 2 h.*

La masse du palais de la Culture barre l'horizon oriental du centre ville. Conçu par l'architecte **Ion Berindei**, formé à l'école parisienne, et construit entre 1896 et 1925, l'édifice devait abriter une administration devenue provinciale : surdimensionné, il apparaît comme la bravade d'une capitale déchue qui ne guérit pas de sa grandeur passée.

Au premier étage, la **salle des Voïvodes** ↪ est dominée par les portraits de presque tous les souverains moldaves, depuis Dragoş-Voda jusqu'au roi Michel. Le palais abrite aujourd'hui plusieurs musées.

- **Le Musée ethnographique de Moldavie**** (***Muzeul Etnografic al Moldovei***). Faute de participer aux fêtes du Nouvel An en Moldavie *(p. 36)*, vous en aurez ici un aperçu : des masques, l'ours, la chèvre et les autres. Il ne manque que le tintamarre. Le musée abrite aussi une riche collection de textiles d'intérieur, de tapis teints de couleurs d'origine végétale, décorés d'oiseaux ou de plantes.
- **Le Musée des Sciences et Techniques** (***Muzeul Ştiinţei şi Tehnicii***). Une bien étonnante collection d'**appareils musicaux** : boîtes à musique, accordéon mécanique à carte perforée, orgues de Barbarie et piano automatique.
- **Le Musée d'Art** (***Muzeul de Artă***). Plus que l'intérêt artistique, le témoignage des peintres roumains sur la vie et les paysages de Moldavie retient l'attention : **N. Grigorescu**, qui a peint l'église d'Agapia *(p. 266)*, redescend sur terre avec son char à bœufs *(Car cu boi)*. **Th. Aman** nous invite dans une ronde villageoise *(Hora de peste Olt)*. **O. Bancila** présente un vieux couturier juif de Iaşi *(Batrân croitor)*. Cherchez **Dimitrie Gavrielanu** et ses fêtes d'hiver, où des monstres gesticulent dans un chemin enneigé.
- **Le Musée d'Histoire de Moldavie** (***Muzeul de Istorie al Moldovei***). La civilisation à céramique peinte de **Cucuteni** *(p. 250)* est représentée par un grand nombre de pièces, dont des statuettes anthropomorphes.

L'église princière Saint-Nicolas

> **C3** ***Biserica Sfântul Nicolae Domnesc.*** *À proximité (N) du palais de la Culture. Ouv. t.l.j. de 8 h au coucher du soleil. Entrée libre.*

Entre le palais de la Culture et le très stalinien hôtel *Moldova*, la sobriété de cette église apporte un souffle d'air frais, surtout lorsque s'y tient la liturgie chantée, que des haut-

religion

Qui sont les trois hiérarques ?

Les trois saints hiérarques sont **Basile le Grand** (329-379), organisateur du monachisme et inspirateur de saint Jean Cassien et saint Benoît ; **Grégoire de Nazianze**, dit le Théologien (330-390), grand penseur et auteur d'ouvrages théologiques ; **Jean Chrysostome**, qui veut dire « Bouche d'or » en grec (345-407), patriarche ↪ de Constantinople, un des prédicateurs les plus populaires d'Orient, auteur de nombreux ouvrages. La liturgie qu'il a développée reste la plus utilisée par l'Église orthodoxe. Les trois hiérarques furent tellement vénérés que leurs partisans respectifs allèrent même jusqu'à s'affronter violemment, créant des dissensions dans l'Église. Mais sous le règne de l'empereur byzantin Alexis Comène (1081-1118), ils apparaissent en rêve à **saint Jean Mauropos**, métropolite d'Eucheita. Et, d'une seule voix, ils lui demandent de les réunir en une seule fête célébrée chaque année pour faire taire ces rivalités. Jean Mauropos choisit le 30 janvier, point culminant d'un mois où sont honorés séparément chacun des trois hiérarques (Basile le 1er janvier, Grégoire le 25, Jean Chrysostome le 27). •

parleurs diffusent à l'extérieur *(encadré p. 272)*. Édifiée en 1492 par Étienne le Grand, elle a vu le couronnement de bien des voïvodes moldaves. Elle a été entièrement reconstruite par Lecomte du Noüy entre 1884 et 1904.

••• **À voir tout près** : la maison à arcades où le **métropolite ↪ Dosoftei** fit fonctionner au XVIIe s. une imprimerie qui édita quelques-uns des premiers textes en langue roumaine *(**Casa Memorială Dosoftei** **C2**; str. A. Panu, 69)*.

L'église des Trois-Hiérarques**

> **C2** *Biserica Trei Ierarhi. 100 m après le début du bd Ștefan cel Mare și Sfânt à g ☎ 21.63.49. Ouv. mar.-dim. 9h-12h et 15h-19h. Entrée payante. Visite : env. 45 mn.*

Bâtie entre 1637 et 1639, l'église du monastère des **Trois-Hiérarques** n'a pas la silhouette harmonieuse des fondations moldaves des deux siècles précédents. Mais sa renommée vient des murs, submergés de motifs sculptés, répartis en une trentaine de frises qui se superposent sans se répéter : arabesques, fleurs, volutes, entrelacs constituent une **fastueuse dentelle de pierre** qui ne peut pas renier ses liens avec l'Orient turc, caucasien ou persan.

À la fin du XIXe s., l'église a été sévèrement malmenée, à l'extérieur et surtout à l'intérieur, par l'architecte français Lecomte du Nouÿ, qui était censé la restaurer.

Église des Trois-Hiérarques.

portrait

Le rêve byzantin de Vasile Lupu

En ce temps où les voïvodes ne régnaient guère plus de trois ans et parfois à peine quelques semaines, le long règne de ce prince d'origine albanaise (1634-1653) relève du miracle. Cet homme éclairé, entreprenant et d'une grande habileté politique inspire un essor économique sans précédent. La vie culturelle s'ouvre largement aux courants de l'époque, dont ceux de la Renaissance. En fondant en 1640 le **Collège académique**, il inaugure la longue tradition universitaire de Iași. Mais c'est à travers l'**église des Trois-Hiérarques** *(p. 255)* que se révèle l'ambition tragique de **Vasile Lupu**, qui rêve d'une Byzance moldave, reprenant avec un faste démesuré le flambeau de l'empire déchu et feignant d'ignorer, de manière théâtrale, que son destin reste à la merci d'un décret du sultan.

En y apportant les restes de sainte Paraschiva, Lupu veut doter sa capitale (et son règne) d'un prestige immense auprès des chrétiens orthodoxes de l'ancien Empire d'Orient, désormais soumis aux Ottomans. Le prince s'érige d'ailleurs en protecteur et mécène des quatre grands patriarches. Mais son ambition lui vaut d'être destitué par le sultan. Il échappe au sabre mais passe un an en prison, avant de revenir en grâce et d'acheter le trône moldave pour son propre fils, dont il devient l'ambassadeur auprès de la Sublime Porte. Il meurt en 1661, à l'âge de 64 ans. •

Plaquée d'or et de lapis-lazuli (aujourd'hui disparus), richement dotée en objets de culte et tapisseries, cette fondation affichait le brillant des plus grandes églises byzantines. Elle semble conçue comme un *chivot*, ce tabernacle d'argent en forme d'église posé sur l'autel et contenant le pain eucharistique.

Elle accueille, en 1641, les reliques de **sainte Paraschiva la Jeune** (prononcer « paraskiva »), originaire de Thrace, morte au XIe s. et adulée, encore de nos jours, dans le sud-est de l'Europe. Après un itinéraire tortueux dans les Balkans, ces reliques se trouvaient à Constantinople lorsque Vasile Lupu, voyant le bénéfice politique à en retirer, les acquiert pour des sommes colossales *(encadré ci-dessus)*.

En 1888, les reliques de sainte Paraschiva sont transférées dans la toute proche cathédrale métropolitaine. L'église abrite le tombeau de son fondateur, rejoint plus tard par un autre grand personnage de l'histoire moldave et européenne, **Dimitrie Cantemir** (1673-1723), prince éphémère et esprit lumineux.

La cathédrale métropolitaine Sainte-Paraschiva

> **C2** ***Catedrala Mitropolitana***. *De l'église des Trois-Hiérarques, reprenez le bd vers le N. Ouv. t.l.j. 9h-20h. Entrée libre.*

Construit entre 1833 et 1839, ce monument massif est paraît-il la plus vaste église de Roumanie, ce qui n'est pas suffisant lorsque, chaque 14 octobre, déferlent des milliers de pèlerins venus de tout le pays et d'au-delà pour fêter sainte Paraschiva.

La cathédrale est le sanctuaire officiel du **métropolite ↪ de Moldavie**. La tradition veut que ce dernier, actuellement Daniel Ciobotea, né en 1951, devienne le patriarche ↪ de Roumanie.

Le Théâtre national*

> C2 ***Teatrul Național Vasile Alexandri.*** *Au fond du parc stué face à la cathédrale métropolitaine. Str. Agatha Bârsescu, 18 ☎ 31.67.78. Horaires variables selon répétitions et représentations.*

Achevé en 1896 sur les plans d'architectes viennois, cet édifice au décor voluptueusement chargé offre à cette ville passionnée de théâtre l'une des plus belles salles de Roumanie. Dans le parc qui lui fait face se tenait le théâtre d'été, qui a vu naître le théâtre yiddish *(encadré p. 258)*.

●●● **Itinéraires possibles**: du Théâtre national, vous pouvez rejoindre le monastère de Golia *(ci-contre)* ou prendre le bd Ştefan cel Mare şi Sfânt jusqu'à la piața Eminescu.

Verdure et poésie urbaine

> *De la piață Eminescu au monastère de Golia et au palais de la Culture* via *le parc de Copou et la colline de Țicău. Visite à pied: env. 3h*

Découvrir le charme des vieilles rues de Iaşi (comme d'autres villes roumaines) demande de faire abstraction des bétonnages de l'ère communiste, derrière lesquels se cachent souvent des merveilles. Voici une suggestion pour une randonnée urbaine que vous pouvez raccourcir en prenant le tramway 1 jusqu'au **parc de Copou**.

Le parc de Copou*

> B1 ***Parcul Copou.*** *De la piața Eminescu, remontez le bd Carol I. Entrée principale sur le bd. Ouv. t.l.j. de 8h au coucher du soleil. Entrée libre.*

Les tramways colorés dévalent le bd Carol I, plus connu sous le nom de Copou. Vous longez les bâtiments de l'**université C2** *(Universitații)* et le **centre culturel français B1** *(p. 270)*. Rendez-vous des promeneurs du dimanche et des chaudes soirées d'été, le parc de Copou a été créé par le prince Mihai Sturdza en 1834.

Le quartier de Țicău*

> B1 *Face au parc de Copou, la str. Oastei vous mène à la şos. Sărărie.*

Les amateurs de nostalgies urbaines aimeront flâner dans ce quartier qui s'étale sur la colline de Țicău: rues assoupies, vieilles maisons sous la vigne, petites cours

Vous quittez ce savoureux dédale par les paisibles str. Dimitrie Ralet, Lascăr Catargiu et Vasile Conta, le quartier général des étudiants, pour atteindre la piața Eminescu. Prolongez le plaisir par la str. Alexandru Lăpuşneanu et la piața Unirii et suivez la très esthétique **str. Cuza Vodă**, qui passe derrière le Théatre national et aboutit à une station où se croisent les tramways venus des quatre coins de l'agglomération, sous les murailles du monastère de Golia. Dans ce périmètre animé par la halle centrale, vous trouvez un monastère, quatre églises dont une arménienne et la grande synagogue.

Le monastère de Golia*

> C2 ***Mănăstirea Golia.*** *Str. Cuză Voda, 51. Ouv. t.l.j. du lever au coucher du soleil. Entrée libre.*

Le monastère fondé en 1546 par le chancelier Golia se signale par son imposante tour d'entrée. En 1650, **Vasile Lupu** *(encadré ci-contre)* fait reconstruire l'église. Après l'hommage à Byzance avec l'église des Trois-Hiérarques *(p. 255)*, il se tourne vers l'Occident en engageant des maîtres italiens. L'influence de la **Renaissance** se lit dans le traitement des murs extérieurs: pilastres corinthiens avec chapiteaux à feuilles d'acanthe, arcades larges et frontons triangulaires, corniche soutenue par des consoles à volutes. Encadrée de motifs délicats, la porte d'entrée est surmontée de l'aurochs moldave soutenu par deux lions. Ştefaniță, le fils de Vasile Lupu *(encadré ci-contre)*, ajoute le toit chargé de tours et de coupoles, visiblement influencé par le voisin russe. L'intérieur reste classiquement byzantin, baigné

culture

Théâtre yiddish

Après avoir sillonné l'Europe orientale, une troupe de musiciens et d'acteurs ambulants, les **Broder Zinger**, s'installe à Iași en 1868. De sa rencontre avec **Avram Goldfaden** va naître le premier théâtre professionnel en langue yiddish du monde. Sur la scène du théâtre d'été appelé **Pomul Verde** (« l'Arbre Vert ») se succèdent comédies musicales et autres pièces du répertoire yiddish classique, interprétées par la troupe de Goldfaden et d'autres, venues de l'Europe entière. Répondant à la demande d'un théâtre plus exigeant, de nouveaux noms apparaissent, qui sont aujourd'hui des références de la culture yiddish : Sholem Aleikhem, I. L. Peretz, Shalom Asch. Au sein même du Pomul Verde, cultures juive et moldave se mélangent. Mais en 1883, à Moscou, où des lois antisémites viennent d'être promulguées, la tournée européenne de la troupe tourne mal. Goldfaden traverse alors l'Atlantique et fonde le premier théâtre juif de New York. Après la Seconde Guerre mondiale, le pouvoir communiste tolère des troupes à Bucarest et à Iași. La première existe encore mais la seconde n'a pas survécu à la fermeture du Pomul Verde en 1963. •

d'une lumière fantomatique. Près de la stalle où s'asseyait le voïvode ↪ aurait été enterré le cœur du prince **Potemkine**, qui, en 1791, trouva la mort près de Iași, où il venait parlementer avec les Turcs pour le compte de Catherine II de Russie.

Dans la paisible cour du monastère de Golia plane le souvenir d'un diacre peu conformiste, **Ion Creangă** *(encadré p. 264)*. Un jour, un supérieur venu inspecter le monastère le surprit, un fusil à la main, tirant sur les corbeaux posés sur la croix de l'église. Cet incident est consigné dans un lourd dossier, « Les mauvaises actions du diacre Ion Creangă » : il allait au théâtre, à la chasse, fréquentait les tavernes. La métropole finit par le mettre à la porte : le diacre défroqué devint ainsi le grand conteur que l'on sait.

La grande synagogue*

*> **C2** **Sinagoga Mare**. Face au monastère de Golia, prenez la str. Cucu (vers l'aéroport). La synagogue se trouve env. 100 m à g. Str. Sinagogilor, 7. Pour visiter, contactez Pincu Kaisermann, représentant de la communauté juive ☎ 25.97.87.*

Le **théâtre yiddish** *(encadré ci-dessus)* et l'**hymne national d'Israël** sont nés à Iași. Ce dernier est l'œuvre de Naftali Herz Imber qui a écrit, en 1878, le poème en hébreu *Hatikvah* (L'Espoir), mis en musique par Samuel Cohen sur un air folklorique moldave. Présents en Moldavie dès le XVe s., les juifs représentaient en 1940 la moitié des habitants de Iași, où l'on comptait une centaine de synagogues. Aujourd'hui, seule fonctionne la grande synagogue de 1671, la plus vieille de Roumanie.

••• **À voir tout près C2** : près de Golia s'élèvent la silhouette de l'église **Barnovschi** (***Biserica Barnovschi***) et celle de l'église **Bărboi** (***Biserica Bărboi***). Après un tour au **marché** *(ts les matins)* vous passez devant l'**église arménienne** (***Biserica Armeană***), et débouchez dans la str. Costache Negri.

L'église de Saint-Sava*

*> **C2** **Biserica Sf. Sava**. Du monastère de Golia et de la grande synagogue, prenez la Str. Costache Negri. Str. Costache Negri. Ouv. t.l.j. Entrée libre.*

Cette église (1583) diffère de tout ce qui s'est construit en Moldavie: murs épais, tours larges et basses, forme massive coiffée de deux coupoles d'inspiration ottomane. En 1746 fonctionna ici une **imprimerie** en langue arabe à l'usage des orthodoxes d'Asie et du Sinaï.

Le cimetière juif de Iași★★★

> **A1** ***Cimitirul Evreiesc****. Vers Bucarest par la șos. Păcurari (bus et trolley depuis piața Eminescu). Avant la sortie de Iași, env. 400 m après un carrefour (feux) et avant un virage, prenez à dr. Ouv. t.l.j. Pour visiter, contactez Pincu Kaisermann, représentant de la communauté juive de Iași ☎ 25.97.87. Entrée payante. Visite: env. 1 h.*

Une petite route discrète et sans nom, entre des blocs de béton, monte vers le plateau où se trouve le cimetière juif. Plus de 100 000 tombes s'étalent sur une immense colline, avec une large vue sur la ville.

Près des grilles d'entrée, une lourde chape de béton recouvre la fosse commune où repose une partie des victimes du pogrom de 1941. Promenez-vous dans les allées envahies d'herbes sauvages, parmi une forêt de pierres tombales penchées dans tous les sens, jusque vers le sommet de la colline.

Les monastères des collines

> *Du cimetière juif, dirigez-vous vers le palais de la Culture, puis tournez à dr. pour prendre la șos. Nicolina. Un véhicule est nécessaire.*

Lorsqu'ils revenaient des rives du Bosphore munis de l'investiture (le firman) accordée par le sultan *(p. 45)*, les voïvodes ↪ moldaves s'offraient une entrée triomphale à Iași, par cette vallée encadrée des deux collines où sont perchés les monastères de Cetățuia *(p. 260)* et de Galata *(p. 260)*. Ce dernier porte d'ailleurs le nom du quartier de Constantinople où les princes résidaient lorsqu'ils attendaient la précieuse nomination.

© Pierre Soissons

Le cimetière juif de Iași, sur lequel plane une immense solitude et la mémoire d'une grande communauté quasiment disparue.

Le monastère de Galata*

> B3 Mănăstirea Galata. Sur la şos. Nicolina, après une station-service (Mol) et une église récente. Après un cimetière, une petite rue en diagonale à dr. mène au monastère. Ouv. t.l.j. de 8 h au coucher du soleil. Entrée libre. Visite : env. 30 mn.

Achevée en 1582 par **Pierre le Boiteux** (Petru Şchiopul), cette église à la forme opulente, surmontée de deux tours, suit les canons architecturaux de la tradition moldave. Mais elle laisse filtrer des inspirations byzantino-valaques : par exemple, cette épaisse ceinture torsadée qui court tout autour du bâtiment.

Autre innovation : le mur séparant le naos ↪ de la chambre des tombeaux ↪ est remplacé par trois arcades qui ouvrent l'espace. L'église se trouve ainsi à la transition entre l'architecture plutôt rationnelle de l'époque d'Étienne le Grand, au XVe s., et celle, plus emphatique, des XVIIe et XVIIIe s.

À l'extérieur des remparts, sur le bord de la colline, vous pouvez compter les tours et les clochers de Iaşi (apportez vos jumelles), mais aussi les cheminées d'usines et autres mastodontes qui s'étalent vers l'est.

Une sente dévale du plateau parmi les maisons modestes où poules et chats circulent gaiement entre les treilles.

Le monastère de Cetăţuia**

*> C4 **Mănăstirea Cetăţuia**. Du monastère de Galata, retournez sur la şos. Nicolina, que vous remontez jusqu'à l'usine bleue, puis tournez à g. sur le bd Poitiers, qui passe au-dessus du chemin de fer. Après 300 m, une petite route part à dr. près d'une station du trolley 43. Ouv. t.l.j. de 8 h au coucher du soleil. Entrée libre. Visite : 30 mn.*

Une route escalade la colline et débouche sur le vaste plateau où s'élève cette forteresse (c'est ce que signifie en roumain *cetăţuia*).

Vous pouvez aussi y grimper à pied par la forêt. Construite par le voïvode ↪ Gheorghe Duca (1668-1672), qui y repose, l'église reproduit fidèlement le plan de celle des Trois-Hiérarques *(p. 255)*. Mais elle est plus sobre : ses proportions sont mises en valeur par le vaste espace lumineux qui l'entoure.

L'église Frumoasa*

*> C4 **Biserica Frumoasa**. Du monastère de Cetăţuia, revenez au pied de la colline, traversez le bd et prenez la rue (en mauvais état) sur env. 200 m. Ouv. t.l.j. de 8 h au coucher du soleil. Entrée libre.*

Cette église, rebâtie au XIXe s., régnait sur un monastère prestigieux où étaient logés les invités de marque, comme les envoyés de la Sublime Porte. Que reste-t-il de cette gloire passée (*frumoasa* signifie « la belle »), dans un décor de voies ferrées, de blocs de béton, de terrains vagues, de rues défoncées ? Peut-être ce porche néo-classique, dont la rigueur est à la fois sublime et dérisoire au cœur d'un espace livré aux herbes.

Le monastère de Dobrovăţ**

*> **Mănăstirea Dobrovăţ**. 34 km S de Iaşi par la DN 24. De Iaşi, dirigez-vous vers Vaslui. 4 km après Schitu Duca, à Poieni, tournez à dr. (indicateur) et prenez une route en mauvais état sur 12 km. Ouv. t.l.j. du lever au coucher du soleil. Entrée payante. Visite : env. 1 h.*

La route traverse une forêt avant de déboucher dans la lumière d'un vallon où s'étire **Dobrovăţ**. Sur le versant opposé apparaît l'église et sa tour-clocher. Au centre du village, prenez à droite pour rejoindre le monastère, remis en fonction en 1990 par un groupe de moines.

L'église

Par sa silhouette aux lignes sobres, l'église rappelle celle de Humor *(p. 228)*. Bâtie en 1503-1504, elle est la dernière réalisation d'**Étienne le Grand**. En 1529, **Petru Rareş** *(encadré p. 223)* fait entièrement décorer l'intérieur. Ces peintures assurent la liaison entre l'époque d'Étienne et

Avec l'hiver, l'automne moldave est la saison des lumières tranchantes et irréelles.

l'œuvre visionnaire de Petru qui, dès 1530 à Hârlău *(p. 250)*, fait jaillir la couleur sur les murs extérieurs. Ici, elles sont pâles et peu visibles : il faut un temps d'acclimatation pour mieux percevoir la densité et le raffinement des fresques.

Les fresques intérieures**

Dans le naos ↪, le **cycle de la Passion** se déroule au sein d'une profusion d'anecdotes architecturales : édifices tordus, palais, portiques, coupoles, frontons, escaliers, baldaquins, rochers, murailles. Sur la paroi sud, à gauche de la fenêtre : l'**arrestation de Jésus**, puis le **reniement de saint Pierre**, surmonté d'un coq (« Avant que le coq chante, tu m'auras renié trois fois », l'avait averti Jésus). Entre la fenêtre et la paroi ouest, le **jugement de Jésus** (partant d'un édifice extravagant en fer à cheval, un voile court d'un monument à l'autre). Le cycle se poursuit sur la paroi ouest : le couronnement d'épines, Jésus aux outrages, la pendaison de Judas, le partage des vêtements (dans un décor qui donne le tournis). Le **chemin de Croix** se déroule sur la paroi nord, jusqu'à la fenêtre, dominée par la **Crucifixion**.

En dessous du cycle de la Passion, de part et d'autre de la porte : à gauche le **tableau votif**, dans une composition inhabituelle. **Étienne le Grand**, le fondateur, présente l'église à Jésus. Il est suivi de **Bogdan**, demi-frère et prédécesseur du troisième prince, **Petru Rareş** lui-même. Aucun autre personnage : deux ans après sa prise de pouvoir, Petru, fils bâtard d'Étienne, est sans doute en mal de légitimité.

Il tient là une occasion de signifier sa lignée, dans la dernière église bâtie par son père. Les trois sont richement parés, tels des empereurs byzantins, dont les princes moldaves se disent les successeurs, avec la mission de revivifier l'héritage. Et justement, qui trouve-t-on à droite de la porte ? Les saints empereurs **Constantin** et **Elena**, symboles de la grandeur passée de Byzance. ●

Montagnes et monastères de Neamț★★

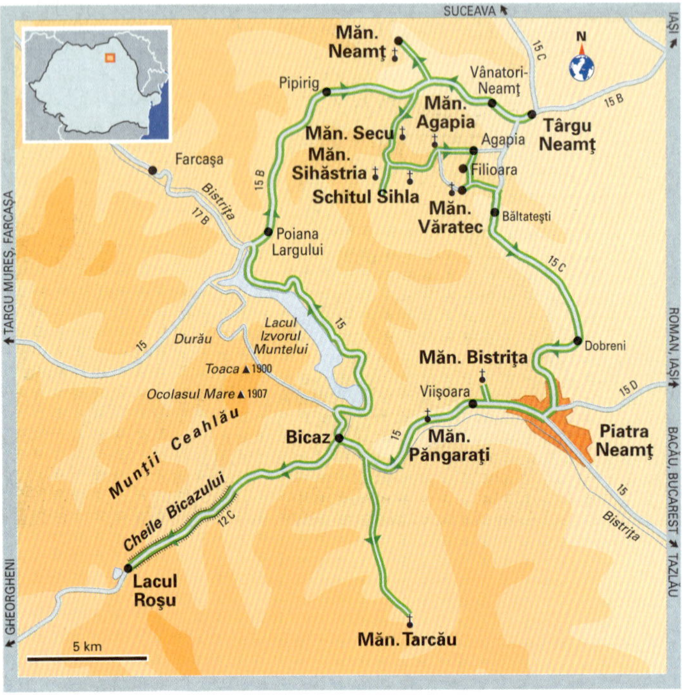

À partir de la Bucovine, les Carpates se dirigent vers le sud, horizons boisés où les villageois aiment toujours colorer les boiseries de leurs maisons. Dans la région de **Neamț** (qui signifie « allemand »), le relief s'enhardit, les torrents se frayent un passage spectaculaire dans les gorges de Bicaz ; des forêts se dégage le massif mythique du Ceahlău, Olympe de la Moldavie.

Les monastères d'ici sont moins renommés que ceux de Bucovine. Mais, depuis des temps reculés, ces hauts lieux de l'orthodoxie entretiennent une tradition monastique très riche. Si le plus connu d'entre eux est le monastère de **Neamț**, vous apprécierez tout autant ses satellites, d'un intérêt architectural moindre mais harmonieusement intégrés dans un décor apaisant de forêts où prospèrent de petits ermitages.

programme

Un jour suffit pour visiter les monastères de Neamț *(p. 263)* en s'offrant des balades à pied. Pour le **deuxième jour**, vous pouvez traverser les gorges de Bicaz *(p. 267)* et accéder à la Transylvanie ou bien revenir sur Târgu Neamț *(p. 263)*. **Hébergement** dans les monastères, mais aussi en hôtel ou pension à Târgu Neamț, Piatra Neamț, Farcașa ou Vânatori Neamț et en chambres d'hôtes à **Tazlău** *(p. 271)*, village à partir duquel s'offrent de belles promenades en forêt. Randonnées dans le massif du **Ceahlău**. Rens. < www.neamt. ro >.

> ***Carnet d'adresses*** *p. 268.*

Târgu Neamţ et ses environs

> 103 km O de Iaşi par les DN 28, DN 28A et DN15B, 60 km S de Suceava par la DN2 et la DN 15 C. ***Carnet d'adresses*** *p. 271.*

Cette petite ville était un marché renommé dès la fin du XIVe s. En dehors de sa citadelle, elle n'offre pas grand-chose à voir mais sa situation est pratique pour visiter la région.

La citadelle de Neamţ

> ***Cetatea Neamţului****. 1 km O du centre de Târgu Neamţ. Ouv. t.l.j. sf lun. 10h-16h. Entrée payante.*

Perchée sur une lame rocheuse des premiers contreforts, elle domine depuis six siècles ce débouché des Carpates. Achevée par Petru Musat en 1391, elle est renforcée par Étienne le Grand *(p. 43)*, qui en fait un point fort de son dispositif: en 1476, la citadelle tient un siège face aux 200000 soldats de Mehmet II, le conquérant de Constantinople en 1453. Elle perd son éclat quelques décennies plus tard et tombe peu à peu en ruine.

© Pierre Soissons

Les maisons de la région utilisent volontiers le bois découpé et les ornementations en zinc.

La maison de Ion Creangă

> ***Casa Memorială Ion Creangă****. À Humuleşti (quartier S de Târgu Neamţ). Au premier carrefour à la sortie de la ville (en direction de Piatra Neamţ), prenez à g. vers Tupilaţi, la maison est 200 m plus loin. Str. Ion Creangă, 8 ☎ 66.33.20. Ouv. t.l.j. 9h-17h. Entrée payante.*

Le grand conteur moldave a immortalisé dans ses écrits l'univers plein de verve du village de son enfance *(encadré p. 264)*. Sa maison natale, construite par son grand-père, essaye d'évoquer l'atmosphère de l'époque: décor traditionnel, livres, photos et autres souvenirs émiettés.

Les monastères de Neamţ★★

> De Iaşi ou de Târgu Neamţ, prenez la DN 15 B (O). ***Carnet d'adresses*** *p. 271.*

S'ils revenaient, les voyageurs du XVIIIe s. qui évoquaient des forêts fourmillant d'ermites ne seraient guère dépaysés: la sainte montagne de Neamţ abrite sur un espace restreint une vingtaine de monastères et d'ermitages (ou *skites*), gardiens d'une tradition spirituelle qui reprend vigueur depuis 1990 et voit affluer des pèlerins de tout le pays.

Le monastère de Neamţ★★

> ***Mănăstirea Neamţ****. 16 km O de Târgu Neamţ par la DN 15 B puis à dr. Ouv. t.l.j. de 8h au coucher du soleil. Entrée payante. Visite: env. 30 mn.* ***Carnet d'adresses*** *p. 271.*

Assis au cœur d'un vallon où poussent des sanctuaires (et un disgracieux baptistère du XIXe s.), Neamţ est le plus grand monastère d'hommes du pays. Une confrérie existait au moins dès le XIVe s., mais c'est en 1497 qu'**Étienne le Grand** voit s'achever la plus grande de ses fondations. Le style moldave atteint alors sa plénitude. La maîtrise des formes et leur équilibre se lisent dans la silhouette de l'église et aussi sur ses absides: s'étirant longuement vers le haut, des parements de brique émaillée verte,

portrait

Le plus truculent des écrivains roumains

Ion Creangă (1837-1889) a bâti son œuvre pendant son enfance en courant les rues du village natal, qu'il quitte pour le séminaire de Iaşi: devenu diacre, il est expulsé de l'Église pour indiscipline. Plus tard, il est aussi congédié de son poste d'instituteur. Son fabuleux talent de conteur est finalement découvert par le grand poète **Mihai Eminescu** *(p. 248)*. Ils restent indéfectiblement attachés, refaisant le monde dans la maison de Creangă *(p. 263)*, ou lors de virées dans les auberges des environs de Iaşi. Ils meurent la même année. Écrites dans le parler local des Moldaves, plein de tournures imagées et de saveurs sonores, ses œuvres se limitent à des souvenirs d'enfance et à des nouvelles, puisant l'essentiel de leurs racines dans le théâtre quotidien des campagnes de Neamţ. Malheureusement, elles ne sont guère traduites et, quand elles le sont, elles sont édulcorées et introuvables! •

brune, bleue ou rouge s'achèvent en dessinant une rangée d'arcades. Au-dessus, courent deux rangées de niches aveugles, surmontées, jusque sous la toiture, de briques et de disques émaillés. Voyez aussi les fenêtres gothiques de la face ouest, au rythme parfait: pierre, brique, brique émaillée. Haut lieu de la culture roumaine, ce monastère abritait des chroniqueurs, des calligraphes, des miniaturistes.

Il a conservé une bibliothèque de plus de 11000 volumes. Le nom de Neamţ reste lié à celui de **Païsie Velitchkovsky**, qui en fut le supérieur et qui y repose *(encadré ci-contre)*. Avec ses moines, il a mené un immense chantier de traduction des textes **hésychastes** ↪, amorçant ainsi la renaissance de cette tradition dans le monde orthodoxe.

Le monastère de Secu*

> ***Mănăstirea Secu****. 17 km O de Târgu Neamţ, 11 km S du monastère de Neamţ. Du monastère de Neamţ, revenez sur la DN 15 B et prenez à dr., puis, 3 km après, tournez à g. Ouv. t.l.j. de 8h au coucher du soleil. Entrée libre.* ***Carnet d'adresses*** *p. 271.*

En août 1821, après l'échec du complot de l'Hétairie *(p. 105)*, la réaction des Ottomans est terrible. Se repliant vers les montagnes, la troupe des conjurés (380 à 500 hommes) se réfugie dans l'enceinte du monastère de Secu. Après un siège de quatorze jours, ils se rendent aux forces de Salih Pacha, et, malgré les assurances données, ils sont massacrés, ainsi que les moines, tandis que le monastère est incendié. Les autres monastères de la région subissent eux aussi d'importants dommages. Construite en 1602 sur l'emplacement d'un vieil ermitage, l'église a été remise en état après 1830.

Le monastère de Sihăstria*

> ***Mănăstirea Sihăstria****. 20 km S-O de Târgu Neamţ. De Secu continuer sur la même route pendant 4 km. Ouv. t.l.j. de 8h au coucher du soleil. Entrée libre.* ***Carnet d'adresses*** *p. 271.*

Niché au fond de la vallée, le monastère de Sihăstria était d'abord un ermitage de Secu *(ci-contre)*. Il a abrité le **père Cleopa** (1912-1998), dont la sagesse et la vivacité d'esprit ont fait de lui l'un des guides spirituels des orthodoxes roumains d'aujourd'hui. Persécuté par les communistes, le père philosophe s'est réfugié entre 1958 et 1964 dans une tanière, au fond d'une forêt, seulement connue du bûcheron qui le ravitaillait.

religion

Le monachisme roumain

© Bernard Houliat

Le monastère de Neamț est à l'origine du renouveau de la tradition hésychaste (XVIIe s.) qui inspire encore la vie monacale.

Il remonte aux débuts du christianisme en Dobrogea *(encadré p. 274)* et en Munténie *(p. 90)*. Dès les premiers temps, des ermites s'éparpillent à travers le pays. Poussés par les invasions, ils partagent le sort des populations locales, avec lesquelles se forge une intimité qui va traverser les siècles. Dès l'avènement des États valaque et moldave (XIVe s.), cet enracinement monastique devient un appui de premier ordre pour les voïvodes. En retour, ces derniers s'emploient à fonder ou à restaurer des monastères et à les protéger, au point qu'ils constituent pendant des siècles le foyer de la culture roumaine. Une autre originalité vient de la relative liberté des pays roumains au sein de la mouvance ottomane : alors que le monde orthodoxe balkanique vit sous la botte du sultan, les princes roumains engagent des sommes colossales pour soutenir les monastères de l'Athos et de Constantinople. Valachie et Moldavie deviennent terres d'asile pour de nombreux religieux des Balkans et de l'Empire russe. C'est ainsi qu'à la fin du XVIIIe s. **Païsie Velitchkovsky**, enfui de Russie, devient le supérieur du **monastère de Neamț** dont l'activité intellectuelle aura des répercussions sur l'ensemble du monde orthodoxe. Depuis 1990 fleurissent partout des ermitages ; les pèlerins vont toujours consulter des pères spirituels *(duhovnici)* et le monde monastique roumain reste proche de la population. •

La grotte de sainte Teodora et l'ermitage de Sihla*

> ***Peștera Sfinței Teodora** et **Schitul Sihla**. 26 km S-O de Târgu Neamț, 6 km de Sihăstria. De Sihăstria, revenez en arrière pendant 1 km (3 km de Secu). Prenez à dr. une route de terre carrossable. Laissez votre voiture sur le parking surveillé du col. De là, 15 mn à pied par un chemin facile.*

Entre Sihăstria et la vallée d'Agapia, un sentier se faufile entre de gros amoncellements de grès.

• **La grotte de sainte Teodora.** Une odeur de cierge se dégage d'une faille : vous distinguez une lumière vacillante et l'entrée de la grotte où, à la fin du XVIIe s., la « pieuse Teodora » survécut environ vingt ans dans un dénuement extrême, se nourrissant d'herbes et de pain que des oiseaux lui apportaient de Sihăstria.

• **La chapelle****. *Entrée libre.* Continuant le chemin, vous arrivez au-dessus de l'ermitage de Sihla, où s'est récemment développée une communauté de moines. Sous la crête rocheuse se blottit une minuscule chapelle (1763). Il faut se déchausser avant de se couler dans le silence au parfum d'encens s'échappant de l'iconostase ↪ miniature.

Le monastère d'Agapia*

> *Mănăstirea Agapia. 12 km S-O de Târgu Neamț. Accès direct depuis le col, en continuant sur la route de terre (env. 7 km). Depuis Târgu Neamț: prenez vers la DN 15 C (vers Piatra Neamț) puis, après 5 km, tournez à dr. vers le village d'Agapia que vous traversez: le monastère se trouve 4 km en amont.* ***Carnet d'adresses*** *p. 271.*

Un fouillis de petites maisons blanches et de chapelles, dominé par la silhouette de l'église: le village monastique d'Agapia (« amour », en grec) rassemble, avec celui de Văratec *(ci-dessous),* plus de 800 religieuses. Celles-ci vivent à cinq ou six par maison, sous la conduite d'une aînée. Chaque foyer s'organise à son rythme. Fondée par un frère de **Vasile Lupu** *(encadré p. 256)*, l'église est consacrée en 1647. Entre 1859 et 1862, l'intérieur est peint dans le style académique de l'époque par **Nicolae Grigorescu** (1838-1907), juste avant qu'il rejoigne Paris et l'école de Barbizon, qui fera de lui un peintre de la vie rurale. Une partie de ses œuvres est conservée au musée d'Art de Iași *(p. 256)* et au musée national d'Art de Bucarest *(p. 69).*

• **Le musée.** *Ouv. t.l.j. 9h-17h.* Il présente de vieilles icônes, de superbes tapis et des objets de culte.

• **Le vieux *skite* d'Agapia** ***(Schitul Agapia din Deal)****. 30 mn à pied du monastère.* Loin de l'agitation de la vallée, on retrouve en pleine verdure la fraîcheur du site originel d'Agapia, mentionné dès le XIVe s.

Le monastère de Văratec*

> ***Mănăstirea Văratec.*** *Env. 15 km S-O de Târgu Neamț. 7 km S du monastère d'Agapia: env. 500 m du monastère (vers Târgu Neamț), prenez à dr. une délicieuse route forestière. Accès possible par Agapia et Filioara. Ouv. t.l.j. de 8 h au coucher du soleil. Entrée payante. Musée ouv. t.l.j. 9h-17h.* ***Carnet d'adresses*** *p. 271.*

À l'orée de la « forêt d'argent » décrite dans un poème de **Mihai Eminescu** *(encadré p. 248)*, une église de bois est élevée en 1785 par une religieuse locale, mère Olimpiada. Dédiée à l'Assomption de la Vierge, elle est remplacée en 1812 par l'église actuelle, de style néoclassique, complétée quelques années plus tard par le mur d'enceinte et les cellules. Grâce aux soins des religieuses, un déluge de fleurs s'écoule dans la cour du monastère.

Les montagnes de Neamț**

> *De Târgu Neamț ou Văratec, dirigez-vous vers Piatra Neamț par la DN 15 C.*

Après l'atmosphère bucolique des monastères, **Piatra Neamț** et ses environs sont bien fades. Heureusement, une quarantaine de kilomètres suffisent pour atteindre le massif de Ceahlău ou les gorges de Bicaz.

Piatra Neamț

> *44 km S de Târgu Neamț par la DN 15 C.* ***Carnet d'adresses*** *p. 271.*

Dans cette ville où il avait une résidence, Étienne le Grand *(p. 43)* fonda, en 1498, l'**église Saint-Jean-Baptiste** *(Biserica Sf. Ioan Botezătorul).* Non loin, le **musée ethnographique** ***(Muzeul de Etnografie****; piața Libertății, 1 ☎ 21.68.08; ouv. t.l.j. 10h-17h; entrée payante)* présente un bel aperçu de la richesse de la culture traditionnelle régionale.

De Piatra Neamț au cœur des Carpates

> *De Piatra Neamț, dirigez-vous vers Bicaz par la DN 15.*

• **Le monastère de Bistrița*** ***(Mănăstirea Bistrița)****. 9 km O de Piatra Neamț.* Peu après la ville, sur la droite, se trouve le monastère qui fonctionne dès le XIVe s. Le voïvode Alexandre le Bon y a sa sépulture.

• **Le monastère de Pângarați*** ***(Mănăstirea Pângarați)****. 15 km O de Piatra Neamț.* Son église, dont la forme actuelle remonte à 1642, contient deux sanctuaires superposés, ce qui explique sa hauteur. Au niveau supérieur se trouve une belle iconostase ↪ peinte à la fin du XVIIIe s.

• **Le monastère de Tarcău*** *(Mănăstirea Tarcău). 42 km S-O de Piatra Neamț.* 2 km avant Bicaz s'ouvre sur la gauche une vallée qui conduit au monastère, établi dans un lieu sauvage. Si l'église en bois date de 1833, la présence d'ermites dans ces montagnes est très ancienne.

• **Bicaz**. *26 km O de Piatra Neamț.* Haut de 127 m, le barrage de Bicaz retient depuis 1960 le **lac d'Izvorul Muntelui** *(**Lacul Izvorul Muntelui**)*, long d'environ 40 km.

••• **Itinéraires possibles** : vous pouvez gagner Poiana Largului et rejoindre la région de **Târgu Neamț** *(89 km N-E de Bicaz)*. Par les gorges de Bicaz, la **Transylvanie** *(p. 145)* est toute proche.

Le massif de Ceahlău**

> De Bicaz, prenez la DN 15, puis 3 km après tournez à dr. en direction de Durău.

Couronné de barres calcaires, d'herbages et de blocs rocheux émergeant des forêts, le **Ceahlău** (prononcer « tcheak'lao » !) est l'Olympe des Moldaves. Son nom est celui d'un grand vautour, le gypaète barbu, disparu depuis longtemps des parages. Culminant à 1 907 m, cette montagne est un lieu sacré depuis l'Antiquité. Les tribus daces du voisinage y auraient placé le séjour de leurs dieux. Depuis des siècles, ce massif accueille des milliers d'ermites, ce qui incite les Moldaves à le comparer au mont Athos ou au mont Thabor. Comme ses deux modèles, il porte une **chapelle** dédiée à la Transfiguration (à 1 800 m, fondée en 1993, fête le 6 août). L'un des sommets s'appelle **Toaca**, nom roumain du **simandre** : jusqu'à la fin du XIXe s., des ermites martelaient cette planche pour appeler à la prière leurs frères perdus dans la nature. Le massif du **Ceahlău** est un terrain idéal pour les marcheurs. Très fréquenté en été, il offre en septembre des lumières et des tonalités qui tendraient à confirmer l'essence divine des lieux… Vous accédez en voiture au cœur du massif, à la station de **Durău**, aménagée autour d'un monastère. De là partent de nombreux itinéraires balisés *(rens. < www.neamt.ro >)*.

© Pierre Soissons

Les gorges de Bicaz.

Les gorges de Bicaz** et le lac Roșu*

*> **Cheile Bicazului** et **Lacul Roșu**. De Bicaz, prenez la DN 12 C vers le S-E en direction de Gheorgheni.*

La route qui part vers la Transylvanie *(p. 183)* offre un parcours à grand spectacle à travers des gorges parfois très étroites, aux abrupts atteignant 1 200 m. Quelques chemins partent de l'axe principal et vous offrent un envers du décor au goût sauvage. En amont des gorges, suite à un glissement de terrain en 1838 s'est formé un barrage naturel derrière lequel s'étend le **Lacul Roșu*** (le lac Rouge). De la forêt qui existait à cet emplacement ne subsistent que des pieux fantomatiques qui affleurent à la surface du lac, pétrifiés par le temps et le calcaire dont les eaux sont chargées.

À partir du Lacul Roșu, vous pénétrez dans le mystérieux **pays des Szeklers** *(p. 180)*. •

Carnet d'adresses

© Ministère des Transports, de la Construction et du Tourisme de Roumanie

Le lac d'Izvorul Muntelui, dans la région de Bicaz.

Botoşani

> *Indicatif* ☎ *0231. Visite p. 248.*

Hébergement

▲▲ **Rapsodia Hotel**, str. Cuza Vodă, 4 ☎ 51.49.20, fax 51.80.54. *166 ch.* Hôtel sans cachet mais confort correct. Restaurant.

Cotnari

> *Indicatif* ☎ *0232. Visite p. 250.*

Hébergement

▲▲ **Casa Bilius** ♥ ☎ 73.01.54. *3 ch. d'hôtes.* Remonter le village de Cotnari. Au col sur la crête, à dr., vers le manoir, première maison suivante (puits avec grande roue). Chez un spécialiste du vin de Cotnari, somptueux repas gastronomique sur commande (Mme Bilius est l'une des meilleures cuisinières de la Moldavie). Bouteilles à déguster (à des prix occidentaux !).

Farcaşa

> *Indicatif* ☎ *0233. Carte p. 262.*

Hébergement

▲▲▲ **Pensiunea Orizont** ☎ 0744.70.24.08 (portable). *6 ch. et 2 appart.* avec sdb. Petit hôtel-restaurant. À 12 km de l'extrémité N du lac d'Izvorul Muntelui, au bord de la route qui suit la vallée de la Bistriţa et mène à Vatra Dornei.

Iaşi

> *Indicatif* ☎ *0232. Plan p. 252. Visite p. 251.*

Accès

• **En avion. Tarom** assure des vols directs entre Bucarest-Otopeni et Iaşi, *t.l.j. sf sam.* **Angel Airlines** : liaisons *via* Suceava, *lun.-ven.* **Aéroport** : au N de la ville, à l'E du parc Ciric **D1** ☎ 27.85.10.

• **En train.** Très pratique, l'**Intercity** Bucarest-Iaşi circule de nuit (avec wagons-lits). Liaison transversale Timişoara (Cluj/Oradea/Suceava)-Iaşi. **Gare B2** ☎ 21.56.00. Construite en 1871, au terminus de la ligne Lvov-Czernowitz (Cernăuţi)-Iaşi. Bel édifice, dont la porte principale est surmontée d'une intéressante loggia vénitienne.

• **En bus.** Liaisons quotidiennes entre Bucarest et les grandes villes de Roumanie. Lignes régulières pour Chişinău, Istanbul, Athènes et l'Europe occidentale. **Gare routière** *(Autogara)*, şos. Moara de Foc, 15 **B2** ☎ 21.47.20. À partir de la gare CFR, le long de la şos. Moara de Foc sont stationnés des minibus qui desservent la région et les grandes villes de l'E de la Roumanie. La gare routière se trouve 400 m plus loin, sur la même avenue.

Hébergement

▲▲▲▲ **Hôtel Traian** ♥, pţă Unirii, 1 **C2** ☎ 26.66.66, fax 21.21.87. *137 ch.* L'équipe de Gustave Eiffel a projeté cet édifice et l'a doté d'un squelette métallique. Les voyageurs et l'élite moldave aimaient se retrouver dans le restaurant, aujourd'hui un peu désuet, mais en cours de réfection, d'où l'on a une belle vue sur les rues voisines. Bon rapport qualité/ prix.

▲▲▲▲ **Pensiunea Little Texas** ♥, str. Moara de Vînt, 31-33 **C2** ☎ 21.69.95. *8 ch.* impeccables avec une belle vue. Ne vous laissez pas démonter par les drapeaux et un portrait du président américain ! Ce petit hôtel est sans doute ce qui se fait de mieux dans la ville. Excellent restaurant.

▲▲ **Hotel Orizont**, str. Grigore Ureche, 27 **C3** ☎ 21.50.37, fax 25. 60.70. *50 ch.* À 5 mn du palais de la Culture, derrière l'hôtel *Moldova*. Prix intéressants. Calme, malgré une discothèque en sous-sol.

▲ **Foyer de l'institut œcuménique Sf. Nicolae**, str. Agatha Bârsescu, 9 **C2** ☎ 27.60.77, fax 21.30.34. *Plusieurs appart. et 30 ch. env.* Hospice pour pèlerins, proche du Théâtre national.

Restaurants

♦♦♦ **Bolta Rece**, str. Rece, 10 ☎ 21.22. 55. Taverne fondée à la fin du XVIIIe s. : les voûtes d'anciennes caves à vin ont longtemps accueilli la bohème intellectuelle de Roumanie et les membres de Junimea. Cuisine assez quelconque.

♦♦ **Club RS** ♥, str. Fatu, 2A (Râpa Galbenă) ☎ 21.30.60. Plats grecs et roumains.

♦♦ **Expo**, parcul Exposißiei **B1** ☎ 21.36.55. Dans le parc de Copou.

♦♦ **Ginger Ale** ♥, str. Săulescu, 23 **B2** ☎ 27.60.17. L'irlandais de Iaşi est l'une des meilleures tables de la ville.

♦♦ **Hanul Trei Sarmale**, şos. Bucium, 50 **D4** ☎ 23.72.55. Sortie vers Vaslui, au pied de la colline de Bucium, une autre institution de Iaşi connue dès le XVIIe s. que fréquentaient Eminescu et Creangă *(encadrés p. 248 et p. 264)* lors de leurs escapades en ville. La gastronomie n'est pas le point fort de l'établissement, agréable en revanche pour prendre une bière en dégustant des *mititei (p. 27).*

♦♦ **Pinocchio**, şos. Bucium, 24 **D4** ☎ 24.20.98. Cuisine italienne et glaces dans cadre aéré.

♦ **Anita.** Dans une toute petite ruelle qui ne figure sur aucune carte (et que les Palestiniens du coin appellent str. Jerusalem !), mais qui donne sur l'esplanade où trône l'*Institut Medico Farmaceutic* de l'Université de Iaşi. Un petit restaurant moyen-oriental très bon marché et excellent.

Shopping

Marché Piaţa Agroalimentară ***(Hala Centrala)***, entre la str. Costache Negri et la str. Barboi **C2**. Pour faire provision de fruits et de beaux légumes. *Ts les matins dès 7 h.* Il existe également d'autres marchés très colorés dans les quartiers Tătăraşi et Nicolina.

Bazar Nicolina ♥, au S de la ville de Iaşi, bd Nicolae Iorga et aleea Rozelor, en partie sous le pont qu'em-

circuler

© Pierre Soissons

Les belles lignes de tramway offrent une découverte originale de Iaşi.

En **voiture** de Bucarest *(393 km S-O)* ou de Suceava *(150 km N-O)*: une immense avenue bordée d'immeubles récents vous dirige vers le centre et la **piaţa Eminescu B2**. Le dimanche et les jours fériés, zone piétonne sur une partie du **bd Ştefan cel Mare şi Sfânt**. Pour visiter à pied le centre, laissez la voiture sur l'un des parkings (payants) proches de l'**hôtel *Traian*** ou du **palais de la Culture C3**.

La ville est sillonnée de lignes de **tram** et de **bus**. On achète ses billets dans les kiosques situés aux arrêts importants, notamment celui de Golia (pas de plan des transports). Pour une visite insolite de Iaşi en tramway: la ligne 1 (Copou-Copou) et la ligne 3 (Gara-Dancu) offrent un beau circuit. •

prunte la şos. Nicolina **C3**. Entrée payante. Neuf ou d'occasion, on y trouve de tout en provenance d'Istanbul et de bien plus loin encore. Dans une ambiance typique des bazars de Moldavie.

Bars et vie nocturne

Biblos, bd. Carol I, 27 **B1/2**. Un lieu au décor original, qui ne ferme qu'au petit matin.

Corso, str. Lăpuşneanu, 13 **B2**. Dans la rue piétonne, près de la piaţa Unirii.

Ethos, str. Vasile Conta, 30 **B2**. L'épicentre de la vie étudiante, à deux pas de la piaţa Eminescu.

La Georgel, str. Pădurii, 24 **CD2**. Un lieu convivial et chaleureux, tenu par un musicien.

Manifestations

• **Octobre**. Festival européen de la culture yiddish; rens. au Centre culturel français *(ci-dessous)*. **Du 13 au 15**: grandes fêtes de Iaşi dédiées à sainte Paraschiva *(p. 256)*.

• **20 juin**. Fête de la Musique. Rens.: centre culturel français *(ci-dessous)*.

Adresses utiles

• **Centre culturel français ♥**. Bd Carol I, 26 **B1** ☎ 26.76.37, fax 21.10.26, < www.ccf.tuiasi.ro/ >. Une institution qui compte dans la vie culturelle de Iaşi et qui a la chance d'avoir toujours eu à sa tête des animateurs exceptionnels. Expositions, concerts, festival de la culture yiddish *(encadré p. 258)* et une manifestation atypique: les Nuits de la pleine lune. Vous y trouvez également des rens. utiles sur la vie culturelle de Iaşi. *Ouv. lun.-jeu. 9h-12h et 13h-18h, sf ven. 9h-16h.*

• **Chemins de fer.** Agence CFR, piaţa Unirii, 10 **C2** ☎ 24.26.20.

• **Compagnies aériennes. Angel Airlines B2** ☎ 0721.27.04.57 (portable), fax 27.85.10. **Tarom**, str. Arcu, 3-5 ☎ 21.70.27, fax. 26.77.68.

• **Compagnies d'autocars. Atlassib** ☎/fax 21.34.91; transports vers l'Allemagne, la France, l'Italie, l'Espagne. **Eurolines**, piaţa Unirii, 2 **C2** ☎/fax 21.78.22; transports vers la France, l'Allemagne, la Belgique, la Suisse, le Portugal, la Grèce *(p. 306)*.

• **Santé.** ***Farmacia nr. 2***, piaţa Unirii, 3 **C2** ☎ 11.60.29. *Ouv. lun.-ven. 7h-20h, sam.-dim. 24h/24.*

Les monastères de Neamţ

> *Indicatif* ☎ *0233. Visite p. 263.*

Hébergement

Pèlerins et voyageurs sont reçus dans la plupart de ces monastères:

Monastère d'Agapia ☎ 24.47.36. *Env. 60ch.* réparties dans les maisons des religieuses. Conditions parfois sommaires. Les chambres se négocient souvent sur place. Ne vous attendez pas à une retraite paisible: vous dormez au milieu d'une ruche!

Monastère de Sihăstria ☎ 25.18.97. *Env. 20 ch.* Lieu somptueux pour des promenades méditatives... mais rés. une ch. n'est pas simple.

Monastère de Văratec ☎ 24.47.41. Mêmes conditions qu'à Agapia, mais plus calme.

Hébergement possible dans les **monastères de Secu** et **Neamţ**.

Piatra Neamţ

> *Indicatif* ☎ *0233. Visite p. 266.*

Hébergement

▲▲▲ **Central Hotel**, piaţa Petrodava, 1 ☎ 21.62.30, fax 21.45.32. *132 ch.* Peu de charme, mais hôtel confortable et bien situé. Restaurant.

Poieni

> *Indicatif* ☎ *0232. Carte p. 266.*

Hébergement

▲▲ **Pensiunea Quattro-Route** ☎ 32.45.58. *6 ch. doubles.* Sur la DN 24, dir. Vaslui, au km 22. Bien située, près du monastère de Dobrovăţ. Restaurant.

Târgu Neamţ

> *Indicatif* ☎ *0233. Visite p. 263.*

Hébergement

▲▲▲ **Doïna Trust** ☎ 79.16.10, fax 79.08.43. *10 ch. doubles, 2 appart.* Le petit déjeuner n'est pas compris. Calme. Un décor orangé et une architecture qui se veut moderne. Les chambres sont agréables et confortables. Un bon point de départ pour rayonner dans la région moldave. Restaurant.

▲ **Statiunea Oglinzi** ☎ 79.03.17. *Env. 25 ch.* Les chambres sont correctes, l'endroit est frais, calme et reposant. Bon marché. Restaurant.

Tazlău

> *Indicatif* ☎ *0233. Carte p. 262.*

Hébergement

▲▲ **Casa Florean** ☎ 29.82.57. *6 ch. d'hôtes.* À 35 km au S de Piatra Neamţ. Un petit détour que vous ne regretterez pas, dans une famille francophone et chaleureuse. Table à base de produits de la forêt (ne manquez pas les fameuses confi-

musique

Où entendre les chœurs orthodoxes ?

À la messe de dimanche et à l'occasion des fêtes importantes, le chœur du séminaire chante aux **Trois-Hiérarques C2** *(p. 255)*.

À la **cathédrale métropolitaine B2** *(p. 256)*, c'est le chœur Sanctus.

Le plus beau est peut-être le chœur Mira, mixte et laïc, qui enchante **Saint-Nicolas C3** *(p. 254)*, à deux pas du palais de la Culture. On peut se procurer des **enregistrements** à l'entrée de l'église. •

tures d'Angelica !) et des fermes du voisinage. Téléphoner pour vous faire expliquer l'accès ! De nombreuses balades en forêt s'offrent à vous. Une bonne adresse pour un séjour en pleine campagne.

Vânatori Neamț

> *Indicatif* ☎ *0233. Carto p. 262.*

Restaurant

Popas Braniște, connu aussi sous le nom de « Han Maria ». Entre Târgu Neamț et le monastère de Neamț. Bonne cuisine traditionnelle.

Vorona

> *Indicatif* ☎ *0231. Visite p. 248.*

Hébergement

Familia Petru Popa ♥, route de Poiana, 111 ☎ 58.86.64. *Ch. d'hôtes. 2 ch. et 1 sdb.* En venant de Tudora, la route de Poiana part juste à g. avant le centre ville. Maison fleurie aux couleurs claires. Accueil généreux d'une famille simple qui ne reçoit que rarement des touristes. Cuisine délicieuse et saine. Vous êtes vraiment chez l'habitant !

Manifestation

- **31 décembre. Fêtes d'hiver** à Vorona et Tudora *(p. 36)*. •

La Dobrogea

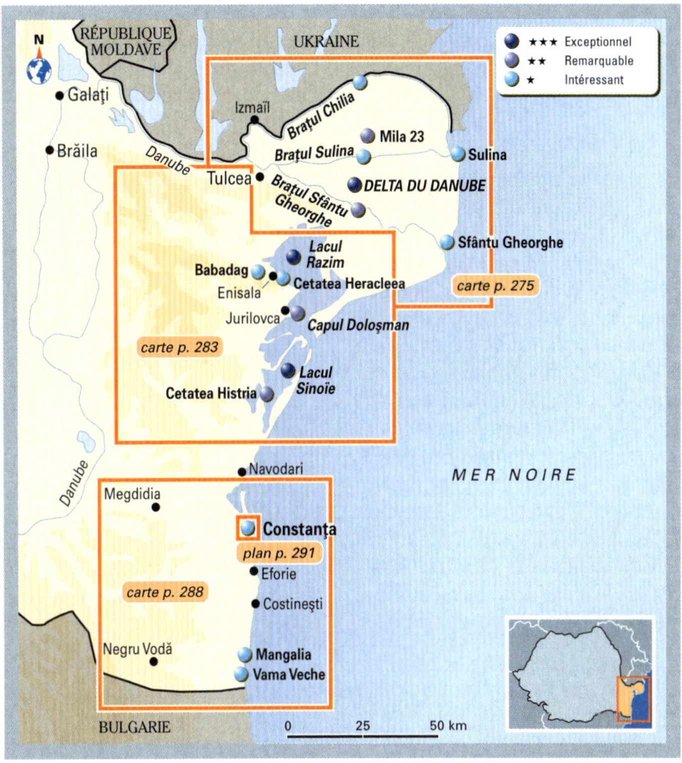

En Dobrogea, l'une des plus vieilles montagnes du monde, le massif de Măcin (467 m) veille sur la plus jeune terre d'Europe : le delta du Danube. Rendez-vous des oiseaux migrateurs d'Eurasie, lisière entre Europe et Moyen-Orient, ce territoire est aussi un vieux carrefour de civilisations.

sommaire

© Ministère des Transports, de la Construction et du Tourisme de Roumanie

Grandeur nature

Étrange est l'ambiance des **monts de Măcin** (***Munţii Măcin***), reliques de montagnes hercyniennes patinées par l'érosion. Ils font place à une procession de collines dénudées ou enveloppées de forêts de chênes, de charmes et de tilleuls. Puis un plateau ondulé, aux étendues d'herbe rase ponctuées d'arbustes et de moutons, s'incline lentement vers la mer. Ces grands espaces sont les plus arides de Roumanie : il y pleut rarement, les températures estivales dépassent les 40 °C et les hivernales descendent parfois sous la barre des – 30 °C. Balayé par les lumières d'automne ou d'hiver, ce paysage ouvert se pare d'une austérité mystique qui contraste avec le fouillis du **delta du Danube**, merveille de la nature.

Une terre de vieille civilisation

Cette âpreté n'a guère freiné l'essor des civilisations, qui comptent ici parmi les plus anciennes d'Europe. Occupée dès le paléolithique, la Dobrogea est jalonnée de vestiges. Entre la mer Noire et les mondes danubien et carpatique, cette région est propice aux échanges, ce qui attire les Grecs d'Ionie qui, au VIIe s. av. J.-C., y établissent des cités florissantes. L'Empire romain ne fait que renforcer leur prestige. Évangélisée semble-t-il par l'apôtre André, la Dobrogea est l'une des premières terres christianisées d'Europe *(encadré ci-dessous)*. Inconvénient de sa situation, cette région a la primeur des invasions qui s'éparpillent ensuite à travers l'Europe. Une civilisation y laisse une empreinte forte: les Turcs s'installent à Babadag *(p. 286)* dès 1262, relayés ensuite par l'Empire ottoman, qui annexe la Dobrogea un siècle et demi plus tard. Cette dépendance s'achève en 1878, lorsque la région rejoint le jeune État roumain *(p. 49)*.

Les plages du littoral

Unique côte du pays, débouché vital sur la mer Noire, la Dobrogea est devenue dès la fin du XIXe s. le lieu de villégiature de la belle société de Bucarest, à commencer par la famille royale. Une tradition balnéaire qui n'a fait que se développer, notamment à l'époque de Ceauşescu où une urbanisation massive a permis à des millions de Roumains et de citoyens des pays communistes de bénéficier de vacances à la mer. Quelque peu à la dérive après 1990, les stations du littoral pourraient redevenir une destination touristique majeure. •

religion

Une des premières terres chrétiennes d'Europe

La Dobrogea est jalonnée de cryptes, tombeaux et basiliques rupestres, témoignages d'une intense et très ancienne activité spirituelle. Elle a donné nombre de martyrs, que célèbrent encore les orthodoxes roumains. Le **saint apôtre André** aurait évangélisé la Dobrogea. Proche de l'actuelle frontière bulgare, la grotte où il aurait vécu cinq ans est à environ 4 km au sud-est de la route *(60 km O de Constanţa)*, en bordure de la forêt du village Ion Corvin. L'ancien ermitage est redevenu monastère en 1990 et, sur la pierre qui aurait servi d'autel à l'apôtre, on célèbre toujours la liturgie.

En direction d'Ostrov *(15 km O de la grotte de saint André)* fut fondé, au Xe s., le **monastère de Dervent**, à l'emplacement de trois croix en pierre où neuf disciples de saint André connurent le martyre. **Saint Jean Cassien**, l'un des pères du monachisme oriental et occidental, mort à Marseille, serait originaire de **Casimcea** *(48 km S-O de Babadag)*. Cette région fourmillait d'ascètes et d'ermites qui, sous la pression des invasions, se réfugièrent dans les Carpates, notamment autour de Buzău *(p. 88)*, apportant le christianisme aux peuples de l'intérieur des terres. •

Le delta du Danube★★★

Compagnon des plus brillantes civilisations européennes, le Danube vient s'étaler face au soleil levant, dans la plus grande confusion, parmi la vase et les branches qui nourrissent les nénuphars et une multitude d'oiseaux et de poissons. Deuxième d'Europe (après celui de la Volga), ce delta s'étend sur 5 600 km^2 (deux fois le Luxembourg, près de quatre fois la Camargue). Lorsque l'on évoque le delta du Danube, on se réfère le plus souvent à un ensemble géographique englobant le delta proprement dit – un triangle de 80 km de base – et les espaces voisins qui lui sont intimement liés : en amont, depuis Măcin, une succession de bras moribonds, de lacs et de marécages, vestiges des pérégrinations du fleuve. Au sud, le **lac Razim** *(p. 286)*, qui fut l'un des débouchés du Danube, et la **lagune de Sinoie**. Ce monde difficile à pénétrer a toujours attiré proscrits et réfugiés,

programme

Itinéraire à faire en bateau. Prévoir **2 j. pour chaque bras du Danube**. De **Tulcea** *(parking fermé et gardé)*, des lignes régulières desservent les localités du delta. La plupart des hôtels et chambres d'hôtes proposent des guides et des embarcations à moteur pour visiter les lieux reculés. Des **agences** peuvent s'occuper de tout (transports, permis de visite, etc.). Une formule originale est l'**hôtel flottant** *(encadré p. 296)*. **Hébergement** à Crişan, Dunavăţ de Jos, Mila 23, Sf. Gheorghe, Sulina, Tulcea, Uzlina.

Et n'oubliez pas l'équipement du parfait naturaliste *(p. 309)*.

> ***Carnet d'adresses*** p. 293.

Au paradis des oiseaux

Bruissements d'ailes, caquetements, trilles, ricanements, cris ou plongeons : dans le delta du Danube, le silence n'existe pas. Unique en Europe, cette concentration d'oiseaux s'explique par la conjonction de la situation géographique, de la diversité des milieux naturels et de la faible pénétration humaine.

Un carrefour exceptionnel

L'hémisphère Nord est parcouru de couloirs qu'empruntent les grandes migrations d'oiseaux. Cinq d'entre eux se croisent en Dobrogea, venant d'Europe centrale, du nord de la mer Noire, du Caucase et d'Iran, des régions arctiques de l'Europe et de l'Asie. Escale idéale à mi-chemin entre équateur et pôle Nord (le 45e parallèle le traverse), le delta du Danube revêt une importance majeure pour la reproduction, l'hivernage et la migration des oiseaux. Certains y passent l'hiver, tandis que d'autres prennent ou poursuivent la route vers la Méditerranée, le Moyen-Orient ou l'Afrique. Après avoir hiverné sous des cieux plus cléments, pélicans, ibis ou aigrettes reviennent dès le printemps pour nicher. La position géographique n'explique pas tout : si des millions de volatiles affluent dans la région, c'est qu'ils y trouvent des conditions de vie optimales. Steppes, forêts, marécages, roselières, lacs, lagunes et cours d'eau offrent d'infinies possibilités de refuge, une nourriture abondante et la tranquillité.

Ibis falcinelle

Reconnaissable à son bec arqué et à sa robe sombre qui jette des reflets pourpres ou verts, l'ibis falcinelle (*Plegadis falcinellus*) niche dans les roselières du delta (qui accueille 30 % des effectifs européens de cet échassier).

Un dédale grouillant de vie

Il faut se laisser glisser silencieusement en barque, le long des canaux ombragés de saules, pour s'inviter au spectacle : canards, hérons, ibis, spatules, cormorans et une multitude de passereaux s'agitent de toutes parts. Un concert ininterrompu qui prend une ampleur étonnante le soir ou le matin, lorsque les batraciens sont de la fête. Vous retrouvez ces oiseaux sur les lacs cernés de roseaux, en compagnie de grèbes, de cygnes et de pélicans. Le delta est aussi jalonné d'observatoires qui permettent de profiter, entre autres, du ballet des grands planeurs.

Pygargue

Tôt le matin, ce grand rapace rase la surface de l'eau à la recherche de gros poissons qu'il saisit dans ses serres et emporte après une lutte acharnée. Cet aigle pêcheur capture occasionnellement des canards, des oies, des passereaux, des petits mammifères. Le reste de la journée, il se repose, perché sur un arbre, le long des bras du Danube et des principaux canaux.

Une raie blanche sur les flancs distingue la bernache à cou roux (*Branta ruficolis*). Env. 20 000 de ces oiseaux (50 % de leur population mondiale) apparentés aux oies hivernent dans le sud du delta, entre les prairies et les lacs. En été, la bernache niche dans la toundra sibérienne, non loin des côtes arctiques.

Bernache à cou roux

Le ballet des pélicans

Au mois de mars, les pélicans blancs quittent le delta du Nil ou la mer Rouge pour venir nicher dans le delta du Danube, où leurs escadrilles réunissent 50 % de leur population eurasienne. Ces oiseaux immenses (l'envergure du pélican frisé, au plumage grisâtre, atteint 3,20 m) apprécient les eaux douces ou saumâtres. Vous les rencontrez notamment sur les lacs Babina, Dracului, Matiţa, Roşca, Uzlina, Isac ou Roşu. Parfaitement synchronisés, en formations de dizaines d'individus, ils décollent, volent, se posent et nagent ensemble. Ils ne pêchent que le matin, entre 7 h et 9 h : une dizaine de pélicans avancent sur le lac, décrivant un demi-cercle. Frappant l'eau de leurs ailes, ils rabattent les poissons vers les zones les moins profondes. Alors, ils plongent à l'unisson et les proies se retrouvent dans la poche qu'ils ont sous le bec. Les grands poissons, surtout la carpe, constituent l'essentiel de leur régime : chaque individu en consomme environ 1 kg par jour (à multiplier par les 11 000 pélicans présents dans le delta !).

Pélican blanc

Pélican frisé

Nettes rousses

Les vastes espaces autour du Danube accueillent un habitat saisonnier.

comme les « vieux-croyants russes » *(p. 284)*, les Cosaques zaporogues ou les Tatars. C'est même une vieille tradition car, d'après la mythologie grecque, Jason et ses Argonautes, fuyant la Colchide (probablement la Géorgie) où ils venaient de s'emparer de la Toison d'or, auraient cherché refuge sur les rives de l'**Ister** (ancien nom du Danube).

La plus jeune terre d'Europe

Grâce à l'apport massif d'alluvions (50 millions de tonnes par an, soit 20 fois plus que le Rhin), le delta du Danube progresse continuellement sur la mer Noire. Ce gigantesque épandage s'organise autour des trois bras principaux du Danube: le bras de Chilia *(p. 280)*, celui de Sulina *(p. 280)* et celui de Sfântu Gheorghe *(p. 282)*. Quelque 400 lacs (10 % du delta) communiquent entre eux et avec les bras du fleuve par des centaines de kilomètres de canaux naturels ou artificiels. Les milieux constamment ou épisodiquement immergés représentent plus de 80 % de la superficie du delta. Sur quelques dizaines de kilomètres, de la mer Noire aux collines arides, se concentre une mosaïque, unique en Europe, d'écosystèmes peu perturbés par l'activité humaine et en permanente évolution.

De la mer à la steppe

Un cordon de sable sépare la mer de vastes espaces inondables, ni terrestres ni aquatiques, qui constituent les milieux les plus originaux du delta. D'immenses roselières (2 700 km^2) resserrent inéluctablement leur étreinte sur des lacs peu à peu envahis par la vase et les nénuphars. Sur l'eau se forment des îles flottantes: grâce à leurs rhizomes qui retiennent de l'air, les roseaux peuvent se maintenir en surface, formant l'armature d'un radeau vivant (appelé *plaur* par les locaux), enchevêtrement de racines, de végétaux divers et de débris organiques. Les **dunes de Caraorman** *(p. 281)* et de **Letea** *(p. 280)*, perpendiculaires au fleuve et aujourd'hui isolées à l'intérieur du delta, formaient le front de mer il y a près de 13 000 ans. Ce sont, avec le cordon littoral en formation et les talus qui bordent le fleuve et les canaux, les seules terres émergées, là où sont installées les rares localités. À l'arrière de ces dunes qui obturaient le débouché du Danube se sont étalées de vastes étendues d'eau que les alluvions ont peu à peu colmatées, laissant un chapelet de lacs qui évoluent jusqu'à l'enlisement. Vers l'amont, les milieux aquatiques font place à des

© Pierre Soissons

sols en voie de consolidation puis à la terre ferme. Le paysage s'assèche brutalement et, du lit du fleuve, on passe sans transition à de vastes prairies aux allures de steppe : touffes clairsemées de graminées, arbustes (aubépines, prunelliers) et plantes adaptées à une faible humidité et aux grands froids.

Le delta du Danube, réserve de la biosphère

Fascinant par ses paysages, le delta du Danube est exceptionnel par sa biodiversité : on y recense près de 1 700 espèces végétales, environ 3 450 espèces animales dont 160 de poissons *(encadré p. 282)* et 300 d'oiseaux, dont 166 espèces nicheuses *(p. 276)*. Cet ensemble fragile et d'un intérêt écologique majeur fait partie officiellement, depuis 1990, du réseau mondial des **réserves de la biosphère** *(encadré p. 280)*. En 1998, la protection devient transfrontalière, suite à la mise en réserve de la partie ukrainienne du delta. Côté roumain, 18 sites, soit 8,7 % de la superficie du delta, bénéficient d'une protection stricte : toute activité humaine y est exclue. Les autorisations d'accès sont en principe limitées aux spécialistes et aux chercheurs. Les « zones tampons » représentent 38,5 % : les activités traditionnelles et le tourisme y sont tolérés dans la mesure où ils préservent l'environnement. Les visiteurs doivent cependant détenir un permis d'accès. Les 52,7 % restants sont affectés aux zones de développement économique, où la préservation de la biodiversité rime avec son utilisation durable. Le permis d'accès est délivré par l'administration de la réserve de la biosphère « Delta du Danube » *(carnet d'adresses p. 295)*. Il est compris dans les séjours organisés *(p. 296)*. On peut l'obtenir aussi auprès des agences de voyages et des hôtels. Pour pêcher ou pour faire du camping sauvage, d'autres permis sont nécessaires.

Tulcea

> 279 km N-E de Bucarest, 125 km N de Constanța, par la DN 22. ***Carnet d'adresses*** *p. 295.*

Tulcea, la *Castrum Aegyssus* des Romains, est la principale porte d'accès au delta du Danube. C'est de là que partent presque tous les bateaux. Cette ville est surtout intéressante pour son port et la vaste promenade qui longe le fleuve, où sont localisés les appontements des bateaux qui desservent le delta.

nature

Réserves de la biosphère

Les réserves de la biosphère sont des aires terrestres ou côtières d'une **haute importance écologique** qui sont reconnues internationalement dans le cadre du programme de l'Unesco sur l'homme et la biosphère *(MAB, Man and the Biosphere)*, lequel a pour objectif de promouvoir une relation équilibrée entre les êtres humains et la nature. Ces réserves sont agréées par l'Unesco à la demande des États concernés. Chacune continue de relever de la seule souveraineté de l'État sur le territoire duquel elle est située et est donc soumise à la seule législation de cet État. Les réserves de la biosphère constituent un réseau mondial. Elles doivent remplir trois fonctions prioritaires, qui se complètent et se renforcent mutuellement: contribuer à la conservation des paysages, des écosystèmes, des espèces et des gènes; favoriser un développement économique et humain respectueux des particularités socioculturelles et environnementales; encourager la recherche, la surveillance, l'éducation et l'échange d'informations. Rens. < www.unesco.org >. •

• **Le musée d'Art populaire et d'Ethnographie** (***Muzeul de Artă Populară şi Etnografie***). *Str. 9 mai, 4 ☎ 51.62.04. Ouv. t.l.j. sf lun. 9h-17h. Entrée payante.* Une bonne préparation au voyage dans le delta avec un espace consacré à la pêche, et une collection de tissages.

Le bras de Chilia*

> ***Braţul Chilia****. Longueur: 120 km. De Tulcea, accès bateau p. 294.*

À 11 km en amont de Tulcea, le bras le plus jeune du Danube se détache vers le nord. Il charrie 58 % du débit du fleuve, avant de se ramifier à son tour et de construire son propre delta, situé essentiellement en Ukraine. Le bras de Chilia est le moins fréquenté et ne possède aucune infrastructure touristique.

• **Chilia Veche**. *80 km E de Tulcea.* Les bateaux de passagers desservent le village de Chilia Veche *(encadré p. 292)* qui, avant de sombrer complètement dans l'oubli et de se consacrer à la pêche à l'esturgeon, connut une intense activité du temps de la Moldavie d'Étienne le Grand *(p. 43)*, au XVe s.

• **Periprava et la dune de Letea***. *103 km E de Tulcea.* Plus en aval, **Periprava***, l'un des lieux les plus isolés du delta du Danube, est desservi par quelques rares bateaux *(encadré p. 294)*. De là, vers le sud, on peut longer à pied ou en véhicule 4x4 la longue **dune de Letea*** (***Pădurea Letea***).

Le sable est fixé par une forêt strictement protégée et inextricable: des chênes vieux de plusieurs siècles, accompagnés de peupliers noirs, d'ormes, de frênes et d'arbustes épineux, sont envahis par des lianes de plus de 25 m de long. Ces lieux sont appréciés des animaux comme les sangliers, les renards à ventre noir et les serpents.

Le bras de Sulina*

> ***Braţul Sulina****. Longueur: 64 km. De Tulcea, accès bateau p. 294.*

À 17 km en aval de Tulcea, les deux autres bras du Danube se séparent: le bras de Sfântu Gheorghe *(p. 282)* s'écoule vers le sud-est et celui de Sulina file vers l'est. Ce dernier ne véhicule que 18 % du débit total du Danube, mais l'essentiel de la circulation marchande. Traversant le delta par son milieu, il a toujours été l'itinéraire le plus court. Fondée en 1856 pour gérer les intérêts des pays riverains, mais aussi de la Grande-Bretagne et de la France, la **Commission européenne du Danube**, établit son siège à Sulina et conçoit d'importants aménagements pour faciliter le trafic fluvial : creusé entre 1880 et 1902, **un canal** vient couper les principaux méandres du fleuve, raccourcissant le parcours de 21 km. Moins sauvage que les deux autres bras, cette avenue d'eau permet un accès rapide aux villages du cœur du delta du Danube.

Mila 23**

> 34 km E de Tulcea. Accès bateau p. 294. **Carnet d'adresses** p. 294.

Les ingénieurs anglais mesuraient le cours du Danube en *miles*, le *mile 0* se trouvant à Sulina. Ces jalons sont restés dans la toponymie : au 23e *mile* se trouve le village **Mila 23**, situé sur un des méandres que l'on appelle, depuis la percée, le vieux Danube *(Dunarea Veche)*. Ce village de « vieux-croyants russes » — ou Lipovènes *(p. 284)* — se blottit sur une bande de terre autour de son église. Flâner dans les ruelles permet d'apercevoir encore des maisons de torchis au toit de roseau et aux menuiseries peintes en bleu ou vert.

Sur les berges sont tirées les barques noires *(lotca)* des pêcheurs lipovènes, qui pourraient disparaître d'ici peu. La réglementation de la réserve de la biosphère *(encadré ci-contre)* accable de contraintes les pêcheurs, parfaitement intégrés dans ce vaste écosystème depuis trois siècles. Leurs techniques traditionnelles de pêche ont un impact extrêmement réduit sur le potentiel piscicole.

Autour de Crişan*

> 47 km E de Tulcea accès bateau p. 294. **Carnet d'adresses** p. 293.

Principale halte entre Tulcea et Sulina, **Crişan*** s'étire, sur la rive droite du Danube, sur plus de 1 km. Équipé de chambres d'hôtes et de pensions, ce village est un excellent point de départ pour visiter les lacs et les canaux des alentours.

Des bateaux assurent une correspondance pour le village de **Caraorman**** (« forêt noire » en turc).

© Pierre Soissons

Maison de Dobrogea.

pêche

Les poissons du delta

Qu'ils soient d'eau douce ou d'estuaire, les poissons abondent dans le delta (env. 160 espèces). Malgré une diminution des effectifs, certaines espèces y vivent toujours en grand nombre : sandre (*şalău*), brème (*plătică*), carpe (*crap*), perche (*biban*), rotengle (*rosioara*) ou carassin (*caracuda*). On y rencontre aussi le brochet (*stiucă*), la tanche (*lin*), le silure (*somn*). Des poissons migrateurs viennent s'y reproduire au printemps : l'alose pontique (*scrumbie*) et certains esturgeons dont les trois grands pourvoyeurs de caviar : le sévruga (*păstrugă*) l'osciètre (*nisetru*) et le béluga (*morun*). L'administration de la **réserve de la biosphère** *(encadré p. 280)* délivre un permis et perçoit une taxe d'env. 6 € par jour de pêche, généralement comprise dans les forfaits proposés par les agences spécialisées.

> ***Carnet d'adresses*** *p. 296.* •

Alignées sur 3,5 km, des maisons aux jardins plantureux tournent le dos à la **dune** (***Pădurea Caraorman***), longue de 18 km, qui ressemble à celle de Letea.

Sulina*

> 71 km E de Tulcea. Accès bateau p. 294.
Carnet d'adresses *p. 295.*

Sulina, mentionnée dès 950 sur des documents de Byzance, fut un temps le repaire de pirates qui sévissaient en mer Noire. Les six rues principales du village sont numérotées en chiffres romains, de I à VI.

Quelques cafés et restaurants essaient d'apporter un certain cachet à la rue I longée par le Danube. Face au fleuve, le bâtiment qui abritait jadis la **Commission européenne du Danube** rappelle ces temps révolus où ingénieurs, aventuriers et commerçants venus d'Europe et du Moyen-Orient s'affairaient dans ce bout du monde.

L'ancien **phare** de 18,5 m de haut, bâti en 1802, est aujourd'hui bien loin de la mer et la ville s'enlise dans son propre abandon. L'histoire originale de Sulina trouve un étonnant résumé dans la juxtaposition de ses **cimetières**, situés entre la ville et la plage : orthodoxe, orthodoxe de rite ancien *(p. 284)*, catholique, anglican, juif et musulman. L'Europe s'achève par une plage de sable fin d'une vingtaine de kilomètres de long.

Le bras de Sfântu Gheorghe**

*> **Braţul Sfântu Gheorghe**. Longueur : 109 km. De Tulcea, accès bateau p. 294.*
Carnet d'adresses *p. 295.*

Absorbant 23 % du débit du fleuve, le plus ancien des bras du Danube est aussi le plus sinueux. Six méandres ont cependant été coupés, ce qui réduit la distance entre Tulcea et Sfântu Gheorghe.

• **Sfântu Gheorghe***. *81 km E de Tulcea.* Le petit port est mentionné dès 1318. Ses rues ensablées mènent à l'une des plus longues plages de la côte. Face à l'appontement, de l'autre côté du Danube, se trouve **l'île de Sacaline**, banc de sable apparu à partir de 1897, où se concentrent d'importantes colonies d'oiseaux. C'est une réserve intégrale, dont l'accès est réglementé. Par plusieurs canaux, le bras de Sfântu communique au sud avec la région du lac Razim *(Lacul Razim ; p. 286)*, dont l'exploration nécessite cependant de revenir à Tulcea. •

De Tulcea à Constanța

Longer un petit moment le Danube puis les lacs de Razim et de Sinoie permet de prolonger le contact avec une nature prodigieuse, tout en suivant les traces d'une brillante civilisation antique et celles de la présence turque.

Dernier regard sur le Danube

> *Murighiol: 36 km S-E de Tulcea. De Tulcea, prenez la direction de Murighiol.*

La route longe à distance le bras de Sfântu Gheorghe *(p. 282)*. Vous croisez des paysans au teint cuivré et aux yeux noirs, d'autres barbus aux yeux bleus, des femmes blondes et des beautés orientales. La plupart des villages de Dobrogea sont de vieille culture roumaine, mais certains sont peuplés de Russes, de Grecs, de Bulgares, de Turcs et de Tatars.

programme

L'itinéraire est d'environ 225 km: la DN 22 est excellente mais les routes secondaires sont dans un état variable. Compter **1 j.** Prévoir votre matériel pour l'observation des oiseaux (p. 309).

> ***Carnet d'adresses*** *p. 293.*

Au centre de **Victoria** *(15 km S-E de Tulcea)*, une église catholique à l'abandon rappelle que ce village fut

Les pêcheurs russes du delta

Dans le delta du Danube, des hommes à la longue barbe et aux yeux bleus pilotent leurs barques noires ou se signent avec ostentation. Leur allure pacifique et distante ne laisse pas deviner que les Lipovènes portent l'héritage d'une des plus terribles périodes de l'histoire russe.

Ci-contre : les Lipovènes préservent les traditions pleines de mystère de l'église russe du XVIIe s.

Du « raskol » à Pierre le Grand

Au XVIIe s., le tsar **Alexis Mikhaïlovitch** charge le patriarche de Moscou, **Nikon**, de remédier aux dérives accumulées au cours des siècles dans le quotidien de l'Église russe. En 1652, un synode engage une réforme. Des millions de fidèles conduits par le **prêtre Avvakoum** refusent de toucher à leurs traditions : le schisme (**raskol**, en russe) devient inévitable. L'Église et la société russes se déchirent. Excommuniés, les « vieux-croyants », ou *raskolniks*, subissent une féroce répression, soldée par des dizaines de milliers de morts au cours des décennies suivantes. Ils se livrent eux-mêmes à des actes d'hystérie, à des immolations collectives par le feu : pour eux, l'Apocalypse est proche et la venue de l'Antéchrist imminente. Quelques années plus tard, ils reconnaissent l'Antéchrist en la personne de Pierre le Grand, qui intensifie la terreur. Fasciné par les modes de vie d'Europe occidentale, ce dernier veut les imposer en Russie : ses décrets *(oukases)* obligent par exemple les hommes à se couper la barbe et à troquer l'habit traditionnel contre le costume occidental.

La double origine des Lipovènes

La majeure partie des *raskolniks* fuit vers le nord, vers l'Oural et les profondeurs de la Sibérie, puis en Alaska, au Canada ou en Australie, où leurs descendants vivent encore. Une autre partie gagne l'Occident, s'établissant surtout en Moldavie, autour de Iași, Suceava et Rădăuți. Une seconde vague de fugitifs russes arrive au XVIIIe s. : ces « vieux-croyants », pêcheurs cosaques sur le Don, ont participé au soulèvement des paysans russes sous la conduite de leur chef, l'ataman **Nekrassov** écrasés par les armées tsaristes, ils se réfugient en Turquie et en Dobrogea.

Ci-dessous : procession autour d'une église, le jour de la fête patronale.

Telle est la double origine de ces « vieux-croyants » russes de Roumanie, connus sous le nom de « Lipovènes », qui n'est d'ailleurs employé qu'en Roumanie. Son étymologie incertaine contribue au mystère qui entoure ce peuple : lipovène viendrait de *lipa*, « tilleul » en russe. À moins qu'il ne s'agisse de disciples d'un certain Filipov, peut-être celui qui s'est immolé par le feu au nord de la Russie au moment du raskol…

Les derniers barbus

Aujourd'hui, concentrés en Moldavie et en Dobrogea, la plupart des Lipovènes sont intégrés dans la société roumaine, tout en cultivant une forte conscience communautaire. Les nouvelles générations quittent le vieux navire, qui va rejoindre progressivement le cimetière des civilisations. En attendant, les anciens aux longues barbes continuent à cracher par terre lorsque sont prononcés les noms maudits de Nikon ou de Pierre le Grand. ●

En bas à gauche : selon la vieille tradition russe, le fidèle se signe ostensiblement plusieurs fois avant de rentrer dans l'église.

En bas à droite : les prêtres lipovènes ne suivent pas d'études de théologie, ils sont élus par leur communauté.

peuplé d'Allemands. Juste à la sortie, à droite, des trous dans les talus de terre trahissent la présence de **guêpiers**. Cet oiseau superbe s'installe ici dès la fin avril : son cri métallique et son plumage turquoise et orangé ne passent pas inaperçus.

Après **Murighiol** *(36 km S-E de Tulcea, embarcadère pour l'île d'Uzlina; p. 296)*, une route de terre de 10 km, en bon état, conduit à **Dunavăţ de Jos***, beau village traditionnel (accès routier le plus avancé dans le delta). Retournez à Murighiol, puis vers le S-O où vous rejoignez le lac Razim.

Les lacs Razim et Sinoie***

> ***Lacul Razim, Lacul Sinoie.*** *De Tulcea, dirigez-vous vers Babadag (S).*

La route contourne le lac Razim qui était une baie de la mer Noire connue des anciens sous le nom de **golfe d'Halmyris**, aujourd'hui fermée par un mince cordon littoral. Du temps où se mêlaient eau douce et eau salée, la richesse piscicole de ce lac faisait vivre des villages de pêcheurs lipovènes *(p. 284)*.

Envahi par le plancton, il s'asphyxie lentement, les poissons se font moins nombreux et les pêcheurs sont réduits au chômage. Le lac Razim se prolonge par le lac Sinoie, vaste lagune qu'un banc de sable isole également peu à peu de la mer Noire.

Babadag*

> *92 km de Tulcea* via *Murighiol, 36 km S de Tulcea par la DN 22.*

Babadag est liée à l'histoire de la présence turque en Dobrogea : entre 1262 et 1264, à la demande de l'empereur byzantin Michel VIII, 12 000 Turcs seldjoukides (ceux qui ont précédé les Turcs ottomans) conduits par **Saru Saltuk Baba** s'installent autour de Babadag.

À l'ombre de la **mosquée d'Ali Ghazi Pacha*** *(Moscheia Ali Ghazi Pacha)*, la plus ancienne de Roumanie (1522), le tombeau de Saru Saltuk est un lieu saint pour les musulmans de Roumanie. À l'entrée de la ville (côté Tulcea) se trouve le quartier des Roms musulmans (ou *horahane*, « ceux qui lisent le Coran »), dont les femmes portent des vêtements superbement colorés.

De Babadag à Histria

> *Sortir de Babadag par l'E vers Enisala et Jurilovca.*

• **Le musée de l'Habitat paysan d'Enisala** *(Muzeul « Gospodăria Tărănească »). Ouv. t.l.j. sf mar. 10 h-18 h en été, 8 h-16 h en hiver. Entrée payante.* À l'entrée d'Enisala, une route à gauche, en direction de Sarichioi (N), rejoint les marécages et mène à une maison traditionnelle de pêcheurs aménagée en musée.

• **La citadelle d'Heracleea*** *(Cetatea Heracleea)*. De retour à Enisala, prenez la route qui part vers Jurilovca en longeant le lac Razim. Après 2 km, sur un promontoire, apparaissent les ruines de la citadelle romaine puis byzantine et génoise d'Heracleea.

• **Le cap Doloşman**** *(Capul Doloşman)*. Avant d'atteindre Jurilovca, vous verrez se profiler à gauche, le cap Doloşman, une des aires de stricte protection de la réserve de la biosphère *(encadré p. 280)*.

Connu des ornithologues du monde entier, ce site somptueux est un lieu de repos majeur sur les routes migratoires *(observatoire aménagé)*. En novembre s'y posent des milliers de bernaches à cou roux *(p. 276)*. Les oiseaux peuvent profiter des ruines d'une colonie grecque, mentionnée dès le VIe s. av. J.-C.

• **Jurilovca**. Les entrepôts des pêcheries de Jurilovca rappellent l'époque récente où le poisson était abondant dans le lac Razim.

••• **Itinéraire possible** : de Jurilovca, vous pouvez gagner directement Constanţa par la DN 22.

Histria★★

> *151 km de Tulcea* via *Murighiol, 77 km S de Tulcea et 42 km S de Jurilovca par la DN 22. De Jurilovca, gagnez la DN 22. Prenez à g., continuez jusqu'à Mihai Viteazu et tournez à g., puis, à Sinoie, tournez de nouveau à g.*

Environ 3 km après le village d'Histria, dans un paysage désolé, vous avez rendez-vous avec l'histoire ancienne au bord du **lac Sinoie★★** *(p. 286)*. Vers le milieu du VIIe s. av. J.-C., les navigateurs grecs de Milet, la cité la plus riche d'Ionie (Asie Mineure), établissent un comptoir dans ce mouillage abrité au fond d'un golfe. L'arrière-pays, peuplé de Gètes, regorge de richesses (céréales, bois, bétail, peaux, miel). En peu de temps, la colonie marchande devient le principal port des Grecs en Dobrogea, une cité brillante, pourvue de nombreux temples. À Histria, c'est l'éclat de Milet qui s'affiche sur les rivages de la mer Noire : rayonnant sur le monde grec, la civilisation ionienne est alors florissante, grâce à ses relations privilégiées avec l'Orient, d'où affluent richesses et savoirs. La ville subsiste pendant quatorze siècles, bénéficiant des civilisations romaine puis byzantine. L'ensablement progressif de la baie provoque son déclin au profit de Tomis *(Constanța; p. 289)* et de Callatis *(Mangalia; p. 292)*. Au VIIe s., les invasions finissent par la rayer de la carte.

Le **musée★★** *(☎ 0241.61.87.63; ouv. t.l.j. sf lun. 9h-20h en été, 9h-17h en hiver; entrée payante pour le musée et le site; visite : 1h30)*, regorgeant du produit de fouilles débutées en 1914, vous prépare à la visite du site, auquel on accède à pied. Passé le mur d'enceinte, vous découvrez des vestiges de temples, de bains, de basiliques byzantines. Du forum (où se dressent quelques maigres colonnes), le spectacle est grandiose en fin de journée, lorsque le soleil éclaire les vols de pélicans ou de cygnes. La monnaie d'Histria portait pour emblème l'aigle marin – le pygargue à queue blanche *(p. 276)* – que vous apercevrez peut-être.

D'Histria, vous rejoignez Constanța par la DN 22 *via* Nuntași. ●

Le littoral de la mer Noire★

Les stations balnéaires du littoral roumain s'égrènent sur environ 82 km, du nord de Constanţa à la frontière bulgare. Elles concentrent 41 % de l'hôtellerie roumaine. Certaines existaient déjà à la fin du XIXe s., mais beaucoup ont été créées dans les années 1970-1980.

Une verdure généreuse, la qualité des plages de sable fin et l'ensoleillement compensent un urbanisme déconcertant et le vacarme des haut-parleurs.

Aux deux extrémités du littoral, deux villes se distinguent : ce sont les anciens comptoirs grecs Tomis *(Constanţa ; p. 289)* et Callatis *(Mangalia ; p. 292)*.

programme

Itinéraire d'env. 80 km, réalisable en **1 j**. Eaux calmes, marées insignifiantes, plages de sable fin : idéal pour les enfants. En été, température à 25 °C, eau pouvant atteindre 26 °C. Le **niveau des services** se relève ; à côté de palaces on trouve des établissements de confort correct, à prix attractifs : il vaut mieux réserver auprès des spécialistes de la Roumanie *(p. 297)*. **Restauration rapide** un peu partout, quelques bons restaurants à Constanţa *(p. 298)*.

> ***Carnet d'adresses*** *p. 297.*

portrait

La tristesse d'Ovide

Né en 43 av. J.-C., Ovide (Publius Naso) est contemporain de Virgile et d'Horace et ses œuvres poétiques bénéficient d'une grande renommée à Rome. Pour des raisons qui nous sont inconnues, l'empereur Auguste l'exile en l'an 9 apr. J.-C., à **Tomis**, aux confins de l'Empire romain. Ovide y compose des poèmes nourris par l'amertume de l'exil, rassemblés dans un recueil au nom évocateur : ***Tristes***. Il écrit aussi des récits en prose, les ***Pontiques***. « Placé sous des étoiles qui ne touchent jamais la mer, je vis en pleine Barbarie. Les Sarmates m'entourent, race féroce, et les Besses et les Gètes qui ne méritent pas que je les nomme ! » Après huit ans d'exil, il meurt sur les bords de la mer Noire. En 1887, une statue conçue par l'Italien Ettore Ferrari est dressée sur la **piața Ovidiu B2**. Une réplique existe aussi en Italie, à Sulmona, la ville natale d'Ovide, jumelée à Constanța. En souvenir du poète, symbole fort des attaches latines de la Roumanie, le prénom Ovidiu est répandu dans le pays. •

Constanța*

> 266 km E de Bucarest, 125 km S de Tulcea et 44 km S d'Histria par la DN22. Visite : env. 4 h. ***Carnet d'adresses*** *p. 297.*

Constanța, troisième ville du pays, peut être le prétexte d'une escapade pour ses trésors archéologiques et l'atmosphère de son vieux centre.

L'ANTIQUE TOMIS

Ici, la présence humaine remonte au moins au Vᵉ millénaire avant notre ère. Au VIᵉ s. av. J.-C., des Grecs fondent la colonie de **Tomis** sur la péninsule où se trouve aujourd'hui la vieille ville. En 29 av. J.-C., l'Empire romain s'installe pour six siècles en Dobrogea. Vivotant jusqu'alors dans l'ombre des cités voisines d'**Histria** *(p. 287)* et **Callatis** *(Mangalia ; p. 292)*, Tomis devient peu à peu le siège du commandement militaire romain. Profitant du déclin d'Histria, son port se développe, mais, dès le IIIᵉ s., des invasions ravagent la ville.

Au VIᵉ s., elle est rebaptisée Constantiana (en l'honneur de la sœur de l'empereur Constantin), qui devient Constanța (ou Küstendje pendant la domination ottomane).

PRÉSENCE OTTOMANE

Au Xᵉ s., la belle cité n'est plus qu'un village de pêcheurs auquel les commerçants génois redonnent un peu de lustre, mais la conquête de la Dobrogea par les Ottomans, au XVᵉ s., inaugure une longue période de léthargie. Constanța n'en sort qu'en 1878 *(p. 49)*. La ville retrouve alors un fort dynamisme et devient le débouché maritime dont la Roumanie avait tant besoin.

Le musée national d'Histoire et d'Archéologie**

> **B2** ***Muzeul Național de Istorie și Arheologie***. *Piața Ovidiu, 12 ☎ 61.45.62. Ouv. t.l.j. sf lun.-mar. 9 h-20 h en été, 9 h-17 h le reste de l'année. Entrée payante. Visite : 2 h env.*

Le musée présente l'histoire de la Dobrogea du Paléolithique (100 000-35 000 av. J.-C.) jusqu'à nos jours. Au rez-de-chaussée sont réunis les objets les plus remarquables, vestiges des époques grecque et romaine découverts en 1962 sous la vieille gare en cours de démolition.

• **Le Glycon****. Ce chef-d'œuvre du IIIᵉ s., est sculpté dans un bloc de marbre. Protecteur de la maison, sa tête réunit un museau de mouton, des oreilles et des yeux humains et des cheveux longs qui semblent encore humides. Son corps de serpent enroulé sur lui-même se termine par une queue de lion.

• **Fortuna et Pontos**. Ce groupe sculpté montre la déesse **Fortuna**, avec à ses pieds **Pontos**, le dieu de la mer Noire, tous deux protecteurs de la cité et de son port.

• **Némésis**. Un petit édicule représentant le porche d'un temple accueille deux statuettes à l'effigie de **Némésis**, divinité de la Vengeance et de l'Harmonie de l'univers.

L'empreinte romaine*

> **B2** *Derrière le musée national d'Histoire et d'Archéologie.*

Vous accédez aux vestiges romains de la ville par une allée bordée d'autels et de pierres funéraires.

• **L'édifice romain à la mosaïque*** *(**Edificiul roman cu mozaic**). Ouv. t.l.j. sf lun. 9h-20h en été, 10h-18h en hiver. Entrée payante. Visite: env. 30 mn.* Un vaste complexe étagé sur trois niveaux reliait la ville haute au port. Un bâtiment moderne protège les 850 m² d'une mosaïque polychrome du IVe s., aux motifs végétaux et géométriques, découverte en 1959. L'édifice (plus de 2000 m²) a été construit dès la fin du IVe s. et agrandi aux siècles suivants. L'ensemble hébergeait les activités commerciales de la ville jusqu'au VIIe s.: ateliers, dépôts et magasins (ancres, amphores, résine), s'étageaient jusqu'au port.

• **Les thermes romains** *(**Terme Roman**)*. Plus loin, près de la falaise, se trouvent les vestiges des thermes publics romains. Des aqueducs de 10 km de long acheminaient l'eau dans la ville, et un système sophistiqué de canalisations les eaux usées vers la mer.

mode d'emploi

La vieille ville est concentrée sur le promontoire en bord de mer; la visite à pied demande **env. 4 h**, musées compris. En voiture, dirigez-vous vers le centre et descendez jusqu'au **port de plaisance B2** *(**Portul turistic Tomis**; parking payant)*. Du parking, des escaliers mènent à la ville haute. Vous débouchez près de la **piața Ovidiu B2**, où se trouve le **musée archéologique****. Des plages de la mer Noire, vous pouvez venir également en **train** ou en **maxitaxi**: au départ de Mangalia *(p. 292)*, le train dessert toutes les stations. De la gare, prenez un taxi jusqu'à la piața Ovidiu.

> ***Carnet d'adresses*** *p. 295.*

Le boulevard Tomis

> **B2** ***Bulevardul Tomis***. *Revenez à la piața Ovidiu.*

Au nord de la **piața Ovidiu** s'ouvre le bd Tomis, rue piétonne pleine d'animation et de bars. Au n° 39 s'élève la petite **mosquée Hunchiar** *(**Geamia Hunchiar**)* bâtie en 1867-1868 avec les pierres d'un pont ottoman détruit en 1828. Le délicieux bâtiment du n° 32, construit en 1893, abrite le **musée d'Art populaire*** *(**Muzeul de Artă Populară** ☎ 61.61.33; ouv. t.l.j. 9h-19h en été, 10h-18h en hiver; entrée payante; visite: 1h)* qui contient, parmi d'autres trésors de la richesse ethnographique regionaledes, collections de tissages.

Vers la mer au fil des rues

> **B2** *Du bd Tomis, retournez sur la piața Ovidiu par la str. Mircea cel Batrân.*

• **La mosquée Mahmoud II** *(**Moscheia Mahmoud II**). Traversez la piața Ovidiu et prenez la str. Muzeelor. Str. Crângului, 1. Ouv. t.l.j. 9h-18h. Entrée payante.* Au coin de la première rue à gauche se trouve la grande **mosquée Mahmoud II**, bâtie en 1910, cadeau du roi Carol Ier à la communauté musulmane de Dobrogea. Il faut monter les 140 marches

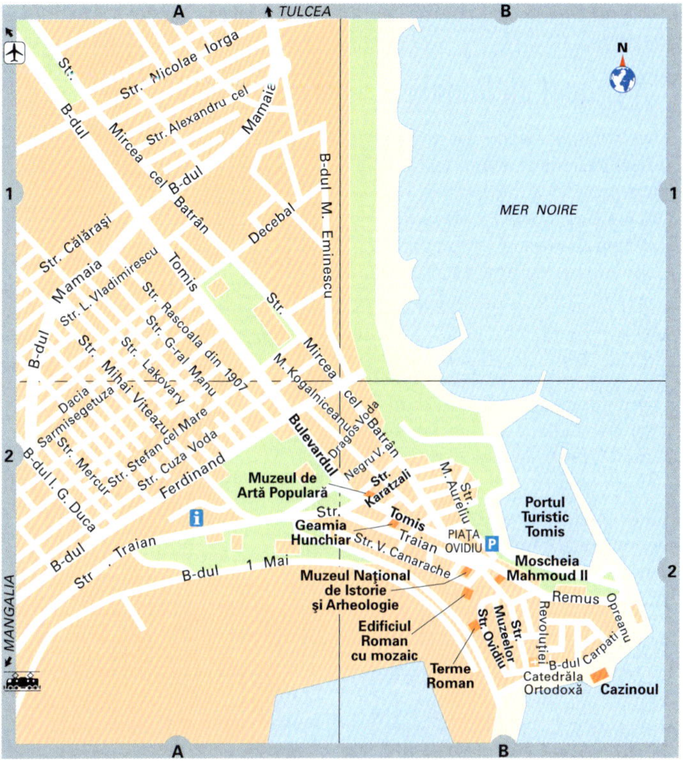

Constanța

du minaret (47 m) pour découvrir une **vue incomparable** sur la ville et la mer. Au fil des rues Muzeelor, Titulescu et Ovidiu se succèdent des créations architecturales des années 1900-1920, aux lignes tantôt épurées, tantôt exubérantes.

• **Le casino*** *(Cazinoul)*. Par le bd Carpaţi, vous atteignez jusqu'à la côte où le casino, image emblématique de la ville, est posé sur une vaste promenade en demi-cercle qui relie le port commercial au port de plaisance. Inauguré en 1910, cet édifice théâtral, œuvre de l'architecte français Daniel Renard et du Roumain Petre Antonescu, réunit une inspiration Art nouveau, des éléments de la tradition roumaine et pas mal d'imagination. Il abrite un restaurant dont le principal mérite est de disposer d'une terrasse sur la mer.

Vous atteignez le **port de plaisance** *(**Portul turistic Tomis**)*, surmonté par la forme incongrue du restaurant *On Plonge (p. 298)*: déguster un plat de poissons au bord de l'eau est une heureuse façon de clôturer ce périple urbain.

De Constanţa à la frontière bulgare

> Frontière bulgare: 56 km S de Constanţa par la DN 39.

À la sortie de Constanţa, la route des vacances franchit le canal du Danube *(encadré p. 292)*.

D'Eforie à Mangalia

> Eforie: 9 km S de Constanţa, 35 km N de Mangalia, par la DN 39.

Entre le lac de **Techirghiol** (réputé pour les vertus thérapeutiques de

histoire

Le canal du Danube

Les Romains imaginaient déjà relier le Danube à Tomis en évitant ce delta mal famé. Au cours des siècles, cette idée revient souvent. Mais sa mise en œuvre n'intervient qu'en 1949 : détenus politiques, déportés et « volontaires » (300 000 personnes en 1951) y travaillent dans des conditions terribles. Lorsque ce chantier démentiel est abandonné, en 1953, seulement 7 km ont été creusés…

Il ne redémarre qu'en 1975 avec un tracé modifié. Les travaux durent plus de huit ans. En 1984 Ceaușescu inaugure le canal de près de 65 km, qui parcourt la Dobrogea d'ouest en est et répond aux standards européens. Il permet de gagner environ 400 km entre Cernavoda et le port de Constanța, désormais relié par voie fluviale au port de Rotterdam et à l'Europe entière. •

ses boues) et la mer, **Eforie** était en vogue jusqu'à la fin des années 1930, du temps où elle s'appelait encore **Carmen Sylva** – pseudonyme que s'était choisi la reine Elisabeth, épouse de Ferdinand, qui se piquait aussi de poésie.

Après **Olimp** et **Neptun**, créations des années 1960, **Jupiter**, **Venus** et **Saturn**, encore plus récentes, ont la réputation d'être les stations favorites des familles à petit budget : noyées dans une verdure rafraîchissante, elles sont très agréables.

Mangalia*

> 168 km S de Tulcea, 43 km S de Constanța, par la DN 22 puis la DN 39. Visite : env. 1 h. ***Carnet d'adresses*** *p. 298.*

La ville la plus méridionale de Roumanie est un centre de thalassothérapie renommé *(p. 298)*, mais elle est aussi connue pour ses chantiers navals. Les Grecs auraient fondé la colonie de Callatis (la future Mangalia) à peu près en même temps que Tomis *(Constanța)*.

• **Le Musée archéologique*** *(**Muzeul de Arheologie Callatis**)* *☎ 75.35.80. Ouv t.l.j. sf lun. 9 h-20 h juin-sept., 9 h-17 h oct.-mai. Entrée payante.* Il rassemble des vestiges préhistoriques, gètes, grecs, romains et byzantins. En 1994, des fouilles ont dégagé 1 000 m² d'un quartier romano-byzantin de Callatis.

• **La mosquée du sultan Esmahan*** *(**Moscheia Esmahan Sultan**). Str. Oituz.* Souvenir de l'époque ottomane, la communauté turque et tatare reste importante, fréquentant la **mosquée** construite en 1590 et entourée d'un cimetière bucolique.

• **Le bazar*** *(**Bazar**)*. Entre les rues Eminescu et Vasile Pârvan se dissimule le bazar, qui ne déparerait pas du côté du Bosphore.

Vama Veche*

> 176 km S de Tulcea, 54 km de Constanța, 8 km S de Mangalia et 2 km N de la frontière bulgare, par la DN 22 puis la DN 39. ***Carnet d'adresses*** *p. 299.*

À la sortie de Mangalia vers le sud, vous traversez **2 mai**, village de pêcheurs qui se transforme l'été en ruche touristique. Surtout depuis les années 1970, **Vama Veche*** est le rendez-vous des non-conformistes. Les pionniers ont bâti des cabanes qui ne cessent de s'agrandir, bricolage génial et cacophonique qui sied bien à l'esprit des lieux. Aujourd'hui, Vama Veche est devenu le dernier chic : les villas se multiplient, les grosses voitures aussi.

••• **Pour un petit tour en Bulgarie** : votre passeport suffit s'il vous prend l'envie de vous rendre en **Bulgarie**, dans cette Dobrogea du Sud qui fit partie de la Roumanie entre les deux guerres mondiales. •

Carnet d'adresses

© Pierre Soissons

Les roseaux stabilisent un sol précaire qui permet peu à peu l'installation d'autres peuplements végétaux.

Delta du Danube

Crişan

> *Indicatif* ☎ *0240.* *Visite p. 281.*

Hébergement

▲▲▲ **Pensiunea Delia** ☎ 54.70.18. *14 ch.* À proximité de l'embarcadère. Restaurant.

▲▲ **Pensiunea Gherasim Gabriel**, str. Principala, 115 ☎ 54.70.20 ou 0744. 48.60.55 (portable). *2 ch. doubles.* 1 sdb commune et *table d'hôtes.* À la sortie du débarcadère, tournez à g. le long du Danube (la str. Principala est la digue) sur 350 m.

▲▲ **Pensiunea Maria**, str. Principala, 119 ☎ 54.70.21 ou 0744.95.71.48 (portable). *2 ch.* avec chacune 1 lit double et un simple. *1 ch.* avec 2 lits superposés. 2 sdb. *Table d'hôtes.* Accès identique au précédent, 50 m plus loin. Terrasse abritée du vent par de la vigne. Cour fleurie. Balades dans le delta en barque à rames ou à moteur. On y parle français.

Dunavăţ de Jos

> *Indicatif* ☎ *0240.* *Visite p. 286.*

Hébergement

▲▲▲ **Hotel Egreta** ♥ ☎ 51.71.03 ou 0722.64.40.27 (portable). *24 ch.* tout confort. L'accès à l'hôtel est bien indiqué. Situé en bordure d'un canal avec embarcadère privé, piscine et parking privé. Excellent restaurant.

▲▲▲ **Hôtel Pelican Tours** ☎ 0744. 200.314 (portable), <www.pelican tours.ro>. *5 ch.doubles avec s.d.b.* Ancré sur le canal Dunavăţ pour des séjours itinérants. Transferts assurés à partir de Dunavăţ ou Murighiol. Salon et restaurant avec climatisation, terrasse. Organisation de balades en barques ou hors-bord, de séjours ornithologie ou de pêche.

▲▲▲ **Pensiunea Solinia** ☎ 0744. 65.41.15 (portable), <www.delta group.ro>. *12 ch.*, dont certaines avec climatisation et sanitaires privés. Possibilité de louer du matériel de pêche et des embarcations. Parking privé. Restaurant.

circuler

Transport fluvial dans le delta

Pour découvrir le delta, il faut circuler par voie fluviale. Voici les principaux trajets (compter 5 à 10 € l'aller simple). Embarquement à Tulcea, à la gare fluviale (hydroglisseur et bateaux de la compagnie Navrom) ou à l'embarcadère de la compagnie AZL (bateaux Colanda).

TRAJET	DÉPART	DURÉE	ESCALES
Tulcea-Sulina			
Hydroglisseur			
TULCEA-SULINA	t.l.j. 14 h	1 h 30	Crişan
SULINA-TULCEA	t.l.j. 7 h	1 h 30	Crişan
Bateau Navrom			
TULCEA-SULINA	lun.-ven. 13 h 30	4 h	Maliuc, Gorgova, Crişan
SULINA-TULCEA	mar.-sam. 7 h	4 h 30	Crişan, Gorgova, Maliuc
Tulcea-Mila 23			
Bateau Colanda 1			
TULCEA-MILA 23	t.l.j. 13 h	15 h	
MILA 23-TULCEA	t.l.j. 6 h	9 h	
Tulcea-Sf. Gheorghe			
Bateau Navrom			
TULCEA-SF. GHEORGHE	lun.-ven. sf mar. 13 h 30	4 h 30	Mahmudia, Murighiol
SF. GHEORGHE-TULCEA	mar.-sam. sf mer. 6 h 30	5 h	Mahmudia, Bălteni
Tulcea-Chilia Veche			
Bateau Navrom			
TULCEA-CHILIA VECHE (LIAISON PERIPRAVA)	lun.-ven. sf jeu. 13 h 30	5 h 30	Patlangeanga, Ceatalchioi, Plaur, Pardina, Tatanir
CHILIA VECHE-TULCEA (LIAISON PERIPRAVA)	mar.-sam. sf ven. 6 h 30	6 h	Tatanir, Pardina, Plaur, Ceatalchioi, Patlangeanga

▲▲ **Pensiunea Pelican** ☎ 0744.56.88.78 (portable). *14 places* dans des ch. avec sdb, petit appartement, 14 autres en ch. plus spartiates (et bon marché) avec sdb commune. Pension simple et nature avec des embarcations et un parking privé. Restaurant.

Mahmudia

> *Indicatif ☎ 0240. Carte p. 277.*

Hébergement

▲▲▲ **Hotel Teo** ☎ 54.55.50 ou 0722.21.33.34 (portable). *18 ch.* Près d'un village typique du delta. Restaurant.

Mila 23

> *Indicatif ☎ 0240. Visite p. 281.*

Hébergement

▲▲▲ **Pension La Vica** ☎ 54.64.42 ou 0744.42.24.73 (portable), < www.lavica.go.ro >. *4 ch. doubles* et *table d'hôtes*. Du débarcadère de Mila 23, prendre à dr. vers le château d'eau (400 m).

▲▲ **Pension Valodea** ☎ 54.63.93 ou 0721.98.05.21 (portable). 4 *ch.* et *table d'hôtes*, dans une famille de pêcheurs.

Sfântu Gheorghe

> *Indicatif* ☎ *0240. Visite* *p. 282.*

Hébergement

▲▲▲ **Pension Mareea** ☎ 54.68.75 ou 0744.30.63.89 (portable), < www.mareea.go.ro >. *10 ch. doubles* (tout confort, clim.). En sortant du débarcadère, à dr., à 250 m. Dispose de 3 embarcations. Restaurant, bar et terrasse.

Sulina

> *Indicatif* ☎ *0240. Visite* *p. 282.*

Hébergement

▲▲▲ **Pension Coral ♥**, str. I ☎ 54.37.77 ou 0742.97.40.16 (portable). *6 ch.* (tout confort, clim.). Embarcations. Excellent restaurant, terrasse sur le Danube.

▲▲ **Pension Jean Bart**, str. I ☎ 54.31.28 ou 0723.63.33.53 (portable). *Ch.* de 2, 3 et 4 lits à des prix intéressants. Sur la berge du Danube. Le patron, Aurel, dit Aurică, peut organiser des sorties en barque et des séjours de pêche. Restaurant.

Tulcea

> *Indicatif* ☎ *0240. Visite* *p. 279.*

❶ **Bureau d'information et de réservation Antrec/Deltaturism ♥**, str. Portului, 34 A ☎ 51.12.79 ou 0721.09.21.50 (portable), < www.deltaturism.ro >. *Ouv. t.l.j. 7 h 30-19 h.* Dans le même immeuble que l'administration de la réserve de la biosphère. Accueil en français et en anglais. Paula Mihailov et Doina Pinic forment une équipe remarquable. Une mine de services et d'informations sur le delta : les horaires de bateaux, la possibilité de payer la taxe de visite contre une quittance, rés. de chambres, location d'embarcations et organisation de séjours.

❶ **Réserve de la biosphère, administration de la réserve** *(ARBDD, Administratia Rezervatiei Biosferei « Delta Dunarii »)*, str. Portului, 34 A ☎ 51.89.45, fax 51.89.75, < www.ddbra.ro >. *Ouv. lun.-ven. 9 h-16 h.* Bureau d'accueil et d'information dans un immeuble sur le port, entre l'hôtel *Delta* et les gares. Rens. sur la nature dans le delta, expositions, paiement de la taxe de visite, vente de cartes détaillées *(encadré p. 280).* Si le bureau est fermé, s'adresser à l'Antrec (même hall, voir ci-dessus), ouvert plus souvent et plus accueillant.

Accès

• **En voiture**. De Bucarest : par la DN 2 A (E 60) jusqu'à Hârşova, puis la DN 22 A jusqu'à Tulcea. De Moldavie et Buzău : traverser le Danube à Brăila ou Galaţi, puis DN 22 jusqu'à Tulcea.

• **En train**. Plusieurs trains par jour de Bucarest et Constanţa, *via* Medgidia. Long et peu pratique. **Gare ferroviaire**, str. Gării (sur le port, à l'O de la ville). La gare est un étonnant monument de l'architecture des années Ceauşescu. **Agence des chemins de fer** *(Agenţia CFR)*, str. Unirii 4 ☎ 51.33.60. Rés. des billets.

• **En bus. Bucarest-Tulcea** et retour. 8 microbus/j. Départ de Bucarest, Calea Plevnei 236 (compagnie SC Augustina ☎ 0723.82.38.46 [portable]). 4 h 30 de voyage. À Tulcea, arrêt à la gare routière et à l'hôtel Delta. **Constanţa-Tulcea** et retour. Toutes les 30 mn entre 5 h 30 et 19 h 30. Rens. à Tulcea ☎ 0722.60.23.05 (portable). **Liaisons avec d'autres villes**. Parmi les liaisons locales : Tulcea-Dunavăţ de Jos, 6 h 30, 13 h 30, 18 h 30 ; Tulcea-Babadag, 1 bus le matin et 1 le soir. **Gare routière** *(Autogara)*, str. Gării ☎ 51.33.04 (sur le port, à l'O de la ville, à côté de la gare ferroviaire).

Hébergement

▲▲▲▲ **Hotel Delta**, str. Isaccei, 2 ☎ 51.47.20. *117 ch.* Cher mais confortable et directement situé sur l'esplanade du port. On peut y organiser son séjour dans le delta. Restaurant.

hébergement

♥ L'hôtel flottant

L'hôtel flottant (hotel plutitor) est une **barge aménagée**, comprenant au premier niveau des cabines à deux lits avec douche-toilettes, climatisation et chauffage si nécessaire. Au niveau supérieur : une grande salle de restaurant avec bar qui se prolonge par une terrasse en plein air. Tracté sur les canaux principaux par un remorqueur, l'hôtel peut être amarré dans les lieux les plus sauvages, ce qu'aucun hébergement terrestre ne peut offrir. Il sert ainsi de « camp de base » pour des balades en barque (l'hôtel en remorque plusieurs) de 3 à 4 h dans le labyrinthe des canaux. S'adresser aux agences de voyages de Tulcea ou à Explorator et Échange Roumanie *(p. 306 et p. 307)*. •

▲▲▲ **Hotel Europolis**, str. Păcii, 20 ☎ 51.24.43. *75 ch.* Moins cher que l'hôtel *Delta*, mais les services sont comparables. Restaurant.

Restaurants

À part ceux des hôtels, on trouve des échoppes de restauration rapide dans la strada Păcii.

Adresses utiles

• **Agences de voyage. Ibis Tours**, str. Griviţei, 1, bl. Carol I, ap. 9 ☎ 51.27.87 ou 0722.38.13.98 (portable). Spécialiste du voyage ornithologique en Dobrogea.

Simpaturism, str. Isaccei, 2 ☎ 51.57.53, < www.simpaturism.ro >. Au rez-de-chaussée de l'hôtel *Delta*. Cette agence gère le complexe Cormoran à Uzlina, mais peut aussi vous réserver des chambres dans toute la Roumanie, notamment sur le littoral de la mer Noire.

• **Gare fluviale et embarcadères. Gare fluviale** *(Gara Fluvială)*, str. Gării ☎ 51.15.53. Sur le port, à l'O de la ville, attenante à la gare routière. Elle est l'embarcadère (*ponton*) des lignes de la **compagnie Navrom** et de l'**hydroglisseur** (*navă rapidă*). Parking clôturé et gardé, juste en arrivant à la gare ferroviaire, à dr. (env. 1,2 €/j.). *Tableau d'horaires p. 294.* **Embarcadère de la compagnie AZL** *(ponton AZL)* ☎ 51.11.54 ou 0744.18.98.80 (portable de Vladimir Cravtov). À côté de la Maison de la culture, 300 m en aval de la gare fluviale. C'est le point de départ de la desserte quotidienne du village de Mila 23 (par le bateau *Colanda 1*). Parking gardé. *Tableau d'horaires p. 294.*

• **Poste** ***(Poşta)***, str. Păcii, 6. *Ouv. t.l.j. sf dim. 8 h-18 h.*

Uzlina

> Indicatif ☎ 0240. Carte p. 277.

Hébergement

▲▲▲▲ **Complexe Cormoran** ☎ 0744.73.63.72 (portable), < www.cormoran.ro >. *84 places*, réparties entre un hôtel★★★, des bungalows et un hôtel flottant *(encadré ci-dessus)*. Embarcadère privé à Murighiol *(p. 283)*. Parking gardé. Cornel Gaină a fait de l'île d'Uzlina un véritable petit paradis. Balades en barque au tout proche lac d'Uzlina (observatoires), fréquenté par de nombreux pélicans. Restaurant.

▲▲▲▲ **Pension Tamarin** ☎ 0744.21.58.85 (portable). *44 places* en chambres confortables. Restaurant. Accès par bateau (10 km) depuis le village de Murighiol *(p. 283)*. Le transfert est assuré en bateau rapide (embarcadère avec parking privé).

Littoral de la mer Noire

Constanța

> *Indicatif ☎ 0241. Plan p. 291. Visite p. 289.*

ℹ Info Litoral ♥, Centre d'information touristique *(Centru de Informare Turistica)* **A2** ☎ 55.50.00, fax 55.51.11, < www.infolitoral.ro >. *Ouv. lun.-ven. 9h-17h.* Rens. sur le littoral (hôtels, restaurants, transports), rés. de chambres d'hôtel, etc. Un service très efficace.

Accès

• **En voiture.** De Bucarest, le plus direct est la DN 3 *via* Feteşti, avec quelques sections de la future autoroute Bucarest-littoral. Autre itinéraire: DN 2 A *via* Urziceni, Slobozia et Hârşova. De Tulcea, DN 22.

• **En avion.** Vols réguliers en provenance de Bucarest, de Grèce et de Turquie. De l'aéroport, bus Tarom pour le centre ville. **Aéroport international Mihail Kogalniceanu hors pl. par A1** ☎ 25.83.78. À 25 km au N-O de Constanţa. **Agence Tarom** *(Agenţia Tarom)*, str. Ştefan cel Mare, 15 ☎ 66.26.32 ou 61.40.66. Rens. et rés.

• **En train.** De Bucarest, une dizaine de trains par jour, davantage en été. **Gare** *(Gara)*, str. Gării **hors pl. par A2.** La str. Gării prolonge le bd Ferdinand, au S-O de la ville, accès par le trolley 40 depuis le vieux centre. **Agence des chemins de fer** *(Agenţia CFR)*, str. Vasile Canarache, 4 **B2** ☎ 61.46.90. Rés. de billets.

• **En bus.** Chaque jour, bus et maxitaxis relient Bucarest à Constanţa. **Gare routière Sud** *(Autogara Sud)*, str. Burada Teodor 1 **hors pl. par A2** ☎ 66.52.89. À deux pas de la gare ferroviaire. Un trafic intense: navettes pour les grandes villes roumaines et desserte permanente (en été) des stations du littoral. Attention: il existe aussi une gare routière au nord de la ville *(Autogara Nord)* **hors pl. par A1** pour le trafic local (Mamaia). **Eurolines**, str. Ştefan cel Mare, 71 **A1** ☎ 66.27.04. Connections avec toute l'Europe.

Hébergement

▲▲▲▲ **Hotel Capri ♥**, str. Mircea cel Batrân, 109 **B2** ☎ 021.55.30.90 (portable), < www.capri.ro >. *16 ch. et 8 appart.* très confortables.

▲▲▲▲ **Hotel Dali**, str. Smârdan, 6A **A1** ☎/fax 61.61.14, < www.hotel-dali.ro >. *8 appart.* et *7 ch.* disposant chacun d'une terrasse.

▲▲▲▲ **Hotel Guci**, str. Răscoala 1907, 23 **A1** ☎ 69.55.00, fax 63.84.26. *20 ch.* Au dernier étage de l'hôtel, un bon restaurant qui se dit mexicain.

▲▲▲ **New Safari ♥**, str. Karatzali, 1 **B2** ☎ 0722.32.24.61 (portable). *6 ch. et 1 appart.* Superbe panorama. Restaurant avec bonne cuisine roumaine et internationale. Quelques spécialités de poisson. Cadre très agréable, avec vue sur la mer.

Restaurants

Crama Veche, str. Călăraşi, 1 **A1** ☎ 66.00.73. Cuisine macédonienne et roumaine.

Gavroche B2 ☎ 54.44.48. Dans un bateau posé sur le quai du port de plaisance. Cuisine de poissons.

circuler

Venant de **Bucarest** par la route rapide DN 3, vous arrivez sur le bd Brăţianu, qui conduit tout droit au bd Ferdinand **A2** et au vieux centre. De **Bucarest** et **Tulcea** par la DN 2, il suffit de suivre la grande artère de la ville, le bd Tomis **B2**, qui vous mène jusqu'à la vieille ville. Pour aller vers **Mangalia** *(bien indiqué)*, sortez de la ville par le bd Ferdinand **A2** et le bd 1 Mai **A2**. Le vieux centre de Constanţa est limité à la péninsule qui surplombe le port. •

El Greco ♥, str. Decebal, 18 A1 ☎0722.41.40.10 (portable). Comme pour rappeler le passé de l'antique de la ville. Restaurant bien situé dans une rue calme de Constanţa. Cuisine raffinée. La cour intérieure est agréable.

Joie de Vivre, str. Decebal, 24 **A1** ☎61.44.48. Cuisine française.

Les Marins, str. Ştefan cel Mare, 19 **A2** ☎ 61.47.97. Bistrot à bières. Cuisine roumaine et internationale.

On Plonge ♥ **B2** ☎60.19.05. Sur la digue du port de plaisance. Un lieu à l'architecture étonnante. Préférez le poisson aux fruits de mer.

Shopping

• **Marché**. Piaţa Griviţei **A2**. Au S de la str. Ştefan cel Mare. Pour se fournir en fruits et fromages de la région. *Ouv. t.l.j. dès 7h.*

• **Vinothèque. Vinoteca Antoniadis**, str. Ştefan cel Mare, 72 **A2**. Bouteilles de millésimes remontant à 1952.

Vie nocturne

Le long du bd Tomis se succèdent cafés et boutiques de restauration rapide.

Adresses utiles

• **Agences de voyage. Latina**, str. Primăverii, 6 **hors pl. par A1** ☎63.97.13. Rés. d'hôtels sur le littoral, transferts depuis l'aéroport de Constanţa. Excursions. Location de voitures. **Simpaturism A1**, str. Răscoala 1907, 9 ☎66.04.68, < www.simpaturism.ro >. Pratique pour rés. une chambre d'hôtel sur le littoral. Location de voitures.

Jupiter

> Indicatif ☎ 0241. Visite p. 292.

Hébergement

▲▲▲ **Hotel Capitol** ☎ 73.13.05. *221 ch.* Intéressant : mini-appart. pour famille.

Mamaia

> Indicatif ☎ 0241. Carte p. 288.

Hébergement

▲▲▲▲▲ **Hotel Iaki-Bucureşti** ☎ 83.13.60 ou 83.10.25, fax 83.11.69. *60 ch.* Hôtel de luxe mais les prix sont relativement abordables. Restaurant.

▲▲▲▲ **Hotel Caraiman II** ☎83.13.81, fax 83.13.46. *53 ch.* À 50 m de la plage, un hôtel-restaurant à échelle humaine qui demeure assez cher en pleine saison.

▲▲▲ **Hotel Briza** ♥ ☎021.83.10.12 (portable), < www.capri.ro >. *13 ch. et 3 appart.* Des chambres de grand confort à un prix tout à fait correct. Restaurant.

Mangalia

> Indicatif ☎ 0241. Visite p. 292.

Hébergement

▲▲▲▲▲ **Hotel President**, str. Teilor, 6 ☎ 75.58.61, fax 75.56.95, < www.hpresident.com >. *65 ch.* Lors de la construction de cet hôtel, on a mis au jour des vestiges de l'antique Callatis qui ont été conservés à l'intérieur du bâtiment. Restaurant. Avec possibilité de location de voitures.

▲▲▲ **Hotel Astra** ♥, str. Teilor, 9 ☎75.16.73, fax 75.20.52. *50 ch.* Un excellent rapport qualité-prix. Très bien situé : l'hôtel est proche de la mer.

▲▲▲ **Hotel Mangalia**, str. Rozelor, 35 ☎75.20.52, fax 75.35.10. *268 ch.* L'hôtel comporte un centre de **thalassothérapie** ouvert durant toute l'année. Restaurant.

Restaurant

Captain Mondy's, bd 1 Decembrie 1918 ☎75.31.68. Non loin du port de plaisance de Mangalia. C'est le pub irlandais de Callatis.

gastronomie

Des saveurs pour l'hiver

À chaque mois de septembre, les maisons sont envahies par le parfum des légumes, des champignons et des condiments qui mijotent ensemble avant d'être hachés et conservés pour être servis lors des carêmes de l'hiver. Cette purée de légumes s'appelle **zacuscă** et chaque cuisinière invente ses propres préparations. Vous trouvez ainsi sur la table de la purée d'armillaires (champignons), tomates et oignons.

Ou la pâte de tomate, poivron, aubergine, oignon, aneth, ail, laurier et céleri. Ou des champignons hachés avec du laurier, des carottes et des oignons d'eau. Dans les montagnes de Bucovine, on prépare d'étonnants pâtés de cèpes. Ces purées aromatisées sont servies froides, étalées sur du pain. Elles garnissent aussi des chaussons de pâte feuilletée. •

Vama Veche

> *Indicatif* ☎ *0241.* *Visite p. 292.*

Hébergement

▲▲▲ **Hotel Ca'Bianca** ♥. *21 ch.* avec sdb. Restaurant donne sur la plage.

▲▲ **Pensiune Golden Sea**. *15 ch. doubles* avec sdb. Maison en bois, verte et jaune, située à l'entrée du village.

Bars-restaurants

Bibi Bistro ☎ 0722.24.12.16 (portable). Agréable mais établissement bruyant et cher.

Zapata ☎ 0722.34.10.66 (portable), < www.zapata.ro >. Un sombrero permet de repérer au loin ce lieu très animé.

Adresse utile

• **Centrale de réservation Vama Veche** ☎ 0722.88.90.87 (portable), < rezervari@vamavecheholidays.ro >. Pour rés. à Vama Veche et 2 mai.

Venus

> *Indicatif* ☎ *0241.* *Visite p. 292.*

Hébergement

▲▲▲▲ **Hotel Carmen** ☎ 73.10.08, fax 73.11.10, < www.hotelcarmen.ro >. *99 ch.* Avec centre de conférences, piscine couverte, plage privée et sauna.

▲▲ **Hotel Florica** ♥ ☎ 73.14.06, fax 73.12.66. *183 ch.* Modeste, bon marché, accueillant. Agréable cour intérieure. Jolie vue de la ch. 217. Restaurant Esplanada (correct). •

pratique

Organiser son voyage

© Pierre Soissons

S'informer

Offices du tourisme

● **En France.** **Office du tourisme de Roumanie**, 7, rue Gaillon, 75002 Paris ☎ 01.40.20.99.33, fax 01.40.20.99.43, < roumanie@office-tourisme-roumanie.com >. *Ouv. lun.-jeu. 9 h 30-12 h 30 ; 14 h 30-18 h.*

● **En Belgique.** **Office national roumain de tourisme**, galerie de la Toison d'Or 17a, 1050 Bruxelles ☎/fax (02) 502.46.42, < tourisme.roumain@skynet.be >. *Ouv. lun.-ven. 10 h-12 h 30 et 14 h 30-17 h.*

● **En Suisse.** Il n'y a pas de bureau de tourisme ; s'adresser en France.

Ambassades et consulats

● **En France.** **Ambassade de Roumanie**, 5, rue de l'Exposition, 75007 Paris, < www.amb-roumanie.fr > ; **service consulaire** ☎ 01.47.05.27.55, fax 01.44.18.90.17. *Ouv. lun.-ven. 10 h-12 h.* **Consulat de Roumanie**, 157, bd Michelet, 13009 Marseille ☎ 04.91.22.17.41, fax 04.91.22.17.87. *Ouv. lun.-ven. 9 h 30-12 h.* **Consulat de Roumanie**, 2, rue Trubner, 67000 Strasbourg ☎ 03.88.61.98.96, fax 03.88.61.44.25. *Ouv. lun.-ven. 10 h-14 h.*

● **En Belgique.** **Ambassade de Roumanie**, rue Gabrielle 92, 1180 Bruxelles ☎ (02) 343.69.35, fax (02) 346.23.45, < ambrobel@belgacom.net >. *Ouv. lun.-ven. 8 h 30-12 h 30 et 14 h 30-18 h 30.*

● **En Suisse.** **Consulat de Roumanie**, Kirchenfeldstrasse 79, 3006 Berne ☎ (031) 352.35.21. *Ouv. lun., mer., ven., dim. 9 h-12 h ; mar., jeu. 14 h-17 h.*

Librairies de voyage

● **En France.** **L'Astrolabe**, 46, rue de Provence, 75009 Paris ☎ 01.42.85.42.95. Cartes, plans, guides et un catalogue très complet. **L'Harmattan**, 16, rue des Écoles, 75005 Paris ☎ 01.40.46.79.11, < www.editions-harmattan.fr >.

Ci-dessus : en Roumanie, il est facile de se ravitailler dans les petites boutiques.

Page précédente : les œufs décorés, spécialité de Bucovine.

Une collection intéressante consacrée à la Roumanie.
Itinéraires, 60, rue Saint-Honoré, 75001 Paris ☎ 01.42.36.12.63, < www.itineraires.com >.
Ulysse, 26, rue Saint-Louis-en-l'Île, 75004 Paris ☎ 01.43.25.17.35, < www.ulysse.fr >. L'une des plus anciennes librairies de voyage. Grand choix de guides anciens et de documents inédits. *Ouv. mar.-sam. 14 h-20 h.*

● **En Belgique**.
Anticyclone des Açores, 34, rue Fossé-aux-loups, 1000 Bruxelles ☎ (02) 217.52.46. < www.anticyclonedesacores.com >. Grand choix de guides et de cartes.
Peuples et Continents, 17-19, Galerie Ravenstein, 1000 Bruxelles ☎ (02) 511.27.75. De beaux livres sur le voyage.

● **En Suisse**.
Travel Bookshop, Rindermarkt 20, 8001 Zurich ☎ (01) 252.38.83. < www.travelbookshop.ch>.

Roumanie en ligne

● **Sites généralistes**.
< dacia.free.fr >, **< laroumanie.free.fr >**, **< www.onlinero.com >** : des informations pratiques, des idées de séjour et de lectures. Liens vers d'autres sites.
< www.romaniatravel.com > : site officiel du ministère du tourisme. Hébergement, gastronomie, et tout pour planifier son voyage.
< www.turism.ro > : vous retrouvez la documentation des offices de tourisme de Roumanie.
< www.aboutromania.com > : un portail très complet, en anglais, avec de belles photos et des informations utiles sur les grandes villes.

● **Actualités, presse**.
< www.roumanie-quotidien.org > ♥ : sur abonnement, le seul bimensuel d'actualité roumaine en français. Il présente l'actualité sociale, politique et culturelle. Des dossiers bien ficelés sur des sujets « chauds » : les Roms, l'Église orthodoxe ou le quotidien des Roumains.

● **Histoire, culture**.
< www.ceausescu.org > : un parcours historique avec des illustrations édifiantes sur l'ex-dictateur.

Culture roumaine en France

Centre culturel roumain, 1, rue de l'Exposition, 75007 Paris ☎ 01.47.05.15.31, < centre_paris@yahoo.fr >. *Ouv. lun.-ven. 9 h-13 h et 15 h-18 h.*
Église orthodoxe roumaine (paroisse des Saints-Archanges), 9 bis, rue Jean-de-Beauvais, 75005 Paris ☎ 01.43.54.67.47. L'église de la diaspora roumaine de Paris. *Offices ven. 18 h, sam. 18 h, dim. 9 h 30 et 10 h 30. Visite sur rdv.*
Maison de la Roumanie, 1, rue Pierre-Dupont, 38000 Grenoble ☎ 06.09.48.82.81, < www.chez.com/maisonroumaniegrenoble >. Expositions et spectacles. Une grande salle, une bibliothèque et une cuisine pour préparer des repas roumains ! *Ouv. mar.-jeu. 15 h 30-19 h.*
Monastère de l'Annonciation, 30 bis, rue du Château, 77167 Rosiers-Poligny ☎ 01.64.45.07.04, < manastirerosiers@hotmail.com >. La liturgie est suivie d'une agape fraternelle. *Office dim. 10 h 30 et j.f. Visite sur rdv.*

Quand partir ?

Le climat de la Roumanie est de type continental tempéré. Collines et montagnes connaissent un hiver long, rigoureux, avec des chutes de neige abondantes. Printemps et automne sont très agréables, mais de courte durée. L'été est très chaud, surtout dans les plaines et les collines.

●●● **Prévisions météo** : < http://fr.weather.yahoo.com/Europe/Roumanie/ >.

● **Au printemps**.
La période rêvée pour explorer le delta du Danube et observer

climat

Températures moyennes (en °C)	Été	Hiver
VALACHIE, BANAT	22 (records à 40)	1
MER NOIRE	21	3
BUCOVINE, MARAMUREȘ, HARGHITA, APUSENI	14-16	– 4 (records à – 35)
TRANSYLVANIE	16-18	– 2

les oiseaux. Mai et juin sont les mois les plus agréables pour flâner à Bucarest ou Timișoara. En mai, les vergers d'Olténie, de Moldavie et de Transylvanie sont submergés de fleurs. Fêtes agropastorales en Maramureș *(p. 32)*.

● **En été**. Du 15 juillet au 15 août, les hauts lieux touristiques (Bucovine, Maramureș, Sighișoara, mer Noire, delta du Danube) sont très fréquentés (réservez longtemps à l'avance). Une chaleur poisseuse et écrasante pèse sur Bucarest. Le climat des montagnes, très agréable, est idéal pour la randonnée.

● **En automne**. En Transylvanie, les vergers croulent sous les fruits et les montagnes sont au sommet de leur beauté. C'est la période idéale pour visiter les monastères de Bucovine : lumière, tonalités des forêts et une tranquillité inimaginable en plein été.

● **En hiver**. La Roumanie connaît de vrais hivers : un froid rigoureux mais sec et un enneigement important (souvent de 3 mois dans les montagnes). Le Nouvel An est fêté suivant la tradition dans toute la Moldavie (y compris en Bucovine). De sublimes lumières composent une ambiance étrange dans les collines moldaves et dans le delta du Danube. Les skieurs n'ont que très rarement des soucis d'enneigement dans les Carpates. Les Apuseni et le pays des Szeklers (où s'enregistrent les records de froid : autour de – 40 °C) sont propices au ski de fond sauvage.

Voyage individuel

L'avion

> LES COMPAGNIES AÉRIENNES

● **De France vers Bucarest**, les voyagistes affichent des prix inférieurs sur les vols directs et sur charters. *Via* l'Allemagne, l'Italie, la Hongrie ou l'Autriche, possibilités d'arriver directement en province.

> **Vols directs**.
Air France ☎ 0820.820.820, <www.airfrance.fr>. 5 vols/j. vers Bucarest au départ de Paris. Trajet : env. 3 h.
Tarom, 12, rue des Pyramides, 75001 Paris ☎ 01.47.42. 25.42 et 01.42. 65.43.66, fax 01.42.65.43.67, <www.tarom.ro>. 5 vols/j. vers Bucarest au départ de Paris. Trajet : env. 3 h.
Blue Air, ☎ 0892.68.20.74, <www.blueair-web.com>. Jeune *low-cost* roumaine. 3 vols/sem. au départ de Paris (Beauvais) et Lyon (St-Exupéry) pour Bucarest (Baneasa).

Sky Europe, ☎ 0892.23.62.50, <www.skyreurope.com>. Jeune *low-cost*. Vols entre Paris et Bucarest.

> ***Via* Munich ou Francfort**.
Lufthansa ☎ 0826.10.33.34, <www.lufthansa.fr>. Vols quotidiens vers Bucarest *via* Munich au départ de Paris, Bordeaux, Lyon, Nice, Toulouse, et *via* Francfort au départ de Paris, Lyon, Nice et Strasbourg.

> ***Via* Vienne**.
Austrian Airlines ☎ 0820.816.816 *(8 h 30-21 h)*, <www.austrianairlines.fr>. 3 vols/j. vers Bucarest au départ de Paris.

> ***Via* Amsterdam**.
KLM ☎ 0890.710.710, <www.klm.fr>. Vols quotidiens vers Bucarest au départ de Paris, Nice, Lyon, Strasbourg et Toulouse. Souvent les moins chers du marché.

> ***Via* Budapest**.
Malev, 3, rue Scribe, 75009 Paris ☎ 01.43.12.36.00, fax 01.42.66.04.41, <www.malev.hu>. Vols quotidiens vers Bucarest de Paris.

> ***Via* Prague**.
CSA, 32, av. de l'Opéra, 75002 Paris ☎ 01.47.42.18.11, fax 01.47.42.32.22, <www.czechairlines.com>. Vols quotidiens au départ de Paris ou de Lyon vers Prague et Bucarest. Tarifs intéressants.

> ***Via* Milan ou Rome**.
Alitalia, 69, bd Haussmann, 75008 Paris ☎ 0820.315.315 et 01.44.94.44.20, <www.alitalia.fr>. Vols quotidiens vers Bucarest, au départ de Paris, Marseille, Nice, Toulouse, Lyon et Nantes. En compétition avec KLM pour l'offre la plus économique sur le marché.

● **De Belgique vers Bucarest**

Tarom, 34, bd Adolphe-Max, 1000 Bruxelles ☎ (02) 218.63.82, fax (02) 219.80.46, <www.tarom.ro>. Vols directs et quotidiens (sf jeu. et ven.) au départ de Bruxelles vers Bucarest. Trajet : 2 h 40.
Austrian Airlines ☎ (02) 642.25.70, <www.aua.com>. Vols quotidiens au départ de Bruxelles vers Bucarest,

via Vienne, Francfort, Munich, Paris.

● **De Suisse vers Bucarest**

> **De Genève. Swiss Airlines,** ☎ 0848.852.000, < www.swiss.com >. 2 vols/j. *via* Zurich.
Austrian Airlines ☎ (01) 286.80.88. 1 à 2 vols/j. *via* Vienne.

> **De Zurich. Swiss Airlines** ☎ 0848.852.000, < www.swiss.com >. 2 vols/j. directs vers Bucarest. Trajet : 3 h 45. Vols quotidiens *via* Vienne, Munich, Milan ou Budapest.
Austrian Airlines, Gutenbergstrasse 10, 8027 Zurich ☎ (01) 286.80.88. 2 vols/j. directs vers Bucarest. Trajet : 3 h 45. Vols quotidiens *via* Vienne, Munich, Milan ou Budapest.

● **Du Canada vers Bucarest**

Départs de Montréal dans la soirée et arrivée le lendemain en début d'après-midi à Bucarest. Trajet : 10 h 15 à 13 h 30.

> *VIA* PARIS.
Air France Montréal ☎ (1.800) 667.27.47, < www.airfrance.com >.

> *VIA* FRANCFORT.
Air Canada ☎ (1.888) 247.22.62, < www.aircanada.com >.
Lufthansa ☎ (1.800) 563.59.54, < www.lufthansa.com >.

> *VIA* VIENNE.
Austrian Airlines ☎ (1.888) 817.44.44, < www.aua.com >.

●●● **Vols** possibles vers les **villes de province** comme Cluj, Timișoara et Sibiu. Voir les agences mentionnées ci-dessous ou les sites web de Tarom, Austrian Airlines, Lufthansa ou Carpatair, < www.carpatair.com >.

> **LES BONNES AFFAIRES**

En cherchant bien, vous pouvez faire jusqu'à 20 % d'économie par rapport aux tarifs officiels des compagnies.
Intéressant : les charters qui desservent en été Constanța et les plages de la mer Noire.

Club Vacances Modernes, 7, rue du Maréchal-Foch, 54190 Villerupt ☎ 0800.21.35.92, fax 03.82.89.50.61, < clubvacancesmodernes @gofornet.com >. Parfois des prix intéressants sur les vols réguliers **Tarom** *(p. 304)* Bruxelles-Bucarest. Excellents charters de mai à fin sept. au départ de Luxembourg et de Paris pour Constanța.

Échange Roumanie, BP 249, 4, chemin de l'Étang, 42173 Saint-Just-Saint-Rambert Cedex ☎ 04.77.52.45.05, fax 04.77.52.41.34, < www.echange-roumanie.com >. Vols réguliers à des prix très performants de Paris/province vers Bucarest-province. Vol Paris/Bucarest.

Hora Voyages, 205, rue Saint-Honoré, 75001 Paris ☎ 01.47.03.64.20, fax 01.47.03.64.28, < www.hora-voyages.fr >. Excellents charters de mai à fin sept. au départ de Paris pour Constanța.

Nouvelles Frontières, 87, bd de Grenelle, 75015 Paris ☎ 0825.000.747, < www.nouvelles-frontieres.fr >. Vols secs avec Malev *(p. 304)* : liaisons Paris-Bucarest, *via* Francfort, Vienne ou Milan.

●●● Voir aussi ci-contre les compagnies ***low-cost***.

Le train

Se rendre en Roumanie en train est une véritable expédition et… un luxe : un A/R pour Bucarest coûte 30 % plus cher qu'en avion ! En revanche, le train permet de faire étape à Vienne et/ou Budapest.

Rens. et rés. SNCF ☎ 36.35, < www.sncf.com >. Le site étant compliqué, vous pouvez utiliser celui des chemins de fer autrichiens : < www.oebb.at > (en allemand et en anglais), agréable et rapide, probablement le meilleur site européen du genre. Vous pouvez à peu près tout lui demander, au départ de Paris, Bruxelles ou Genève… et même les liaisons secondaires de la campagne roumaine !

● **Paris/Bruxelles-Bucarest.** Trajet : 33 h env. depuis Paris (31 h depuis Bruxelles), avec un ou deux changements à Vienne ou Budapest. Plusieurs trains/j. Certains desservent la Transylvanie *(encadré p. 174).*

● **Accès direct au Banat et en Transylvanie.**
BUDAPEST-CLUJ. Trajet : 8 h env. 1 train/j. Très pratique, avec correspondance pour la Bucovine et le Maramureș.

BUDAPEST-TIMIȘOARA. Trajet : 6 h env. Plusieurs trains/j.

La voiture

C'est une option intéressante si le séjour dépasse 2 semaines. Le trajet demande en effet 2 à 4 jours. Vous pourrez visiter les régions ouest (Transylvanie, Apuseni) et nord (Maramureș, Bucovine), plus accessibles.

●●● **Pour composer votre itinéraire**. <www.viamichelin.com>.

● **Principaux itinéraires.**
Paris-Oradea. Env. 1 750 km dont 1 490 sur autoroute.

Bruxelles-Oradea. Env. 1 630 km dont 1 370 sur autoroute.

Genève-Oradea. Env. 1 525 km dont 1 220 sur autoroute.

Marseille-Oradea. Env. 1 850 km *via* l'Italie et l'Autriche ou *via* la Slovénie et la Croatie.

● **Taxes et carburant.**
> **Autoroutes.**
En Allemagne: gratuites. *En Autriche*: 7,60 € pour 10 j. (janv. 2004). Vignette à la frontière. *En Hongrie*: 10 € pour 10 j. La *matrica* s'achète dans les stations-service.

L'autocar

D'Europe occidentale, des lignes régulières desservent la Roumanie plusieurs fois par semaine. Le voyage, en bus confortable, dure plus de 40 h. En dehors des compagnies d'autocars, les agences spécialisées dans la Roumanie proposent des billets.

● **Paris-Bucarest.**
Eurolines, gare routière internationale de Paris-Gallieni (porte de Bagnolet), 28, av. du Général-de-Gaulle, 93541 Bagnolet ☎ 0892.89.90.91, <www.eurolines.fr>. *Ouv. t.l.j. 6 h-23 h 30.* Liaisons quotidiennes avec départs de province.

● **Bruxelles-Bucarest.**
Eurolines, gare routière, près de la gare du Nord, rue du Progrès 80, 1050 Bruxelles ☎ (02) 274.13.50 *(t.l.j 9 h-23 h)*, fax (02) 201.11.40, <www.eurolines.com/belgium>. Liaisons t.l.j. juil.-août, sf mer., jeu., dim. le reste de l'année.

●●● **À noter**: Eurolines dessert 21 villes roumaines.

frontière

Les principaux itinéraires aboutissent tous en Hongrie, où l'on peut choisir entre 5 postes-frontières *(ouv. 24 h/24)*, du sud au nord: Nădlac (dessert Arad, Timișoara, Sibiu, Bucarest); Gyula-Vărșand (Banat, monts Apuseni); Borș (Oradea, monts Apuseni, Cluj, Transylvanie, puis Bucovine ou Bucarest); Valea lui Mihai (Satu Mare, Maramureș, Bucovine); Csenger-Petea (Satu Mare, Maramureș, Bucovine). ●

Voyage organisé

La belle diversité de la Roumanie génère des formes de voyage originales et proches des gens. Par Internet, vous pouvez aussi consulter l'offre des **agences roumaines** *(voir carnets d'adresses des visites)*.

Les spécialistes de la Roumanie

● **En France.**
Club Vacances Modernes *(coordonnées p. 305)*. Séjours sur le littoral de la mer Noire dans une large gamme d'hôtels. Spécialiste pour la thalassothérapie et la remise en forme. Circuits à thèmes.

Échange-Roumanie *(coordonnées p. 305)*. Séjours avec randonnées *(p. 307)* et circuits culturels. Autotours individuels: vol, location de voiture, hébergement en chambre d'hôtes (spécialiste), carnet de route avec sites à ne pas manquer. Une association privilégiant l'immersion dans le quotidien.

Hora Voyages *(coordonnées p. 305)* Séjours et cures sur le littoral de la mer Noire. Circuits découvertes pour individuels ou groupe combinant vol, location de voiture et hébergement.

Les généralistes

● **En France.**
Itour, 3, rue Meyerbeer, 75009 Paris ☎ 01.53.05.99.10, fax 01.42.66.25.06. Séjours balnéaires et thalassothérapie. Circuits et séjours à la carte.

Salaün Holidays, 38, rue de Quimper, 29590 Pont-de-Buis ☎ 02.98.73.05.77, fax 02.98.73.16.16, <www.salaun-holidays.com>. Un circuit de Buxarest aux Carpathes au départ de Nantes.

Transtours, 79, avenue de l'Opéra, 75002 Paris ☎ 0825.031.031 <www.marsans.fr> Circuits au départ de Bucarest de mai à août

Tourmonde, 67, bd Haussmann, 75008 Paris ☎ 01.44.56.30.30, fax 01.42.66.12.20, <www.tourmonde.fr>. Circuit en autocar.

Nouvelles Frontières, *(coordonnées p. 305)*. Circuit culturel à partir de Bucarest en autocar. Week-ends à Bucarest.

Séquence Évasion, 3, Traversée de Ste-Auxille, 83510 Lorgues ☎ 04.94.84.32.03. <muret.

sequence@wanadoo.fr >. Représentant en France de **Mondial Tourism & Transport**. Circuits culturels, cures au bord de la mer Noire, croisières dans le delta du Danube.

• **En Belgique**.
AB Tours, passage Saint-Honoré 19, 1000 Bruxelles ☎ (02) 218.80.90, < abtours@abtours.be >. Circuits en bus. Séjours sur le littoral avec thalassothérapie.

Maxitours, rue du Progrès 17b, 1210 Bruxelles ☎ (02) 217.72.73, < permanence@maxitours.be >. Circuits organisés, cures thermales et ski dans les Carpates.

Séjours culturels

Les formules actuelles, qui pourraient être améliorées, bénéficient cependant de bons guides.

Arts et Vie, 251, rue de Vaugirard, 75015 Paris ☎ 01.40.43.20.21, fax 01.40.43.20.29, < www.artsvie.asso.fr >. Propose une croisière sur le Danube à travers l'Europe Centrale avec une escale à Bucarest.

Clio, 27, rue du Hameau, 75015 Paris ☎ 01.53.68.82.82, fax 01.53.68.82.60, < www.clio.fr >. Circuit de 12 j. en autocar et hôtels avec un conférencier. Croisière de 11 j. du delta du Danube à Vienne.

Séjours de randonnée

Les Carpates sont un paradis pour la marche *(p. 91)* et les agences spécialisées se précipitent sur la destination.
Il est préférable de faire confiance aux voyagistes qui, riches de leur expérience et de leur implantation locale, offrent les meilleures garanties d'authenticité.

• **En France**.
La Balaguère, 65403 Arrens-Marsous Cedex ☎ 0820.022.021, < www.balaguere.com >. Randonées pour tous niveaux. Hébergement chez l'habitant et en petites pensions.

Échange Roumanie *(p. 305, 306)*. Randonnées à la carte pour groupes et associations.

Explorator, 16, rue de la Banque, 75002 Paris ☎ 01.53.45.85.85, fax 01.42.60.80.00, < www.explo.com >. Randonnées et visites culturelles. Séjours à la carte avec guides locaux et hébergements d'exception.

Terres d'Aventure, 6, rue Saint-Victor, 75005 Paris ☎ 0825.847.800, < www.terdav.com >. Séjours de niveaux variés : Bucovine, randonnée de 9 j. avec découverte des monastères. Séjours pour familles en Maramureș. Traversée des Apuseni en 15 j. Hébergement chez l'habitant. Impliquée dans la vie locale, l'équipe est formée de gens du terroir francophones.

• **En Belgique**.
Vitamin Travel, rue Van Artevelde, 48, 1000 Bruxelles ☎ (02) 512.74.64, fax (02) 512.69.60 , < www.vitamintravel.be >. Vols secs, randonnées; circuits. Vitamin Travel est aussi le détaillant en Belgique de Terre d'aventure.

• **En Suisse**.
Néos Voyages, 50, rue des Bains, 1205 Genève ☎ (022) 320.66.35, fax (022) 320.66.36 ; 11, rue du Simplon, 1006 Lausanne ☎ (021) 612.66.00, fax (021) 612.66.01, < www.neos.ch >. Propose des vols secs, des séjours à la carte et l'intégralité du catalogue Terre d'aventure.

Voyages nature

Le delta du Danube est une destination pour les amoureux de la nature. Les ornithologues disposent d'offres variées auprès des agences roumaines du delta *(**carnet d'adresses** p. 296)*.

Nature et Terroir, rue Georges-Theys 17B, 6238 Luttre (Belgique) ☎ (07) 184.54.80, fax (07) 184.54.84, < www.univers-nature.com/nature-terroir >. Séjours dans le delta du Danube et les marais de la plaine côtière de la mer Noire. Hébergement sur bateau ou chez l'habitant.

Monnaie

En juillet 2005, le leu (ROL) est allégé de 4 zéros et devient le leu nouveau (RON). L'ancien leu circulera cependant jusqu'en 2007. En septembre 2005, 1 € = 3,5 Lei noi (RON) et 1 € = 35.000 Lei vechi (ROL).

Les billets de 10.000, 50.000, 100.000, 500.000, 1.000.000 ROL sont peu à peu remplacés par leur copie presque conforme (même couleur, même image mais format plus petit) de 1, 5, 10, 50, 100 RON. Un précieux billet de 500 RON a fait son apparition, de même que les pièces de 5, 10, 50 bani (1 ban = 1 centième de Leu nou).

••• Voir **Change**, *p. 310*.

● **Cartes bancaires**. Des distributeurs automatiques de billets *(bancomat)* existent dans toutes les villes de Roumanie.
Le paiement par carte (Visa, Eurocard, Mastercard, etc.) est accepté dans beaucoup d'hôtels et certains restaurants (surtout à Bucarest), dans les magasins de luxe et les supermarchés (sauf Metro), dans les stations-service MOL et ÖMV. Le logo des cartes acceptées est affiché à l'entrée des établissements mais il vaut mieux demander confirmation.

● **Western Union Money Transfer**. En cas de besoin, vous pouvez recevoir des liquidités sans passer par un compte bancaire et en toute sécurité. L'expéditeur apporte de l'argent (en espèces, limité à 5 000 $US) à l'une des représentations Western Union (en France, dans les bureaux de poste importants), remplit un formulaire et paie 10 à 20 % de commission. Puis il informe (par téléphone ou courriel) le destinataire : montant exact du transfert, mot de passe à 10 chiffres. Environ 10 mn après, le bénéficiaire peut se présenter à un établissement agréé Western Union. On lui demande une pièce d'identité et le mot de passe. Des correspondants Western Union sont présents dans chaque ville de Roumanie : banques (le logo est affiché) ou bureau de poste principal du chef-lieu de département.

●●● **Rens.** : <www.westernunion.com>.

Formalités

Papiers

La présentation d'une carte d'identité ou d'un passeport (en cours de validité) suffit pour un séjour de 90 jours au maximum (ressortissants de l'Union européenne). Pour rester davantage, vous devez avoir un passeport et solliciter un visa auprès de la police des passeports (bureau des étrangers) du chef-lieu du département de résidence. Pensez également à votre assurance rapatriement *(p. 314)*!

Voiture

Pour voyager en voiture, munissez-vous de votre permis de conduire, du certificat d'immatriculation de votre véhicule, du certificat d'assurance (votre assurance doit couvrir la Roumanie), voire du contrat de location. Si le véhicule ne vous appartient pas, une attestation du propriétaire peut être utile lors d'un contrôle tatillon.

sécurité

Avant le départ, procurez-vous auprès de votre banque le numéro à composer pour faire opposition depuis l'étranger. Notez le numéro de votre **carte bancaire** (mais pas le code secret !).

American Express : en France ☎ 00.33.1.47.77.72.00.

Diners Club : en France ☎ 0810.314.159.

Mastercard et Eurocard : numéro vert international ☎ 0800.90.23.90 (en anglais), ☎ 00.33.1.45.67.84.84 (en français).

Visa Card : numéro vert international ☎ 0800.90.11.79, <www.visa.com>. ●

Douanes

Vous pouvez entrer en Roumanie avec un maximum de 10 000 $ US. L'importation de tabac et d'alcool est limitée. Les objets d'usage personnel (caméra vidéo, appareil photo, etc.) doivent être déclarés à l'entrée et à la sortie : dans la pratique, personne ne s'en soucie. Officiellement, l'exportation d'antiquités n'est possible qu'avec des factures et l'autorisation de l'administration départementale de la culture.

Animaux

Chats et chiens (2 animaux domestiques par personne au maximum) doivent présenter des certificats de bonne santé et de vaccination antirabique avec une traduction légalisée : de plus de 1 mois et de moins de 1 an pour les chiens, de 6 mois pour les chats.

Précautions sanitaires

● **Vaccinations**. Aucun n'est vaccin obligatoire, mais autant mettre à jour les « traditionnels » : tétanos, poliomyélite, hépatite B, diphtérie. Le vaccin contre l'hépatite A est recommandé ; personne n'est à l'abri d'une mauvaise hygiène alimentaire.

● **Encéphalite à tiques**. Le risque est insignifiant

budget

- **Transports.** Pour les vols et les voyages organisés, *voir p. 304*. Le litre de carburant tourne autour de 0,7 € pour le *premium* (super) et de 0,6 € pour la *motorină* (gasoil). Bucarest-Iaşi en wagon-lits 1re classe : 22 €. Avion Bucarest-Cluj-Napoca : 90 €.
- **Hébergement.** Par personne et par nuit, compter 9 à 20 € en chambre d'hôtes (demi-pension) ; 10 à 28 € en chambre double et petit déjeuner dans un hôtel** ; 18 à 105 € dans un *** ; 70 à 450 € dans un **** ou *****.
- **Repas.** Un *placîntă* (galette farcie au fromage et à l'aneth) coûte 0,2 € ; une pizza, entre 1,5 et 3 € ; un repas chez l'habitant (chambres d'hôtes), entre 3 et 7 € ; un fastueux repas à Bucarest, 25 €.
- **Musées et monuments.** Le billet d'entrée varie de 0,5 € à 6 €. La taxe photo-vidéo exigée à l'entrée des monuments : 1,5 à 8,5 €.
- **Vie quotidienne.** À titre indicatif : timbre pour l'Europe occidentale (0,4 €), carte téléphonique (4,8 €), espresso (0,4 €), bière pression 50 cl (0,24 €), 1 l d'alcool de prune de Maramureş (2,4 €), taxe de parking (0,3 €), concert de gala à l'Athénée roumain de Bucarest (15,5-24,5 €), 1 kilo de tomates l'été (0,75 €), vidange voiture (2,5 €).

(p. 314), mais si vous prévoyez un séjour de plus de 30 j. en zone forestière et rurale au printemps et en été, le vaccin (Ticovac) est une précaution à prendre : une injection avec un rappel 30 j. plus tard, un deuxième entre 9 à 12 mois, puis tous les 3 ans.

- **Informations.**

Service aux voyageurs de l'Institut Pasteur, 211, rue de Vaugirard, 75015 Paris ☎ 01.40.61.38.00 et 01.40.61.39.97, < www.pasteur.fr/sante >.

●●● Voir **Santé**, *p. 314*.

Faire sa valise

Cartes et plans

Une carte de l'Europe (1/3 000 000e) permet de visualiser l'itinéraire. Couvrant l'ensemble du pays, les **cartes routières** (du 1/750 000e ou 1/1 000 000e) ne sont pas exemptes d'erreurs. La meilleure est la carte IGN/Marco Polo au 1/750 000e. En vente dans les librairies de voyage et les grandes surfaces. Le meilleur complice du voyageur reste l'***Atlas Turistic Rutier*** *(p. 316)*, en vente sur place. Au 1/15 000e ou 1/20 000e, les plans des **grandes villes** roumaines sont vendus sur place (stations-service et librairies).

Équipement automobile

Entre nov. et avr., gardez des chaînes dans le coffre, en cas de chute de neige abondante. Les pneus neige sont très utiles : vous pouvez aussi les acheter (env. 90 € la paire) sur place.
●●● **Obligatoire** : trousse à pharmacie et triangle de présignalisation.

Pharmacie de voyage

La trousse idéale : répulsif contre les insectes *(p. 314)*, crème solaire, anti-diarrhéique, désinfectant local, Biafine® (brûlures), un peu d'éther (endormir une tique avant extraction), antibiotique à large spectre, pansements, bande élastique du genre Elastoplast®. Une trousse Aspivenin® est toujours utile en cas de piqûre d'insecte ou de mauvaise rencontre avec une vipère.

Vêtements

En **été**, il faut prévoir large : un jour de canicule peut être suivi d'une soirée fraîche. Prévoir une **tenue correcte** (vous pouvez être invité à un mariage ! ; *p. 32*) et discrète pour visiter les églises *(p. 53)*.
En **hiver**, prévoir un froid sévère. Ayez de bonnes chaussures de marche ou des bottes.
S'il pleut à la campagne, vous ne le regretterez pas ! Sandales conseillées pour l'intérieur des maisons.

Pour l'ornithologue

Le delta du Danube risque de réveiller l'ornithologue qui sommeille en vous : munissez-vous d'une paire de **jumelles**, de vêtements discrets et du **guide Peterson**.

Pour les amateurs de fresques

Les jumelles et la lampe de poche sont utiles pour observer les fresques des églises.

Les clés d'un bon séjour

© Pierre Soissons

Arrivée

● **En avion**.
L'essentiel du trafic aérien passe par l'aéroport de **Bucarest-Otopeni** (20 km N du centre par la DN 1 vers Ploiești). Pour les vols intérieurs, les correspondances se font soit dans le même aéroport, soit à Bucarest-Baneasa (5 km du centre par la DN 1). La plupart des compagnies de location de voitures y ont leur guichet. Pour rejoindre le centre-ville ou l'aéroport de Baneasa, vous pouvez utiliser le bus ou le taxi *(p. 84)*. Les autres aéroports desservis par des vols internationaux se trouvent à Cluj *(p. 191)*, Sibiu *(p. 176)*, Timișoara *(p. 119)*, Constanța *(p. 297)*.

●●● **Attention** : à l'aéroport, des porteurs se saisissent de vos bagages et vous conduisent au taxi qui les commissionne !

● **En train**.
Les trains internationaux *(p. 303)* en provenance d'Europe occidentale, de Hongrie, de Moscou, d'Istanbul ou de Sofia aboutissent tous à la gare du nord de Bucarest, reliée au centre par le métro *(p. 83)*. Certains trains (en venant de Vienne et Budapest) desservent Cluj *(p. 191)*, Târgu Mureș *(p. 193)*, Brașov *(p. 174)* ou Timișoara *(p. 119)*.

● **En voiture**.
Les postes-frontières sont ouverts 24 h/24 *(p. 313)*.

● **En bus**.
Les lignes internationales desservent la plupart des villes roumaines, directement ou par des correspondances *(p. 306)*.

●●● Voir **carnets d'adresses** de chaque région.

Change

Pour l'achat de lei *(p. 307)*, chaque ville dispose de banques et bureaux de change (*casă de schimb* ou *schimb valutar*). Chaque établissement décide de son horaire, mais, en principe, ils sont ouverts lun.-ven. 8 h-16 h, certains le sam. L'aéroport dispose de bureaux (taux peu favorable) et de distributeurs automatiques de billets. Des bureaux de change opèrent 24 h/24 dans les grands hôtels, mais la commission est importante. Inutile de changer au noir, dans la rue : c'est interdit, sans intérêt (même taux que celui des bureaux de change) et risqué, les changeurs étant de fameux prestidigitateurs.

D'autant que, en 1990, il fallait 2 lei pour 1 €, contre 41 000 en 2003… Les poches ne suffisent pas à contenir les billets et les pièces.

●●● Voir **Monnaie**, *p. 307.*

Courrier

● **Timbres**. Ils s'achètent dans les bureaux de poste. Il faut compter 3 à 12 jours pour un courrier entre la Roumanie et l'Europe occidentale pour env. 0,40 €, près de 10 jours pour l'Amérique du Nord pour env. 0,80 €.

● **Envois urgents**. Agences de messagerie rapide DHL à Bucarest et dans les capitales de département.

Fêtes et jours fériés

La plupart des fêtes sont liées au calendrier religieux *(p. 33)*. Le **calendrier orthodoxe** est très respecté : il est absolument interdit de travailler ces jours-là, ainsi que les dimanches. Des variantes locales offrent l'occasion de festivités mais ne sont pas chômées au niveau national.

Dans les campagnes, les fêtes agropastorales *(p. 32)* donnent lieu à de grandes réjouissances.

Les Roumains d'autres confessions (musulmans, juifs, etc.) perpétuent également leurs traditions.

jours fériés

● **1er et 2 janvier** : Nouvel An.

● **1er mars** : arrivée du printemps. L'occasion d'offrir des fleurs et des petits cadeaux aux femmes.

● **Pâques** : deux jours, dont les dates varient selon les années. En 2004 : 11 et 12 avril ; en 2005 : 1er et 2 mai.

● **1er mai** : fête du Travail. Elle n'est pas très suivie : la plupart des Roumains travaillent et les magasins sont ouverts.

● **1er décembre** : fête nationale. On célèbre l'union des provinces roumaines, proclamée à Alba Iulia en 1918 *(p. 50)*.

● **25 et 26 décembre** : Noël. ●

Hébergement

À l'hôtel

La **classification** se fait en étoiles, de 1 à 5. Le parc hôtelier s'élève peu à peu au niveau des standards européens. À commencer par l'hôtellerie haut de gamme dont Bucarest est très bien dotée *(p. 83)*. Certains hôtels 1 et 2 étoiles, heureusement de plus en plus rares, ont encore de gros progrès à faire concernant la propreté, l'accueil ou l'état de la plomberie. À Bucarest, compter entre 70 et 450 € une chambre double en 4 ou 5 étoiles (▲▲▲▲) ; 18 à 105 € en 3 étoiles (▲▲▲) ; 10 à 28 € en 2 étoiles (▲▲). En province, ces prix peuvent baisser de 10 à 30 %.

Il est impératif de **réserver** longtemps à l'avance, surtout à Bucarest. La plupart des hôtels disposent désormais d'une adresse électronique et le personnel d'accueil parle souvent plusieurs langues étrangères.

●●● Voir **carnet d'adresses** de chaque région ou rens. <www.cazari.ro> et <www.hotels.ro>.

En motel et en pension

Ces établissements de 4 à 20 chambres apparaissent depuis quelques années, notamment à proximité des villes, des grands axes routiers et des sites touristiques. La qualité est inégale, mais reste globalement excellente pour le prix demandé (autour de 20 € la chambre avec petit-déjeuner).

En *cabană*

Généralement située dans les montagnes, dans un cadre superbe et au départ d'itinéraires de randonnée, la *cabană* peut être un refuge sale et inconfortable comme un délicieux chalet de montagne. Les prix varient selon le confort : entre 3,5 € la nuit en refuge et 45 € la chambre en chalet.

Chez l'habitant

Grâce aux rencontres de hasard ou au bouche-à-oreille, vous pourrez loger occasionnellement chez des Roumains. C'est la Roumanie profonde et si attachante qui s'ouvre au voyageur ; les contacts avec les logeurs sont souvent chaleureux *(p. 20)*. Il existe une formule homologuée par le ministère du Tourisme selon un barème de 1 à 3 « marguerites ». Le niveau 1 signifie en

contacts

• < www.ruraltourism.ro > Ce site propose un large choix d'hébergements, avec les coordonnées pour un contact direct.

• **Antrec.** Association nationale du tourisme rural, écologique et culturel, str. Maica Alexandra 7, CP 22-259, 78178 Bucarest ☎ (021) 222.80.01, fax (021) 223.70.24, <www.antrec.ro>. Cette organisation est une des pionnières du tourisme rural en Roumanie, qu'elle a fortement contribué à structurer. Elle dispose d'un important réseau (beaucoup de maisons sélectionnées dans ce guide en sont membres). Sur le site web, recherche d'hébergements par région. Circuits sur demande. Permanence téléphonique en français et anglais.

• **En Maramureş.** À Vadu Izei (à quelques km de Sighetu Marmaţiei), l'association **Ţara Maramureşului** (pays de Maramureş) vous informe sur les chambres d'hôtes de la région *(p. 216)*.

• **Réseau Vert** ☎ 0745.33.34.02 (portable), <francoromania@netcourrier.com> et <inforeverde@yahoo. com>. *Ouv. lun.-sam. 9 h-17 h.* Inspiré par un groupe de villageois (souvent francophones), ce service se veut simple et pratique : une permanence téléphonique et Internet (français, anglais, espagnol) vous aide à construire votre voyage, à trouver la ferme de vos vacances ou les étapes de votre tour de Roumanie. Authenticité et convivialité garanties. •

général que l'équipement sanitaire est limité (ce qui n'empêche pas d'y trouver une grande propreté) et que les WC sont dans le jardin ; 2 marguerites équivalent à un bon niveau (salle de bains commune) ; le niveau 3 indique une salle de bains pour chaque chambre.

Le **coût en demi-pension** avec salle de bains et WC varie de 11 à 22 € par personne, le plus cher n'étant pas forcément le gage du meilleur accueil. Certaines maisons donnent le prix de la chambre (ex. : 11 € pour 2 personnes) auquel on rajoute le prix du petit déjeuner et du repas du soir (entre 3,5 et 5 €).

••• **Une bonne idée** : certains monastères reçoivent le voyageur à des prix corrects *(p. 118 et 271)*.

attention

Surtout, évitez les propositions de chambres le long des routes, sur les parkings des monuments ou dans les gares. •

En hôtel flottant

Sur les principales voies du delta du Danube *(encadré p. 294 et p. 296)*, des barges ont été transformées en hôtel *(ponton dormitor)*. Une formule originale qui revient cependant assez cher (50 à 90 € par jour en pension complète).

En camping-car

Il est facile de trouver une cour de ferme ou un verger clôturé. Il suffit souvent de s'arranger avec un propriétaire de chambres d'hôtes, qui, le cas échéant, vous indiquera volontiers une adresse dans le voisinage. Les paysans prêtent facilement un bout de verger pour une nuit ou davantage. Votre camping-car se trouve en sécurité et vous pouvez partir en balade sans souci. Il est « diplomatique » de prendre les repas chez le propriétaire (on va vous le proposer). Il est possible d'utiliser les équipements sanitaires de la maison (s'il y en a). Même si les propriétaires ne vous demandent rien, montrez-vous généreux : env. 2 € par personne pour la nuit, 3 à 4 € pour le repas du soir et le petit déjeuner, 1 € par personne pour la salle de bains *(voir **carnet d'adresses** de chaque région)*.

En camping

La pratique du **camping sauvage** est peu réglementée, sauf dans certains lieux protégés (delta du Danube, par exemple). Mais elle est à éviter. Il est possible de pratiquer le **camping à la ferme** (même démarche que pour le camping-car).

Le réseau de campings *(popaş)* n'est pas en bon état. Les sanitaires communs sont une véritable plaie . Inutile d'y utiliser la tente car il existe des maisonnettes en bois (une *casuţa*, des *casuţe*) avec deux lits. Quand c'est propre, c'est adorable et très bon marché (2 à 3,5 € la nuit). Certains campings sont devenus des hameaux de vacances de bon niveau, disposant de nombreux services *(p. 118)*.

Bien qu'incomplète, la carte des campings est disponible dans les offices de tourisme à l'étranger *(p. 302)*.

●●● Voir **Hébergement**, *p. 310 et* **carnet d'adresses** de chaque région.

Heure locale

La Roumanie a 1 heure d'avance sur l'Europe occidentale. Il est 13 h à Bucarest quand Berlin, Bruxelles, Paris ou Rome affichent midi.

Horaires

- **Banques** : lun.-ven. 8 h 30-15 h (voire 17 h) ; certaines sont ouvertes sam. 8 h 30-12 h (Banc Post, Bancă Comercială Română).
- **Bureaux et administrations** : lun.-ven. 8 h-16 h ; le ven., les bureaux sont souvent désertés dès midi.
- **Magasins** : en ville, beaucoup de petites boutiques d'alimentation restent ouvertes 24 h/24 (on lit sur la vitrine « non-stop »). À la campagne, il n'y a pas d'horaires, les gérants habitant souvent au même endroit. Les supermarchés sont ouverts lun.-ven. 8 h-21 h, sam. 8 h-18 h. En ville, les magasins sont souvent ouverts lun.-ven. 9 h-18 h, parfois sam. matin.
- **Musées** : la plupart ouvrent t.l.j. sf lun., 9 h-17 h. Pour les petits musées, horaires plus aléatoires.
- **Pharmacies** : Dans les villes importantes, la pharmacie centrale (ou n° 1) reste ouverte t.l.j. 24 h/24 *(non-stop)* ou t.l.j. 7 h-21 h. Les autres pharmacies : lun.-ven. 8 h-20 h, sam.-dim. 8 h-16 h.
- **Poste** : dans les grandes villes, lun.-ven. 8 h-20 h, sam. 8 h-12 h, f. dim. Attention : le téléphone *(Romtelecom, p. 315)* et la poste *(Poştă româna)* sont deux services séparés, administrés par des sociétés distinctes, même s'ils partagent souvent les mêmes locaux.
- **Postes-frontières** : ouv. 24 h/24.
- **Stations-service** : dans toutes les villes, au moins une station est ouverte t.l.j. 24 h/24 *(non-stop)*. On y trouve aussi des rayons alimentation et boissons qui peuvent dépanner.

Informations touristiques

Sauf exception *(voir* ***carnet d'adresses*** *de chaque région)*, il n'existe pas de service public d'information touristique. Celle-ci est parfois dispensée par des agences, situées dans les hôtels ou des établissements privés, qui se baptisent volontiers « bureau d'information », mais l'information est limitée et partiale.

Les sites Internet *(encadré p. 312)* sont une bonne alternative.

Si vous optez pour la chambre d'hôtes, votre logeur sera probablement la meilleure source d'information locale.

Internet

Les cybercafés se trouvent dans toutes les villes. Les prix n'excèdent pas 1 € de l'heure à Bucarest, 0,50 € en province.

Langue

Le roumain est la langue nationale, que tout citoyen roumain doit comprendre et parler *(Lexique, p. 327)*.

Chaque **minorité** a la liberté de pratiquer sa propre langue. Certaines (hongrois, romani, allemand, polonais, ukrainien, russe, etc.) sont même représentées à l'école, où elles cohabitent avec le roumain obligatoire.

L'usage du **français**, jadis langue préférée des Roumains, se maintient toujours, malgré le succès de l'**anglais**, qui attire de plus en plus les jeunes et qui bénéficie d'un fort soutien de la part des pays anglophones. Les séries télévisées américaines (sous-titrées) ont introduit l'anglais dans les foyers. L'**allemand** est encore répandu en Transylvanie.

Pourboire

Ce n'est pas une habitude et encore moins une obligation, mais si vous êtes satisfait du service…

Restauration

Les Roumains n'ont pas d'horaires fixes pour les repas : on mange à toute heure, en revenant du travail ou avant d'y aller, voire pendant.

Le **petit déjeuner** est souvent copieux tandis que le **déjeuner** est plutôt léger, ce qui autorise à se rattraper au **dîner**.

Les **restaurants** sont ouverts en général en fin de matinée. On y sert toute la journée et jusqu'à une heure avancée.

Il existe quantité de formules pour faire un repas rapide et économique. Les pizzerias fleurissent partout.

Santé

Le risque de revenir malade d'un voyage en Roumanie est quasiment nul, mais certaines précautions s'imposent.

Chaque ville dispose d'un hôpital *(spital)* et de pharmacies *(farmacia)* bien fournies.

À la campagne, les soins ordinaires peuvent être assurés au dispensaire *(dispensar)* du village. Le personnel médical est très bien formé et souvent polyglotte.

● **Attention aux tiques**... Lors d'un séjour en forêt, un peu de vigilance : évitez de vous prélasser par terre, portez des chaussettes et examinez votre peau de temps en temps. En cas de présence suspecte, consultez sous 24 h un médecin pour faire extraire l'intrus. Les tiques en question se rencontrent dans toute l'Europe centrale, depuis les Vosges jusqu'en Russie et au-delà. Le risque est restreint : seulement une *căpușă* sur 70 000 peut être contagieuse et transmettre l'encéphalite à tiques d'Europe centrale ou, plus rarement, la maladie de Lyme (aucune vaccination pour le moment).

● ... **et aux moustiques**. Dans le delta du Danube, dans le Banat et dans les plaines valaques ou moldaves, les moustiques sont virulents, mais ne colportent pas de maladies graves. Pour ne pas se laisser dévorer, autant utiliser des produits qui éloignent l'animal *(p. 309)*.

● **Les risques hospitaliers**. Si les médecins sont très compétents, les infrastructures et l'hygiène laissent à désirer. Il vaut mieux ne pas avoir besoin de l'hôpital... et disposer d'une bonne assurance rapatriement *(p. 308)* ! Si votre état nécessite néanmoins un traitement, évitez dans la mesure du possible perfusions et transfusions.

● **L'eau**. Évitez de boire l'eau du robinet. Préférez l''eau minérale ; d'ailleurs, par précaution, on en sert de plus en plus à table. On en trouve dans tous les magasins.

● **L'alimentation**. Méfiez-vous des saucissons industriels et des pâtés en boîte : on a tout à craindre des méthodes de fabrication et, de toute façon, c'est à peu près immangeable. Sous peine d'incidents intestinaux, les amateurs de grillades devront s'interroger sur la fraîcheur des *mititei* (petites saucisses grillées) préparés en plein été au milieu des bazars, sur le bord des routes, sur les marchés ou même dans les restaurants (on les sert souvent mal cuits).

● **Services d'urgence**. Dans chaque village se trouve au moins un médecin. Disposant d'hôpitaux et de cliniques privées, les villes sont bien dotées en pharmacies, certaines restant ouvertes 24 h/24 *(p. 312)*.

●●● Voir **Précautions sanitaires**, p. 308.

Sécurité

La Roumanie est un pays sûr, à condition de faire preuve, comme partout ailleurs, d'un minimum de vigilance. Redoublez d'attention à l'aéroport, sur les marchés et bazars, dans les gares et dans les transports en commun. Attention aux vols de cartes de crédit, restez vigilant lorsque vous retirez de l'argent au distributeur. Vérifiez l'empreinte de votre carte de crédit et la somme mentionnée avant de signer un reçu. Conservez toujours avec vous le numéro de votre carte et le numéro d'appel d'urgence pour faire opposition en cas de perte ou de vol *(encadré p. 308)*.

Sports et loisirs

La Roumanie offre de formidables possibilités aux amateurs de plein air et d'activités sportives.

● **Randonnée**. Attention aux itinéraires mal balisés. Des agences françaises *(p. 307)* proposent dans les régions les plus attachantes des séjours découverte, de niveau moyen à facile, avec immersion dans la vie locale.

● **Spéléologie**. Une mine de bons conseils : Cristian Ciubotarescu, association Sfinx, Gârda de Sus *(p. 143)* ☎ 0744.33.16.72 (portable), <cristigarda@yahoo.com>.

● **Sports d'hiver**. Les Carpates abritent des stations de qualité, moins chères que les stations d'Europe occidentale *(p. 14)*.

perte ou vol

En cas de perte ou vol du passeport, voici la procédure à suivre : déclarer le vol ou la perte au poste de police le plus proche. Garder un double. Avec ce document et 3 photos d'identité, se rendre au consulat de son ambassade à Bucarest pour solliciter la délivrance d'un nouveau passeport ou d'un document provisoire.

Une précaution qui facilite ces démarches : gardez dans vos bagages 1 ou 2 photocopies de votre passeport. •

Téléphone

Mode d'emploi

• **De l'étranger vers la Roumanie**. Composez le 00.40, puis l'indicatif du département et le numéro du correspondant (6 chiffres en province, 7 à Bucarest). Par exemple, si vous appelez un ami dans le département d'Alba : 00.40.258 suivi des 6 chiffres du correspondant.

• **De la Roumanie vers l'étranger**. Composez le 00 suivi de l'indicatif du pays (33 pour la France, 32 pour la Belgique, 41 pour la Suisse, 1 pour le Canada).

• **En Roumanie**. Composez l'indicatif du département et les 6 chiffres du correspondant. Dans le département : composez les 6 chiffres du correspondant.

Téléphone public

Dans chaque ville importante existe un office central Romtelecom *(ouv. lun.-sam. 6 h-20 h, dim. 8 h-13 h)*. Dans les petites villes et les villages, le service est plus réduit *(f. sam.-dim.)*.

Les postes de téléphone public à carte, de couleur orange, sont fixés au mur ou abrités dans des cabines Romtelecom.

Une minute de conversation depuis une cabine ou une poste coûte env. 0,50 € (Europe occidentale) ou 0,60 € (USA et Canada).

Les cartes Romtelecom *(cartelă telefonică)* sont vente dans les offices Romtelecom, à la poste et dans de nombreux kiosques (logo Romtelecom).

Si vous souhaitez téléphoner à l'étranger, une carte de 150 000 lei dure env. 6 mn. Attention, pour un appel international, la carte doit disposer de 50 000 lei au minimum.

Téléphone portable

Le *mobil* est très répandu, le pays étant presque entièrement couvert par différents réseaux. Si, avant de partir, vous avez souscrit un abonnement international, vous pourrez téléphoner de votre portable.

À l'intérieur du pays, les appels sont facturés au tarif de l'opérateur local. Néanmoins, les appels vers l'étranger sont très onéreux. N'oubliez pas également que, lorsque vous recevez un appel de votre pays d'origine, vous payez la moitié de la communication.

Si vous voulez utiliser le réseau roumain avec votre portable, vous pouvez acheter une carte du réseau Orange dans tous les points de vente affichant son logo (kiosques à journaux, boutiques de téléphonie, etc.). Il existe plusieurs tarifs, variant de 12 à 35 € env.

Toilettes

Évitez les toilettes publiques sauf quand elles sont payantes.

En ville, les toilettes des restaurants et des cafés sont d'une tenue inégale.

À la campagne, bien que l'eau courante commence à se généraliser, il est fréquent d'utiliser le petit cabanon au fond du jardin, qui, au moins, a le mérite d'être écologique !

Transports intérieurs

La voiture

La voiture reste le meilleur moyen pour découvrir en profondeur le pays. Les axes principaux sont généralement de bonne qualité, mais on peut avoir de mauvaises surprises sur les routes secondaires. Les travaux ne sont pas toujours bien indiqués et les routes locales sont souvent non revêtues.

• **Code de la route**. La **vitesse** est limitée en agglomération à 50 km/h, sur route à 80 km/h, sur autoroute à 90 km/h. Les **contraventions** sont payables dans n'importe quelle mairie. Le **taux d'alcoolémie** toléré est de 0,00 % !

transports

Vulcanizare

Ce nom reste indissociable de toute odyssée automobile en Roumanie : il désigne l'atelier ou le chauffeur malchanceux va faire réparer sa roue crevée en un temps record. L'état des routes secondaires, les clous abandonnés par le sabot d'un cheval, l'usure avancée des pneus et des chambres à air, mille fois rapiécées, assurent la prospérité de ces échoppes qui fleurissent un peu partout sur le bas-côté des routes roumaines. Dans ces cavernes d'Ali Baba, aux murs tapissés d'images exotiques, de photos de stars, de calendriers, d'images pieuses, grands et petits voyageurs se retrouvent sur un pied d'égalité : le temps de la réparation, le camionneur couvert de cambouis y refait le monde avec l'homme d'affaires en Mercedes ou avec le paysan qui dépèce les roues de sa charrette… •

● **Se repérer**. On trouve des cartes routières dans les stations-service. Un outil indispensable pour les voyageurs qui aiment flâner : l'*Atlas Turistic Rutier* (en vente dans certaines stations et en librairie), où la Roumanie est découpée en une cinquantaine de cartes précises. Il comprend également des plans de ville.

Pour vous repérer sur le réseau, il faut connaître le **système d'appellations** : **E** pour route européenne, **DN** *(drum național)* pour route nationale, **DJ** *(drum județean)* pour route départementale. *Drum nemodernizat* : route non revêtue (non modernisée). *Drum forestier* : route forestière, normalement interdite à la circulation publique.

● **Carburant**. Le carburant est bon marché (env. 25 % moins cher qu'en Europe occidentale). Aucun problème pour trouver de l'**essence sans plomb** *(benzină fără plumb)*. Il existe deux qualités de **gasoil** *(motorină)* : *diesel* et *eurodiesel* (mieux raffiné et garanti pour des températures de – 25 °C).

Dans les villes, les grandes **stations** sont ouvertes 24 h/24. Pour une qualité sans risque, choisissez la compagnie nationale **Petrom** ou de grandes marques internationales (**MOL** ou **ÖMV**, qui acceptent les cartes de crédit).

● **Précautions**. Attention à la conduite très imprudente des Roumains.

Les charrettes, très nombreuses, peuvent être dangereuses, surtout la nuit, car elles sont rarement signalisées. Restez prudent !

● **Entretien**. On trouve des **garages** partout. Pour les petites réparations, le génie inventif des mécaniciens *(encadré p. 318)* fait merveille. La plupart des grandes marques européennes disposent de concessionnaires et de services de pièces détachées.

Si vous empruntez les routes secondaires, vous n'échapperez pas à la poussière ou à la boue. Les grandes stations-service disposent d'installations pour le **lavage**.

● **Stationnement**. Les parkings, peu nombreux, sont payants (comptez 0,2 € pour une heure) et l'encaissement se fait sur place.

● **Location**. Les principales sociétés de location de voitures sont présentes dans quelques grandes villes du territoire (aéroports ou grands hôtels). Seules **conditions** : avoir plus de 21 ans et posséder son permis depuis plus d'un an. On demande aussi le numéro de passeport ou de carte d'identité, ainsi qu'une caution (entre 250 et 500 €).

À Cluj (livraison possible n'importe où en Roumanie), l'agence **Pan Travel** *(p. 191)* propose à des tarifs imbattables des Dacia en parfait état.

L'avion

Tarom *(p. 304)* propose des vols quotidiens de la capitale vers Cluj et Timișoara. Les autres grandes villes de province sont desservies 2 à 3 fois par semaine (env. 80 € l'aller Bucarest-Cluj). Les appareils sont récents (ATR 42-500) et en excellent état.

Agences Tarom dans les grandes villes *(voir **carnet d'adresses** *de chaque région)* ouvertes lun.-ven. 9 h-17 h. Rens. <www.tarom.ro>.

Le train

La **CFR** *(Companla Natională de Căi Ferate Române*, prononcez « tchéféré »), dispose d'un réseau étendu d'env. 11 000 km *(p. 17)*.

● **S'informer**. **Agences** CFR *(agenţia de voiaj CFR)* dans la plupart des villes desservies par le train *(ouv. lun.-ven. 7 h-19 h)*. Informations et horaires par téléphone au ☎ 952 et sur <www.cfr.ro>.

● **Liaisons**. Les grandes villes sont reliées par des trains **Intercity** (IC), **Rapid** (R), ou **Accelerat** (A). Les Intercity sont rapides et confortables, avec une voiture-restaurant, mais ne circulent pas le week-end.

Au niveau local, le train **Personal**, version roumaine de l'omnibus, relie entre elles les villes d'une même région en s'arrêtant dans chaque village et parfois dans des gares en rase campagne. Souvent bondé, portes grandes ouvertes, très lent (autour de 30 km/h), le Personal est pénible lorsqu'il est surchargé en été ou sans chauffage en hiver..., mais c'est un moyen formidable de s'immerger dans le quotidien des campagnes roumaines, surtout les jours de foire ou de marché.

● **Réserver ou acheter son billet** : agence CFR (***carnet d'adresses*** *des régions)*, ou guichets de la gare *(casa de bilete)*.

Rapid. Vous recevez 2 billets : le billet de parcours, avec le n° de voiture et de place écrit sur le dos du ticket, et le ticket « *supliment de viteză* », dont le nom ne doit pas donner l'illusion d'une célérité excessive ! Il existe un guichet pour chaque classe. Dans les grandes gares, n° et destination sont affichés au-dessus des guichets.

Personal. On ne réserve pas : on achète son billet au dernier moment ou même dans le train.

●●● **Attention** : si vous achetez votre billet dans le train, le contrôleur peut vous faire un prix d'ami sans vous le donner. L'opération est à vos risques et périls !

Trains de nuit (couchettes ou wagon-lits). Réservez dans une agence CFR entre 10 j. et 24 h avant le départ. Outre les 2 billets du voyage, vous en recevez un troisième

En direction de la province éloignée, les trains disposent de wagons-lits 1re classe *(vagon de dormit)*. Pour un prix correct (env. 22 € l'aller Bucarest-Suceava, 450 km, 7 h de trajet), vous avez une cabine à 2 lits superposés. Avec un supplément, on peut réserver la cabine entière pour une seule personne. Dans chaque wagon, un employé, le *conductor*, et polyglotte, veille sur la sécurité et le confort de ses passagers. Il vend eau minérale, bière, sodas et café au petit matin. Lorsque vous montez dans le train, il prend vos billets et vous les rend à l'arrivée. En 2e classe, les cabines comportent 6 couchettes.

L'autocar

Chaque ville possède une gare routière *(autogară)*, souvent située près de la gare des chemins de fer. La Roumanie dispose d'un vaste réseau de lignes routières reliant entre elles les villes du pays et même de l'étranger (le passé ottoman de Bucarest n'est pas loin avec les trajets quotidiens en bus vers Istanbul pour seulement 45 € A/R, *p. 40*).

Destinations et horaires affichées à l'*autogară*. Pour un prix modique (env. 17 € de Suceava à Cluj par exemple), les **liaisons interrégionales** sont assurées par des autocars confortables. Les bus des **liaisons locales** sont souvent dans un piteux état et polluants. Peu à peu, ces dessertes pratiques disparaissent. Elles sont parfois remplacées par des minibus de 15 places (*maxitaxis* en ville) qui assurent la navette entre la province et Bucarest. Ils attendent les clients près d'une gare, du bazar ou à la sortie de la ville, et partent dès qu'un véhicule est plein.

Le bateau

Transport régulier dans le delta du Danube *(encadré p. 294)*, de Tulcea vers les embouchures du fleuve. Des ferries assurent le passage du Danube entre Calafat et Vidin. Il existe aussi des croisières organisées depuis Vienne et Budapest vers la mer Noire.

Urgences

Police ☎ 955.
Pompiers ☎ 981.
Réclamations
Services touristiques : ☎ 021.410.12.95.
Télégrammes ☎ 957.
Urgence médicale :
ambulance ☎ 961.
médecin d'urgence ☎ 975. ●

repères

Les grandes dates de l'histoire

La période antique

Vers 1000 av. J.-C. Les Géto-Daces, issus des Thraces, s'installent entre Carpates et Danube.

Milieu du VIIe s. av. J.-C. Des colonies grecques sont fondées sur le littoral de la mer Noire *(p. 288)*.

87-106 Règne de Décébale, roi des Daces.

La Dacie romaine

101-106 Trajan conquiert la Dacie, qui devient l'une des provinces de l'Empire romain.

271-272 L'Empire romain évacue la Dacie sous la poussée des invasions barbares.

Les principautés roumaines

IVe-VIe s. Invasions de Huns, de Gépides, d'Avars, de Goths, de Slaves *(p. 39)*.

IXe s. Les Magyars arrivent en Transylvanie.

XIe s.-XIIIe s. Invasions de Petchenègues et de Coumans.

Vers 1150 Les colons germaniques s'installent en Transylvanie.

1241 Grande invasion des Mongols.

Vers 1324 Basarab Ier fonde la principauté de Valachie.

1359 La principauté de Moldavie est fondée par Dragoş, prince du Maramureş *(p. 222)*.

1395 Les Ottomans imposent leur suzeraineté en Valachie (p. 41).

1441-1456 Iancu de Hunedoara règne en Transylvanie *(encadré p. 137)*.

1456-1462 Vlad Tepes, prince de Valachie *(encadré p. 43)*.

1457-1504 Étienne le Grand règne en Moldavie.

1541 Après la défaite des Hongrois face aux Ottomans à Mohacs (1526), la Transylvanie devient principauté vassale d'Istanbul.

1600 Union éphémère de la Valachie, de la Moldavie et de la Transylvanie durant le règne de Michel le Brave.

1688-1714 Constantin Brâncoveanu règne en Valachie *(p. 102)*.

1697 Une partie des orthodoxes roumains de Transylvanie passe dans la mouvance de l'Église uniate.

1699 Les Ottomans cèdent la Hongrie et la Transylvanie aux Autrichiens (traité de Karlowitz).

1711-1821 En Valachie et en Moldavie, régime des Phanariotes, princes d'origine grecque nommés par les Ottomans *(p. 45)*.

À partir de 1718 Des colons souabes s'installent dans le Banat (Banater Schwaben).

1775 L'Autriche annexe la Bucovine.

1784 Révolte paysanne dans les Apuseni *(encadré p. 135)*.

1812 La Russie annexe la Bessarabie.

1821 Insurrection des pandours de Tudor Vladimirescu.

1829-1856 Le traité d'Andrinople (1829) instaure un protectorat russe sur la Valachie et la Moldavie.

Vers l'indépendance nationale

1848 Mouvements insurrectionnels en Moldavie et en Valachie, matés par les Russes et les Ottomans. En Transylvanie : soutien à l'insurrection de Budapest contre les Habsbourg, puis violente réaction contre les Hongrois qui souhaitent annexer la province.

1859 Les assemblées représentatives des deux principautés élisent Alexandre Ioan Cuza à leur tête. L'union est réalisée.

1866 Les Principautés-Unies deviennent la Roumanie.

1878 Indépendance de la Roumanie à laquelle l'Empire ottoman cède la Dobrogea (congrès de Berlin).

1881 Charles de Hohenzollern-Sigmaringen devient Carol Ier, premier roi de Roumanie.

1907 Révoltes paysannes réprimées dans le sang.

1914 Ferdinand Ier, roi de Roumanie.

1916 La Roumanie entre en guerre aux côtés des Alliés.

1er décembre 1918 À Alba Iulia, les Roumains de Transylvanie et du Banat votent la réunion de leur province à la Roumanie *(p. 50)*.

1919-1920 À l'issue des traités de Saint-Germain, de Neuilly et du Trianon, le territoire roumain s'agrandit de la Bucovine, du sud de la Dobrogea, de la Transylvanie, de la Crişana, du Maramureş et de la partie nord du Banat.

Le royaume de Roumanie dans la tourmente

1925 Création du patriarcat de Bucarest.

1930 Carol II monte sur le trône de Roumanie (encadré ci-dessous). Corneliu Codreanu crée la Garde de fer, un mouvement fasciste et antisémite.

1938 Le roi Carol II s'arroge les pleins pouvoirs et fait éliminer Codreanu.

1939 La Roumanie proclame sa neutralité au début de la Seconde Guerre mondiale.

1940 Le pays est démembré comme l'a prévu le pacte secret germano-soviétique. Juin : l'URSS annexe le nord de la Bucovine et de la Bessarabie. Août : le Reich cède le nord de la Transylvanie à la Hongrie fasciste de l'amiral Horthy. Septembre : Carol II appelle au pouvoir le général Antonescu, sympathisant fasciste, et abdique en faveur de son fils Michel.

Juin 1941 La Roumanie entre en guerre aux côtés des forces de l'Axe et participe à l'offensive contre l'URSS.

Août 1944 L'armée soviétique pénètre en Roumanie ; le roi Michel fait arrêter Antonescu et déclare la guerre à l'Allemagne et à la Hongrie.

La Roumanie communiste

1945-1946 L'URSS intègre le nord de la Bucovine à l'Ukraine et annexe la Bessarabie, qui devient la République socialiste soviétique de Moldavie. Le sud de la Dobrogea retourne à la Bulgarie. La Roumanie récupère la partie de la Transylvanie annexée par la Hongrie en 1940. Un gouvernement de coalition dirigé par Petru Groza, chef du Front des laboureurs et sympathisant communiste, s'installe au pouvoir.

1947 La monarchie est abolie et le roi Michel est contraint à l'exil. Les partis d'opposition sont systématiquement éliminés.

Décembre 1947 La République populaire de Roumanie est proclamée. Sa Constitution est calquée sur celle de l'URSS.

Mars 1948 Les communistes s'installent au pouvoir.

1949-1952 Collectivisation des terres, développement de l'industrie lourde.

1952 Gheorghiu-Dej remplace Petru Groza à la tête du gouvernement. Les purges et la répression se poursuivent.

1955 La Roumanie adhère au pacte de Varsovie. Nicolae Ceaușescu (1918-1989) entre au Bureau politique du parti communiste.

portrait

Les frasques de Carol II

© Photothèque Hachette

Scandale à la cour de Roumanie : en août 1918, Carol, le prince héritier, se cache à Odessa pour épouser une certaine Zizi Lambrino, dont il a un fils en 1920. Le palais royal refuse cette liaison et fait annuler le mariage. Carol se soumet et épouse, conformément au choix de ses parents, Hélène de Grèce. Leur fils Michel voit le jour en 1921. Mais un nouveau scandale éclate : Carol s'éprend d'Elena Lupescu-Wolf, petite-fille d'un rabbin de Bessarabie. À Paris, où les amants se sont réfugiés, il fait savoir à son père le roi Ferdinand qu'il renonce au trône. En 1927, lorsque ce dernier s'éteint, la couronne revient donc à son petit-fils Michel. Mais Carol revient d'exil en 1930 et récupère le trône. Malgré ses engagements, il fait venir sa maîtresse et la reine Hélène doit partir. En 1940, après avoir rendu la couronne à Michel, il quitte la Roumanie dans des conditions rocambolesques. Le couple infernal cherche asile en Amérique latine puis au Portugal. À sa mort, Carol sera inhumé à Lisbonne. Sa dépouille a finalement été transférée en Roumanie en 2003.

actualité

Vers l'Union européenne

Entamé dès 1993 par un accord d'association, le processus d'adhésion de la Roumanie à l'Union européenne pourrait intervenir au 1er janvier 2007, en même temps que celle de la Bulgarie. Aux commandes du pays depuis fin 2000, le gouvernement du Premier ministre **Adrian Nastase** a mené une politique pragmatique qui a donné rapidement des résultats encourageants, dont une variation prometteuse du PIB (5,3 % en 2001, contre 1,5 % en 1993) et une diminution de l'inflation (34,5 % en 2001, contre 256 % en 1993). De profondes réformes structurelles – comme l'adaptation aux standards européens d'une législation inadaptée ou la restructuration industrielle – sont en cours, avec le soutien financier de l'Union européenne et de grandes instances internationales (Banque mondiale, FMI). Progressivement, l'État se défait du secteur nationalisé (40 % en 1999 contre 74 % en 1992) et favorise ainsi l'essor d'une économie de marché.

L'Union se prépare donc à accueillir un pays capital pour la stabilité régionale, qui occupe le 7e rang européen par sa population (22,5 millions d'habitants). •

1958 L'armée d'occupation soviétique quitte le territoire roumain. Le gouvernement prend alors ses distances avec Moscou. Gheorghiu-Dej flatte la fibre patriotique et donne le signal d'une « roumanisation » du parti. Les prisons s'ouvrent peu à peu, le commerce avec l'Occident aussi.

1965 Mort de Gheorghiu-Dej. Le comité central du parti désigne Ceaușescu comme successeur.

Mai 1968 Visite du général de Gaulle à Bucarest. Août : la Roumanie refuse de participer à la répression soviétique en Tchécoslovaquie.

1974 Ceaușescu crée le poste de président de la République de Roumanie qu'il s'accorde, et, en 1980, celui de vice-Premier ministre qu'il confie à son épouse Elena, tandis que son fils devient ministre de la Jeunesse en 1987.

Novembre 1987 Les émeutes des usines de Brașov sont vivement réprimées *(p. 171)*.

1989 Alors que les régimes communistes s'effondrent dans les pays de l'Est, le pouvoir se durcit en Roumanie. Novembre : lors du XIVe Congrès du Parti communiste roumain, Ceaușescu est réélu triomphalement. Décembre : les émeutes de Timișoara gagnent Bucarest ; le 22 : Ceaușescu décrète l'état d'urgence ; le 25 : Ceaușescu et son épouse sont jugés et exécutés.

Le retour à la démocratie

Mai 1990 Le Front de salut national remporte les premières élections libres ; Ion Iliescu est élu président et nomme Petre Roman au poste de Premier ministre.

1991 Loi foncière ouvrant la rétrocession des terres à leurs anciens propriétaires.

1992 Réélu à son poste, Ion Iliescu nomme Nicolae Vacaroiu Premier ministre.

1993 Manifestations contre le pouvoir. La Roumanie est admise au Conseil de l'Europe.

Septembre 1996 Traité entre la Roumanie et la Hongrie garantissant l'inviolabilité des frontières et les droits des minorités dans chacun des deux États. Novembre : élections législatives et présidentielles. L'opposition est portée au pouvoir. Emil Constantinescu est élu à la présidence et Victor Ciorbea est nommé Premier ministre.

1999 Début des négociations d'adhésion à l'Union européenne.

2000 Ion Iliescu revient au pouvoir, Adrian Nastase est nommé Premier ministre.

2002 La Roumanie est admise dans l'OTAN.

2003 La dépouille de Carol II est transférée en Roumanie *(encadré p. 321)*. Octobre : révision de la Constitution pour l'adapter aux textes de l'OTAN et de l'Union européenne *(encadré ci-dessus)*.

Décembre 2004 Traian Basescu, élu président de la République. •

Livres, disques et films

La littérature roumaine est peu traduite et il faut regretter que de grands noms comme Mihai Eminescu ou Ion Creanga restent méconnus du public international.

Récits, essais et romans

CARTARESCU Mihai, ***Orbitor***, Gallimard, 2002. Comparé souvent à Kafka ou Borges, ce romancier raconte « la tranquille inhumanité des choses » avec ironie.

Cioran Emil, ***Syllogismes de l'amertume***, Gallimard, 1987.

ELIADE Mircea, ***Le Roman de l'adolescent myope***, Actes Sud, 1996. Historien des religions et romancier, Eliade a laissé quelques textes autobiographiques (p. 325).

GHEORGHIU Virgil, ***Les Immortels d'Agapia***, Gallimard, 1998 (p. 325).

GOMA Paul, ***Gherla***, Gallimard, 1976. L'univers bestial des prisons politiques des années 1950.

ISTRATI Panaït, ***Les Chardons du Baragan***, Grasset, 2003.

MÜLLER Herta, ***La Convocation***, Métailié, 2001. L'écrivain allemand originaire du Banat relate son expérience de la dictature, de l'humiliation et de la peur.

VON REZZORI Gregor, ***Les Neiges d'antan***, L'Olivier, 2004. Écrivain austro-italo-roumain (1914-1999), Von Rezzori évoque son enfance dans une Bucovine issue des ruines de l'Empire des Habsbourg.

SEBASTIAN Mihai, ***Journal de 1935-1944***, Stock, 1998.

Poésie et théâtre

CELAN Paul, ***Choix de poèmes***, Gallimard, coll. « Poésie Gall. », 1998.

EMINESCU Mihai, ***Le Pauvre Dionis***, Actes Sud, 1993 *(encadré p. 248)*.

IONESCO Eugène, ***Rhinocéros***, Gallimard, 1991.

OVIDE, ***Pontiques***, Belles Lettres, 1991.

VISNIEC Matei, ***Théâtre décomposé, ou l'homme poubelle***, L'Harmattan, 1996.

Écrits de voyage

FERNANDEZ Dominique, ***Rhapsodie roumaine***, Grasset, 1998.

LEIGH FERMOR Patrick, ***Entre fleuve et forêt***, Payot poche, 2003.

LONDRES Albert, ***Le Juif errant est arrivé***, Le Serpent à Plumes, 1998.

MAGRIS Claudio, ***Danube***, Gallimard, coll. « Folio », 1990.

Histoire

DURANDIN Catherine, ***Histoire des Roumains***, Fayard, 1995.

GILLET Olivier, ***Religion et Nationalisme***, Université de Bruxelles, 1997. L'idéologie de l'Église orthodoxe roumaine sous le régime communiste.

IOANID Radu, La Roumanie et la Shoah, Maison des sciences de l'homme, 2002.

LE BRETON Jean-Marie, ***La Fin de Ceaușescu. Histoire d'une révolution***, L'Harmattan, 1996.

Art, culture et société

CUISENIER Jean, ***Mémoires des Carpathes***, Plon, coll. « Terre humaine », 2000.

DURANDIN Catherine, ***La Roumanie, un piège***?, Hesse, 2000.

NITESCO Sanda, ***Un brin d'aneth et le ciel bleu. Imprécis de cuisine roumaine***, L'Harmattan, 2000.

PACHET Pierre, ***Conversations à Jassy***, Maurice Nadeau, 1997.

TABARD Marielle, ***Brancusi, L'inventeur de la sculpture moderne***, Gallimard, coll. « Découvertes », 1995.

Musique classique

ENESCU George, ***Œdipe*** (avec Lawrence Foster, Barbara Hendricks, Jose Van Dam), Emi classics, 1990. Œuvre du plus grand compositeur roumain injustement méconnue.

LIPATTI Dinu, ***Sonates pour piano. Œuvres de Chopin, Enescu, Ravel et Liszt***, Emi classics, 2001 *(encadré p. 326)*.

GHEORGHIU Angela, ***Tosca***, DVD Emi classics, 2001 *(p. 325)*. Musique du film de Benoit Jacquot, d'après l'oeuvre de Puccini (avec Roberto Alagna et Antonio Pappano).

Musique traditionnelle

Aucun autre pays d'Europe ne dispose d'une musique aussi riche et vivante.

FANFARE CIOCÂRLIA, ***Radio Pascani***, Piranha, 2000 *(encadré p. 249)*.

GUTSA Nicolae, ***La grande voix tzigane d'aujourd'hui***, Silva Screen, 1996. L'idôles des Roms et son style inimitable s'inspirant de la tradition du Banat pour inventer de nouvelles formes musicales.

Musiques de mariage de Maramureș, Ocora, Harmonia Mundi, 1993.

NETI Sandor Fodor, ***Musique populaire hongroise de Transylvanie***, Hungaroton, 1999. Un homme délicieux et un fabuleux violoniste méconnu dans son propre pays.

TARAF DE HAÏDOUKS, ***Dumbala dumba***, Wagram, 1999. Vedettes internationales, les musiciens « lautari » du village de Clejani ont développé un repertoire pour les publics occidentaux.

Films

PINTILLÉ Lucian, ***Le Chêne***, disponible en DVD, Mk2. *(p. 326)*.

GATLIF Tony, ***Gadjo dilo***, disponible en DVD, Arte Vidéo. ●

Des Roumains qui comptent

● **BRÂNCUSI Constantin**. Sculpteur d'origine roumaine (Pertisani, 1876-Paris, 1957), il fréquente à Paris Max Jacob, Apollinaire, Picasso, Modigliani... Influencé par le monde paysan de son enfance en Olténie, sa mystique et ses formes, il abandonne progressivement la représentation naturaliste pour des formes primordiales à valeur symbolique.

● **BRASSAÏ**. Naturalisé français, le photographe Halasz Gulya (1899-1984) est lié aux surréalistes et à Paris, dont il dévoile l'insolite dans son œuvre. Comme l'indique son pseudonyme, Brassaï est originaire de Brașov (Brassò, en hongrois).

● **BRAUNER Victor**. Né à Piatra Neamț (Moldavie) en 1903 et mort à Paris en 1966, il grandit auprès d'un père passionné d'occultisme. Lié aux surréalistes dès 1932, il s'installe en France en 1938. Considéré comme l'un des grands peintres surréalistes, il met le rêve en image, mêlant l'humain, l'animal et le végétal, avant de puiser aux sources de l'art primitif.

● **CARAGIALE Ion Luca**. Monument du théâtre roumain, Ion Luca Caragiale (1852-1912) observe, met en scène et ridiculise avec une finesse remarquable la petite bourgeoisie balkano-roumaine de son temps. Ses comédies sont certes de savoureux témoignages sur les mœurs de l'époque, mais elles sont aussi universelles et n'ont pas pris une ride. Toujours à l'affiche au théâtre, elles sont souvent adaptées pour la télévision.

● **CELAN Paul**. Né en 1920 à Cernauți (Czernowitz), Paul Antschel partage le tragique destin de la douce Bucovine, anéantie par la folie de la guerre : « C'était un pays où vivaient des hommes et des livres ». Il rejoint Paris en 1948. En 1970, il se jette dans la Seine. Celui qui restera comme l'un des grands poètes du xxe s. écrivait en allemand, la langue des juifs de Bucovine. Et aussi la langue de la mort, celle de ses parents, déportés en Transnistrie.

● **CELIBIDACHE Sergiu**. Sergiu Celibidache, l'un des plus grands chefs d'orchestre de l'histoire, passe son enfance à Iași. Il étudie la musique et la philosophie à Bucarest puis à Berlin. En 1946, il est nommé chef de l'Orchestre philharmonique de Berlin qu'il dirige jusqu'en 1954, laissant la place à Herbert von Karajan. Il mène ensuite une carrière triomphale dans le monde entier et notamment à la tête de grands orchestres comme celui de la Scala de Milan, l'Orchestre national de France ou l'Orchestre philharmonique de Munich. Il ne laisse que de rares enregistrements : son exigence rigoureuse l'a amené à refuser tout compromis avec le disque. Sa forte personnalité et sa passion d'enseigner son art et ses convictions musicales en ont fait un véritable mythe. Il nous reste heureusement des enregistrements bouleversants de ses concerts filmés pour diverses télévisions et le film réalisé par son propre fils : Le Jardin de Celibidache, édité en DVD en 2001. Dans son propre pays, il est pour beaucoup le plus grand et le plus attachant musicien roumain

● **CIORAN Emil**. Né à Rașinari (p. 147) en 1911, installé en France dès 1937, où il meurt en 1995, ce moraliste s'acharne contre les « idéologies, les doctrines et les farces sanglantes » et le destin dérisoire de l'homme et de ses illusions. Il laisse des ouvrages décapants comme le Précis de décomposition et les Syllogismes de l'amertume.

● **COMANECI Nadia**. Née en Onești (Moldavie) en 1961, Nadia Comaneci est une prodige de la gymnastique : 5 médailles dont 3 d'or aux JO de Montréal (1976) et 4 médailles à ceux de Moscou (1980).

● **ELIADE Mircea**. Historien des religions, il (1907-1986) fut aussi un fervent partisan de la mystique nationaliste et antisémite dans la Roumanie de l'entre-deux-guerres.

● **ENESCU George**. Né près de Botoșani (Moldavie) en 1881, il devient un immense violoniste avant de s'affirmer comme un grand compositeur (Rhapsodies roumaines, nombreux ouvrages pour cordes, l'opéra Œdipe). En 1945, il s'exile à Paris où il meurt en 1955 *(p. 248)*.

● **FONDANE Benjamin**. Benjamin Wechsler naît en 1898 à Iași. Essayiste et poète, il émigre dès fin 1923 à Paris et écrit son œuvre en français. Il meurt en 1944 à Auschwitz.

● **GHEORGHIU Angela**. Née à Adjud (Moldavie) en 1965, cette soprano est révélée en 1992 au Covent Garden de Londres. Depuis, elle est devenue l'une des divas de notre époque, dont on peut retenir les enregistrements de la Traviata et son interprétation de la Tosca (p. 324) aux côtés de son époux, le ténor Roberto Alagna.

● **GHEORGHIU Virgil**. Écrivain, Virgil Gheorghiu (Războieni Neamț, 1916-Paris, 1992) reste avant tout l'homme de La Vingt-Cinquième Heure, porté à l'écran par Henri Verneuil. Mais Virgil Gheorghiu a publié aussi des romans en partie autobiographiques comme Les Immortels d'Agapia, qui transportent le lecteur en Moldavie où son père était prêtre et où il a passé son enfance. Exilé en France dès 1948, anticommuniste, il y est ordonné prêtre orthodoxe en 1963. Accusé d'écrits antisémites, écrits de jeunesse qu'il ne renia qu'indirectement, cet écrivain au style éblouissant reste un personnage complexe et controversé.

• **Goma Paul**. Né en Bessarabie en 1935, l'œuvre de cet écrivain s'inspire de sa propre expérience des prisons communistes *(p. 323)* et de son aversion pour le régime. Il vit à Paris depuis 1977.

• **Hagi Gheorghe**. Footballeur de génie, né en 1965, Gheorghe Hagi est l'un des meilleurs joueurs mondiaux de sa génération.

• **Ionesco Eugène**. Auteur dramatique français d'origine roumaine (1909-1994), il a développé un « théâtre de l'absurde », qui dénonce et tourne en dérision les conventions, l'impuissance d'une humanité douloureuse et empêtrée dans un contexte historique apocalyptique, celui des lendemains de la Seconde Guerre mondiale.

• **Istrati Panaït**. Écrivain (1884-1935), né d'un contrebandier grec et d'une blanchisseuse, il passe son enfance entre le village de sa mère et le grand port du Danube. Son talent de conteur est découvert en France par Romain Rolland, qui le pousse à écrire. En 1924, paraît Kyra Kyralina, en français, langue dans laquelle il écrira son œuvre. Avec beaucoup de passion, il s'engage dans la mouvance communiste, puis en dénonce les dérives en 1929 dans Vers l'autre flamme. Agitateur rouge pour les réactionnaires, réactionnaire pour les milieux de gauche, il meurt de la tuberculose à Bucarest, en 1935, dans le dénuement. Spontané, généreux et plein de verve, il est avant tout un immense conteur, digne de la tradition orientale.

• **Lipatti Dinu**. Talent précoce et d'une grande sensibilité, Dinu Lipatti (1917-1950) est un peu le fils spirituel de George Enescu *(p.96).*, auprès duquel il s'épanouit, d'abord au violon puis au piano. Avant la Seconde Guerre mondiale, sa renommée se répand dans l'Europe entière. À la fin du conflit, il quitte la Roumanie pour Genève. Le 16 septembre 1950, il donne à Besançon son dernier récital, dont il reste un enregistrement que l'on écoute toujours avec une forte émotion : il y joue Chopin, Mozart, Bach et Schubert. Le 2 décembre, il meurt, à l'âge de 33 ans, d'une leucémie.

• **Luca Gherasim**. Poète surréaliste, né en 1913 dans le quartier juif de Bucarest. En 1952, Salman Locker (son vrai nom) fuit à Paris. Proche d'André Breton et de Victor Brauner, ce personnage envoûtant, toujours habillé de noir, reste un rebelle et un solitaire. Ses livres sont rares mais explosifs. Il donne des récitals où sa présence impressionne durablement l'auditoire. Il se jette dans la Seine en 1994, comme l'avait fait son ami Paul Celan.

• **Müller Herta**. Écrivain née en 1953 dans le Banat, Herta Müller appartient à la minorité souabe *(encadré 110)* et vit à Berlin depuis 1987. Ses récits racontent l'horreur du quotidien sous la dictature.

• **Nastase Ilie**. Né en 1946, Nastase une des gloires du tennis mondial des années 1970 (meilleur joueur en 1973), qui a marqué les courts par son humour, son non-conformisme et son talent.

• **Naum Gellu**. Poète de la mouvance surréaliste (1915-2001). Son chef-d'œuvre est un long poème en prose : Zenobia.

• **Noailles Anna de**. Née princesse Brâncoveanu, la comtesse de Noailles (1876-1933) a passé toute sa vie en France, où elle s'est fait un nom dans la poésie.

• **Oberth Hermann** (Sibiu, 1894-Nuremberg, 1989). Pionnier de l'astronautique, à l'origine des V-2 allemands (avec Wernher von Braun) puis du programme spatial américain qui conduira l'homme sur la lune.

• **Pintillé Lucian**. Le plus célèbre des cinéastes roumains (né en 1933).

• **Rezzori (von) Gregor**. Écrivain de langue allemande (1914-1999), né à Czernowitz, dans cette Bucovine, mythique, qui hante beaucoup de ses ouvrages *(323).*

• **Ţiriac Ion**. Né en 1939, tennisman, partenaire puis manager de Ilie Nastase (voir ci-dessus). Après 1990, son dynamisme en fait un personnage-clé de l'économie roumaine.

• **Tzara Tristan**. Écrivain (Moineşti Moldavie, 1896-Paris, 1963), Tristan Tzara est l'initiateur du mouvement Dada.

• **Visniec Matei**. Né en 1956 à Rădăuţi (Bucovine), à Paris depuis 1987, écrivain et metteur en scène de théatre.

• **Weissmuller Johnny**. Acteur (1904-1984), celui qui allait devenir Tarzan est né près de Timişoara.

• **Wiesel Elie**. Écrivain américain de langue française, né à Sighetu Marmaţiei *(p. 201)* en 1928, prix Nobel de la paix (1986), mémoire de la communauté juive d'Europe centrale. •

Petit dictionnaire

• **Arbre de Jessé**. Jessé fut le père de David, roi de l'antique Israël (vers 1010-970 av. J. C.). Selon la Bible, David devait être l'ancêtre du Messie, sauveur du peuple juif. Pour les chrétiens, le Messie est Jésus : sa généalogie est représentée par un arbre qui s'enracine dans Jessé couché. Voir Moldovița *(p. 231)*.

• **Autocéphale** (du grec, « qui a sa propre tête »). Désigne l'indépendance des Églises nationales russe, bulgare, serbe et roumaine.

• **Calendrier**. Les Églises orthodoxes se partagent entre le calendrier julien (l'ancien) et le calendrier grégorien (le nouveau). Le calendrier julien présente aujourd'hui treize jours de retard sur le calendrier grégorien.

• **Chambre des tombeaux**. Apparue dans les églises princières de Moldavie, cette pièce, entre naos et pronaos, accueille les sépultures des fondateurs de l'église.

• **Boyard**. Nom des anciens nobles.

• **Concile** (du latin concilium, « assemblée »). Réunion de tous les évêques. Un premier concile se déroula à Jérusalem, vers 50. Les conciles suivants fixèrent les dogmes : les vérités incontestables en matière de foi, la liturgie ou les évolutions du christianisme en fonction de l'Histoire. Le concile diffère du synode qui s'applique à la réunion d'évêques à l'échelle régionale ou nationale.

• **Croix grecque inscrite**. Plan d'église fréquent à Constantinople. Deux voûtes en berceau soutenues par les piliers centraux du naos se croisent et forment une croix aux bras égaux. À leur intersection, quatre pendentifs soutiennent une tour.

• **Déisis** ou **Déesis** (du grec, « prière, intercession »). L'intercession de l'Église pour le salut du monde. L'icône de la Déisis figure souvent au-dessus de la porte centrale de l'iconostase : elle montre le Christ trônant, avec, à sa droite, Marie et, à sa gauche, saint Jean-Baptiste. De part et d'autre se succèdent tous les représentants de l'Église.

• **Dormition de la Vierge** (du latin dormitio qui signifie « sommeil »). Le monde orthodoxe appelle ainsi la mort de la Vierge Marie. La Dormition, Assomption chez les catholiques, est célébrée le 15 août.

• **Échelle des vertus**. Échelle dont chaque barreau représente une vertu que le moine doit posséder pour accéder au degré suivant. Au sommet de l'échelle : le paradis. Elle est décrite dans les écrits de saint Jean Climaque le Sinaïte (VIe s., supérieur du monastère Sainte-Catherine, Sinaï). Voir à Sucevița *(p. 232)*.

• **Exonarthex**. *Voir* pridvor.

• **Filioque**. Terme donné à la querelle dogmatique qui débouche en 1054 sur le grand schisme entre Église d'Orient et Église de Rome. Fidèle au Credo établi lors

L'Arbre de Jessé, détail de la fresque extérieure du monastère de Moldovița (p. 231).

du concile de Nicée (325), l'Église orthodoxe confesse que l'Esprit saint procède seulement du Père par le Fils. Au viie s., l'Église romaine modifie le Credo : l'Esprit saint procède du Père et du Fils (« ex patre filioque procedit »).

● **Hésychiasme** (du grec hésychia, « tranquillité, quiétude, paix »). Tradition spirituelle spécifique au monachisme orthodoxe qui consiste en l'invocation intensive de Jésus, par une prière incessante, ou prière du cœur, pour atteindre la paix intérieure.

● **Higoumène**. Supérieur d'un monastère.

● **Hospodar**. Voir voïvode.

● **Hymne acathiste**. Une hymne est une prière chantée. Acathiste (du grec, « qui n'est pas assis ») signifie qu'l faut rester debout pendant cette prière. Voir Humor *(p. 228)*.

● **Icône** (du grec eikona, « image »). Image sacrée peinte le plus souvent sur bois, parfois sur verre, figurant le Christ, Marie ou les saints. Les thèmes et l'exécution des icônes sont régis par des règles strictes. L'icône est avant tout un objet liturgique et tient un grand rôle dans le culte.

● **Iconostase**. Caractéristique des églises orientales, l'iconostase est une paroi couverte d'icônes qui sépare le monde divin (le sanctuaire, où est célébrée l'Eucharistie) du monde humain (le naos, où sont rassemblés les fidèles). Au centre, les **portes royales** (ou impériales), sur lesquelles sont représentés l'Annonciation et les quatre Évangélistes, donnent sur l'autel. Elles ne sont franchies que par les prêtres officiants et, du temps de l'Empire byzantin, par l'Empereur (d'où leur nom). À certains moments de la liturgie, comme durant la semaine pascale, elles s'ouvrent et laissent voir l'autel. De chaque côté se trouvent les portes diaconales, que seuls franchissent les diacres et leurs assistants.

● **Jugement dernier**. Pour le christianisme, Jésus doit revenir à la fin des temps afin de juger les hommes. Les bons seront récompensés par le séjour éternel dans le royaume de Dieu, les méchants connaîtront les tortures perpétuelles des flammes. Ce thème a été introduit sur les fresques extérieures des églises de Moldavie et de Bucovine au début du xvie s. Voir à Voroneț *(p. 229)*.

● **Ménologe** (ou synaxaire). Spécifique à l'Église orthodoxe, le ménologe est un livre contenant pour chaque jour de l'année liturgique la synaxe, ou fête à célébrer, avec un résumé de la vie du saint concerné.

● **Métropole**. Capitale d'une province ecclésiastique (métropolie).

● **Métropolite**. Évêque d'une métropole ou conduisant une Église autocéphale.

● **Naos**. Partie de l'église séparée du sanctuaire par l'iconostase. Parfois réservé aux hommes pendant la liturgie, le naos est prolongé à l'ouest par le pronaos.

● **Orthodoxe** (du grec signifiant « opinion juste » ou « foi droite »). Nom donné à l'Église d'Orient, séparée de l'Église de Rome (ou catholique) depuis 1054.

● **Pantocrator** (du grec, « tout puissant »). Terme appliqué le plus souvent au Christ. Dans l'iconographie byzantine, le Christ Pantocrator est représenté avec la main droite levée et la main gauche serrant l'Évangile.

● **Patriarche**. Titre des premiers hiérarques des quatre premières Églises autocéphales, ou patriarcats (Constantinople, Alexandrie, Antioche, Jérusalem), élus par le synode. Se dit aussi des chefs des Églises autocéphales (Moscou, Belgrade, Bucarest et Sofia).

● **Portes royales** (ou impériales). *Voir* iconostase.

● **Post** (ou carême). *Encadré p. 34.*

● **Pridvor** (ou exonarthex). Partie parfois ajoutée à l'ouest de l'église formant la transition entre le monde profane et le monde sacré. Ceux qui ne sont pas purs s'y tiennent pendant la liturgie.

● **Pronaos**. Partie de l'église prolongeant le naos à l'ouest (sauf en Bucovine, *p. 221*). Le pronaos était autrefois réservé aux femmes pendant la liturgie. Aujourd'hui, les femmes se tiennent dans la partie gauche du pronaos, les hommes à droite.

● **Sanctuaire**. Partie orientale de l'église où se trouve l'autel.

● **Schisme**. Séparation d'une fraction de l'Église, souvent pour une question de dogme comme le grand Schisme de 1054, entre Église d'Orient et Église de Rome.

● **Theotokos**. Du grec « qui porte Dieu », ou plus précisément « Mère de Dieu », qualificatif donné à Marie au concile d'Éphèse (431). La Theotokos est souvent représentée sur les icônes et les fresques. *Voir* Moldovița *(p. 231)*.

● **Triconque**. Plan d'église à trois absides unies par un espace central, le sommet de chaque abside formant une conque.

● **Uniate** (Église). *Voir p. 54.*

● **Voïvode** (ou hospodar). Titre de gouverneur dans les pays d'Europe orientale. ●

Quelques mots de roumain

Le roumain est une langue romane : sa structure et l'essentiel de son vocabulaire témoignent de son origine latine. Un tiers des mots provient pourtant du slave, mais aussi du turc, de l'hongrois, de l'albanais, du romani ou du grecque. Le voyageur familiarisé avec une autre langue romane (français, italien, espagnol ou portugais) n'est pas dépaysé en Roumanie.

Conversation courante

Comment allez-vous ? ....ce faceți ?
Qu'est-ce que c'est ? ....ce este ?
Combien coûte ? ....cât costă ?
Parlez-vous français ? ....vorbiți limba franceză ?
Je ne parle pas roumain ....nu vorbesc românește
Que veut dire ? ....ce înseamnă ?
Comment dit-on ? ....cum se spune ?
Quelle heure est-il ? ....cât este ora ?
S'il vous / te plaît ....vă rog / te rog
Excusez-moi.......................vă rog să mă scuzați
Bonne route.......................................drum bun
Aujourd'hui ....astăzi/azi
Au revoir...la revedere
À bientôt...pe curând
Bonjour ....bună ziua
Bonsoir..bună seara
Bonne nuit.....................................noapte bună
Bon marché..ieftin
Cher...scump
Demain...mâine
Fermé..închis
Fille...fată
Garçon...băiat
Hier ....ieri
Oui ....da
Madame ....doamnă
Mademoiselle ....domnișoară
Merci...mulțumesc
Monsieur ....domn
Non...nu
Ouvert..deschis

Se déplacer

Où se trouve ? ....unde este ?
Est-ce loin ? ....este departe ?
Ici...aici
Là...acolo
À côté ....lângă
En face de..în fața
À droite ....la dreapta
À gauche ....la stânga
Tout droit..tot înainte
Avant...înainte

prononcer

Si la langue écrite est facile à comprendre, la prononciation est moins aisée :

e.........................« é »
u ....« ou »
ă ....« eu »
ai...................« aille »
oi....................« oye »
au ....« aou »
â et **î** ....entre le « u » et le « e »
> le groupe **ii** se prononce comme un i simple à la fin d'un mot
> **i** final ne se prononce pas

ș.........................« ch »
ț..........................« ts »
c...........................« k » devant a, à, â, î, o, u
ch.........................« k » devant e et i
c.........................« tch » devant e et i
ge ....« djé »
gi ....« dji »
ghe ....« gué »
ghi ....« gui »

Arrière ....înapoi
Arrivée ....sosire
Auberge ....han
Bateau ....vapor
Billet ....bilet
Boulevard ....bulevard
Bureau d'information ......birou de informații
Bureau de police ....poliție
Bus ....autobuz
Charrette ....căruță
Départ...plecare
Entrée ....intrare
Foire ....târg
Hôpital ....spital
Jardin...grădină
Maison ....casă
Marché ....piață
Pension...pensiunea
Pharmacie ....farmacie
Place ....piață
Pont..pod
Route ....drum
Rue ....stradă
Sortie...ieșire
Station service..................................benzinărie
Toilettes / WC..toaletă
Train ....tren
Village...sat
Ville ....oraș
Voiture..mașină
Wagon-lit ....vagon de dormit

À l'hôtel, à table

Avez-vous une chambre libre ? ....aveți o cameră liberă ?
Quel est le prix ? ....care este prețul ?
– par personne ? ....de persoană ?
– par nuit ? ....pe noapte ?

compter

0	zero	11	unsprezece
1	unu	12	doisprezece
2	doi	20	douăzeci
3	trei	30	treizeci
4	patru	40	patruzeci
5	cinci	50	cincizeci
6	șase	100	o sută
7	șapte	500	cinci sute
8	opt	1 000	o mie
9	nouă	1 000 000	un million
10	zece		

Demi-pension .... demi-pensiune
Pension complète .... pensiune completă
Beurre .... unt
Bière .... bere
Bouteille .... sticlă
Café .... cafea
Chambre .... cameră
– Un / deux lit (s) .... un pat / două paturi
Champignons .... ciuperci
Confiture .... dulceață
Eau .... apă plată
Eau-de-vie .... țuică / palincă / horincă
Fromage .... brânză
Fruits .... fructe
Glace .... înghețată
Huile .... ulei
Lait .... lapte
Miel .... miere de albine
Œufs .... ou
Pain .... pâine
Pâtisserie .... prăjitură
Poisson .... pește
Repas .... masă
– Petit déjeuner .... mic dejun
– Déjeuner .... prânz
– Dîner .... masă de seară/cină
– l'addition .... notă de plată
Salle de bains .... baie
Soupe .... supă / ciorbă
Sucre .... zahăr
Thé .... ceai
Vin blanc / rouge .... vin alb / negru - roșu
Viande .... carne
– Agneau .... miel
– Bœuf .... vacă
– Porc .... porc
– Poulet .... pui
– Veau .... vițel

Le calendrier

Lundi .... luni
Mardi .... marți
Mercredi .... miercuri
Jeudi .... joi
Vendredi .... vineri
Samedi .... sâmbătă
Dimanche .... duminică
Janvier .... ianuarie
Février .... februarie
Mars .... martie
Avril .... aprilie
Mai .... mai
Juin .... iunie
Juillet .... iulie
Août .... august
Septembre .... septembrie
Octobre .... octombrie
Novembre .... noiembrie
Décembre .... decembrie

Index

Bucarest : nom de lieu

Brâncuși, Constantin (1876-1957) : personnage

BERGERS : mot-clé

Les folios en **gras** renvoient aux rubriques les plus détaillées.

Les folios en ***gras italique*** renvoient aux carnets d'adresses et aux renseignement pratique.

Abréviations : Apus. = Apuseni ; Buca. = Bucarest ; Buc. = Bucovine ; = Trans. Cœur = Cœur de la Transylvanie ; Dob. = Dobrogea ; Mara. = Maramureș ; Mol. = Moldavie ; Trans. Sud = Transylvanie du Sud ; Val. = Valachie.

D

E-F

G

Dépot légal : 66570 - février 2006
9782012404687 - Édition : 01
ISBN : 2.01.2404685
Imprimé en France par IME

À nos Lecteurs...

Ces pages vous appartiennent. Notez-y vos remarques, vos impressions de voyage, vos découvertes personnelles, vos bonnes adresses. Et ne manquez pas de nous en informer à votre retour. Nous accordons la plus grande attention au courrier de nos lecteurs.

HACHETTE Tourisme
Guides Évasion – Courrier des lecteurs
43, quai de Grenelle – 75905 PARIS Cedex 15
evasion@hachette-livre.fr

Carnet de voyage